MW01106252

# 1 MONTH OF FREE READING

## at
## www.ForgottenBooks.com

By purchasing this book you are eligible for one month membership to ForgottenBooks.com, giving you unlimited access to our entire collection of over 700,000 titles via our web site and mobile apps.

To claim your free month visit:
www.forgottenbooks.com/free358912

ISBN 978-1-5284-5186-4
PIBN 10358912

Philosophisch-soziologische Bücherei
Band XIX

# GENIE und VERERBUNG

## VON

## FRANCIS GALTON

Autorisierte Übersetzung von
Dr. Otto Neurath und Dr. Anna Schapire-Neurath.

Leipzig 1910 ∘ Verlag von
Dr. Werner Klinkhardt,

# Inhaltsverzeichnis.

# Vorwort.

Francis Galtons „Hereditary Genius" erscheint hier zum ersten Male in deutscher Übertragung. Vor mehr als vierzig Jahren geschrieben, fand dieses Buch bisher keinen deutschen Übersetzer, obzwar ein Werk wie „Die Erblichkeit" von R i b o t, das sich in Vielem an Galton anlehnt, bereits in zwei deutschen Ausgaben vorliegt. Hereditary Genius ist heute so wenig veraltet, daß in den neunziger Jahren eine zweite unveränderte englische Auflage erscheinen konnte. Galtons biographische Mitteilungen lassen sich in Manchem heute ergänzen, wodurch aber seine Argumentation im allgemeinen nur gewinnt, ohne daß die wesentlichen Punkte stark verschoben würden. In welcher Weise die Lehre von der sprungweisen Mutation zu verwerten wäre, ist in dem Vorwort zur zweiten Auflage angedeutet. Auf Wunsch des Verfassers fügen wir hier bei, daß Fichte, den Galton unter „Schriftstellern" als isoliertes Genie anführt, einen bedeutenden Sohn hatte, der Professor der Philosophie war.

Wir haben es im allgemeinen vermieden, „genius" mit Genie wiederzugeben. Im Titel mußte diese Übersetzung entsprechend Galtons Andeutungen zur 2. Auflage beibehalten werden. In dem Kapitel über die englischen Judges haben wir die englische Originalbezeichnung beibehalten, da wir kein deutsches Wort besitzen, das sich vollkommen mit dem Ausdruck „judge" deckt. Wenn uns in diesem Kapitel und vielleicht auch an manch anderer Stelle hier und da ein Versehen unterlaufen ist, namentlich bei der Übersetzung der schwierigen, englischen, teilweise bereits veralteten Titulatur, so bitten wir den Leser, nicht allzusehr mit uns deswegen ins Gericht zu gehen. Wir glauben, daß selbst das eine oder andere derartige Versehen das Verständnis dieses überaus nützlichen und in seinen Grundgedanken so durchaus klaren und eindeutigen Werkes nicht stören kann und zogen es daher vor, dem deutschen Publikum endlich eine Übersetzung vorzulegen, statt uns von diesen an sich doch geringfügigen Hindernissen abschrecken zu lassen.

Wir möchten an dieser Stelle auch noch Herrn Arnold Ronsperger und Fräulein Grete Horowitz unseren besten Dank ausdrücken für ihre freundliche Hilfe beim Korrekturenlesen und manchen freundlichen Rat beim Übersetzen selbst.

Ebenso danken wir an dieser Stelle dem Herrn Verfasser für mancherlei Auskünfte und seinen Herren Verlegern Methuen & Co. für die freundliche Erlaubnis, ein Porträt Galtons zu bringen, das seinen „Memories of my Life" entnommen ist. Unserem deutschen Herrn Verleger gebührt unser Dank für die Aufnahme dieses Bildes in die deutsche Publikation.

W i e n , November 1909.

**Dr. Otto Neurath und Dr. Anna Schapire-Neurath.**

# Einleitung.

### Francis Galton.

Die englische Wissenschaft kennt einen Gelehrtentypus, der uns Deutschen im allgemeinen fremd ist. Es sind dies wohlhabende Männer, die Sorgen um die Lebensnotdurft nie kannten und einen großen Teil ihrer Jugendzeit Sports und Reisen widmeten, um erst im Mannesalter sich ganz der Wissenschaft zuzuwenden. Die günstige Lebensstellung übte auf viele von ihnen nie einen lähmenden Einfluß, befähigte sie aber nach freier Wahl die Welt mit offenem Blick zu durchforschen, um dann vielfach in originellerer Weise, als dies bei systematisch erzogenen Gelehrten der Fall ist, schwierige Probleme kühn in Angriff zu nehmen. Zu diesem Gelehrtentypus gehörten auch die beiden Enkel des berühmten Erasmus Darwin, der große Charles Darwin und sein ihm in vielem kongenialer Vetter Francis Galton.

Francis Galton wurde am 16. Februar 1822 geboren und hat also heute bereits die Mitte der Achtziger überschritten. Sowohl mütterlicher- als väterlicherseits stammte das Kind aus einem guten Schlag, denn auch den Galtons waren Gelehrsamkeit und Meditation nicht fremd. So hatte Francis Galtons Großvater einen besonderen Sinn für Statistik, der sich auf alle seine Kinder vererbte, in einem Falle, bei einer Tochter, trat er bezeichnenderweise als bloße Schrullenhaftigkeit auf, ohne vernünftige An-

I*

wendung. Auch unter seinen weiteren Verwandten ist Geistes-
bildung vertreten, so daß er selbst ein gutes Beispiel für seine
Theorie ist: die Wahrscheinlichkeit, unter den Verwandten eines
hervorragenden Mannes bedeutende Intelligenz zahlreich anzu-
treffen, ist groß.

Für eine Tochter von Erasmus Darwin — Galtons Mutter war
der zweiten Ehe des alten Erasmus Darwin entsprossen, während
Darwins Vater der ersten entstammte — war es naheliegend, in
der Medizin einen besonders ehrenvollen Beruf zu sehen und auch
der Vater, ein Kaufmann, der selbst eine wissenschaftliche Arbeit
über Geldwesen veröffentlichte, stimmte dieser Berufswahl gern
zu. Die Ausbildung begann damit, daß der Hausarzt den noch
nicht Sechzehnjährigen zu einer Totenschau mitnahm. Dann kam
eine Art praktischer Lehrlingszeit, wobei Pillendrehen und kleine
Hilfeleistungen bei leichten Unfällen keine geringe Rolle spielten;
die erste theoretische Ausbildung sollte der Achtzehnjährige in
Gießen erhalten, wo L i e b i g gerade Chemie vortrug.

Mit einem ausgiebigen väterlichen Wechsel machte der junge
Galton sich auf die Reise. In Gießen jedoch kam er zu dem interessanten Ergebnis, daß er weder genug deutsch, noch genug
Chemie verstehe, um Liebig mit Nutzen zu hören. Er zog seinen
Wechsel zu Rate und fand, daß dieser für eine kleine Weltreise
ebenso ausreiche wie für das geplante Studium. So finden wir
ihn denn bald darauf in Konstantinopel, von wo er den Orient und
Südeuropa durchstreifte. Als er glücklich nach Hause zurückkehrte, nahm der Vater den Streich humoristisch auf und schickte
den Sohn auf die hohe Schule nach Cambridge. Aber auch jetzt
absolvierte der junge Galton sein Studium nicht ordnungsgemäß.
Er war bereits drei Jahre in Cambridge und sollte zu seiner
speziellen medizinischen Ausbildung nach London gehen, als sein
Vater starb und er zum selbständigen Herrn über sein Schicksal
wurde.

Statt nach London, ging Galton jetzt nach Ägypten, dem
Sudan und Syrien, später unternahm er eine Forschungsreise nach
Südwest-Afrika, die seine Stellung in der wissenschaftlichen Welt
begründete. Seine etwas angegriffene Gesundheit verhinderte
weitere Expeditionen.

Als Afrikareisender hatte er Gelegenheit,· charakteristische
Typen kennen zu lernen und seinen Blick für Ähnlichkeiten und

Unterschiede aller Grade zu schulen. Diese Reisen waren für ihn der eigentliche Anstoß zu seinen Untersuchungen, die dann vor allem durch Darwins Werk: „Über die Entstehung der Arten durch natürliche Zuchtwahl oder die Erhaltung der begünstigten Rassen im Kampf ums Dasein", das 1859 erschien, gefördert wurde. Galton wurde ein vielseitiger und fruchtbarer Forscher, der im Zeitraum eines halben Jahrhunderts gegen 200 Arbeiten veröffentlichte, darunter etwa den 14ten Teil in Buchform.

Vor allem publizierte er seine Reiseergebnisse und schrieb über verwandte Materien, so über Geographie und Meteorologie, dann traten jene Arbeiten in den Vordergrund, die seinen Ruhm begründen sollten, namentlich seine Untersuchungen zur Vererbungslehre. Nachdem er 1865 in Macmillan's Magazine seine Arbeit „Hereditary, Talent and Charakter" publiziert hatte, folgte 1869 sein bekanntes Werk „Hereditary Genius". Ethnologische, geographische, statistische, meteorologische Arbeiten kamen jetzt in rascher Aufeinanderfolge. 1884 eröffnete er auf der Internationalen Ausstellung ein anthropometrisches Laboratorium, das später im South Kensington Museum fortgesetzt wurde. Die vorgenommenen Messungen beschäftigten sich mit der Schärfe von Gehör und Gefühl, stellten den Farbensinn, die Größe, das Gewicht, den Atmungsvorgang usw. fest. Die gewonnenen Daten wurden statistisch bearbeitet. Die eigentliche Frucht des Laboratoriums waren Galtons Untersuchungen über Fingerabdrücke, zu denen er durch Bertillons damals Aufsehen erregende Methode angeregt worden war. Galton veröffentlichte diese Arbeit erst 1895, sein System ist heute in England, Indien und Argentinien eingeführt.

Immer wieder stoßen wir bei Galton auf eine Tendenz, Durchschnittstypen aufzustellen, ein Gedanke, der an Quetelet anknüpft. Waren es ursprünglich die hervorragenden Merkmale gewesen, denen er vor allem sein Augenmerk zuwandte, so interessierten ihn nun besonders unbedeutende Merkzeichen von hoher charakteristischer Bedeutung. Hierher gehören seine bekannten „Composite Portraits". Durch photographische Aufnahmen mehrerer Individuen auf der gleichen Platte sollten typische Durchschnittsbilder sowohl von Familien, als von Nationen hergestellt werden.

Während seine sonstigen Interessen wechselten, behielt er die Frage der Vererbung unverwandt im Auge, und was der Vierzigjährige begonnen hatte, hat der Achtzigjährige noch weiter geführt. Bei seinen Untersuchungen über Vererbung hatte er von Anfang an das Problem vor Augen: W i e  k a n n  m a n e i n e  m e n s c h l i c h e  R a s s e  z ü c h t e n,  d i e  u n s e r e n I d e a l e n  a m  m e i s t e n  e n t s p r i c h t? An den Ansichten über den möglichen Fortschritt der Menschheit, wie er sie in „Hereditary Genius" niederlegte, hält der greise Gelehrte noch heute unwandelbar fest. In seinen 1908 veröffentlichten „Memories of My Life" schreibt er: „Mein Fehler lag . . . in der Tendenz, die Geschwindigkeit zu überschätzen, mit welcher der große Fortschritt der Menschheit sich theoretisch vollziehen könnte. Ich hatte damals das Gesetz der Regression noch nicht berücksichtigt. Mit dieser Einschränkung sind die dort niedergelegten Anschauungen noch heute die meinigen."

Das Ergebnis eines reichen Lebens war eine neue Disziplin, die Eugenik, die Lehre von der guten Zeugung. Galtons Untersuchungen über Eugenik sind in erster Reihe in den „Sociological Papers", dem Organ der Sociological Society niedergelegt, es sind dies die Arbeiten „Restrictions in Marriage", „Studies in National Eugenics" und „Eugenic as a Factor in Religion". Wir hoffen, auch diese Arbeiten dem deutschen Publikum bald vorlegen zu können.

Galton war die Genugtuung beschieden, daß sein Vaterland dem neuen Forschungsgebiet im Rahmen der wissenschaftlichen Organisation Heimatrecht gewährte und daß ein Kreis jüngerer Forscher mit allen Hilfsmitteln der angewandten Mathematik ausgerüstet — unter ihnen vor allem Pearson — dem neuen Fragenkomplex ihre Kräfte zuwandten. Auch auf dem Kontinent beschäftigen sich immer mehr Forscher mit diesem Gebiet und untersuchen seine Tragweite.

Wer mit offenem Auge die Entwicklung der Zukunft vorauszuschauen versucht, sieht als die größten Probleme, welche die Menschheit in immer stärkerer Weise bewegen werden, die Verbesserung der sozialen Ordnung und die Verbesserung unserer

Rasse, zwei Ziele, die eng miteinander zusammenhängen. Der Ruhm aber, in entscheidendem Maße die Bewegung für die systematische Verbesserung der Rasse in unserem Zeitalter eingeleitet zu haben, gebührt F r a n c i s  G a l t o n  und seiner E u g e n i k.

Die  Übersetzer.

# Vorwort.

Vorwort zur ersten englischen Ausgabe.

Der Gedanke, mich mit dem Gegenstand der Vererbung von Anlagen zu beschäftigen, kam mir während einer rein ethnologischen Untersuchung über die geistigen Eigentümlichkeiten der verschiedenen Rassen, als die Tatsache, daß charakteristische Merkmale an Familien haften, mir so häufig vor Augen kam, daß sie mich veranlaßte, diesem Teil des Gegenstandes meine besondere Aufmerksamkeit zuzuwenden. Ich begann, über die Anlagen und Tätigkeiten meiner Zeitgenossen in der Schule, im Kolleg und im späteren Leben nachzudenken und war überrascht, wie häufig Befähigung den Weg der Vererbung zu gehen schien. Dann ging ich kursorisch die Verwandten von etwa vierhundert berühmten Männern aus allen Perioden der Geschichte durch; die Resultate dieser Untersuchung innerhalb der Grenzen, die die Untersuchung forderte, genügte meiner Ansicht nach vollständig zur Bestätigung der Theorie, daß Anlagen vererbbar sind unter Beschränkungen, die untersucht werden sollten. Hierauf machte ich mich daran, eine große Anzahl sorgsam ausgewählter biographischer Daten zu sammeln und schrieb in der Zwischenzeit zwei Artikel über diesen Gegenstand, die im Juni und August 1865 in Macmillan's Magazine erschienen. Ich ging auch von verschiedenen Seiten an den Gegenstand heran und machte oft sehr mühselige Untersuchungen, da es lange währte, ehe die Methode reifte, die ich endgültig annahm. Ich berühre dies alles, um zu zeigen, daß die Grundlegung meiner Theorien umfangreicher ist, als es vielleicht bei der Lektüre meines Buches scheinen mag und ebenso teilweise zur Rechtfertigung, da mir gelegentlich vorgeworfen wurde, ich spräche mit etwas mehr Zuversicht, als der von mir erbrachten Evidenz zukomme.

Ich hoffe, der Leser wird einen geringen Prozentsatz von Irrtümern und Ungenauigkeiten verzeihen, wenn er so gering ist, daß er den allgemeinen Wert meiner Resultate nicht affiziert. Niemand kann Ungenauigkeiten mehr hassen, als ich selbst es tue, niemand kann auch einen höheren Begriff von dem haben, was ein Autor in Bezug auf Präzision seinen Lesern schuldet; aber bei einer Untersuchung, wie der vorliegenden, ist es außerordentlich schwer, jedes Mißverständnis zu korrigieren, und noch schwieriger, Auslassungen zu umgehen. Ich habe oft meine Augen über viele Seiten großer biographischer Lexica und Bände von Memoiren schweifen lassen müssen, ehe ich zu Daten kam, die ich dann in einem halben Dutzend von Zeilen in dem Anhang eines meiner zahlreichen Kapitel niederlegte.

Die Theorie von der Vererbung der Anlagen wurde, obgleich gewöhnlich verspottet, von einigen Schriftstellern sowohl in der Gegenwart als in der Vergangenheit behandelt. Aber ich kann den Anspruch erheben der erste zu sein, der diesen Gegenstand statistisch behandelt, um zu ziffernmäßigen Resultaten zu kommen und das „Gesetz der Abweichung von einem Durchschnitt" in die Diskussion über Vererbung einzuführen.

In den folgenden Seiten wird noch von einer Menge von Gegenständen die Rede sein, die über den Ausgangspunkt, ob Anlagen sich vererben oder nicht, hinausgehen. Ich kann nicht umhin, sie zu betrachten, da die Stützen der Theorie, die ich verfechte, zu wichtig sind, um mit Stillschweigen übergangen zu werden.

---

### Einleitung zu der zweiten Ausgabe von 1892.

Der vorliegende Band ist ein Abdruck eines Werkes, das vor dreiundzwanzig Jahren erschienen, seit langem aus dem Handel verschwunden ist und nur aus zweiter Hand und zu über-

X

triebenen Preisen zu bekommen war. Es fragte sich nun, ob das Ganze revidiert und die Informationen bis zum gegenwärtigen Zeitpunkt ausgedehnt werden sollten oder ob man sich nach Entfernung einiger auffallender Druckfehler mit einem einfachen Abdruck begnügen sollte. Wir entschieden uns für das letztere, da selbst nur geringfügige Hinzufügungen von Daten die Umformung der gesamten Tabellarisierungen notwendig gemacht hätte, während eine sorgfältige Rekonstruktion eine größere Arbeit bedeuten würde, als ich heute unternehmen kann.

Zur Zeit, da dieses Buch geschrieben wurde, hielt man gemeinhin die Handlungen des menschlichen Geistes für unabhängig von natürlichen Gesetzen, und dieser Geist selbst galt als fast jeder Tat fähig, wenn er nur durch einen Willen, der die Kraft der Initiative hatte, gezwungen wurde sich anzustrengen. Selbst diejenigen, die sich einer philosophischen Denkweise erfreuten, waren weit entfernt davon, die geistigen Fähigkeiten jedes Individuums als ebenso streng begrenzt anzusehen, wie die seines Körpers, noch viel weniger wurde der Gedanke der erblichen Übertragung von Anlagen klar verstanden. Der erste Teil des Buches muß in dem Lichte der unvollständigen Kenntnis der Zeit, wo es geschrieben wurde, gelesen werden, denn was in dieser Beziehung für das Jahr 1869 galt, gilt nicht mehr für das Jahr 1892.

Ich habe seither selbst viele Untersuchungen in Richtungen angestellt, die dieses Buch angeregt oder schon verfolgt hat. Die Resultate legte ich dann in verschiedenen Abhandlungen nieder, zum größten Teile sind sie in den drei folgenden Bänden zusammengezogen: Englische Männer der Wissenschaft (1874), Menschliche Fähigkeit (1883) und Natürliche Vererbung (1889) ebenso in einem geringen Ausmaße in einem vierten Bande, der jetzt zur Veröffentlichung gelangt über Fingerabdrücke.

Derjenige Fehler, den ich in diesem Buche am meisten bedaure, ist sein Titel (Hereditary Genius), der sich aber nicht wieder gutmachen läßt. Ich hatte nicht die geringste Absicht, das Wort genius in irgend einem technischen Sinne zu gebrauchen, sondern wollte damit nur eine Anlage ausdrücken, die außerordentlich hoch und gleichzeitig angeboren ist. Ich beabsichtigte das Wort in dem gleichen Sinne zu gebrauchen wie es in Johnsons Dictionnaire beschrieben ist, nämlich „Geistige Kraft oder Fähigkeit. Naturanlage, durch die ein Mensch zu einer besonderen Verwendung qualifiziert ist. Natur, Anlage." Ein Mensch, der ein Genie ist, wird definiert als jemand, der mit höheren Fähigkeiten ausgestattet ist. Damit ist alles erschöpft, was Johnson über diesen Gegenstand zu sagen hat, ausgenommen die imaginäre Schöpfung von klassischen Autoren, die Genius genannt werden, die uns aber hier nichts angehen, und die er als die protegierenden oder leitenden Mächte von Menschen, Ortschaften oder Dingen beschreibt. In den Zitaten aus mustergültigen Autoren, mit denen Johnson seine Definitionen belegt, findet sich nichts, was einen gezwungenen und technischen Sinn, der diesem Wort gegeben wird, rechtfertigt, noch findet sich hier irgend etwas, das an das lateinische Wort i n g e n i u m gemahnt.

Das Genie und seine Vererbung scheint daher als Titel richtiger und entsprechender als Anlagen und ihre Vererbung, denn Anlagen schließen nicht die Resultate der Erziehung aus, wie das Genie es tut. Der Leser wird finden, daß in dem ganzen Buch nicht von Genie als spezieller Qualität die Rede ist. Es wird offen als Äquivalent für natürliche Anlage zu Beginn des Kapitels „Vergleich der beiden Klassifikationen" angewandt. Nur an einer Stelle wird, soweit mir dieses bei der abermaligen Lektüre auffällt, ein Unterschied zwischen diesen beiden Worten gemacht, während die Unsicherheit, die der Bedeutung des Wortes „Genie" in seinem technischen Sinne noch anhaftet, ausdrücklich besprochen wird. Es besteht also diesbezüglich in dem Buch keine Verwirrung, aber der Titel scheint zu Mißverständnissen führen zu können, und wenn er neu gewählt werden könnte, würde das Buch als „Anlagen und ihre Vererbung" erscheinen.

Die Relation zwischen Genie in seinem technischen Sinne (welches immer die präzise Definition sein mag) und Irrsinn wurde von Lombroso und anderen stark betont, deren Ansichten über den Zusammenhang der beiden Erscheinungen so ausgesprochen ist, daß es uns kaum überraschen würde, wenn einer ihrer enthusiastischeren Anhänger bemerkte, der und der könne kein Genie sein, da in seiner Familie kein einziger Fall von Wahnsinn aufgetreten sei. Ich kann nicht annähernd so weit gehen wie sie, auch nicht einen Teil ihrer Daten annehmen, durch welche der Zusammenhang zwischen Anlagen sehr hohen Grades und Irrsinn angeblich festgestellt ist. Doch findet sich ein großes Residuum von Evidenz, das auf eine schmerzlich nahe Beziehung dieser beiden Erscheinungen hindeutet, und ich muß hinzufügen, daß meine eigenen späteren Beobachtungen nach der gleichen Richtung tendierten, denn ich war überrascht, wie häufig Irrsinn oder Idiotie unter den nahen Verwandten außerordentlich befähigter Menschen auftauchte. Diejenigen Menschen, die einen außerordentlich tätigen und übereifrigen Geist haben, müssen auch oft Gehirne besitzen, die reizbarer und eigentümlicher sind, als es mit Unversehrtheit vereinbar ist. Sie scheinen zuweilen dazu zu neigen, hinfällig zu werden und vielleicht ganz zusammenzubrechen. Man kann annehmen, daß ihre angeborene Reizbarkeit und Eigentümlichkeit auch in einigen ihrer Verwandten auftaucht, ohne von einem gleichen Anteil beharrender Eigenschaften begleitet zu sein, welcher Art immer diese sein mögen. Jene Verwandten werden schrullenhaft, wenn nicht verrückt sein.

In der Anwendung des Wortes Genie ist noch vieles undefiniert. Es wird häufig auf einen Jüngling von dessen Zeitgenossen angewendet, aber seltener von den Biographen, die nicht immer untereinander übereinstimmen. Wenn Genie Inspiration bedeutet oder ein Übermaß von Ideen von augenscheinlich übernatürlichem Ursprung oder den ungewöhnlichen und brennenden Wunsch, irgend etwas besonderes zu tun, so nähert sich ein solcher Zustand gefährlich den Stimmen, die die Wahnsinnigen in ihren Delirien oder Monomanien hören. Es kann sich in einem solchen Falle nicht um eine gesunde Eigenschaft handeln, noch kann deren Weitergabe durch Vererbung wünschenswert erscheinen. Die natürlichen Anlagen, von denen dieses Buch handelt, sind der Art, wie sie ein moderner Europäer in einem weit größeren Durchschnitt besitzt als Menschen niedrigerer Rassen. Wir finden nichts in der Geschichte der Domestikation der Tiere oder in der der Evolution, was uns bezweifeln läßt, daß eine Rasse gesunder Menschen gebildet werden kann, die den modernen Europäern geistig und moralisch ebenso überlegen wäre, als die modernen Europäer den niedrigsten Negerrassen überlegen sind. Individuelle Abweichungen von diesem hohen Durchschnittsniveau in einer höheren Richtung würden einen adäquaten Zuschuß eines Grades von Anlagen hervorrufen, wie er jetzt außerordentlich selten ist und sehr gebraucht wird.

Es ist für den Leser dieses Buches vielleicht von Nutzen, wenn er schon in diesem einführenden Kapitel einen kurzen Über-

blick über die Daten und den Verlauf der Argumentation erhält.
Der erste Gegenstand der Untersuchung war die Frage, ob und
in welchem Grade natürliche Anlagen erblich weitergegeben
werden. Dies konnte nicht leicht ohne eine einleitende Klassifikation der Anlagen nach einem Normalmaßstab erfolgen. Der
erste Teil des Buches ist ein Versuch, einen solchen herzu-
stellen.

Die angewandte Methode basiert auf dem den Mathematikern
allgemein bekannten Gesetz der Fehlerhäufigkeit, denn sie
waren es, die die Methode ersannen, die Häufigkeit, mit der verschiedene verhältnismäßige Größen von Irrtümern in astro-
nomischen und geodätischen Operationen erwartet werden
können, zu entdecken, und den Wert, der der Wahrheit wahrscheinlich am nächsten ist, aus einer Masse geringfügig voneinander abweichender Messungen der gleichen Tatsache zu
schätzen.

Die Anwendung wurde von Quetelet auf die Proportionen
des menschlichen Körpers ausgedehnt unter der Annahme, daß
die Differenzen, in der Gestalt zwischen Männern der gleichen
Rasse, etwa theoretisch als Irrtümer behandelt werden
können, als Irrtümer, die die Natur in ihrem Versuch machte, individuelle Menschen der gleichen Rasse nach dem gleichen Modell
zu bilden. Wie phantastisch eine solche Ansicht, die in diesen
kahlen Worten ausgesprochen und ohne von einer ausreichenden
Erklärung begleitet zu sein, auch erscheinen mag, so läßt sich doch
zeigen, daß sie sich auf einer vollkommen gerechtfertigten Basis
aufbaut. Überdies fand er, daß die theoretischen Voraussetzungen richtig waren, und ebenso wurde ihre Richtigkeit in
analogen Fällen unter vernünftigen Vorbehalten bestätigt; von
diesen sind vielleicht die von Professor Weldon an Krabben angestellten Versuche die bemerkenswertesten. (Proc. Royal Society S. 2 Bd. 51, 1892.)

Eine Wirkung dieses Gesetzes mag unter folgender Form
ausgedrückt werden, obgleich Quételet sie nicht anwendet.
Stellen wir uns 100 Engländer vor, die zufällig ausgewählt und
nach ihrer Größe in einer Reihe aufgestellt werden. Die Größe
des 50sten wird fast identisch sein mit der des 51sten, und
beide werden den Durchschnitt aller Körperlängen repräsentieren. Denn nach dem Gesetze der Häufigkeit wird die
Differenz zwischen ihnen und dem 63sten die gleiche sein,
wie zwischen dem 63sten und dem 75sten, dem 75sten

und dem 84sten, dem 84sten und dem 90sten. Die Zwischen-
männer zwischen diesen Abteilungen, deren Zahl 15, 12, 9 und
6 beträgt, bilden eine Folge von Klassen, die, wie wir sehen, an
Anzahl abnehmen, die aber von ihren Nachbarn durch g l e i c h e
G r ö ß e n g r a d e getrennt sind. Die Abnahme der folgenden
Klassen ist daher sehr gering, aber man würde finden, daß sie in
einem ungeheuer beschleunigten Maßstab aufsteigt, wenn eine
längere Reihe als 100 Mann gebildet und wenn die Klassifikation
weitergetrieben würde, als in diesem Buch gezeigt wird.

Ich wende dieses Gesetz nach einigen provisorischen Verifi-
kationen auf geistige Fähigkeiten an, indem ich von rückwärts
arbeite, um eine Skala von Anlagen zu erhalten und um imstande
zu sein, dabei die verwendeten Eigenschaftsworte zu präzisieren.
So ist der Rang des ersten unter 4000 oder ähnlich durch das
Wort „Hervorragend" ausgedrückt. Das Gesetz der Häufigkeit
von Fehlern wird jetzt von vielen auf geistige Fähigkeiten angewendet, denn man hat gefunden, daß es mit den Beobachtungen
gut übereinstimmt. Ich kenne Examinatoren, die es anwenden,
um die allgemeine Richtigkeit der Noten zu prüfen, die vielen
Kandidaten bei der gleichen Prüfung gegeben werden. Auch
weiß ich von einem Mathematiker, der auf dieses Gesetz Rücksicht nimmt, ehe er seine Prüfungskandidaten in Klassen teilt.
Nichts ist in diesem Buch über das Gesetz der Häufigkeit gesagt,
was nicht die folgende Erfahrung bestätigt und selbst erweitert
hat, ausgenommen, daß eine ausdrückliche Warnung gegen die
wahllose Anwendung nötig ist.

Die nächste Stufe war, eine allgemeine Idee von der Weitergabe von Anlagen zu gewinnen, die auf einer breiten Basis homo-
gener Tatsachen begründet, die Resultate bestätigen sollten, die
später aus schlagenderen, aber weniger homogenen Tatsachen
erhalten werden sollten. Um dies zu erforschen, mußte ich mich
unverdrossen gegen irgend eine persönliche Neigung meinerseits
verwahren; es war also wichtig, daß die Gruppe, mit der operiert
werden sollte, zur statistischen Behandlung genügend zahlreich
war und andererseits, daß die Familiengeschichten der Personen, um die es sich handelte, zugänglich und wenn möglich bereits publiziert war.

Die Liste, die schließlich zu diesem einleitenden Zweck benützt wurde, war die der englischen Judges seit der Reformation. Ihre Verwandtschaftsbeziehungen wurden untersucht, der
Prozentsatz ihrer „hervorragenden" Verwandten in den ver-

schiedenen näheren Graden wurde tabellarisch aufgenommen und die Resultate besprochen. Diese waren schlagend und schienen an sich schon vollauf genügend, um die Hauptfrage zu beweisen. Verschiedene Einwände tauchten jedoch gegen die Giltigkeit der Schlüsse auf, die aus ihnen gezogen wurden. Sie wurden, wie ich glaube, in dem Buch widerlegt.

Nachdem dieses getan war, machte ich nacheinander Serien von Listen über die berühmtesten Politiker, Feldherren, Literaten, Mathematiker und Naturwissenschaftler, Dichter, Musiker und Maler, von denen die Geschichte weiß. Zu jeder dieser Listen zog ich viele hervorragende Engländer heran, deren Biographien entweder bekannt oder leicht zugänglich sind. Die Listen stellte ich jedesmal so zusammen, daß meine eigenen Neigungen ausgeschaltet waren, indem ich mich jedesmal auf das Urteil anderer Personen bezog, das ohne irgend welche Kenntnis über den Gegenstand der vorliegenden Untersuchung ausgesprochen wurde, wie es bei den Auswahlen der Fall ist, die Historiker oder Kritiker zusammenstellen. Nachdem die Listen der berühmten Männer aufgestellt waren, stellte ich eine große Gruppe hervorragender protestantischer Theologen zusammen, nämlich diejenigen, die in Middletons einst wohlbeanntem und hochgeschätzten Diktionnaire genannt sind. Darauf besprach ich noch die Seniors in klassischen Studien in Cambridge, dann die Ruderer und Ringkämpfer aus dem N o r d l a n d. Am Kopfe jeder Liste wurden alle ausgewählten Namen gedruckt und zwar wurden diejenigen, bei denen sich hervorragende Verwandten fanden, in K u r s i v schrift gedruckt, so daß die Anzahl der Nieten leicht mit denen der Erfolge verglichen werden kann. Wie der Liste der Judges, so wurde auch jeder folgenden ein kurzes Verwandtschaftsverzeichnis beigefügt, von denen jedes nachher tabellarisiert und in der gleichen Weise besprochen wurde. Schließlich wurden die verschiedenen Resultate zusammen gestellt und verglichen, worauf sich eine allgemeine bemerkenswerte Übereinstimmung und einige interessante Ausnahmen ergaben. Eine dieser Ausnahmen lag bei den Theologen in dem überwiegenden Einfluß der Mütter. Diese Tatsache wurde besprochen und klar in Rechnung gezogen.

Der Rest des Buches ist Betrachtungen gewidmet, die durch die Resultate der vorhergehenden Kapitel angeregt sind, wie etwa der relative Wert der verschiedenen Rassen, die Einflüsse,

die aus den natürlichen Anlagen der Nationen folgen und so
weiter. Schließlich folgt noch ein Kapitel allgemeiner Betrachtungen.

Wenn ich das Buch nochmals umarbeiten würde, müßte der
Teil des letzten Kapitels, der sich auf Darwins provisorische
Pangenesis-Theorie bezieht, revidiert und mehr ausgedehnt
werden, um auch noch die Gründe für und gegen die erbliche
Weitergabe von Gewohnheiten in Betracht zu ziehen, die nicht
angeboren sind, sondern durch Übung erworben werden. Die
Fähigkeit der Pangenesis-Theorie, große Klassen augenscheinlich verschiedener Phänomene unter ein einzelnes Gesetz zu
bringen, ist wunderbar, doch wurden seither ernsthafte Einwände
gegen ihre Giltigkeit gemacht, die eine allgemeine Annahme
verhindern. Diese Theorie würde uns z. B. zwingen zu glauben,
daß die erbliche Weitergabe von akzidentellen Verstümmelungen
und erworbenen Fähigkeiten die Regel und nicht die Ausnahme ist.
Wenn wir aber alle theoretischen Gründe gegen diesen Glauben
außer Frage lassen, wie ich sie selbst vor vielen Jahren vorgebracht habe und wie sie in letzter Zeit noch zwingender von
Weismann vorgebracht wurden und uns, auf die experimentelle
Evidenz stützen, ist es jetzt klar, daß die Tendenz der erworbenen
Gewohnheiten erblich weiter gegeben zu werden, außerordentlich
gering ist. Es kann einige wenige Fälle geben, wie jene der
Brown-Séquard'schen Meerschweinchen, wo Verletzungen der
Nervensubstanz der Eltern ihre Nachkommenschaft affizierten;
doch hat man gefunden, daß Verletzungen oder Gewohnheiten
der Eltern die natürliche Gestalt oder Fähigkeit des Kindes nicht
affizieren, es wäre denn, daß sie anderen Einflüssen, wie schlechter
Ernährung oder übermittelten Mikroben zugeschrieben werden
können. Ob nicht sehr geringe hereditäre Einflüsse der voraus-
gesetzten Art, wenn sie sich viele Generationen hindurch in der
gleichen Richtung akkumulieren, schließlich die Qualitäten der
Art affizieren können, scheint der einzige Punkt zu sein, der ernsthaft in Frage kommt.

Viele Beispiele wurden von jenen wenigen Personen erbracht, die sich einer hohen Autorität erfreuen und die noch behaupten, daß erworbene Gewohnheiten, wie der Gebrauch oder
Nichtgebrauch bestimmter Organe bei den Eltern in einem genügenden Grade erblich weiter gegeben werden können, um die
gesamte Nachkommenschaft nach vielen Generationen beträchtlich zu affizieren. Unter diesen Beispielen wurde viel Wert auf

die abnehmende Größe des menschlichen Kiefers bei hochzivilisierten Völkern gelegt. Es wurde geltend gemacht, daß ihr Essen besser und schmackhafter gekocht ist, als das ihrer Vorfahren, daß also der Kauapparat der Rasse infolge Nichtgebrauch zurückgegangen ist. Die Evidenz, auf welcher dieses Argument basiert, ist fraglich, da es nicht ganz gewiß ist, daß die nichteuropäischen Rassen, die stärkere Kiefer haben, als wir, dieselben mehr gebrauchen, als wir es tun. Ein Chinese lebt, und zwar seit Jahrhunderten, von Reis und Löffelkost oder einer solch überkochten Nahrung, als seine Eßstäbchen immer bewältigen können. Die Afrikaner in der Gegend des Äquators leben zum großen Teil von Bananen oder von Tapioca, die gut gekocht werden muß, ehe man sie ißt, da sie gewöhnlich von der giftigen Art ist und das Gift durch Kochen zerstört wird. Viele der Inselbewohner des Osterarchipels leben von Sago. Hirtenstämme essen gelegentlich Fleisch, aber ihre gewöhnliche Nahrung ist Milch oder Käse. Es sind nur die Jagdvölker die gemeinhin von zähem Fleisch leben. Daraus folgt, daß die abnehmende Größe des menschlichen Kiefers bei hochzivilisierten Völkern auf andere Gründe als jene, welche immer es auch sein mögen, zurückzuführen sind, welche das Gewicht des gesamten Skeletts in zart genährten Tieren reduzieren.

Es scheint der Frage des Experiments zugänglich, ob gewisse erworbene Eigenschaften, die zehn, zwanzig oder mehr Generationen aktiv sind, irgend welche sichtbare Folgen auf die Rasse haben. Ich will hier einiges wiederholen, was ich vor zwei Jahren erst auf einem Kongreß in Paris und dann in der British Association von Newcastle vorbrachte. Der Satz, den ich aufstellte, ging dahin, daß die Experimente im Großen gemacht werden müßten und zwar an Geschöpfen, die künstlich, von mütterlichen Belehrungen völlig isoliert, ausgebrütet werden. Hühner, Schmetterlinge und Fische wären besonders geeignet. Hühner werden an vielen Orten, namentlich in Frankreich, in großer Anzahl in Brutapparaten aufgezogen. Es scheint nicht schwierig, Versuche zu ersinnen, die mit bestimmten Futterrufen zu verbinden wären, ebenso mit Farben, die wieder mit dem Futter zusammenhängen oder mit Futter, das wirklich gut gefunden würde, wenn auch von abschreckendem Aussehen und die Küchlein auf bestimmten Brutplätzen regelmäßig diesem Verfahren zu unterwerfen. Nach vielen Generationen könnte man dann durch Vergleiche mit Küchlein anderer Brutplätze prüfen, ob die Küchlein der so und sovielten Generation irgend welche

Instinkte angenommen haben, die verändernd auf sie gewirkt haben. Was die Schmetterlinge anlangt, so ist die Seidenwurmindustrie so verbreitet und befindet sich auf einem so hohen Niveau, daß sowohl in Frankreich als in Italien genügend Gelegenheit für analoge Experimente vorhanden ist. Die Anstalten für Fischkultur gewähren ein anderes Feld. Es würde nicht verlohnen, derartige Experimente anzuregen, wenn man nicht vorher über den kritischen Wert einig wäre, den sie, einmal ausgeführt, für uns hätten. Meiner eigenen Meinung nach würden sie als entscheidende Experimente eben so weit zu betrachten sein, als sie kommen würden, und es würde wohl verlohnen, sie zu unternehmen, aber sie scheinen anderen nicht so schlagend vorzukommen. Ehe solche Experimente inszeniert würden, müßten die Details von vielen kompetenten Forschern untersucht und kritisch analysiert werden.

Auch ein anderes Thema hätte ich behandelt, wenn ich das Buch umgearbeitet hätte, nämlich den Unterschied zwischen Variationen und Naturspielen. Dieses Thema würde eine Umarbeitung vieler der schon existierenden Erörterungen verlangen. Die Ansichten, zu denen ich gekommen bin, seit es geschrieben ist, sind Ergänzungen jener, die bereits S. 391—392 vorgebracht, aber nicht bis zu ihrem logischen Schluß geführt wurden. Es würde sich darum handeln, daß das Wort Variation unterschiedslos für zwei fundamental verschiedene Begriffe verwendet wird: für Sport und die eigentlich sogenannte Variation. In der Natürlichen Vererbung habe ich gezeigt, daß die Verteilung von Eigenschaften in einer Bevölkerung nicht konstant bleiben kann, wenn durchschnittlich die Kinder ihren Eltern ähnlich sehen. Ist dies der Fall, so würden die Riesen (in bezug auf irgend eine geistige oder physische Eigentümlichkeit) in jeder folgenden Generation noch riesiger und die Zwerge noch zwerghafter werden. Die gegenwirkende Tendenz ist die, welche ich „Regression" nenne. Das kindliche Zentrum ist nicht das gleiche wie das elterliche, sondern es nähert sich mehr der Mittelmäßigkeit; es kehrt mehr zu dem Rassenzentrum zurück. Mit anderen Worten, das kindliche Zentrum (oder das geschwisterliche, wenn wir den Gesichtspunkt ändern) ist stets dem durchschnittlichen, dem Rassenzentrum näher, als dies bei dem elterlichen Zentrum der Fall war. Es muß eine durchschnittliche „Regression" vorhanden sein, wenn es sich um den Übergang von dem elterlichen zu dem kindlichen Zentrum handelt.

Es ist weder möglich, an dieser Stelle einen völligen Begriff von der Notwendigkeit, noch von den Beweisen der Regression zu geben, in dem angegebenen Werk habe ich sie sorgsam besprochen. Es genügt hier, daß das Resultat dem Gedanken eines typischen Zentrums Bestimmtheit verleiht, eines Zentrums, von dem die individuellen Variationen in Übereinstimmung mit dem Gesetz der Häufigkeit oft in geringer Anzahl vorkommen, seltener in einer größeren, sehr selten in einer, die noch größer ist und in Wirklichkeit nie in einer Anzahl, die beständig größer ist. Das kindliche Zentrum nimmt eine Stellung zur Mittelmäßigkeit ein, die eine konstante Proportion zu der Entfernung hat, in welcher das elterliche Zentrum sich von dieser Mittelmäßigkeit befand, ob diese Entfernung nun in einem Hinauf oder Hinunter bestand. Alle wahre Variation ist (wie ich glaube) von dieser Art, und es ist folglich unmöglich, die natürlichen Qualitäten einer Rasse durch die Tatsache der Selektion reiner Variationen permanent zu ändern. Die Selektion der zweckdienlichsten Variationen kann nicht einmal einen großen Grad künstlichen und vorübergehenden Fortschritts hervorbringen, da bald ein Gleichgewicht zwischen Abweichung und Regression erreicht wird, wobei die Besten der Nachkommenschaft aufhören besser zu sein als ihre eigenen Vorväter und Vormütter.

Etwas anderes ist es bei den Fällen, die technisch als „Sports" bekannt sind. Hier tritt ein neuer Charakter plötzlich bei einem besonderen Individuum in Erscheinung und wird die Veranlassung, daß das Individuum sich deutlich von seinen Eltern und von den anderen seiner Rasse unterscheidet. Auch solche neue Charaktere gehen auf die Nachkommen über. Hier liegt eine Veränderung des typischen Zentrums vor, ein neuer Ausgangspunkt ist auf irgend eine Weise in die Erscheinung getreten, gegen welchen die Regression von nun ab gemessen werden muß, es hat also im Gange der Evolution ein wirklicher Schritt nach vorwärts stattgefunden. Wenn die natürliche Selektion einen bestimmten Sport begünstigt, arbeitet er wirklich auf die Bildung einer neuen Art hin, wogegen der Vorteil, der gleichzeitig durch bloße Variation erreicht wird, wieder zu verschwinden scheint, soweit es sich nur um eine solche handelt.

Zwischen einem Sport und einer Variation kann eine Vermischung entstehen, die zu einem hybriden und unbeständigen Resultat führt, wovon der unvollkommene Mischungscharakter der verschiedenen menschlichen Rassen ein gutes Beispiel gibt.

Zahlreiche reine Muster ihrer verschiedenen Ahnentypen sind geneigt, wieder hervorzubrechen, ungeachtet der Beimischung durch die Ehe, die vor vielen Generationen erfolgt ist.

Sowohl mir als anderen, wie Wallace und Professor Romanes ist der Gedanke gekommen, daß die Zeit gekommen sei, wo ein Institut für Experimente über Vererbung mit Nutzen eingerichtet werden könnte. Eine Farm und ein Garten von geringem Umfange, mit verschiedenen klimatischen Verhältnissen und gut mit Wasser versorgt, unter der Obhut intelligenter Wärter und von einem Biologen beaufsichtigt, würden die nötige Basis für eine große Reihe mannigfacher Untersuchungen an nichtkostspieligen Pflanzen und Tieren ermöglichen. Die Schwierigkeit liegt in der geringen Anzahl kompetenter Personen, die sich aktiv mit der Frage beschäftigen und bei denen man sich darauf verlassen könnte, daß sie ein derartiges Unternehmen auch wirklich benützen würden.

Das direkte Resultat dieser Untersuchung ist, die großen und meßbaren Differenzen zwischen den geistigen und körperlichen Eigenschaften von Individuen zu manifestieren und zu beweisen, daß die Gesetze der Vererbung sich sowohl auf die ersteren, als auf die letzteren, anwenden lassen. Ihr indirektes Resultat ist, zu zeigen, daß jeder Generation eine große aber unbenützte Macht über die wirkliche n a t ü r l i c h e B e s c h a f f e n h e i t ihrer Nachfolger, d. h. über ihre angeborenen Eigenschaften und Anlagen zu Gebote steht. Die rohe, noch ungelenkte Macht, diese Fähigkeit durch entsprechende Ehen oder Enthaltung von der Ehe auszuüben, existiert ohne Zweifel, wenn vielleicht auch durch Umstände sozialer Art gehindert.*) Das große Problem der zukünftigen Verbesserung der menschlichen Rasse ist anerkanntermaßen gegenwärtig kaum über das Stadium eines akademischen Interesses hinausgekommen, aber Gedanken und Taten gehen heutzutage rasch vorwärts, und es ist durchaus nicht unmöglich, daß eine Generation, die die Ausschließung der chinesischen Rasse von den gewöhnlichen Kolonisten-Privilegien in zwei Erdteilen und die Deportation einer hebräischen Bevölkerung aus dem großen Teil eines dritten Erdteils mitan-

*) Diese Erörterungen waren in meiner Adresse an den Internationalen Kongreß für Demographie, London 1892, niedergelegt.

gesehen hat, auch noch Zeuge anderer analoger Tatsachen wird, die unter plötzlichem sozialistischem Druck entstehen würden. Die schlagenden Resultate einer üblen Vererbung haben sich dem populären Geist bereits so eingeprägt, daß freimütig, ohne auf irgend einen Widerstand seitens der anderen zu stoßen, die Empörung darüber geäußert wird, daß jährlich unfähige Eltern schwacher Kinder gefördert werden, die ihrer Konstitution nach unfähig sind, zu nützlichen Bürgern heranzuwachsen und die ein ernsthaftes Hindernis für die Nation sind. Die Fragen, die dann erörtert werden müssen, können eine unerwartete Wichtigkeit erlangen, indem sie in die Sphäre der praktischen Politik fallen, und dann können plötzlich und schmerzlich demographische Daten benötigt werden, die lange und fürsorglich gesammelt und leidenschaftslos und ruhig beurteilt werden wollen.

Ich meine hier die relative Fruchtbarkeit der verschiedenen Klassen und Rassen und ihre Tendenz, sich einander unter veränderten Umständen zu verdrängen.

Die ganze Frage der Fruchtbarkeit unter den verschiedenen Bedingungen des zivilisierten Lebens erheischt mehr Detailforschung, als bisher gemacht wurde. Wir brauchen weitere Untersuchungen über die Wahrheit der Malthus'schen Hypothese, daß es wirklich keine andere Begrenzung für die Übervölkerung gibt als Elend und vorsichtige Hemmungen. Ist es wahr, daß das Elend in jedem rechtmäßigen Sinne dieses Wortes die einzige automatisch wirkende Hemmung bedeutet, oder existieren noch andere aktive, wenn auch noch nicht bekannte Ursachen, die an der Zurückhaltung eines übermäßigen Wachstums der Bevölkerung mitwirken? Es ist sicher, daß die Produktivität verschiedener Ehen infolge ungeklärter Bedingungen stark differiert. Die Variation in der Fruchtbarkeit verschiedener Tierarten, die, als sie wild lebten, gefangen und dann in Menagerien gehalten wurden, ist, wie Darwin schon vor langer Zeit ausgeführt hat, sehr bemerkenswert und dem Anschein nach launenhaft. Die Majorität von ihnen, die in der Gefangenschaft gedeihen und sich allem Anscheine nach einer ausgezeichneten Gesundheit erfreuen, ist nichtsdestoweniger absolut unfruchtbar; andere wieder von oft eng verwandter Art haben unter den gleichen Umständen eine gesteigerte Fruchtbarkeit. Eines der vielen Beispiele unserer großen Ignoranz der Gesetze, welche die Fruchtbarkeit beherrschen, ist das Vorgehen der Bienen, die irgend etwas entdeckt haben, wodurch es in ihrer Macht ist, die sie auch wirklich ausüben, infolge bloßer Abänderung der Kost und des Umfanges der Wartung eine weibliche Larve zu einem natürlich sterilen Arbeiter oder zu der potentiellen Mutter eines kolossalen Bienenschwarms zu machen.

Die Demographen haben ohne Zweifel eine große Anzahl von Informationen über die Fruchtbarkeit der verschiedenen Nationen gesammelt und verglichen, aber sie haben das Problem meist im großen und nicht in seinen Details angepackt, so daß wir wenig mehr besitzen als mittlere Werte, die auf Bevölkerungen im ganzen anwendbar und in ihrer Art sehr wertvoll sind; wir sind aber in all jenen Beziehungen unwissend, über die uns eine mäßige Anzahl verständig angestellter Untersuchungen vielleicht aufklären könnte.

Folgendes Beispiel soll zeigen, was etwa mit Vorteil durchforscht werden könnte. Setzen wir den Fall, daß wir eine für statistische Untersuchungen genügende Anzahl von Menschen aus verschiedenen sozialen Klassen nehmen, jene die in physischer, intellektueller und moralischer Hinsicht am wenigsten ausgebildet sind, also unsere niedrigste Klasse bilden, bis zu jenen, die in dieser Hinsicht am meisten ausgebildet sind, also unsere höchste Klasse. Die Frage, die gelöst werden soll, bezieht sich auf die erbliche Permanenz der verschiedenen Klassen. Welche Proportion jeder Klasse stammt von Eltern ab, die zu der gleichen Klasse gehören, und welche Proportion stammt von Eltern ab, die zu einer der anderen Klassen gehören? Tragen jene Menschen, die ehrenhaft gelebt haben und die vermutlich den wertvollsten Teil unseres menschlichen Stammes bilden, ihren angemessenen Anteil zu der Masse der Nachkommenschaft für die nächste Generation bei? Wenn das nicht der Fall ist, tragen sie mehr oder weniger, als ihr angemessener Anteil ausmacht, bei, und in welchem Grade? Mit anderen Worten? Ist die Evolution des Menschen in jeder einzelnen Gegend von den speziellen dort herrschenden Formen der Zivilisation günstig oder schädlich affiziert?

Wir wissen jedoch schon jetzt genug, um es gewiß erscheinen zu lassen, daß die Produktivität der beiden extremsten Klassen, der besten und schlechtesten, nahe dem Durchschnitt der Nation als Ganzes genommen, liegt. Die fruchtbarste Klasse liegt also notwendig zwischen den beiden Extremen, aber an welchem vermittelnden Punkt liegt sie? Sind die natürlichen

Gaben der fruchtbarsten Klasse in körperlicher, intellektueller und moralischer Beziehung zusammen genommen von irgend einem vernünftigen Prinzip aus über oder unter der nationalen Mittelmäßigkeit? Liegen sie darüber, so sind diese existierenden Bedingungen dem Fortschritt der Rasse günstig. Liegen sie darunter, so arbeiten sie auf ihre Degradation hin.

Diese sehr kurzen Bemerkungen sollen dazu dienen, das Problem zu skizzieren: es würde weit mehr Raum erfordern, als hier zur Verfügung steht, um es frei von Doppelsinnigkeit zu formulieren, so daß seine Lösung uns klar belehren würde, welche Lebensbedingungen die Tendenz haben, in einer gegebenen Periode die natürlichen Qualitäten einer gegebenen Rasse zu erhöhen oder herabzudrücken.

Was immer andere Länder verloren oder nicht verloren haben mögen, unser Vaterland hat sicherlich bei mehr als einer Gelegenheit durch die Infusion der Zucht von ausgewählten Unterrassen gewonnen, namentlich durch die der protestantischen Flüchtlinge, die vor den religiösen Verfolgungen auf dem Kontinent flohen. Es scheint vernünftig, die Hugenotten als Menschen zu betrachten, die im großen Ganzen angeborene Qualitäten einer von der Majorität ihrer Landsleute unterschiedlichen Art haben und die daher als ein Untertypus behandelt werden können, d. h. als Menschen, die, einmal isoliert, fähig sind, ihre Rasse fortzupflanzen, ohne daß diese eine starke Tendenz aufweist, zu der Form des früheren Typus zurückzukehren, von dem diese Gruppe eine umgrenzte Abweichung repräsentiert. Dieser Satz wird auch dadurch bewiesen, daß die Kreuzung zwischen ihnen und unseren Ahnen eine merkwürdig erfolgreiche Mischung ergab. Folglich verdankte England der natürlichen Verfeinerung und dem gediegenen Wert der hugenottischen Zucht sehr viel, genau so, wie es viel der Kultur und dem technischen Wissen verdankte, das die Hugenotten mitbrachten.

Die Häufigkeit, mit welcher in der Geschichte eine Rasse eine andere aus großen geographischen Gebieten verdrängte, ist eine der schlagendsten Tatsachen in der Evolution der Menschheit. Die Bewohner der Erde von heute bilden einen Stamm, der sehr verschieden ist von jenem, der sie vor einem halben Dutzend von Generationen bevölkerte, und allem Anschein nach werden unsere Nachfolger in einem weiteren halben Dutzend von Generationen nicht weniger verschieden sein. Teilweise können neue menschliche Varietäten zu einer permanenten oder auch nur zeitweisen Existenz emporgekommen sein, wie etwa vor vielen Jahrhunderten die sehr bemerkenswerte Mischrasse der Normannen, in welcher, um die wohlbekannten Worte des verstorbenen Professors Freemann zu zitieren, die unbezwingliche Kraft der Skandinavier sich mit der heiteren Lebhaftigkeit der Gallier vereinigte und die eine in Europa erobernde und führende Rasse hervorbrachten. In erster Reihe aber gehören die Veränderungen, von denen ich spreche, zu den großen Umänderungen in den Proportionen derer, die zu alten und festgestellten Typen gehören. Der Neger, der heute in den Vereinigten Staaten geboren wird, hat die gleichen natürlichen Eigenschaften wie sein entfernter Vetter, der in Afrika geboren wird; die Tatsache seiner Transplantation bewirkte keine Veränderung seiner Natur, wohl aber bewirkte sie eine Veränderung seiner Anzahl, indem sie die Gebiete seiner Verteilung vergrößerte und die eingeborenen amerikanischen Rassen aufrieb. Es existieren heute 8 000 000 Neger in Ländern, wo vor zwölf Generationen kein einziger war und wo heute wahrscheinlich kein Repräsentant jener Rassen mehr lebt, die die Neger verdrängt haben; andererseits weist die Heimat der Neger keine entsprechende Bevölkerungsabnahme auf. Das gleiche gilt von den europäischen Rassen, die während der gleichen Periode die gemäßigten Regionen des Erdballs überfluteten und die Kerne vieler zukünftiger Generationen gebildet haben.

Es ist unmöglich, auf einem beschränkten Raume einen richtigen Begriff von der Ausdehnung und Anzahl der Veränderungen zu geben, die an dem menschlichen Stamm während der letzten Generationen infolge politischer Ereignisse vorgingen, und es wäre schwierig, es zu tun, ohne die patriotische Empfindlichkeit vieler Leser ernsthaft zu verletzen. Die natürlichen Temperamente und moralischen Begriffe der verschiedenen Rassen weichen voneinander ab, und Lob und Tadel kann nicht dem Urteil eines einzelnen überlassen werden, ohne Kundgebungen seitens anderer hervorzurufen, die andere Ansichten mit vielleicht ebenso viel Berechtigung äußern würden. Die Vögel und die Vierfüßler können, in geschlossener Konklave versammelt, wohl versuchen eine einstimmige Resolution anzunehmen, daß es die natürliche Pflicht der Mutter sei, ihre Kleinen zu ernähren und zu betreuen, der Kuckuck wird doch musikalisch protestieren.

Der irische Kelte mag die Ausbreitung seiner Rasse und die Zunahme ihres Einflusses in den repräsentativen Regierungen Englands und Amerikas wünschen, aber die Wünsche seiner anglo-
sächsischen oder teutonischen Mituntertanen gehen vielleicht
nach der entgegengesetzten Richtung und so weiter ins Unendliche.
Mein Ziel ist hier nur, Untersuchungen über die historische Tatsache anzuregen, ob die Gesetzgebung, welche in starkem Maße
zur Substitution einer Rasse durch die andere geführt hat, nicht
oft der Anlaß zu strittigen Ansichten war, in welchen die Rassenfrage kaum in Betracht gezogen wurde. Und doch halten sich
diese Ansichten oft so stark das Gleichgewicht, daß das Resultat
wohl ein anderes hätte sein können, wenn die Rassenfrage richtig
in die Diskussion eingeführt worden wäre. Man kann nicht bezweifeln, daß dies möglich sei. Es scheint also umso notwendiger,
den Einfluß der Rasse genau zu bestimmen, um ihn nach seinem
wirklichen Wert, ohne Über- oder Unterschätzung, in die Erörterungen einzubeziehen, durch welche politische Handlungen
bestimmt werden können.

Die Wichtigkeit, die der Rasse beizulegen ist, ist eine Frage,
die ein weit größeres Maß an exakter Untersuchung erheischt,
als ihr zu Teil wird. Wir sind außerordentlich unwissend über
die respektiven Rangordnungen der natürlichen und erworbenen
Eigenschaften der verschiedenen Rassen. Unter den Schriftstellern, die sich mit dieser Frage befassen, herrscht eine zu
starke Tendenz, wilde Dogmatik zu treiben, indem die einen in
ihrer Sphäre grob übertreiben, die anderen ebenso grob ver-
kleinern. Es scheint jedoch möglich, diese Frage unzweideutig
zu beantworten, wie schwer es auch sein mag.

Die neuerlichen Versuche vieler europäischer Nationen,
Afrika für ihre eigenen Zwecke zu benützen, verleiht den Untersuchungen über die Transplantation von Rassen ein neues und
praktisches Interesse. Sie zwingen uns, der Frage gegenüberzutreten, wie weit Rassen politisch unterstützt werden sollten,
zukünftig die Hauptbesitzer dieses Kontinents zu werden. Die
Varietäten von Negern, Bantus, arabischer Halbzucht und anderen, die jetzt Afrika bewohnen, sind sehr zahlreich, und sie
differieren in ihren natürlichen Eigenschaften sehr voneinander.
Einige von ihnen müssen tauglicher als andere sein, unter jener
Form einer gemäßigten Kultur heranzureifen, die von den Europäern in Afrika wahrscheinlich eingeführt werden wird. Man

wird die Ordnung und Rechtspflege stärken, unter den Eingeborenen den Wunsch nach Komfort und Luxus wecken und
ständigen Fleiß fast zur ersten Lebensbedingung machen. Solche
Rassen werden sich ausbreiten und die anderen allmählich verdrängen. Es könnte sich nun erweisen, daß die Neger, im einzelnen wie als Ganzes genommen, unter den neuen Bedingungen
ebenso wenig, wie unter den alten, imstande wären, den Bedürfnissen einer Zivilisation, die höher ist, als ihre eigene, nachzu-
kommen. In diesem Falle würden ihre Rassen, obgleich sie zahlreich und fruchtbar sind, im Laufe der Zeit von besseren verdrängt und ersetzt werden.

Es scheint kaum möglich, uns schon jetzt von der Möglichkeit
zu überzeugen, daß irgend eine Varietät weißer Männer imstande
sein wird, in den Tropen zu arbeiten, zu gedeihen und ihre Rasse
fortzupflanzen. Wir vermögen das nicht ohne bessere Kenntnis,
als wir sie heute über die verschiedenen Fähigkeiten der Individuen
besitzen, den klimatischen Einflüssen und der Malaria der Tropen
zu widerstehen. Man hat bisher viel mehr Sorge darauf verwendet, für die Verpflanzung in fremde Gegenden geeignete Varietäten von Tieren und Pflanzen auszusuchen, als geeignete
Menschen. Auf der einen Seite zeigt man Einsicht und Voraus-
sicht, auf der anderen Gleichgiltigkeit, die aus Ignoranz entstanden ist. Die Wichtigkeit einer exakteren Untersuchung und
sorgsameren Auswahl als heute in Bezug auf physische Eigenschaften und erbliche Antezedenzien bei Kandidaten zum Dienst
in tropischen Gegenden ist noch nicht genügend erkannt. Wir
benötigen solche Daten, um aus ihnen lernen zu können, welche
Bedingungen in der Jugend jener vorherrschen, die den klimatischen Einfluß in befriedigender Weise aushalten und umgekehrt, wie es um die Gesundheit der anderen bestellt ist, die
diesen Einflüssen nicht gewachsen erscheinen. Es ist kaum möglich, eine solche Untersuchung auch richtig retrospektiv zu
führen.

Zum Schluß möchte ich noch einmal die Tatsache betonen,
daß der Fortschritt der natürlichen Gaben künftiger Generationen
der menschlichen Rasse in starkem Maße, wenn auch indirekt,
in unserer Macht ist. Wir sind vielleicht nicht fähig zu
schaffen, aber wir können leiten. Die Prozesse der Evolution
sind in ständiger und spontaner Bewegung, die einen drängen
zum Guten, die anderen zum Schlechten. Unser Teil ist, für

gunstige Gelegenheiten zu sorgen, indem wir den ersteren freie Bahn schaffen und die letzteren hemmen. Wir müssen klar unterscheiden zwischen unserer Kraft, die wir in dieser fundamentalen Beziehung haben und jener, welche wir bei der Verbesserung der Erziehung und Hygiene aufwenden können. Man kann ernstlich hoffen, daß Untersuchungen in immer wachsendem Maße künftige Forscher auf historische Tatsachen lenken werden, um die möglichen Folgen eines vernünftigen politischen Vorgehens für die Zukunft zu ermessen und daß die Menschheit sich von dem elenden Niveau, auf dem sie heute steht, zu einem andern erheben wird, in dem die Utopien eines philanthropischen Traumlandes verwirklicht werden können.

# Einleitung.

Ich will in diesem Buche zeigen, daß die natürlichen Fähigkeiten eines Menschen durch Vererbung erworben sind, unter den völlig gleichen Beschränkungen, die für die Form und die physischen Merkmale der gesamten organischen Welt gelten. Wenn es also ungeachtet dieser Beschränkungen leicht ist, durch sorgsame Auslese eine beständige Hunde- oder Pferderasse zu erhalten, die mit einer besonderen Schnelligkeit oder einer ähnlichen Fähigkeit ausgestattet ist, müßte es ebenso möglich sein, durch wohlausgewählte Ehen während einiger aufeinanderfolgender Generationen eine hochbegabte Menschenrasse hervorzubringen. Ich werde zeigen, daß gegenwärtig soziale Faktoren alltäglicher Art, denen man solchen Einfluß nicht zuschreiben würde, wirken, und zwar die einen auf den Verfall, die andern auf den Fortschritt der menschlichen Natur. Ich behaupte, daß jede Generation eine ungeheuere Macht über die natürlichen Gaben der ihr folgenden hat und behaupte weiter, daß es unsere Pflicht gegen die Menschheit ist, den Umfang dieser Macht zu untersuchen und sie in einer Weise auszuüben, daß sie für die Bewohner dieser Erde am vorteilhaftesten werde, ohne daß wir gegen uns selbst töricht handeln.

Ich bin mir bewußt, daß meine Anschauungen, welche ich zum ersten Mal vor vier Jahren in Macmillans Magazine (im Juni und August 1865) veröffentlicht habe, der allgemeinen Meinung widersprechen; aber die Argumente, die ich vorbrachte, wurden zu meiner größten Genugtuung von vielen der ersten Autoritäten auf dem Gebiete der Vererbungslehre angenommen. Indem ich sie jetzt in vollendeterer Form und auf Grund eines größeren induktiven Materials wiederhole, bin ich sicher, daß, wenn meine damalige Arbeit die Billigung von Dar-

win fand (Die Domestikation der Pflanzen und Thiere II, 7.), das
vermehrte Beweismaterial, das in diesem Bande zusammen-
getragen ist, wohl kaum widerlegt werden kann.

Der allgemeine Plan meiner Beweisführung ist, zu zeigen,
daß hoher Ruf ein ziemlich gutes Zeugnis für hohe Begabung
ist; ich will weiter die Verwandtschaftsverhältnisse einer
großen Gruppe recht bedeutender Männer untersuchen, nämlich
diejenigen der Richter Englands von 1660 bis 1868, der Politiker
aus der Zeit Georgs III. und der Premierminister der letzten
hundert Jahre, um auf diese Weise einen allgemeinen Überblick
über die Gesetze der Vererbung der Anlagen zu erhalten. Dann
werde ich der Reihe nach die Verwandtschaftsbeziehungen der
berühmtesten Feldherren, Schriftsteller, Mathematiker und
Naturwissenschaftler, Dichter, Maler und Musiker, von denen die
Geschichte spricht, untersuchen. Ich werde auch die Verwandtschaftsbeziehungen einer gewissen Auswahl von Theologen und
Philologen untersuchen. Dann wird ein kurzes vergleichendes
Kapitel folgen über die Übertragung physischer Anlagen durch
Vererbung, abgeleitet aus den Verwandtschaftsverhältnissen bestimmter Gruppen von Ruderern und Ringkämpfern. Zuletzt
werde ich meine Resultate zusammenfassen und Schlüsse ziehn.

Ich füge noch hinzu, daß ich mit mehr als einer Fähigkeitsstufe rechne. Diejenigen Menschen, mit denen sich der größere
Teil meiner Arbeit befaßt und auf deren Verwandtschaftsbeziehungen meine Argumentation am sichersten ruht, genießen
im allgemeinen den Ruf, von der Natur mit hervorragenden Anlagen ausgestattet zu sein. Aber obgleich über die ganze ge-
schichtliche Zeit des Menschen verstreut, gibt es nur wenige
solcher Individuen; obwohl ihre Zahl nicht über 400 hinausgeht,
steht überdies noch ein beträchtlicher Teil von ihnen miteinander
in verwandtschaftlicher Beziehung.

Eine andere Fähigkeitsstufe, mit der ich mich beschäftige, umfaßt zahlreiche, sehr bedeutende und alle berühmten
Namen aus der modernen englischen Geschichte, deren unmittelbare Abkömmlinge unter uns leben, deren Schicksale allgemein
bekannt sind und deren Verwandtschaftsbeziehungen mit Hilfe
von bibliographischen Lexika, Pairskalendern und ähnlichen
Nachschlagebüchern ohne Schwierigkeit gezeichnet werden
können.

# Einleitung.

Eine dritte und niedrigere Stufe bilden die englischen Richter, als Ganzes genommen, zum Zwecke jener einleitenden statistischen Untersuchung, von der ich bereits gesprochen habe. Niemand zweifelt, daß sich eine große Anzahl der fähigsten Intelligenzen unseres Volkes unter den Richtern finden; nichtsdestoweniger kann man die D u r c h s c h n i t t s fähigkeit eines Richters jener der niedrigeren Stufe der beiden Gruppen, die ich beschrieben habe, nicht gleichsetzen.

Ich hoffe auf die Nachsicht des Lesers für die zahlreichen und in gewisser Hinsicht bedeutsamen Lücken, zu denen ich mich bei der Behandlung berühmter Persönlichkeiten unserer Zeit entschließen mußte. Ich bin durch ein gewisses Anstandsgefühl gezwungen, diejenigen Namen aus ihrer Verwandtschaft der Gegenwart auszulassen, welche nicht allgemein als bekannte Persönlichkeiten gelten, obgleich ihre Fähigkeiten in ihrem Privatleben hoch bewertet sein mögen. Noch weniger mit unseren Anstandsbegriffen vereinbar wäre es gewesen, die Namen ihrer weiblichen Verwandten anzuführen, die zu der gleichen Kategorie gehören. Meine Beweise sind so schlagend, daß ich vollkommen in der Lage bin, meinen Standpunkt zu beweisen, auch ohne zu diesem Beweismaterial zu greifen. Nichtsdestoweniger soll sich der Leser bewußt bleiben, daß diese Gruppe existiert, und ich bitte ihn, mir Gerechtigkeit widerfahren zu lassen, und mir zu glauben, daß das Beweismaterial, so weit es in diesem Buch nicht erscheint, mir nicht etwa gänzlich entgangen ist. Ich bin mir der Unvollkommenheit meines Werkes bewußt, aber meine Sünden sind Unterlassungs-, nicht Begehungssünden. Die Fehler, die ich vielleicht gemacht habe, die ich machen mußte und die meinen Argumenten nur eine trügerische Stütze bieten, sind sicherlich unverhältnismäßig geringer an Zahl als jene Auslassungen von Tatsachen, die mir geholfen hätten, meine Ansichten zu begründen.

Ich habe in diesem Buch die bedeutenden Männer der Gegenwart wenig berücksichtigt, soweit sie nicht Engländer oder wenigstens in England sehr bekannt sind. Ich befürchtete, offen kundige Irrtümer zu begehen, wenn ich eine große Anzahl von Fremden einbeziehe. Es erfordert schon dann eine große Arbeit, die Verwandtschaftsbeziehungen ausfindig zu machen, wenn man alle Erleichterungen genießt, die einem im eigenen

Lande durch den Zutritt zu den Personen zuteil werden, die mit den verschiedenen Familien bekannt sind; umso schwieriger wäre es gewesen, die Verwandten von Nicht-Engländern ausfindig zu machen. Ganz besonders gern hätte ich die Biographien von Italienern und Juden durchforscht, da beide Völker an Familien mit äußerst intelligenten Nachkommenschaften reich zu sein scheinen. Auch Deutschland und Amerika sind in dieser Hinsicht sehr bedeutsam. Frankreich, wo die Revolution und die Guillotine traurige Verheerungen unter den Nachkommen der befähigten Geschlechter angerichtet haben, steht etwas nach.

Daß ich ein so weites Feld nicht bearbeitet habe, bedeutet in einer Hinsicht einen Vorteil für einen ehrlichen Kritiker. Ich kann so eine Probe vorschlagen, die jeder gebildete Leser, dem Zweifel über die Unparteilichkeit meiner Beispiele kommen, mit Leichtigkeit machen kann. Er kann mit vollem Recht den Verdacht hegen, daß ich unbewußt durch meine Theorie dahin beeinflußt wurde, Männer auszuwählen, deren Verwandtschaftsverhältnisse meine Anschauungen am ehesten unterstützen können. Wenn dem so ist, bitte ich ihn, folgendes zu tun, um meine Unparteilichkeit auf die Probe zu stellen. Er nehme ein Dutzend Namen nach eigener Wahl, die zu den bekanntesten eines beliebigen Landes, das er am besten kennt, oder eines beliebigen Berufes, der ihm gut bekannt ist, gehören und erforsche selbst ihre Verwandtschaftsverhältnisse. Es bedarf einiger Mühe, wie ich aus Erfahrung weiß, bis man ganz sicher ist, daß man niemand, selbst von den unmittelbaren Verwandten männlicher- oder weiblicherseits, übersehen hat. Tut er, was ich vorgeschlagen, so wird er sicherlich staunen, wie vollständig seine Resultate meine Theorie bestätigen. Ich wage es mit solcher Sicherheit zu sprechen, da ich diesen Versuch schon häufig ungläubigen Freunden vorschlug. So weit mein Gedächtnis mich nicht trügt, wurde jedesmal unfehlbar unter den genannten Männern eine so große Anzahl mit bedeutenden Mitgliedern in ihrer Familie gefunden, als meine Anschauungen über Vererbung mich hätten vermuten lassen.

### Berühmtheit als Grundlage einer Einteilung der Menschen.

Die Argumente, durch welche ich zu beweisen versuche, daß Anlagen vererblich sind, bestehen darin, daß ich zeige, wie groß die Anzahl der Fälle ist, in denen Männer, die mehr oder weniger berühmt sind, in ihrer Verwandtschaft hervorragende Individuen aufweisen. Ehe meine Argumentation richtig beurteilt werden kann, müssen die beiden folgenden Punkte klargestellt sein. Der erste Begriff, um den es sich hier handelt, ist der Grad der Auswahl, der mit den Worten „hervorragend" und „berühmt" gemeint ist. Bedeutet „hervorragend" der erste von hundert, von tausend, oder von welcher Anzahl von Menschen? Der zweite Punkt, der hier für uns in Betracht kommt, ist der Grad, nach welchem Berühmtheit als Kennzeichen von Fähigkeiten gelten soll.

Es ist wesentlich, daß ich als Autor mir über ein bestimmtes notwendiges Minimum klar bin, wenn ich den Ausdruck „hervorragend" und ähnliche anwende und daß der Leser ebenso klar, wie ich selbst, versteht, welchen Wert ich diesen Bezeichnungen beilege. Mit der Erklärung dieser Worte wollen wir uns in diesem Kapitel beschäftigen. Ein folgendes Kapitel soll der Erörterung gehören, wie weit „hervorragende Stellung" als Kriterium natürlicher Gaben gelten soll. Es ist kaum nötig, darauf hinzuweisen, daß die in diesen beiden Kapiteln erörterten Fragen gänzlich verschieden sind.

Ich betrachte das soziale und Berufsleben als eine kontinuierliche Prüfung. Alle bewerben sich als Kandidaten um die gute Meinung der anderen und um Erfolg in ihren verschiedenen Berufen, und sie erringen Erfolg im Verhältnis zur allgemeinen Abschätzung ihrer Verdienste als Ganzes genommen. Bei den gewöhnlichen Schulprüfungen werden die Notenein-

heiten in einem festgesetzten Verhältnis den einzelnen Gegenständen zugeteilt: so viel für Latein, so viel für Griechisch, so
viel für englische Geschichte und so weiter. In der gleichen
Weise erteilt die Welt, aber fast unbewußt, den Menschen ihre
Noten. Sie gibt Noten für Originalität der Auffassung, für Unter-
nehmungsgeist, für Tätigkeit und Energie, für administrative Geschicklichkeit, für verschiedene Fertigkeiten, für das Talent, sich
literarisch auszudrücken, für Beredsamkeit, und viele andere
Eigenschaften von allgemeinem Wert, ebenso wie für mehr
spezielle berufsmäßige Verdienste. Sie erteilt diese Noten nicht
nach einer Skala, die leicht in Worten auszudrücken ist, doch
gibt es eine ungefähre Schätzung durch den gesunden Menschen-
verstand, der die Anwendung so regelt, daß sie sich der Konstanz
genügend annähert. Diejenigen, die die meisten dieser still-
schweigenden Noten erhalten haben, werden durch das allgemeine Urteil der Führer der öffentlichen Meinung als die ersten
Männer ihrer Zeit anerkannt.

Der Vergleich mit einer Prüfung kann noch weitergeführt
werden. Wie es verschiedene Gruppen gibt, in denen der Kandidat Auszeichnungen erlangen kann, so ist es auch mit der Berühmtheit. Man kann in der Rechtskunde, der Literatur, der
Wissenschaft, der Kunst und in einer ganzen Anzahl von anderen
Gebieten berühmt werden. Und ebenso wie das bloße Erreichen eines allgemeinen guten Niveaus noch keine besondere
Ehre bei einer Prüfung bedeutet, wird dies auch nicht in dem
Kampf um Auszeichnungen der Fall sein. Ein Mensch muß eine
augenfällige Begabung wenigstens in einer bestimmten Richtung
zeigen, um wirkliche Berühmtheit zu erlangen.

Betrachten wir einmal, wie die Welt die Menschen einteilt,
nachdem sie jeden von ihnen in der Zeit seines Mannesalters in
ihrer geduldigen und beständigen Art geprüft hat. Wieviel
„hervorragende" Menschen kennt sie, und in welchem Verhältnis stehen sie zu der Gesamtheit.

Ich will mit der Analyse eines sehr sorgfältigen biographischen Handbuches beginnen, das kürzlich unter dem Titel „Männer unserer Zeit" erschienen ist. Seine Absicht, die sehr gerecht
und ehrlich durchgeführt ist, besteht darin, nur solche Namen aufzunehmen, die von der ganzen Welt wegen ihrer Fähigkeiten ge-
ehrt werden. Das Namensverzeichnis weist 2500 Namen auf,

und eine gute Hälfte von ihnen bilden amerikanische und kontinentale Berühmtheiten. Ich gebe in einer Fußnote[1]) eine Analyse des Inhalts, um den erschöpfenden Charakter dieser Aufzählung zu zeigen. Die Zahlen, die ich für jede Klasse fixiert habe, sind nicht völlig genau, da ich sie mehr abgeschätzt als gezählt habe, aber sie sind noch genau genug. Der gleiche Name erscheint oft in mehr als einer Rubrik.

Wenn ich das Buch durchgehe, bin ich überrascht, in wie großer Anzahl die „Männer unserer Zeit" das mittlere Alter überschritten haben. Es scheint, daß in den Fällen, wo hohes Verdienst vorliegt (aber durchaus nicht in denen des höchsten Verdienstes), ein Mensch die fünfzig überschritten haben muß, um sich einer weitverbreiteten Schätzung zu erfreuen. Ein befähigter Mensch, der auf einer bescheideneren Lebensstufe geboren ist, braucht Zeit, bis er sich über sie erhebt und seine natürliche Stellung einnimmt. Es wäre auch nicht gerecht, die Zahl der Engländer in diesem Buch mit der gesamten männlichen erwachsenen Bevölkerung der britischen Inseln zu vergleichen; wir müssen unsere Untersuchung auf die Berühmtheiten beschränken, die das fünfzigste Jahr überschritten haben, und ihre Anzahl mit der gesamten männlichen Bevölkerung über 50 Jahren vergleichen. Nachdem ich einen großen Teil des Buches genau durchsucht habe, schätze ich, daß es 850 solcher Männer aufzählt und daß 500 von ihnen Personen, die in wissenschaftlichen und literarischen Kreisen bewandert sind, unzweifelhaft bekannt sind. Wir haben zur Zeit auf den britischen Inseln ungefähr zwei Millionen erwachsene Männer über 50 Jahre; folglich verhält sich die Gesamtsumme

---

[1]) Inhaltsverzeichnis des „Lexikon von Männern unserer Zeit", erschienen 1865 bei Routledge & Co.: 71 Altertumsforscher, Archäologen, Numismatiker etc.; 20 Architekten, 94 Ärzte verschiedener Art, Chirurgen und Physiologen; 29 Bildhauer, 60 Dichter (auch unter Schriftsteller), 64 Herrscher, Mitglieder kgl. Familien usw.; 43 Ingenieure und Techniker; 10 Kupferstecher, 120 Künstler (Maler und Zeichner), 39 Kaufleute versch. Kategorien, Geldleute, Fabrikanten und Rheder; 7 Landwirte; 154 Männer der exakten Wissenschaft, Astronomen, Chemiker, Geologen, Mathematiker etc.; 7 Moralphilosophen, Metaphysiker und Logiker; 32 Musiker und Komponisten; 36 Marineoffiziere; 67 Naturforscher, Botaniker, Zoologen etc.; 60 Nationalökonomen und Philantropen; 168 Offiziere des Landheeres, 40 Philologen und Ethnologen; 140 Rechtsgelehrte, Richter, Advokaten und Gesetzgeber; 76 Reisende und Geographen, 950 Schriftsteller; 376 Staatsmänner, Diplomaten, Kolonialgouverneure etc.; 62 Schauspieler, Sänger, Tänzer etc.; 400 Theologen.

der „Männer unserer Zeit" zu der übrigen gleichaltrigen Bevölkerung wie 425 zu einer Million, und die engere Auslese unter
ihnen wie 250 zu einer Million.

Meiner Ansicht nach muß ein Mann sich recht häufig durch
ein wirklich originelles Werk ausgezeichnet oder sich des öfteren
als Führer der öffentlichen Meinung bewährt haben, um zu der
engeren Auslese zu gehören. Bekanntheit, die durch einen
einzelnen Akt erworben ist, schließe ich völlig aus. Wir erhalten
so eine ziemlich wohldefinierte Grenzlinie, die nicht viel hervorragende Männer zuläßt. Jedes Interesse und jeder Gedanke hat
sein Sprachrohr, und ein Mensch, der die Position des Repräsentanten einer Partei oder einer Idee erlangt hat und sie aufrecht
zu halten versteht, lenkt natürlich mehr Aufmerksamkeit auf
sich als seine Gehilfen, deren Fähigkeit zwar nicht viel, aber
doch etwas den seinen nachstehen. Das ist in hohem Grade bei
Stellungen der Fall, wo Auszeichnungen durch offizielle Handlungen erworben werden. Es mag oft von einem Haar abhängen,
ob A, B, oder C einen vakanten Posten erhält. Der Mann, der
ihn einmal innehat, hat auch Gelegenheit, sich vor den anderen
hervorzutun, welche den anderen fehlt. Doch lege ich
kein großes Gewicht auf offiziellen Rang. Männer, die sehr
große Namen hinterlassen haben, verdanken diese gewöhnlich
nicht berufsmäßigen Leistungen. Abgesehen von den höchsten
Stellungen und bei freien Berufen werde ich sicherlich nicht bloße
Beamte in meine Musterliste hervorragender Männer aufnehmen.

Eine andere Schätzung des Verhältnisses der hervorragenden Männer zu der Gesamtbevölkerung stellte ich auf einer anderen Basis an, und sie ergab ungefähr das gleiche Resultat. Ich
nahm die Totenliste des Jahres 1868, die in der Times vom
1. Januar 1869 veröffentlicht war, und fand darin etwa 50
Namen von Leuten, die zu der engeren Auslese gehörten. Das
war in einem Sinne eine weitere, in einem andern wieder eine
strengere Auslese, als diejenige, die ich eben beschrieben habe.
Sie war weiter, weil ich die Namen vieler Individuen einbezog,
deren Fähigkeiten groß waren, die aber zu jung starben, um die
weitverbreitete Berühmtheit zu erlangen, die sie verdient hätten;
und sie war strenger, weil ich alte Männer ausschloß, die sich
vor Jahren hervorgetan hatten, die sich aber späterhin nicht

fähig zeigten, wieder in der Front zu erscheinen. Aus dem ersten Grunde mußte ich die Altersgrenze der Bevölkerung, mit der sie verglichen werden sollten, herabsetzen. 45 Jahre schienen mir eine angemessene Grenze, die schon, wie beabsichtigt, ein oder zwei Jahre gestörter Gesundheit vor dem Tode mit umfaßte. Nun sterben jährlich 210 000 Männer in England im Alter von mehr als 45 Jahren; demnach ist das Verhältnis der engeren Auslese der „Männer unserer Zeit" dieses Alters das von 50 zu 210 000, oder das von 238 zu einer Million.

Drittens untersuchte ich auch die Totenlisten einer Zeit, die um viele Jahre zurückliegt, wo die Bevölkerung unseres Inselreichs noch geringer war, und sie schienen zu ähnlichen Schlüssen zu führen, nämlich daß 250 zu einer Million reichlich gerechnet sei.

Gehen wir noch rigoroser vor, so können wir ohne Schwierigkeiten eine noch engere Auslese innerhalb dieser Gruppe treffen. Wir können ohne große Unsicherheit die 200, 100 oder 50 besten aus diesen 250 aussuchen. Aber ich sehe keine Möglichkeit, den Kreis in der gleichen Weise zu erweitern. Würde man von mir verlangen, aus einer Million die tausend besten Männer auszuwählen, so hätte ich das Gefühl, daß wir zu einem Niveau hinuntersteigen, wo uns keine sicheren Merkmale mehr leiten, wo Zufall und alle möglichen Umstände einen ungebührlichen Einfluß erhalten und wo es unmöglich wird, allgemeine hervorragende Bedeutung von lokaler Berühmtheit oder bloßem Bekanntsein zu unterscheiden. Diese Betrachtungen stellen fest, in welchem Sinne ich das Wort „hervorragend" anwenden werde. Wenn ich von einem „hervorragenden" Menschen spreche, meine ich damit ein Individuum, das eine Stellung erreicht hat, wie sie nur 250 Personen unter einer Million innehaben, oder je ein Mensch unter 4000. 4000 ist eine sehr große Zahl — Menschen, die nicht gewohnt sind mit großen Zahlen umzugehen, können sich nur schwer ein Bild davon machen. In der hellsten Sternennacht sind nie für das bloße Auge auch nur 4000 Sterne sichtbar, und doch finden wir, daß es etwas besonders ist, wenn wir einen Stern als den hellsten am Firmament bezeichnen. Es möge noch einmal daran erinnert werden, daß dies mein engster Kreis der Auslese ist. Ich nehme keinen Namen in meine Familientafeln auf (sofern sie nicht von den anderen durch Klammern unterschieden sind), der sich weniger abhebt.

Die Gruppe derjenigen Individuen, mit denen ich mich eigentlich beschäftige, ist noch viel strenger ausgewählt, viele von ihnen sind je die besten unter einer Million Menschen und nicht wenige je die besten unter vielen Millionen. Ich bediene mich des Wortes „berühmt", wenn ich von ihnen spreche. Es sind Menschen, bei deren Tod der ganze intelligente Teil der Bevölkerung trauert, die ein öffentliches Begräbnis erhalten oder doch verdienen und die in folgenden Jahrhunderten als historische Persönlichkeiten gelten.

Man gestatte mir noch ein Wort über die Bedeutung einer Million, eine Ziffer, die so riesenhaft ist, daß man sie nur schwer faßt. Ein Merkmal, mit Hilfe dessen man sie sich vergegenwärtigen kann, ist erwünscht. Viele Bewohner Londons werden aber das folgende Beispiel verstehen. Ich verbrachte einmal einen Sommernachmittag im Bushey-Park, um den herrlichen Anblick der Roßkastanien-Avenue darin zu genießen, die eine Meile lang ist und damals in voller Blüte stand. Nach einer geraumen Zeit fiel mir ein, den Versuch zu machen, alle Blütenstände zu zählen, die die Fahrbahn auf der einen Seite der langen Avenue einfassen. Ich meine alle Blütenstände, die im vollen Sonnenschein auf der einen Seite der Straße zu sehen waren. Ich faßte also einen Baum von durchschnittlicher Größe und durchschnittlichem Blütenreichtum ins Auge und zog dann imaginäre Linien. Ich teilte den Baum erst in zwei, dann in vier Teile, und so weiter, bis ich zu einer Unterabteilung kam, die so klein war, daß ich die Blütenstände, die sie umfaßte, gerade noch zählen konnte. Ich ging auf diese Weise drei verschiedene Bäume durch und kam jedesmal ungefähr zu dem gleichen Resultat; so weit ich mich erinnere, verhielten sich die drei Schätzungen zu einander wie neun, zehn und elf. Dann zählte ich die Bäume der Avenue, multiplizierte die Zahl, und kam so zu dem Resultat von etwa 100 000 Blütenständen. Seitdem vergegenwärtige ich mir, so oft eine Million erwähnt wird, die lange Perspektive der Avenue im Bushey-Park, mit ihren stattlichen Roßkastanienbäumen, die von oben bis unten mit Blütenständen bedeckt sind und in der Sonne leuchten, und ich stelle mir so ein fortlaufendes Blumenband von zehn Meilen Länge vor.

Um die ungeheure Strenge zu illustrieren, die in der Auswahl eines Individuums aus einer Million ausgedrückt ist, will ich noch folgendes Beispiel heranziehen. Die Regatten in Oxford und Cambridge erregen fast einen nationalen Enthusiasmus, und die Mannschaften, die ihre Universitäten repräsentieren, haben guten Grund, darauf stolz zu sein, daß sie aus so großen Körperschaften als erwählte Preiskämpfer hervorgegangen sind. Die Mannschaft jedes Bootes besteht aus acht Personen, die aus ungefähr 800 Studenten ausgewählt werden, d. h. aus den zu Gebote stehenden nichtgraduierten Studenten etwa zweier einander folgender Jahrgänge. Mit anderen Worten, die Auswahl, die man gewöhnlich als eine sehr strenge empfindet, ist wie eins zu hundert. Stellen wir uns nun eine so große Anzahl von Universitäten vor, daß man 800 Mann zusammenbringen könnte, von denen jeder schon einmal in einer Universitätsmannschaft gerudert hat, und stellen wir uns weiter vor, daß aus dieser Gruppe wieder die acht besten ausgewählt werden, um eine spezielle Mannschaft von verhältnismäßig seltener Güte zu bilden; die Auslese jedes von ihnen verhält sich wie 1 zu 10 000 gewöhnlicher Individuen. Wiederholen wir diesen Prozeß, so haben wir dann erst eine im höchsten Grade geschickte Mannschaft gewonnen, die eine Auslese eines Individuums aus einer Million repräsentiert. Unsere Deduktion ist vollkommen unanfechtbar, denn unsere Universitätsjugend ist, so weit es sich um ihre Muskeln und Sehnen handelt, eine zufällige Gruppe von Menschen. Niemand wird wegen seiner besonders kräftigen Muskeln an die Universität geschickt. Oder nehmen wir die gleiche Tatsache in einer andern Form: es müßte eine Periode von nicht weniger als 100 Jahren vergehen, ehe jede Universität acht Mann stellen könnte, von denen wieder jeder im Rudersport hervorragend genug wäre, um in die mittlere Besatzung eingereiht zu werden. Und zehntausend Jahre müßten vergehen, ehe acht Mann zusammenkämen, von denen jeder in die dritte, im höchsten Grade geschickte Mannschaft aufgenommen werden könnte.

Ein anderes ist es, wenn wir die geistigen Fähigkeiten in Betracht ziehen, da die Universitäten eine große Anzahl der hervorragenden wissenschaftlichen Talente aus ganz England an sich ziehen, was ich an geeigneter Stelle noch zeigen werde. Fast

eine viertel Million der männlichen Bevölkerung Groß-Britan-
niens erreicht jedes Jahr das Alter, wo der junge Mensch zur
Universität geht; daraus folgt, daß, wenn z. B. Cambridge nur
einen von fünf der fähigsten wissenschaftlichen Intellekte aufnähme, die Universität sich in einer Periode von 20 Jahren einmal mit der frischen Ankunft eines ungraduierten Studenten
brüsten könnte, dessen außerordentlich scholastische Begabung
sich wie eins zu einer Million verhält.

## Natürliche Begabung als Grundlage einer Einteilung der Menschen.

Ich kann die namentlich in moralischen Erzählungen für Kinder gelegentlich ausgesprochene und oft stillschweigend vorausgesetzte Hypothese nicht leiden, wonach alle Kinder ungefähr gleich geboren werden und die einzigen Bedingungen, die Verschiedenheiten von Knabe zu Knabe und von Mann zu Mann hervorbringen, in gleichförmigem Fleiß und moralischen Bemühungen bestehen. Ich protestiere auf der ganzen Linie gegen alle Behauptungen einer natürlichen Gleichheit. Die Erfahrungen in der Kinderstube, in der Schule, auf der Universität und in Berufen aller Art bilden eine Kette von Gegenbeweisen. Ich anerkenne durchaus die große Macht der Erziehung und der sozialen Einflüsse auf die Entwicklung der aktiven Geisteskräfte, ebenso, wie ich die Ergebnisse der Übung bei der Entwicklung der Armmuskeln eines Grobschmieds anerkenne, aber auch nicht mehr. Der Grobschmied mag arbeiten, so viel er will, er wird finden, daß es Kraftproben gibt, die seine Kräfte übersteigen, die aber ein Mensch von herkulischer Beschaffenheit verrichten kann, auch dann, wenn der letztere eine sitzende Lebensweise geführt hat. Vor einigen Jahren hielten die Hochländer eine große Versammlung in Holland-Park ab und forderten ganz England auf, sich mit ihnen in ihren Leibesübungen zu messen. Die Herausforderung wurde angenommen und die wohltrainierten Männer der Berge wurden im Wettrennen von einem Jüngling geschlagen, der sich als echtes Londoner Vorstadtkind entpuppte. Der junge Mann war in einer Londoner Bank angestellt.

Wer sich im Sport trainiert, lernt den Umfang seiner Muskelkraft bis aufs Haar kennen. Jedermann, der anfängt das Gehen, das Rudern, das Turnen mit Hanteln oder das Laufen als Sport

zu betreiben, findet zu seinem großen Vergnügen, daß seine
Muskeln sich kräftigen, und daß seine Fähigkeit, der Müdig-
keit zu widerstehen, von Tag zu Tag steigt. So lange er Neu-
ling ist, schmeichelt er sich vielleicht mit der Hoffnung, daß es
für die Ausbildung seiner Muskeln kaum eine bestimmbare
Grenze gibt; bald aber entdeckt er, daß der tägliche Zuwachs
abnimmt, bis er schließlich gleich Null wird. Seine Maximalleistung wird eine genau bestimmte Größe. Hat er einmal den
höchsten Grad des Trainings erreicht, so weiß er bis auf den
Zoll genau, wie weit oder wie hoch er springen kann. Er lernt
die Kraft, die er beim Druck auf den Dynamometer ausüben
kann, bis auf ein halbes Pfund kennen. Er kann seinen Schlag
gegen die Maschine, die zur Messung der Stoßkraft dient, so
führen, daß er den Zeiger bis zu einem bestimmten Punkt der
Gradeinteilung bringt, aber nicht weiter. Das Gleiche tritt beim
Laufen ein, beim Rudern, beim Wettgehen und bei allen möglichen Leibesübungen. Die Muskelkraft eines jeden Menschen
hat eine bestimmte Grenze, die sich weder durch Anstrengung,
noch durch Erziehung überschreiten läßt.

Die ganz analoge Erfahrung macht jeder Student bei der Ausübung seiner Geisteskräfte. Der eifrige Knabe, der anfängt zur
Schule zu gehen und den Kampf mit den intellektuellen Schwierigkeiten aufnimmt, ist über seine eigenen Fortschritte erstaunt.
Er ist stolz auf seine neu entwickelte geistige Fassungskraft und
seine Fähigkeit, sich auf etwas zu konzentrieren, und vielleicht
glaubt er im stillen, daß es in seiner Macht steht, einer der Geistes-
heroen zu werden, die der Weltgeschichte ihr Zeichen aufdrücken.
Die Jahre vergehen. Wieder und wieder mißt er sich in Schule
und Kolleg bei Prüfungen mit seinen Kameraden, und er findet
bald seinen Platz unter ihnen. Er weiß, daß er den und den seiner
Mitbewerber schlagen kann; daß er mit einigen anderen gleichen
Schritt hält und daß es wieder andere gibt, deren geistigen
Leistungen er nicht einmal nahe kommen kann. Seine Eitelkeit verlockt ihn wahrscheinlich immer noch und wendet sich nur einer anderen Seite zu. Er sagt sich, daß die klassische Philologie, die
mathematischen und anderen Disziplinen, die an den Universitäten gelehrt werden, rein scholastische Spezialfächer sind und
keinen Beweis für wertvollere Geisteskräfte bilden. Er erinnert
sich verschiedener Beispiele, wo Individuen, die in der Jugend

hinter ihren Mitbewerbern zurückstanden, im späteren Alter
Kräfte entwickelten, die sie zu den ersten Männern ihrer Zeit
stempelten. Mit frischen Hoffnungen und mit dem ganzen
Ehrgeiz seiner zweiundzwanzig Jahre verläßt er die Universität
und betritt ein weiteres Feld des Wettbewerbs. Doch die gleiche
Erfahrung erwartet ihn auch hier. Allerlei günstige Gelegenheiten tauchen wie im Leben eines jeden Menschen auf, und
er findet, daß er unfähig ist, sie zu nützen. Er prüft die
Dinge und wird geprüft. Wenn ihn nicht Eigendünkel völlig blind
macht, weiß er nach einigen Jahren genau, welcher Leistungen
er fähig ist und was für Unternehmungen außerhalb seiner Linie
liegen. Hat er einmal ein reifes Alter erreicht, so ist er auch
nur innerhalb gewisser Grenzen seiner sicher und kennt sich
oder sollte sich wenigstens eben so gut kennen als ihn die Welt
kennt, mit all seinen unverkennbaren Schwächen und all seinen
unleugbaren Kräften. Hoffnungslose Versuche infolge trüge-
rischer Antriebe einer überreizten Eitelkeit quälen ihn nicht mehr,
er beschränkt sich auf Dinge, die unter der Grenze des für ihn
Erreichbaren liegen, und beruhigt sein moralisches Bewußtsein
mit der ehrlichen Überzeugung, daß er mit einer so guten Arbeit
beschäftigt ist, als die Natur ihm zu leisten gestattet.

Es kann schwerlich einen Beweis von größerer Sicherheit
dafür geben, wie ungeheuer verschieden die intellektuellen Fähigkeiten der Menschen sind, als die erstaunlichen Verschiedenheiten
der Noteneinheiten, die in Cambridge für besonders gute mathematische Prüfungen erteilt werden. Ich gestatte mir daher,
etwas länger bei diesem Gegenstand zu verweilen, obgleich die
Einzelheiten trocken und von wenig allgemeinem Interesse sind.
Der akademische Grad wird jährlich von 400 bis 450 Studenten
erreicht, von diesen wieder erlangen etwa 100 Auszeichnungen
in Mathematik und werden von ihren Examinatoren ihrem Verdienst nach in strenger Reihenfolge klassifiziert. Die ersten 40
von denen, welche bei der mathematischen Prüfung Auszeichnungen erlangt haben, erhalten den Titel „wrangler“, und es ist
unbedingt eine ehrenvolle Sache, selbst einer der letzten „wrangler“ zu sein; selbst einem solchen ist eine Lehrstelle an einem
kleinen College sicher. Man muß sorgfältig beachten, daß die
Auszeichnung, als erster auf der Ehrenliste zu stehen oder der
„senior-wrangler“ des Jahres zu sein, wie man es nennt, weit

mehr bedeutet, als der erste Mathematiker von 400 oder 450 zufällig zuammengewürfelten Individuen zu sein. Zweifellos ist
die größere Mehrzahl der Studenten in Cambridge nicht auf
Grund einer besonderen Auswahl hingekommen. Ein Knabe
wird von seinen Eltern für irgend einen Beruf bestimmt,
mag es nun die Kirche oder das Recht sein. In jedem
Falle war es früher fast unumgänglich erforderlich und ist
immer noch wichtig, ihn nach Cambridge oder Oxford zu schicken.
Wir können diese Jünglinge als eine zufällig zusammengewürfelte
Schar bezeichnen. Aber neben ihnen gibt es eine Menge anderer,
die ihren Weg zur Universität ehrlich erkämpft haben und daher
eine Auslese aus einer ungeheuren Anzahl darstellen. Reichlich
die Hälfte der „wrangler" waren Vorzugschüler ihrer entsprechenden Schulen, und umgekehrt finden fast alle Vorzugsschüler ihren
Weg zur Universität. Daher kommt es, daß die Universitäten
mit ihrer vergleichsweise geringen Anzahl von Studenten die
höchste wissenschaftliche Fähigkeit des jugendlichen Englands umfassen. Der „senior-wrangler" eines jeden Jahrgangs repräsentiert ihre oberste Spitze, so weit es sich um Mathematik handelt,
und diese höchste Auszeichnung wird oder wurde kontinuierlich
von Jünglingen gewonnen, welche keine besonderen mathematischen Vorkenntnisse hatten, ehe sie nach Cambridge kamen. Ihre
ganze Ausbildung erhielten sie während ihres dreijährigen Aufenthaltes an der Universität. Ich will hier nicht die Vorzüge oder
Fehler des Cambridger Systems besprechen, die darin bestehen,
daß die mathematischen Studien nach einer zu engen Schablone
geleitet werden, noch über die mutmaßlichen Nachteile, die daraus
entstehen können, daß man die Kandidaten streng nach ihrem
Verdienste ordnet, statt sie, wie in Oxford, in Klassen einzureihen,
wo ihre Namen alphabetisch geordnet erscheinen. Ich bin nur
daran interessiert, wie hier die Resultate sind, und diese kommen
meiner Darlegung sehr entgegen.

Bei dem Start der Jünglinge zu ihrem dreijährigen Wettlauf
geht es so unparteiisch wie möglich zu. Bei allen wirken die
mächtigsten Beweggründe stimulierend: Wetteifer, Ehre und
zukünftiger Wohlstand (denn eine gute Lehrstelle i s t Wohlstand), und am Ende des Jahres werden sie auf das strengste nach
einem System geprüft, das sie alle verstehen und zu dem sie alle
gleich gut vorbereitet sind. Die Prüfung dauert acht Tage hindurch

fünfeinhalb Stunden täglich. Alle Antworten werden von den Prüfern sorgsam notiert, am Schluß werden die Noten summiert und die Kandidaten streng nach ihrem Verdienst eingeordnet. Die Gerechtigkeit und Genauigkeit der Prüfungen zu Cambridge haben nie auch nur einen Hauch von Argwohn aufkommen lassen. Ungünstig für meine Zwecke ist es, daß die Noten nicht veröffentlicht werden. Sie sind nicht einmal nach einem gemeinsamen System festgesetzt, da jeder Prüfende seine eigene Notenskala anwenden kann. Doch welcher Skala immer er sich bedient, das Verhältnis der Zahlen, die das Verdienst anzeigen, bleiben die gleichen. Ich verdanke einem Prüfer von Cambridge eine Kopie seiner Noten über zwei Examina, wobei die beiden Notenskalen einander so gleich sind, daß man sie bei einer geringen verhältnismäßigen Änderung leicht mit einander vergleichen kann. Bis zu einem gewissen Grade handelte es sich dabei um eine vertrauliche Mitteilung, so daß es mir nicht zusteht, irgend etwas zu veröffentlichen, was darauf hinweisen könnte, in welchem Jahre diese Noten erteilt wurden. Ich bringe sie hier einfach als eine Illustration, die uns vollauf die ungeheure Differenzierung des Verdienstes zeigt. Der geringste Mann in der Liste der Auszeichnungen gewinnt weniger als 300 Noteneinheiten, der letzte „wrangler" gewinnt ungefähr 1500, und der „senior-wrangler" in einer der Listen, die ich vor mir habe, gewann mehr als 7500 Noteneinheiten. Folglich hat der geringste „wrangler" mehr als fünfmal so viel Verdienst als der geringste „junior-optime"*) und weniger als ein Fünftel des Verdienstes des „senior-wrangler"

---

*) Dritter Grad beim Mathematischen Schlußexamen. D. Üb.

Skala der Auszeichnungen, die in Cambridge von Studenten
bei mathematischen Prüfungen erlangt wurden.
Die Resultate von zwei Jahrgängen sind in eine Liste
zusammengezogen.
Die Totalsumme der Noten, die in jedem Jahrgang erreichbar war, betrug
17 000.

| Anzahl der Noten, die die Kanditaten erhielten. | Anzahl der Kandidaten, welche in diesen beiden Jahrgängen jene Noten erhielten |
|---|---|
| Unter 500 | 24[1]) |
| 500—1000 | 74 |
| 1000–1500 | 38 |
| 1500—2000 | 21 |
| 2000—2500 | 94 |
| 2500–3000 | 8 |
| 3000—3500 | 11 |
| 3500—4000 | 5 |
| 4000—4500 | 2 |
| 4500–5000 | 1 |
| 5000—5500 | 3 |
| 5500–6000 | 1 |
| 6000—6500 | 0 |
| 6500—7000 | 0 |
| 7000—7500 | 0 |
| 7500—8000 | 1 |
| | 200 |

Die genaue Zahl der Noteneinheiten, die der „senior-
wrangler" in dem hervorragenderen dieser beiden Jahrgänge erlangte, war 7634, der zweite „wrangler" erreichte in dem
gleichen Jahre 4123, der letzte in der Liste der Auszeichnungen
bekam nur 237 Einheiten. Folglich erhielt der „senior-wrangler"
fast doppelt so viel Noteneinheiten als der zweite „wrangler",
und mehr denn zweiunddreißig Mal so viel als der letzte.
Von einem andern Prüfenden erhielt ich die Noten eines

[1]) Ich habe in dieser Liste nur die ersten 100 Mann eines jeden Jahrganges aufgeführt. Der übergangene Rest ist zu klein, um wichtig zu sein
Ich habe sie ausgelassen, weil ich befürchtete, daß die genaue Angabe der
Anzahl der gewonnenen Auszeichnungen dazu beitragen könnte, die Identi-
fizierung der betreffenden Jahrgänge zu ermöglichen. Aus Gründen, die ich
bereits nannte, möchte ich keinerlei Daten geben, die dies ermöglichen.

Jahrganges, in welchem der „senior-wrangler“ ganz besonders bedeutend war. Er erhielt 9422 Noteneinheiten, während der zweite des gleichen Jahrganges, dessen Verdienst durchaus nicht geringer war als jene der zweiten „wrangler“ im allgemeinen, nur 5642 erhielt. Der letzte in der Liste der Auszeichnungen wies nur 309 Einheiten auf oder ein Einunddreißigstel der Einheitensumme des „senior-wrangler“ Ich besitze einige Einzelheiten über ein viertes besonders bemerkenswertes Jahr, in welchem der „senior-wrangler“ in der „Examensarbeit“ nicht weniger als zehnmal so viel Einheiten als der zweite „wrangler“ erhielt. Ich habe mit geübten Prüfern die Frage besprochen, wie weit die Anzahl der Punkte als ein Maßstab für das mathematische Talent des Kandidaten angenommen werden kann, und bin überzeugt, daß sie bezüglich der niedrigeren Plätze vollkommen entsprechen, daß sie jedoch dem höchsten nicht gänzlich gerecht werden. Mit anderen Worten, die oben erwähnten „senior-wranglers“ besitzen m e h r als dreißig oder zweiunddreißigmal so viel Fähigkeiten, als der letzte Mann in der Liste der Auszeichnungen. Sie wären imstande, es mit Problemen aufzunehmen, die m e h r als zweiunddreißigmal so schwer sind, oder vor Themen der gleichen Schwierigkeit gestellt, die aber allen verständlich sind, würden sie sie schneller verstehen und zwar vielleicht in einem quadratischen Verhältnis dieser Proportion.

Man muß auch bedenken, daß die Noteneinheiten dem Allerbesten schon dadurch nicht ganz gerecht werden, daß ein sehr großer Teil der Prüfungszeit durch die mechanische Schreibarbeit in Anspruch genommen wird. So oft die Gedanken des Kandidaten seiner Feder vorauseilen, gewährt ihm seine übergroße Raschheit der Konzeption keine Vorteile. Ich sollte jedoch erwähnen, daß einige der fähigsten Bewerber ihre Superiorität dadurch gezeigt haben, daß sie vergleichsweise wenig schreiben. Sie finden sofort ihren Weg zur Wurzel der Schwierigkeit der gestellten Probleme und beweisen mit wenigen sauberen, angemessenen, mächtigen Strichen, dieselben bewältigen können; dann gehen sie zu einer anderen Frage über. Jedes Wort, das sie schreiben, ist von Bedeutung. So verblieb der verstorbene H. Leslie Ellis, der 1840 ein glänzender „senior - wrangler“ war und dessen Name vielen Generationen der Cambridger

Studentenschaft als ein Wunder universeller Anlagen bekannt
ist, nicht einmal die volle Zeit im Prüfungszimmer; seine Gesundheit war schwächlich, und er mußte seine Kräfte schonen.
Die mathematischen Fähigkeiten des letzten in der Liste der
Auszeichnungen, welche, verglichen mit denen eines „senior-
wrangler", so niedrig sind, sind mittelmäßig oder sogar über
Mittelmaß, wenn man sie mit der Begabung der Engländer im
allgemeinen vergleicht. Obgleich dem Prüfungsresultat nach
noch 100 vor ihm sind, läßt er doch nicht weniger als 300 „poll-
men"*) hinter sich. Selbst wenn wir so weit gehen, zu glauben, daß
von den 300, 200 nicht angestrengt genug arbeiten wollen, um Auszeichnung zu erlangen, so bleiben noch immer 100, die nicht so
weit kämen, selbst wenn sie hart arbeiteten. Jeder Lehrer weiß,
wie schwer es ist, abstrakte Begriffe selbst der einfachsten Art
in die Köpfe der meisten Menschen hineinzubringen, wie schwach
und zaghaft ihre geistige Fassungskraft ist, wie leicht ihr Gehirn
verwirrt wird und wie unfähig sie sind, die erworbenen Kenntnisse genau und unversehrt zu bewahren. Menschen, die mit
irgend einem wissenschaftlichen Gegenstand vertraut sind, passiert
es häufig, daß sie hören, wie Männer und Frauen von mittleren
Geistesgaben einander berichten, was sie in irgend einem Vor-
trag aufgeschnappt haben, den sie z. B. in der Royal Institution
über eine Stunde lang mit entzückter Aufmerksamkeit angehört
haben. Die Darstellung war wunderbar durchsichtig und durch
Experimente der vollkommensten und schönsten Art erläutert;
sie erklären sich äußerst erfreut und aufs höchste unterrichtet.
Es ist direkt peinlich, anzuhören, was sie sagen. Ihre Erinnerung scheint ein nebliges Chaos von Mißverständnissen zu sein,
dem nur ihre eigene reine Phantasietätigkeit eine gewisse Art
von Gestalt und Organisation gegeben hat, die dem völlig fremd
ist, was der Vortragende mitteilen wollte. Die durchschnittliche
geistige Fassungskraft selbst eines sogenannten gebildeten Publi-
kums erweist sich als lächerlich gering, wenn man sie scharf
prüft.
Wollen wir die Verschiedenheiten von Individuum zu Individuum feststellen, so darf man nicht einen Augenblick lang der Voraus-

---

*) Student, der sein Examen zum Baccalaureus nicht mit Auszeichnung
macht. D. Üb.

setzung Raum geben, Mathematiker seien in ihrer natürlichen Begabung notwendig einseitig. Zahlreiche Beispiele beweisen das Gegenteil; eine Reihe von denen, die uns jetzt beschäftigen, werden wir noch einmal in dem Anhang zu meinem Kapitel über „Naturwissenschaft" als Beispiele für vererbte Begabung finden. Ich möchte namentlich Leibniz nennen, der eine universale Begabung besaß; aber auch Ampère, Arago, Condorcet und d'Alembert waren weit mehr denn reine Mathematiker. Ja, seitdem der Rahmen der Prüfungen in Cambridge so erweitert ist, daß er auch andere Gegenstände neben Mathematik umfaßt, sind die Verschiedenheiten in der Befähigung zwischen dem obersten und dem letzten der erfolgreichen Kandidaten noch offenkundiger, als ich bisher beschrieb. Wir finden einerseits fortwährend mittelmäßige Individuen, deren ganze Energie aufgebraucht wird, um ihre 237 Punkte in Mathematik zu erhalten, und andererseits einige „senior-wrangler", die gleichzeitig sich in klassischen Studien und auch sonst noch auszeichnen. Cambridge hat derartige Beispiele gegeben. Seine Liste der Auszeichnungen in klassischen Studien ist vergleichsweise neueren Datums, aber anderes Beweismaterial zeigt das Vorkommen solcher Beispiele in früheren Zeiten. So müßte Dr. George Builer, der viele Jahre Rektor von Harrow war — auch Byron zählte zu seinen Zöglingen — (er war auch Vater des gegenwärtigen Rektors und anderer Söhne, von denen zwei ebenfalls Rektoren großer öffentlicher Schulen sind), in Anbetracht seiner hervorragenden klassischen Fähigkeiten diesen Rang auch in den klassischen Studien erhalten haben. Doch war Dr. Butler 1794 auch „senior-wrangler", in dem gleichen Jahr, als Lord Chancellor Lyndhurst zweiter war. Sowohl Dr. Kaye, der verstorbene Bischof von Lincoln, als Sir E. Alderson, der verstorbene Richter, waren „senior - wranglers" und bekamen gleichzeitig die ersten Preise für klassische Studien ihrer Jahrgänge. Seit 1824, also seit der Einführung der klassischen Examina, war der verstorbene Mr. Goulburn (Sohn des Schatzkanzlers Right Hon. H. Goulburn) 1835 zweiter „wrangler" und gleichzeitig „senior" in den klassischen Studien des gleichen Jahres. In neuerer Zeit ist jedoch die notwendige Vorbereitungsarbeit, die erforderlich ist, um die höchsten mathematischen Ehrenplätze zu erringen, so gewaltig angeschwollen, daß eine ausgedehntere Differenzierung der Studien erfolgt ist. Ein einzelner

hat keine Z e i t mehr, die notwendigen Kenntnisse für den ersten
Ehrenplatz in mehr als einem Gegenstand zu erlangen. Es gibt
daher keine Beispiele mehr von Leuten, die als absolut erste aus
beiden Prüfungen hervorgehen, aber einige können sowohl in ihren
klassischen als ihren mathematischen Studien als besonders hervorragend bezeichnet werden, wie ein Blick in die im „Cambridge Calendar" veröffentlichten Listen zeigt. Der beste aus
dieser späteren Gruppe scheint Dr. Barry zu sein, erst Rektor
von Cheltenham und jetzt Rektor des King's College in London
(Sohn des hervorragenden Architekten Sir Charles Barry und
Bruder von Mr. Edward Barry, der seinem Vater als Architekt
folgte). Er war vierter „wrangler" und siebenter in klassischer
Philologie seines Jahrgangs.

Die intellektuellen Differenzierungen sind enorm, in welcher Weise immer wir Fähigkeiten prüfen. Lord Macaulay (s.
unter „Literatur" über seine bemerkenswerte Verwandtschaft)
besaß ein Gedächtnis, das kaum seinesgleichen hatte. Er war
imstande, sich viele Seiten aus hunderten von Bänden verschiedener Autoren ins Gedächtnis zurückzurufen, die er sich durch
bloße Lektüre angeeignet hatte. Ein Durchschnittsmensch kann
sicherlich nicht ein Zweiunddreißigstel, ja nicht einmal ein Hun-
dertstel von dem behalten, was Lord Macaulay in seinem Gedächtnis aufspeicherte. Senecas Vater gehörte zu den Menschen
mit dem besten Gedächtnis im Altertum (wegen seiner Verwandtschaft s. unter „Literatur"). Porson, der Kenner Griechenlands,
war wegen dieser Gabe bekannt, und ich kann hinzufügen, daß
das „Porson-Gedächtnis" in dieser Familie erblich war. Die
gleichen ungeheuren Differenzierungen von Individuum zu Individuum finden sich in der Staatskunst, in der Kriegskunst, in der
Literatur, in der Wissenschaft, in Poesie und Kunst, und zahlreiche Beispiele, die in diesem Buch niedergelegt sind, werden
zeigen, in welch geringem Maße hervorragende Begabung in der
einen oder anderen Gruppe von intellektuellen Kräften als das
Resultat rein spezieller Talente betrachtet werden kann. Vielmehr müssen solche Fälle eher als das Resultat konzentrierter
Anstrengungen betrachtet werden, die von umfassend begabten
Menschen gemacht werden. Die Menschen legen zu viel Nach-
druck auf Spezialleistungen, die in die Augen fallen, und sie denken
vorschnell, daß ein Mensch in nichts anderm hätte erfolgreich sein

können, weil er sich einer bestimmten Beschäftigung gewidmet hat. Ebenso könnten sie sagen, daß ein Jüngling sich in keine Blondine hätte verlieben können, weil er sterblich in eine Brünette verliebt ist. Er kann eine größere natürliche Vorliebe für den letzteren Typus haben oder auch nicht haben, es ist aber ebenso wahrscheinlich, daß die Angelegenheit teilweise oder gänzlich auf eine allgemein gerichtete Disposition des jungen Mannes zurückzuführen ist. Genau so verhält es sich mit speziellen Beschäftigungen. Ein begabter Mensch ist oft launenhaft und unbeständig, bevor er sich zu einer Beschäftigung entschließt; hat er aber einmal gewählt, so widmet er sich ihr mit einem wahrhaft leidenschaftlichen Eifer. Nachdem ein mit bedeutenden Anlagen begabter Mensch sein Steckenpferd erwählt und sich ihm so angepaßt hat, daß er zu jeder anderen Beschäftigung unbrauchbar und einzig für diese seine spezielle Tätigkeit geeignet zu sein scheint, habe ich oft mit Bewunderung bemerkt, wie gut er sich benimmt, wenn die Umstände ihn plötzlich in eine unbekannte Lage drängen. Er wird die neuen Verhältnisse scharf erfassen und wird sie mit einer Kraft zu benützen verstehen, welche selbst seine intimsten Freunde ihm nicht ohne weiteres zugetraut hätten. Mehr als ein eingebildeter Narr hat schon Gleichgültigkeit und Nachlässigkeit für Unfähigkeit gehalten und hat sich selbst sehr hart und unvorhergesehen zu Fall gebracht, wenn er es versuchte, einen begabten Menschen in eine Lage zu drängen, wo dieser auf einen Angriff nicht vorbereitet war. Ich bin überzeugt, daß niemand, der den Vorteil genießt, sich in der Gesellschaft von befähigteren Menschen irgend einer Metropole zu bewegen, oder der die Biographien der Helden der Geschichte kennt, an der Existenz großer Exemplare der Spezies „Mensch" zweifeln kann; er muß wissen, daß es Naturen von besonders hervorragendem Adel gibt, Individuen, die dazu geboren sind, Könige der Menschen zu werden. Ich war in nicht geringer Angst befangen, eine Art von Sakrileg zu begehen, so oft ich bei der Zusammenstellung des Materials zu diesem Buch gezwungen war, den Maßstab an moderne Intellekte zu legen, die dem meinigen weit überlegen sind, oder die Begabung der glänzendsten historischen Exemplare unserer Gattung zu prüfen. Es war eine Tätigkeit, die mich fortwährend an ein verwandtes Gefühl erinnerte, das ich in vergangenen Tagen

während einer afrikanischen Reise empfand, als ich die Höhen
der kolossalen Klippen zu messen pflegte, welche sich über mir
emporhoben, wenn ich an ihrem Fuß entlang wanderte, oder die
ragenden Landmarken im Gebiete noch unbesuchter Stämme auf-
nahm, welche hinter meiner eigentlichen Horizontlinie in undeut-
licher Größe emporwuchsen.

Ich habe nicht besonders Sorge getragen, mich mit Leuten
zu befassen, deren Begabung unter dem Durchschnitt liegt, aber
sie wären ein interessantes Studium. Die Anzahl der Idioten und
Schwachsinnigen unter den zwanzig Millionen Einwohnern von
England und Wales wird auf etwa 50 000 geschätzt oder gleich
1 auf 400. Dr. Seguin, eine große französische Autorität auf
diesem Gebiete, erklärt, daß mehr als 30 % der Idioten und
Schwachsinnigen bei angemessenem Unterricht dahin gebracht
wurden, sich sozialen und moralischen Gesetzen zu fügen;
Sinn für Ordnung und Wohlverhalten wurde ihnen beigebracht,
und sie waren imstande, bei ihrer Arbeit ein Drittel der Leistungen
eines Durchschnittsmenschen zu erzielen. Er sagt, daß mehr
als 40 % von ihnen unter freundlicher Kontrolle zu den gewöhnlichen Verrichtungen des Lebens befähigt wurden; sie
lernten moralische und soziale Abstraktionen verstehen und
konnten zwei Drittel der gewöhnlichen Durchschnittsarbeit
leisten. Und daß schließlich 25 — 30 % von ihnen sich
mehr und mehr dem Niveau des Durchschnittsmenschen
nähern, bis einige von ihnen der Prüfung selbst guter Beobachter Trotz bieten, wenn man sie mit gewöhnlichen jungen
Männern und Frauen vergleicht. Gleich über Idioten und
Schwachsinnigen rangiert eine große Anzahl von milderen Fällen,
die in Privatfamilien verstreut sind und verborgen gehalten werden, deren Existenz jedoch Verwandten und Freunden wohl be-
kaunt ist; sie sind zu einfältig, um an der allgemeinen Gesellschaft teilzunehmen, aber eine triviale, harmlose Beschäftigung
amüsiert sie leicht. Dann kommt eine Gruppe, als deren Repräsentant Lord Dundreary*) in dem berühmten Stück gelten
kann; so steigen wir durch verschiedene Grade bis zur Mittelmäßigkeit auf. Ich kenne zwei gute Beispiele von ererbter Ein-

---

*) Stutzer in einem Lustspiel „Our American Cousin" von Tom
Taylor. D. Üb.

fältigkeit, die von Schwachsinn wenig entfernt ist, und habe Grund zu glauben, daß ich leicht derartige Fälle in großer Zahl beibringen könnte. Ich fasse noch einmal zusammen: der Abstand in den Geisteskräften — ich sage nicht zwischen dem höchststehenden Kaukasier und dem niedrigsten Wilden, sondern der zwischen dem größten und dem kleinsten englischen Intellekt, ist ungeheuer, Wir sehen eine Kontinuität natürlicher Fähigkeiten, die, man weiß nicht recht bis zu welcher Höhe, aufsteigt und die wieder bis zu einem Tiefstand hinabsinkt, der sich ebenfalls kaum bezeichnen läßt. Ich will in diesem Kapitel die Menschen nach ihren natürlichen Fähigkeiten ordnen, indem ich sie in Klassen einteile, die durch gleiche Grade des Verdienstes getrennt sind, und will dann die relative Anzahl der Individuen zeigen, die sich in den verschiedenen Klassen befinden. Vielleicht wird jemand geneigt sein, aus dem Stegreif die Vermutung aufzustellen, daß die Anzahl der Menschen in den verschiedenen Klassen ungefähr gleich sein wird. Wenn dem so ist, so kann ich ihn versichern, daß er sich ganz außerordentlich irrt.

Die Methode, deren ich mich bediene, um all dies aufzudecken, ist eine Anwendung des sehr merkwürdigen theoretischen Gesetzes von „der Abweichung von einem Durchschnitt". Ich will erst das Gesetz erklären und dann zeigen, daß die Produktion natürlicher, intellektueller Begabungen gerade in seinen Spielraum fällt.

Das Gesetz ist von ganz außerordentlicher Allgemeinheit. Quételet, königlicher Astronom von Belgien und die größte Autorität in Lebensdauer- und Sozialstatistik, hat es bei seinen Untersuchungen in ausgedehntem Maße angewendet. Er hat auch Zahlentabellen konstruiert, mit deren Hilfe die notwendigen Berechnungen leicht gemacht werden können, wenn es erwünscht erscheint, das Gesetz anzuwenden. Wer mehr davon lernen will, als mir hier der Raum gestattet zu bringen, möge sein Werk nachschlagen, das einen sehr lesbaren Band bildet und das verdient, unter Statistikern besser bekannt zu sein, als es der Fall zu sein scheint. Es führt den Titel „Briefe über Wahrscheinlichkeiten".

In den letzten Jahren wurde so viel über statistische Deduktionen veröffentlicht, daß ich sicher bin, der Leser sei vorbereitet genug, um bereitwillig dem folgenden hypothetischen Fall zuzustimmen. Man stelle sich eine große Insel vor, die von einem einzigen Volke bewohnt ist. Das Volk heiratet ohne Beschränkung untereinander und lebt seit vielen Generationen unter konstanten Bedingungen. Dann würde auch die durchschnittliche Körpergröße der erwachsenen männlichen Bevölkerung hier von Jahr zu Jahr die gleiche sein. Ebenso werden wir, wenn wir nach der Erfahrung der modernen Statistik schließen, wonach konstante Resultate aus weit weniger sorgsam gesicherten Beispielen folgen, ohne Zweifel Jahr um Jahr die gleiche Proportion zwischen den Zahlen der Männer der verschiedenen Größenklassen finden. Ich meine, wenn die Durchschnittsgröße eines Mannes sechsundsechzig Zoll beträgt und wenn gleichfalls in einem beliebigen Jahr von einer Million erwachsener Männer 100 über achtundsiebzig Zoll groß sind, so wird die gleiche Proportion von 100 auf eine Million auch in allen anderen Jahren sich genau finden. Die gleiche Konstanz der Proportion wird sich auch zwischen anderen Größen-Grenzen finden, die wir etwa festsetzen wollen, so zwischen einundsiebzig und zweiundsiebzig Zoll, zwischen zweiundsiebzig und dreiundsiebzig Zoll usw. Statistische Erscheinungen bestätigen so unveränderlich, was ich hier nur als wahrscheinlichen Fall gesetzt habe, daß die Beschreibung analoger Beispiele unnötig ist. An diesem Punkt nun tritt das Gesetz der Abweichung von einem Durchschnitt ein. Es zeigt, daß innerhalb einer Million erwachsener Männer die Anzahl derjenigen, die zwischen einundsiebzig und zweiundsiebzig Zoll groß sind (oder welche beiden Grenzen wir immer festsetzen wollen) aus dem vorhergehend gegebenen Durchschnitt und aus irgend einer anderen Tatsache, so aus dem Prozentsatz derjenigen, die in einer Million achtundsiebzig Zoll übersteigen, vorausgesagt werden kann.

Das folgende Diagramm wird dies verständlicher machen. Stellen wir uns eine Million von Männern vor, die sich nacheinander mit dem Rücken gegen ein vertikales Brett von genügender Höhe stellen, auf dem ihre Körperlänge durch Punkte angemerkt wird. Das Brett wird dann einen Anblick darbieten, wie ihn das Diagramm zeigt. Die Linie der Durchschnittsgröße ist diejenige, welche die Punkte in zwei gleiche Hälften teilt, und bezeichnet in dem Falle, den wir vorausgesetzt haben,

eine Höhe von sechsundsechzig Zoll. Wie man sieht, verteilen sich die Punkte so symmetrisch auf jede Seite der
Durchschnittslinie, daß die untere Hälfte des Diagramms fast
das genaue Spiegelbild der oberen ist. Rechnen wir jetzt an
hundert Punkte von oben hinunter und denken wir uns eine Linie
unterhalb gezogen. Den Bedingungen zufolge entspricht diese
Linie der Größe von achtundsiebzig Zoll. Unter Benutzung der
Daten, die diese beiden Linien an die Hand geben, ist es möglich,
durch Zuhilfenahme des Gesetzes der Abweichung von einem
Durchschnitt das ganze System der Punkte auf dem Brett mit
besonderer Genauigkeit zu reproduzieren.

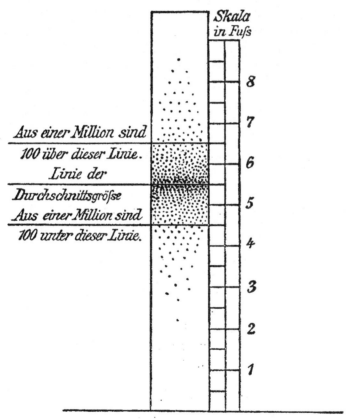

Quételet gibt Tabellen, in welchen die oberste Linie aus
einer Million statt hundert nur eins abschneidet. Er teilt die
Intervalle zwischen dieser Linie und der Durchschnittslinie in acht

gleiche Abstände und gibt die Anzahl der Punkte ,welche in jede der so entstandenen Abteilungen fallen. Unter Zuhilfenahme seiner Tabellen kann man mit Leichtigkeit ausrechnen, was bei einem beliebigen andern Klassifikationssystem eintreten würde.

Dieses Gesetz der Abweichung von einem Durchschnitt ist in seiner Anwendung vollkommen allgemein. Wenn also die Zeichen durch Flintenkugeln gemacht wären, die in einer horizontal durch die Front der Schießscheibe gezogenen Linie abgeschossen würden, so würden sie sich nach dem gleichen Gesetz verteilen. Wo immer einer große Anzahl gleicher Ereignisse vorliegt, von denen jedes die Folge der resultierenden Einflüsse der gleichen variablen Bedingungen ist, wird zweierlei stattfinden. Erstens wird der Durchschnittswert dieser Ereignisse konstant sein, und zweitens werden die Abweichungen der einzelnen Ereignisse vom Durchschnitt diesem Gesetz unterliegen (das im Prinzip das gleiche ist, wie das, welches den Lauf des Glücks am Spieltisch regiert.)

Ich sage, die Natur der Bedingungen, die die einzelnen Ereignisse verursachen, muß die gleiche sein. Es ist klar, daß man nicht die Körpergrößen von Menschen zweier ungleicher Rassen vergleichen kann, in der Erwartung, die in eins zusammengezogenen Resultate würden von den gleichen Konstanten abhängen. Eine Verbindung von zwei ungleichartigen Systemen von Punkten würde die gleiche Verwirrung hervorbringen, als wenn man die Hälfte der Flintenkugeln, die gegen eine Scheibe abgeschossen würden, nach einem Punkt, und die andere Hälfte nach einem andern Punkt richten würde. Eine Prüfung der Punkte würde sogar einen Menschen, der nicht wüßte, was passiert sei, darauf bringen, daß eben das passiert sei, und es wäre unter Zuhilfenahme des Gesetzes sogar möglich, zwei oder eine bescheidene Anzahl übereinanderliegender Serien von Punkten zu entwirren. Das Gesetz kann daher als sehr zuverlässiges Kriterion benützt werden, ob die Ereignisse, von denen der Durchschnitt gezogen wird, auf die gleichen oder auf verschiedenartige Klassen von Bedingungen zurückzuführen sind.

Ich wählte den hypothetischen Fall eines Volkes, das auf einer Insel wohnt und frei unter einander heiratet, um den Bedingungen, die wir für unser hypothetisches Inselvolk voraussetzen, einen gleichartigen Charakter zu geben. Es wird jetzt mein Ziel sein,

zu zeigen, daß die Einwohner Großbritanniens Gleichartiges genug
haben, um sie gänzlich unter dieses Gesetz zu bringen.

Ich führe zu diesem Zweck erst ein Beispiel aus Quételets
Buch an. Es handelt sich um Messungen des Brustumfanges bei
einer großen Anzahl schottischer Soldaten. Die Schotten sind
weder eine einheitliche Rasse, noch sind sie gleichförmigen Bedingungen unterworfen. Sie sind eine Mischung von Kelten,
Dänen, Angelsachsen und anderen Völkern in verschiedenen Proportionen; die Hochländer z. B. sind fast reine Kelten. Andererseits sind diese Völker, obgleich ihrem Ursprung nach so verschieden, ihrem Charakter nach nicht sehr ungleichartig.
Es wird sich zeigen, daß ihre Abweichungen vom Durchschnitt
mit bemerkenswerter Genauigkeit den theoretischen Berechnungen
folgen. Das Beispiel ist folgendes. Quételet entnahm seine Tatsachen dem dreizehnten Band des Edinburgh Medical Journal, wo
an 5738 Soldaten gemachte Messungen niedergelegt sind. Die
Resultate sind nach den Umfängen angeordnet, nach den Differenzen von einem Zoll fortschreitend. Professor Quételet vergleicht diese Resultate mit jenen, die seine Tabelle ergeben. Das
Resultat folgt hier. Die wunderbare Übereinstimmung zwischen
Theorie und Praxis muß selbst dem ungeübtesten Auge auffallen.
Ich muß noch hinzufügen, daß in beiden Fällen Maße und Berechnungen aus Bequemlichkeitsgründen auf Tausende reduziert
sind.

| Messungen des Brustumfanges in Zoll | 1000 Leute nach Erfahrung: | 1000 Leute nach Berechnung: | Messungen des Brustumfanges in Zoll | 1000 Leute nach Erfahrung: | 1000 Leute nach Berechnung: |
|---|---|---|---|---|---|
| 33 | 5 | 7 | 41 | 1628 | 1675 |
| 34 | 31 | 29 | 42 | 1148 | 1096 |
| 35 | 141 | 110 | 43 | 645 | 560 |
| 36 | 322 | 323 | 44 | 160 | 221 |
| 37 | 732 | 732 | 45 | 87 | 69 |
| 38 | 1305 | 1333 | 46 | 38 | 16 |
| 39 | 1867 | 1838 | 47 | 7 | 3 |
| 40 | 1882 | 1984 | 48 | 2 | 1 |

Ich nehme jetzt einen Fall, wo die Ungleichheit der Elemente,
aus denen der Durchschnitt gezogen wurde, größer ist. Es handelt

sich um das Körpermaß von 100000 assentierten Franzosen. Unter den Franzosen finden sich genau so viel Verschiedenheiten als unter den Engländern, denn es ist nicht sehr viele Generationen her, daß Frankreich in völlig unabhängige Königreiche zerfiel. Unter seinen einzelnen Völkern sind die Bewohner der Normandie, der Bretagne, des Elsaß, der Provence, der Auvergne; jedes dieser Völker hat seine speziellen Eigentümlichkeiten, dennoch zeigt die folgende Tabelle eine ungemein auffallende Übereinstimmung zwischen den Resultaten der Erfahrung und jenen, die aus Berechnung von einer rein theoretischen Hypothese abgeleitet sind:

| Größen der Rekruten | Anzahl der Rekruten | |
|---|---|---|
| | gemessen | berechnet |
| Zoll | | |
| Unter    61.8 | 28 620 | 26 345 |
| von 61.8—62.9 | 11 580 | 13 182 |
| „  62.9—63.9 | 13 990 | 14 502 |
| „  63.9—65.0 | 14 410 | 13 982 |
| „  65.0—66.1 | 11 410 | 11 803 |
| „  66.1—67.1 | 8 780 | 8 726 |
| „  67.1—68.2 | 5 530 | 5 527 |
| „  68·2—69.3 | 3 190 | 3 187 |
| über     69 3 | 2 490 | 2 645 |

Die größten Differenzen finden sich in den niedrigsten Reihen. Sie enthalten die Männer, die wegen ihres kleinen Wuchses zurückgestellt wurden. Quételet schreibt diese Unterschiede unbedenklich betrügerischen Berichten zu. Es hat allerdings den Anschein, daß Leute in ungesetzlicher Weise aus der zweiten Reihe entfernt und in die erste eingestellt wurden, um vom Militärdienst befreit zu werden. Wie dem immer sei, die Übereinstimmung zwischen Tatsachen und Theorie ist auch in diesem Beispiel eng genug, um meinen Zwecken zu dienen.

Ich folgere aus den Resultaten, die an den Schotten und Franzosen gewonnen wurden, daß, wenn uns die Größenmaße der erwachsenen männlichen Bevölkerung der britischen Inseln bekannt wären, wir auch hier eine genaue Übereinstimmung mit dem Gesetz der Abweichung von einem Durchschnitt fänden, obgleich unsere Bevölkerung ebenso gemischt ist, als es die von Schottland nach meiner Beschreibung ist und obgleich Irland hauptsächlich von Kelten bewohnt wird.

Trifft es aber bei der Größe zu, so wird es auch bei allen anderen physischen Merkmalen der Fall sein, wie Umfang des Kopfes, Größe des Gehirns, Gewicht der grauen Gehirnsubstanz, Anzahl der Gehirnfasern etc. Gehen wir noch einen Schritt weiter, den kein Physiologe zögern wird, zu tun, so wird auch das Gleiche bezüglich ihrer geistigen Kapazität der Fall sein.

Eben dahin tendiere ich, denn diese Analogie zeigt klar, daß innerhalb der geistigen Kapazität der Bewohner der britischen Inseln ein ziemlich konstanter Durschnitt bestehen muß und daß die Abweichungen von diesem Durchschnitt — hinauf zum Genie und hinunter zum Blödsinn — dem Gesetze folgen müssen, das die Abweichungen von jedem richtigen Durchschnitt bestimmt.

Ich habe jedoch noch etwas mehr getan als mich auf eine Analogie gestützt, als ich die Resultate jener Prüfungen heranzog, bei denen die Kandidaten aus den gleichen Klassen stammten. Viele werden wohl die Listen der erfolgreichen Bewerber um verschiedene öffentliche Anstellungen gesehen haben, die von Zeit zu Zeit in den Zeitungen veröffentlicht werden, mit den Noteneinheiten, die jeder Kandidat gewann und die seinem Namen beigefügt waren. Diese Liste enthält viel zu wenig Namen, um eine so schöne Übereinstimmung mit dem Gesetz aufzuweisen, wie es bei den schottischen Soldaten der Fall war. Selten kommen bei einem dieser Examina mehr als hundert Namen vor, während die Brustumfänge von nicht weniger als 5700 Soldaten gemessen wurden. Ich kann nicht recht die Noten verschiedener unabhängiger Prüfungen in einen Haufen zusammenwerfen, denn ich begreife, daß verschiedene Prüfende auch zu verschiedenen Einschätzungszahlen neigen. So muß also jede Prüfung getrennt analysiert werden. Das Folgende ist eine Kalkulation, die ich an einer Prüfung anstellte, die vor mir abgehalten wurde; wir können sie hier gebrauchen wie jede andere. Es handelte sich um den Eintritt in das Royal Military College in Sandhurst im Dezember 1868. Die Notensummen, die erreicht wurden, häufen sich besonders um 3000 herum, so daß ich diese Ziffer als die Durchschnittsfähigkeit der Kandidaten repräsentierend annehme. Von dieser Zahl und weiter von der Tatsache ausgehend, daß kein Kandidat mehr als 6500 Noteneinheiten erhielt, berechnete ich unter Zuhilfenahme von Quételets Zahlen die Kolonne B in der folgenden Tabelle. Es wird sich zeigen, daß die Kolonne B so weit mit der

Kolonne A übereinstimmt, als die geringe Anzahl der geprüften Personen es erwarten ließ.

| Anzahl der Noteneinheiten, die die Kandidaten erhielten | Anzahl der Kandidaten, die diese Noteneinheiten erhielten | |
|---|---|---|
| | A.<br>Den Tatsachen entsprechend | B.<br>Der Theorie entsprechend |
| 6500 und darüber | 0 | 0 |
| 5800—6500 | 1 | 1 |
| 5100—5800 | 3 | 5 |
| 4400—5100 | 6 | 8 |
| 3700—4400 | 11 } 73 | 13 } 72 |
| 3000—3700 | 22 | 16 |
| 2300—3000 | 22 | 16 |
| 1600—2300 | 8 | 13 |
| 1100 zu 1600 | Wagten es ent- | 8 |
| 400 „ 1100 | weder nicht sich | 5 |
| unter 400 | zu messen oder fielen durch. | 1 |

Die Symmetrie des absteigenden Zweiges ist durch die am Fuß der Kolonne A angegebenen Umstände arg gestört worden. Es ist aber wenig Anlaß zu bezweifeln, daß, wenn jeder Mensch in England sich irgend ein Fach aneignen und sich dann vor Examinatoren präsentieren müßte, die ein gleichartiges Notensystem anwendeten, die erteilten Noten sich nach dem Gesetz der Abweichung von einem Durchschnitt genau so streng in Reihen bringen ließen, wie die Größenmaße der französischen Assentpflichtigen oder die Brustumfänge der schottischen Soldaten.

Die Stufenzahl, auf welche wir die geistigen Fähigkeiten verteilen wollen, hängt von unserer Wahl ab. Wir können ganz nach unserer Bequemlichkeit die Engländer in einige große Klassen oder in viele kleine einteilen. Ich wähle ein Klassifikationssystem, das sich leicht mit der Anzahl hervorragender Männer vergleichen läßt, wie wir sie in den vorhergehenden Kapiteln festgesetzt haben. Wir sahen dort, daß auf eine Million Männer 250 es zu hervorragender Bedeutung bringen; dementsprechend habe ich die Abteilungen in der folgenden Tabelle so entworfen, daß die beiden höchsten F und G, zusammen mit X (das alle Fälle außer G umfaßt, die nicht eingeteilt sind) sich ungefähr auf diese Zahl belaufen, nämlich 248 auf eine Million.

## Einteilung der Menschen nach ihrer natürlichen Begabung

| Grade der natürlichen Befähigung durch gleiche Abstände getrennt | | Anzahl der Menschen innerhalb der verschiedenen Grade natürlicher Befähigung, entweder mit Bezug auf allgemeine Talente oder spezielle Fähigkeiten. | | | | | | | |
|---|---|---|---|---|---|---|---|---|---|
| Unter dem Durchschnitt | Ueber dem Durchschnitt | Im Verhältnis einer zu | In jeder Million desgleichen Alters. | In der gesamten männlichen Bevölkerung, d. h. in 15 Millionen der angegebenen Altersstufen | | | | | |
| | | | | 20—30 | 30—40 | 40—50 | 50—60 | 60—70 | 70—80 |
| a | A | 4 | 256791 | 651000 | 495000 | 391000 | 268000 | 171000 | 77000 |
| b | B | 6 | 161279 | 409000 | 312000 | 246000 | 168000 | 107000 | 48000 |
| c | C | 16 | 63563 | 161000 | 123000 | 97000 | 66000 | 42000 | 19000 |
| d | D | 64 | 15696 | 39800 | 30300 | 23900 | 16400 | 10400 | 4700 |
| e | E | 413 | 2423 | 6100 | 4700 | 3700 | 2520 | 1600 | 729 |
| f | F | 4300 | 233 | 590 | 450 | 355 | 243 | 157 | 50 |
| g | G | 79000 | 14 | 35 | 27 | 21 | 15 | 9 | 4 |
| X | X | | | | | | | | |
| alle Grade unter g | alle Grade über G | 1000000 | 1 | 3 | 2 | 2 | 2 | — | — |
| Auf jeder Seite des Durchschnittes | | | 500000 | 1268000 | 964000 | 761000 | 521000 | 332000 | 149000 |
| Gesamtsumme auf beiden Seiten | | | 1000000 | 2536000 | 1928090 | 1522000 | 1042000 | 664000 | 298000 |

Die Verhältnisse der Männer der verschiedenen Lebensalter zu einander sind nach den Verhältnissen gerechnet, die für England und Wales stimmen. (Census von 1861, Anhang S. 107.)

Beispiel. Die Abteilung F enthält je einen Mann auf 4300. Mit anderen Worten in jeder Million Menschen befinden sich 233 dieser Abteilung. Das Gleiche gilt für f. Im ganzen vereinigten Königreich gibt es 590 Leute der Abteilung F (und die gleiche Anzahl der Abteilung f) zwischen dem 20. und 30. Lebensjahr; 450 zwischen dem 30. und 40. Lebensjahr usw.

Ich hoffe, dem Leser wird jetzt völlig klar sein, daß die Ziffern der verschiedenen Abteilungen meiner Tabelle nicht auf einer unsichern Annahme beruhen. Sie sind nach dem sicheren Gesetz der Abweichungen von einem Durchschnitt festgelegt. Es ist absolut sicher, daß, wenn wir aus jeder Million den einen Mann herausheben, der der natürlich begabteste in ihr ist und ebenso den Dümmsten und dann die übrigen 999,998 in vierzehn Klassen aufteilen, wobei die Durchschnittsfähigkeit einer jeden Klasse von den benachbarten durch g l e i c h e S t u f e n getrennt ist, die

Zahlen jeder dieser Klassen im Durchschnitt vieler Millionen sich so verhalten werden, wie es in der Tabelle festgelegt ist. Die Tabelle kann sowohl auf eine spezielle wie auf allgemeine Begabung angewendet werden. Sie wird für jede Prüfung stimmen, die natürliche Begabungen ausdrücken soll, ob es sich nun um Malerei, um Musik oder Politik handelt. Die Verhältnisse zwischen den verschiedenen Klassen werden in all diesen Fällen identisch sein, obgleich die Klassen aus verschiedenen Individuen zusammengesetzt sein würden, je nachdem die Prüfung ihrem Inhalt nach verschieden wäre.

Es wird sich zeigen, daß mehr als die Hälfte jeder Million in den beiden mittleren Klassen a und A enthalten ist; die vier mittleren Klassen a, b, A, B, enthalten mehr als vier Fünftel und die sechs mittleren Klassen mehr als neunzehn Zwanzigstel der Gesamtbevölkerung. Beides, die Seltenheit einer dominierenden Begabung, und das starke Vorwiegen an Mittelmäßigkeit, ist kein Zufall, sondern folgt notwendig aus der eigentlichen Natur dieser Dinge.

Die Bedeutung des Wortes „Mittelmäßigkeit" läßt kaum einen Zweifel aufkommen. Es definiert den Stand intellektueller Kräfte, wie er sich in den meisten Provinz-Gesellschaften findet, da die Reize einer anregenderen Lebensweise in der Hauptstadt und anderwärts geeignet sind, die befähigteren Männer anzulocken und die dummen und einfältigen keinen Teil an der Gesellschaft haben. Das Residuum also, das die große Masse der allgemeinen Gesellschaft kleiner Provinzstädte bildet, ist gewöhnlich in seiner Mittelmäßigkeit sehr rein.

Die Klasse C enthält die Fähigkeiten, die etwas höher sind, als sie im allgemeinen der Obmann einer gewöhnlichen Geschworenenbank besitzt. D umfaßt die Massen der Männer, welche die gewöhnlichen Prämien des Lebens erhalten. E ist um eine Stufe höher. Dann gelangen wir zu F, die niedrigste jener noch höheren Intelligenzklassen, mit denen diese Arbeit sich hauptsächlich beschäftigt.

Gehen wir die Skala hinunter, so finden wir, wenn wir f erreicht haben, daß wir bereits unter Idioten und Schwachsinnigen sind. Wir haben gesehen, daß in unserem Lande auf je eine Million Menschen 400 Idioten und Schwachsinnige kommen, daß aber 30 Prozent ihrer Gesamtzahl leichte Fälle zu sein scheinen, für die Idiotie nicht die geeignete Bezeichnung ist. Auf jede Million unserer Bevölkerung entfallen 280 wirkliche Idioten und Schwachsinnige. Dieses Verhältnis entspricht sehr genau den Anforderungen der Klasse f. Ohne Zweifel entsteht ein gewisser Teil dieser Idioten aus zufälligen Verursachungen, die der Arbeit eines von Natur guten Gehirns Abbruch tun, genau so wie ein Stückchen Schmutz einen erstklassigen Chronometer dazu bringen kann, die Zeit schlechter anzugeben als eine gewöhnliche Uhr. Ich vermute aber infolge des gewöhnlich kleinen Kopfes dieser Menschen und der Abwesenheit von Krankheiten unter ihnen, daß der Anteil von zufälligen Idioten nicht sehr groß sein kann.

So kommen wir zu dem unleugbaren, aber unvermuteten Schluß, daß außerordentlich begabte Männer ebenso über die Mittelmäßigkeit emporragen, als die Idioten unter die Mittelmäßigkeit hinuntersinken, eine Tatsache, die unsere Ideen über die ungeheuren Verschiedenheiten intellektueller Gaben von Mensch zu Mensch bedeutend zu erweitern bestimmt ist.

Ich vermute, daß Klasse F bei Hunden und anderen der intelligentesten Tierarten in bezug auf Gedächtnis und Vernunftkräfte mit f der menschlichen Rasse ungefähr kommensurabel ist. Sicherlich ist die Klasse G solcher Tiere weit größer als Klasse G bei der Menschheit.

## Vergleich der beiden Klassifikationen.

Ist der Ruf ein genügender Beweis für natürliche Begabung? Es ist der einzige, den ich anwenden kann; bin ich gerechtfertigt, wenn ich es tue? Wieviel von den Erfolgen eines Mannes hängt von günstigen Gelegenheiten ab, wieviel von den natürlichen Kräften seines Intellekts?

Es ist eine sehr alte Frage, die wir hier aufwerfen, eine große Anzahl von Gemeinplätzen wurden über sie geäußert, so daß wir nicht nötig haben, sie hier zu wiederholen. Ich will mich auf einige Betrachtungen beschränken, die mir vollkommen hinreichend zu beweisen scheinen, was ich für meine Argumentation nötig habe.

Behalten wir wohl im Auge, was ich unter Ruf und Fähigkeiten verstehe. Unter Ruf verstehe ich die Meinung der Zeitgenossen, von der Nachwelt revidiert, das günstige Resultat einer von vielen Biographen besorgten kritischen Analyse des Charakters eines jeden Mannes. Ich verstehe darunter weder eine hohe soziale, noch eine amtliche Stellung, ebensowenig das, was der bloße Löwe einer Londoner Saison bedeutet. Ich spreche von dem Ruf eines Führers der öffentlichen Meinung, eines schöpferischen Geistes, eines Mannes, dem die Welt wohlüberlegt einräumt, daß sie ihm stark verpflichtet ist.

Unter natürlichen Fähigkeiten verstehe ich jene Eigenschaften des Intellekts und Gemüts, welche einen Menschen dazu anspornen und qualifizieren, Handlungen zu verrichten, die seinen Ruf verbreiten. Ich verstehe darunter weder Talent ohne Eifer, noch Eifer ohne Talent, noch eine Kombination von beiden ohne die entsprechende Kraft, ein gut Stück einer sehr mühseligen Arbeit zu verrichten. Ich verstehe darunter eine Natur, die, wenn sie sich selbst überlassen ist und von einem inneren Trieb gedrängt wird, den Weg emporklimmt, der zur hervorragenden Bedeutung hinaufführt, und die Kraft genug hat, den Gipfelpunkt zu erreichen; eine Natur, die, wenn sie gehindert wird oder ihr etwas in die Quere kommt, sich aufbäumt und kämpft, bis das Hindernis überwunden ist und sie wieder frei ihrer instinktiven Arbeitsfreude folgen kann. Es ist fast eine contradictio in adiecto, wenn man zweifelt, daß solche Männer im allgemeinen hervorragend werden. Wir werden gerade bei unserer Betrachtung in Hülle und Fülle auf Beispiele stoßen, die zeigen, daß nur wenig Menschen hohen Ruf erlangt haben, ohne diese besonderen Gaben zu besitzen. Es folgt daraus, daß die Männer, die zu hervorragender Bedeutung gelangen, und die, welche von Natur talentiert sind, mit wenigen Ausnahmen identisch sind.

Der spezielle Sinn, in dem ich das Wort Fähigkeit gebrauche, soll meine Argumentation nicht von einer weiteren Anwendung ausschließen; denn wenn es mir gelingen wird, zu zeigen — und es wird mir ohne Zweifel gelingen — daß das konkrete dreifache Vorkommen von Fähigkeit kombiniert mit Eifer und Eignung zu schwerer Arbeit, vererbbar ist, dann muß noch viel mehr der Glaube gerechtfertigt sein, daß irgend eines dieser drei Elemente, sei es nun Fähigkeit, Eifer oder die Eigung zur Arbeit in gleicher Weise eine Gabe der Vererbung ist. .

Ich glaube und werde mein Bestes tun, es zu zeigen, daß, wenn die „hervorragenden" Männer irgend einer Periode als kleine Kinder vertauscht worden wären, ein großer Teil von ihnen, wenn sie am Leben geblieben wären und ihre Gesundheit bis zu ihrem fünfzigsten Lebensjahr behalten hätten, ungeachtet ihrer veränderten Lebensumstände ebenfalls hervorragende Bedeutung erlangt hätten. So ist es z. B. unglaubhaft — um einen starken Fall zu nehmen — daß Lord Brougham durch irgend eine Kombination von Umständen zu dem Niveau einer unbemerkten Mittelmäßigkeit hätte hinabgedrückt werden können.

Die Argumente, auf die ich mich stütze, sind die folgenden. Ich will ihre Anwendung zunächst auf Männer der Feder und Künstler beschränken. Erstens ist es eine Tatsache, daß eine Anzahl von Männern, noch ehe sie das mittlere Lebensalter erreichen, und die aus den niedrigeren Klassen hervorgehen, eine Stellung in der Welt erlangen, wo es für die Zukunft ihrer Karriere nicht mehr wichtig ist, wie sie ihre Jugend verbracht haben. Sie haben die Hindernisse überwunden und starten jetzt

im folgenden Wettlauf des Lebens mit anderen, glücklicher Auf-
erzogenen zusammen mit gleichen Chancen. Ein Junge, der sorgfältig erzogen werden soll, wird in eine gute Schule geschickt, wo
er, zugestandenermaßen, wenig nützliche Kenntnisse erwirbt, wo
er aber in der Kunst des Lernens unterrichtet wird. Der Mann,
von dem ich spreche, ist gezwungen, dieselbe Kunst in einer Schule
der Widerwärtigkeiten zu erwerben. Beide stehen auf gleicher
Linie, wenn sie ihre Reifezeit erreicht haben. Sie bewerben sich
um die gleichen Preise, sie messen ihre Kräfte durch Anstrengungen in der gleichen Richtung, und die Erfolge des einen
und des andern hängen fortan von ihren beiderseitigen natürlichen
Gaben ab. Es gibt eine Menge solcher Männer, unter den "hervorragenden" Menschen, wie Biographien genügend zeigen. Wären
nun die Hindernisse, die dem Erfolg im Wege stehen, sehr groß,
so müßten wir erwarten, daß alle, die sie überwunden haben,
Wunder an Genies sind. Die Hindernisse würden nach dieser Ansicht ein System der natürlichen Auslese bilden, indem sie alle diejenigen zurückwerfen, deren Gaben unter einem gewissen, sehr
hohen Niveau liegen. Doch was ist der Fall? Wir finden sehr viele
Menschen, die sich aus der Reihe emporgehoben haben und die
durchaus keine Wunder an Genies sind; viele Menschen, die
keinerlei Anspruch auf „hervorragende Bedeutung" haben, sind
oft, allen Hindernissen zum Trotz, leicht in die Höhe gekommen.
Die Hindernisse bilden zweifellos ein System der natürlichen Auslese, das die Mittelmäßigkeit und selbst noch Männer von ziemlich
guten Anlagen zurückhält, mit einem Worte, die Klassen unter D.; jedoch viele aus der Klasse D haben Erfolg, ebenso sehr viele aus E und,
wie ich glaube, eine sehr große Majorität aus den höheren Gruppen.
    Ist ein Mann mit großer intellektueller Fähigkeit begabt, hat
er das heftige Verlangen zu arbeiten und die Kraft dazu, so kann
ich nicht verstehen, wie ein solcher Mann zurückgehalten werden
könnte. Die Welt wird immerfort von Schwierigkeiten gequält, die
darauf warten, daß man sie löse, sie kämpft immerfort mit Ideen
und Gefühlen, denen sie keinen entsprechenden Ausdruck zu geben
vermag. Ist dem so und existiert ein Mensch, der diese Schwierigkeiten lösen kann, der den unterbundenen, unklaren Gefühlen Ausdruck zu geben vermag, so kann er sicher sein, daß ihn die Welt
mit allgemeinem Jubel begrüßen wird. Wir können fast sagen,
daß er seine Feder bloß über das Papier führen muß, damit die

Sache getan sei. Ich spreche hier von jenen wirklich erstklassigen Menschen — von den Wundern der Menschheit — von
denen einer auf eine Million oder auf zehn Millionen kommt, von
denen wir in dieser Arbeit eine Anzahl als Beispiele vererbter Anlagen finden werden.

Noch ein anderes Argument beweist, daß die Hindernisse des
sozialen Lebens in England nicht dahin wirken, große Fähigkeiten
zurückzuhalten. Die Anzahl der hervorragenden Männer ist nämlich in England ebenso groß, wie in anderen Ländern, wo die
Hindernisse geringer sind. In Amerika ist die Kultur viel weiter
verbreitet als bei uns und die Bildung der mittleren und unteren
Klassen ist bei weitem vorgeschrittener, aber trotz alledem
schlägt uns Amerika sicherlich nicht inbezug auf erstklassige Werke
in Literatur, Philosophie oder Kunst. Die höhere Art von Büchern,
die in Amerika gelesen werden, sind selbst bis auf die allerletzte
Zeit, in erster Reihe von Engländern geschrieben. Die Ameri-
kaner haben eine ungeheure Zahl von Leuten vom Schlag eines
Kongreßmitgliedes oder Zeitungsartikelschreibers, aber die Anzahl ihrer wirklich hervorragenden Autoren ist noch beschränkter
als selbst bei uns. Ich schließe daraus, daß, wenn die Hindernisse,
die sich in der englischen Gesellschaft dem Aufsteigen des Talents
entgegenstellen, so völlig enfernt würden, als sie in Amerika entfernt wurden, wir nicht eine Bereicherung an besonders hervorragenden Menschen zu verzeichnen hätten.

Die Menschen scheinen im allgemeinen der Ansicht zu sein,
daß der Weg zu hervorragender Bedeutung ein Weg von großer
Selbstverleugnung ist, von welchem stündliche Versuchungen hin-
weglocken. Vor diesen Versuchungen kann ein Mann in seinem
Knabenalter nur durch die Strenge eines Schulmeisters oder die
unaufhörliche Wachsamkeit der Eltern behütet werden, im
späteren Leben aber von der Anziehungskraft einer segensreichen
Freundschaft und anderen günstigen Umständen. Das ist wahr
genug für die große Majorität der Menschen, aber es ist einfach
nicht wahr für die Allgemeinheit jener, die großen Ruf erworben
haben. Die Biographien zeigen, wie ein unaufhörlicher instinktiver
Hunger nach intellektueller Arbeit solche Menschen verfolgt und
drängt. Werden sie gewaltsam von dem Pfad hinweggedrängt,
der zur hervorragenden Bedeutung führt, so finden sie wieder den
Weg dahin, so sicher als ein Verliebter den Weg zu seiner Ge-

liebten findet. Solche Menschen arbeiten nicht um des Ruhmes willen, sondern um ihren Hunger nach geistiger Arbeit zu befriedigen, gerade so wie Athleten infolge ihrer reizbareren Muskeln, welche unbedingt Arbeit verlangen, die Ruhe nicht aushalten. Es ist höchst unwahrscheinlich, daß irgend eine Konstellation der Verhältnisse der Gehirnarbeit einen Stimulus hinzubringt, der sich mit dem vergleichen läßt, den diese Menschen bereits in ihrer Geistesbeschaffenheit haben. Ihrem Wesen entsprechend müssen die äußeren Stimuli unbestimmmt und intermittierend sein, die Anlage aber ist beständig. Und sie gibt dem Menschen immer Beschäftigung, einmal ringt er mit Schwierigkeiten, die in ihm liegen, dann wieder brütet er über seine noch unreifen Ideen. So macht die Anlage aus dem Menschen einen gewandten und begierigen Lauscher, der zahllose fast unhörbare Lehren aufnimmt, die andere, weniger aufmerksam, sicherlich überhören.

Diese Betrachtungen leiten zu meinem dritten Argument hinüber. Ich habe gezeigt, daß soziale Hindernisse einen Mann von großen Fähigkeiten nicht verhindern können, bedeutend zu werden. Ich stelle jetzt den Satz auf, daß soziale Vorteile einen Menschen von mäßigen Fähigkeiten nicht auf diese Höhe bringen können. Es würde leicht sein, zahlreiche Männer mit ziemlichen Anlagen aufzuzählen, die durch alle möglichen Unterstützungen vorwärts gebracht wurden, die ehrgeizig sind und sich bis aufs Äußerste anstrengen, die aber weit davon entfernt sind, hervorragende Bedeutung zu erlangen. Sind sie große Peers, so werden sie vielleicht erste Friedensrichter einer Grafschaft, gehören sie zu den großen Familien einer Grafschaft, so werden sie vielleicht einflußreiche Mitglieder des Parlaments und lokale Notabilitäten. Sterben sie, so hinterlassen sie für eine Weile eine Lücke in einem weiten Kreis, aber sie werden weder in der Westminster Abtei begraben, noch wird in der breiten Öffentlichkeit um sie getrauert. Vielleicht erhalten sie kaum eine biographische Notiz in den Spalten der Tagesblätter.

Es ist schwer, zwei große Gruppen von Männern zu bilden, die mit den gleichen sozialen Vorteilen ausgerüstet sind, von denen die eine Gruppe große ererbte Gaben besitzt, während die andere sie nicht hat. Ich kann auch nicht die Söhne hervorragender Männer mit solchen nichthervorragender Männer vergleichen, da vieles, was ich der Herkunft zuschreibe, andere als Folge des

väterlichen Beispiels und der väterlichen Aufmunterung ansehen
würden. Daher werde ich die Söhne hervorragender Männer mit
den Adoptivsöhnen von Päpsten und anderen Würdenträgern der
römisch-katholischen Kirche vergleichen. Der Nepotismus ist
unter der Geistlichkeit ungeheuer verbreitet. Er besteht darin,
daß sie ihren Neffen oder anderen nahen Verwandten jene gesellschaftliche Förderung angedeihen lassen, die gewöhnliche
Menschen ihren Kindern zuwenden. Ich werde nun im Verlauf
dieser Arbeit noch häufig zeigen können, daß der Neffe eines hervorragenden Mannes viel weniger Chancen hat, selbst hervorragend zu werden, als etwa der Sohn dieses Mannes, und daß ein
noch entfernterer Verwandter wieder weniger Chancen hat als
der Neffe. Wir können daher, zum Zwecke meiner Argumentation einen passenden Vergleich zwischen den Erfolgen der
Söhne hervorragender Männer und den Erfolgen der Neffen und
entfernteren Verwandten hoher unverheirateter Geistlicher der
römischen Kirche ziehen, die von diesen letzteren wie leibliche
Kinder behandelt werden. Ist gesellschaftliche Förderung wirklich von der größten Bedeutung, dann müssen die Neffen von
Päpsten ebenso häufig oder fast ebenso häufig hervorragende Bedeutung erlangen, als die Söhne anderer hervorragender Männer,
ist es nicht der Fall, so werden sie nicht die gleiche Bedeutung
erlangen.

Sind also die Neffen usw. von Päpsten im großen ganzen
ebenso hoch emporragend, als die Söhne anderer in gleicher
Weise hervorragender Männer? Ich antworte mit einem bestimmten Nein. Es gab einige Päpste, die Sprößlinge berühmter
Familien waren, wie die Medici, aber in der ungeheuren Majorität
der Fälle ist der Papst das befähigte Glied seiner Familie. Ich
behaupte nicht, daß ich die Verwandtschaftsverhältnisse der
Italiener besonders sorgfältig bearbeitet habe, aber ich habe doch
genug davon gesehen, um mit Recht sagen zu können, daß diejenigen Individuen, die ihre Karriere dem Nepotismus verdanken,
auffallend unbedeutend sind. Der sehr häufigen Kombination eines
befähigten Sohnes und eines hervorragenden Vaters entspricht
unter den hohen römischen Geistlichen kein hervorragender Neffe
eines hervorragenden Onkels. Die gesellschaftliche Förderung ist
die gleiche, aber die vererbten Anlagen fehlen in dem
letzteren Falle.

Ich fasse noch einmal zusammen: ich habe versucht, bezüglich literarischer und künstlerisch hervorragender Bedeutung zu zeigen:

1. daß Männer von hohen Fähigkeiten — selbst Männer der Gruppe E — leicht über Hindernisse hinwegkommen, die ihren Grund in geringer sozialer Herkunft haben.

2. daß Länder, in denen der Unbemittelte weniger Hindernisse überwältigen muß, als in England, um emporzukommen, zwar eine größere Anzahl gebildeter Menschen hervorbringen, nicht aber mehr von jenen Individuen produzieren, die ich als hervorragend bezeichne.

3. daß Männer, welche soziale Vorteile in großem Ausmaße zugute kommen, unfähig sind, eine hervorragende Bedeutung zu erlangen, wenn sie nicht überdies eine hohe natürliche Begabung besitzen.

Es scheint nicht unangebracht, hier einige ergänzende Bemerkungen über die geringe Wirkung einzuschalten, die eine gute Ausbildung auf einen Geist höchster Art zu haben pflegt. Ein Jüngling von den Fähigkeiten G und X ist von der gewöhnlichen Schulausbildung fast unabhängig. Er bedarf nicht fortwährend eines Lehrers, der ihm die Schwierigkeiten erklärt und die passenden Lektionen auswählt. Im Gegenteil, er ist bei jeder Gelegenheit rezeptiv. Er lernt aus jeder flüchtigen Bemerkung mit einer Raschheit und Gründlichkeit, welche die anderen nicht verstehen. Er ist ein Vielfresser auf geistigem Gebiet, er verschlingt ein gut Teil mehr, als er verwerten kann, aber indem er einen nur geringen Prozentsatz seiner Nahrung verarbeitet, verfügt er dennoch im ganzen über einen ungeheuren Vorrat. Der beste Weg für den Lehrer eines solchen Knaben ist, ihn allein zu lassen, indem er ihn nur hier und dort ein wenig lenkt und die gar zu sehr abliegenden Tendenzen zügelt.

Es ist der reine Zufall, daß ein Mensch schon in seiner Jugend für den Beruf bestimmt wird, für den er die größte spezielle Berufung hat. Der Leser wird in der Folge an der Hand der kurzen biographischen Notizen, die ich gebe, bemerken, daß die berühmtesten Männer sich oft von der Laufbahn, die ihre Eltern ihnen vorschrieben, losrissen und ohne Rücksicht auf die Unkosten dem obersten Befehl ihrer eigenen Natur folgten. Kurz gesagt, sie erziehen sich selbst. D'Alembert ist ein schlagendes Beispiel für diese Art von Selbstvertrauen. Er war ein Findling (wir werden späterhin sehen, daß er aus einer tüchtigen Rasse stammte, was die Fähigkeit anlangt) und wurde als Armenkind zu der Frau eines dürftigen Glasers in Kost gegeben. Die unüberwindliche Tendenz des Kindes zu höheren Studien konnte weder durch den Spott und die Abmachungen seiner Pflegemutter zurückgedrängt werden, noch durch die Sticheleien seiner Schulkollegen, noch durch die Warnungen seines Schullehrers, der nicht imstande war ihn zu würdigen; nicht einmal die wiederholte gründliche Enttäuschung wirkte, als er fand, daß seine Ideen, von denen er wußte, daß sie originell waren, doch nicht neu, sondern schon lange vorher von anderen entdeckt worden waren. Natürlich dürfen wir erwarten, daß ein Knabe dieser Art zehn Jahre oder mehr in scheinbar hoffnungslosem Kampf zubringt; aber ebenso können wir erwarten, daß er schließlich Erfolg hat, und d'Alembert errang Erfolg, als er mit 24 Jahren zu den ersten Berühmtheiten gehörte. Der Leser braucht nur in diesem Buche weiter zu blättern, um zahlreiche Beispiele eines solchen Auftauchens aus der Dunkelheit zu finden, den höchsten Entmutigungen in früher Jugendzeit zum Trotz.

Eine reiche Natur setzt gewöhnlich die Periode, in der die rezeptiven Eigenschaften des Menschen am schärfsten sind, so lange fort, daß eine mangelhafte Ausbildung in der Jugend im späteren Leben rasch ersetzt wird. Die Ausbildung, die Watt, der große Erfinder, erhielt, war von rein elementarem Charakter. Während seiner Jugend- und Manneszeit war er von mechanischen Spezialfragen in' Anspruch genommen. Erst im vorgerückten Alter hatte er die Muße, sich zu bilden, und doch war er als alter Mann merkwürdig gut belesen und genau in weitem Umkreise informiert. Julius Caesar Scaliger war unter seinen Zeitgenossen und seinen unmittelbaren Nachfolgern als Gelehrter so berühmt, als ein Mensch es nur sein kann. In seiner Jugend genoß er, glaube ich, keinerlei gelehrte Bildung. Bis zu neunundzwanzig Jahren war er Soldat, dann führte er ein zielloses Berufsleben, in dem er alles versuchte und bei nichts verblieb. Zuletzt warf er sich auf Griechisch. Seine ersten Publikationen erschienen, als er siebenundvierzig Jahre alt war; von diesem Lebensalter ab bis zu seinem eigentlich frühzeitigen Tode erlangte er seinen bemerkenswerten Ruf, der nur von dem seines Sohnes überragt wurde. Knabenalter und Jugendzeit, also die Zeit zwischen fünfzehn und zweiundzwanzig, die für die große Majori-

tät der Menschen die einzige Periode ist, wo sie intellektuelle
Tatsachen auf- und Gewohnheiten annehmen, sind in dem Leben
von Menschen der allerhöchsten Art eben gerade sieben Jahre, die
nicht mehr und nicht weniger wichtig sind, als eine andere Zeit
ihres Lebens. Die Menschen sind allzu geneigt, sich über ihre
unvollkommene Ausbildung zu beklagen, indem sie zu verstehen
geben, daß sie große Dinge verrichtet hätten, wenn die Umstände,
unter denen sie ihre Jugend verbrachten, günstiger gewesen
wären. Wenn jedoch ihre Lernfähigkeit in der Zeit, wo sie ihr
Bedürfnis nach Wissen entdeckten, materiell abgenommen hat, so
ist es sehr wahrscheinlich, daß ihre Fähigkeiten nicht besonders
groß sind. Solche Menschen hätten zwar eine bessere Bildung,
aber schwerlich wirklich mehr Erfolg erringen können.

Selbst wenn ein Mensch sich sehr lange seiner Kräfte unbewußt ist, so tritt doch der Zufall immer und immer wieder an
jeden Menschen heran, den sie ihm aufdeckt. Er wird das Ver-
säumte rasch nachholen und in der Rennbahn des Lebens Mitbewerber überholen, die viele Jahre vor ihm begonnen haben.
Zwischen Gehirn- und Muskelmenschen besteht eine unver-
kennbare Analogie in der Art, wie sie ihre Ansprüche auf den
Vorrang vor weniger begabten aber besser ausgebildeten Mitbewerbern entdecken und behaupten. Ein Durchschnittsseemann
klettert in der Takelage und ein Durchschnitts-Alpenführer klimmt
die Abhänge entlang mit einer Schnelligkeit, welche einem
Menschen, der fern von Schiffen und Bergen aufgezogen wurde,
wunderbar dünken. Besitzt er jedoch eine außerordentliche Begabung für diese Hantierungen, so wird ein leichter Versuch sie
ihm aufdecken, und er wird die Lücken seiner Ausbildung rasch
nachholen. Ein geborener Gymnastiker wird seinerseits die See-
leute bald durch seine Leistungen überraschen. Ehe die Reise
halb um ist, wird er sie übertreffen, wie ein entwischter Affe. Ein
Beispiel für diesen Satz kann ich selbst erbringen. Jeden Sommer
kommt es vor, daß irgend ein junger Engländer, der vorher nie
seinen Fuß auf Fels oder Gletscher gesetzt hat, in den Alpen einen
merkwürdig hohen Grad als Tourist erreicht.

Bisher habe ich nur von Schriftstellern und Künstern
gesprochen, welche jedoch die Hauptmasse jener 250 Individuen
bilden, die aus einer Million der Bevölkerung hervorragende Bedeutung erlangen. Die Beweisführung, die für sie stimmt, er-

fordert große Modifikationen, wenn sie auf Politiker und Feldherrn angewendet werden soll. Die berühmtesten Politiker und Feldherrn gehören ohne Frage, zum mindesten was ihre Fähigkeiten anlangt, zu den Klassen F und G, aber daraus folgt keineswegs, daß ein englischer Minister, wenn er ein Lord mit großem Grundbesitz ist, zu diesen Klassen gehört, oder selbst zu den zwei oder drei nächst niederen. Soziale Vorteile sind von ungeheurer Macht, wenn es sich darum handelt, einen Menschen in eine so hervorragende Stellung als Staatsmann zu bringen, daß es unmöglich ist, ihm das Prädikat „hervorragend" zu versagen, obgleich es mehr als wahrscheinlich ist, daß, wenn er in seiner Wiege vertauscht und in Niedrigkeit auferzogen worden wäre, er niemals aus seiner einfachen Lebensstellung hervorgetreten wäre. Andererseits haben wir gesehen, daß die Vereinigung dreier getrennter Eigenschaften — Intelligenz, Fleiß und Arbeitskraft — nötig sind, um einen Menschen aus seiner Umgebung herauszuziehen. Nur zwei dieser Eigenschaften, nämlich Intelligenz und Arbeitskraft, werden von einem Menschen verlangt, den man ins öffentliche Leben hinausstößt; denn ist er einmal drin, so wird sein Interesse so angeregt und die Konkurrenz erweist sich als so heftig, daß selbst ein gewöhnlicher Geist den nötigen Ansporn erhält. Viele Menschen also, die als Politiker Erfolg gehabt haben, wären in keiner Weise hervorgetreten, wenn sie auf einer niedrigeren Lebensstufe zur Welt gekommen wären: ihnen hätte der Fleiß gefehlt, um emporzusteigen. Talleyrand hätte sein Leben wie andere grands seigneurs verbracht, wenn ihm nicht durch einen Familienrat infolge seiner Mißgestalt sein Erstgeburtsrecht entzogen worden wäre. So wurde er in den Strudel der französischen Revolution geschleudert. Der ungeheure Anreiz des öffentlichen Kampfspiels überwand seine eingefleischte Inindolenz, und er entwickelte sich zu einem der ersten Männer der Epoche; sein Platz ist gleich nach Napoleon und Mirabeau. Die Herrscher gehören wieder zu einer eigenen Kategorie. Die Eigenschaften, die dem Führer einer großen Nation am meisten entsprechen, sind nicht die gleichen, wie die, welche im Privatleben zu hervorragender Bedeutung führen. Hingabe an bestimmte Studien, zähe Ausdauer, ein offenes und heiteres Wesen im Gesellschaftsverkehr sind wichtige Eigenschaften, um sich in der Welt hervorzutun, aber sie entsprechen nicht einem Herrscher.

Er muß vielen Interessen und Meinungen mit gerechtem Auge gegenübertreten, er muß es verstehen, seine Lieblingsidee dem populären Druck zu opfern, er muß in seiner Freundschaft reserviert und muß auch fähig sein, allein zu bleiben. Andererseits bedarf ein Herrscher nicht so sehr intellektueller Kräfte, die für einen gewöhnlichen Menschen das Wichtigste sind, um emporzusteigen, da ihm als Herscher die besten Köpfe des Landes zu Diensten stehen. Infolgedessen ziehe ich in meiner Arbeit nicht die Familien von lediglich befähigten Herrschern heran, sondern beschränke mich auf jene, deren militärische und administrative Fähigkeiten als erstklassig bekannt sind.

Was die Feldherren anlangt, so mögen die Eigenschaften, welche einen Menschen zur P e e r s w ü r d e aufsteigen lassen, spezieller Art sein, die ihn in gewöhnlichen Zeiten nicht zu hervorragender Bedeutung bringen würden. Die Strategie ist eine Spezialität, wie das Schachspiel, und es gehört viel Übung dazu, um sie zu entwickeln. Man kann schwer absehen, in welchem Maße strategische Begabung im Verein mit einer eisernen Gesundheit und einem Hang zur Unruhe in Friedenszeiten Hervorragendes leisten kann. Diese Eigenschaften können einen Men schen eher zur Fuchshatz treiben, wenn er Geld genug hat, oder sie machen aus ihm, wenn das nicht der Fall ist, einen unglücklichen Spekulanten. Die Folge davon ist, daß Generäle höherer, aber nicht der wirklich höchsten Ordnung, wie etwa Napoleons Marschälle und Cromwells Generäle selten hervorragende Verwandte haben. Ganz anders liegt der Fall bei den berühmtesten Feldherren. Sie sind viel mehr als Strategen und Menschen mit einem Hang zur Unruhe; sie hätten sich unter allen Umständen ausgezeichnet. Ihre Verwandtschaft ist äußerst bemerkenswert, wie ich noch in meinem Kapitel über die Feldherren zeigen werde, welches Namen wie Alexander, Scipio, Hannibal, Caesar, Marlborough, Cromwell, Prinz von Nassau, Wellington und Napoleon umfaßt.

Genau die gleichen Bemerkungen gelten für die Demagogen. Wer über die Oberfläche emporragt und eine hervorstechende Rolle in einer bewegten Zeit spielt, muß Mut und Charakterstärke besitzen, aber er muß nicht immer hohe intellektuelle Talente haben. Es ist sogar seiner Tätigkeit angemessener, wenn der Intellekt eines solchen Menschen beschränkt und einseitig ist und seine Gemütsart verdrießlich und verbittert. Das sind nicht Eigenschaften, die in gewöhnlichen Zeiten zu hervorragender Bedeutung führen. Daher sind auch die Familien solcher Leute völlig unberühmt. Die Verwandten aber von populären Führern der höchsten Art, wie die der beiden Gracchen, der beiden Arteveldes oder Mirabeaus sind berühmt.

Ich möchte eine Gruppe von Fällen erwähnen, die mir ein vollkommen schlagender Beweis dafür sind, daß Feldherrntalente, die vollkommen ausreichen, um den Betreffenden in unruhigen Zeiten zu hervorragender Bedeutung zu bringen, viel weniger selten sind, als man im allgemeinen annimmt. Nur bleiben sie im gewöhnlichen Verlauf des Lebens unbeachtet. In belagerten Städten, wie z. B. während des großen Indischen Aufstands, taucht sehr häufig ein gewisser Typus auf. Menschen werden allgemein bekannt, die sich bis dahin nie hervorgetan haben und die in ihre frühere Lebensweise zurücksinken, wenn die Gelegenheit für ihre Energie vorüber ist. So lange die Gefahr und das Elend dauerten, waren sie die Helden der Situation gewesen. Sie waren in der Gefahr kaltblütig, im Rat verständig, in langen Leiden heiter, gegen die Verwundeten und Kranken waren sie menschlich, und die Verzagten ermutigten sie. Solche Menschen treten nur unter Ausnahmebedingungen hervor. Sie haben den Vorteil einer zu zähen Art, um durch Angst und physisches Elend zermalmt zu werden, und vielleicht brauchen sie gerade in Folge dieser starken Zähigkeit einen besonders scharfen Stimulus, um sie zu allen Tätigkeiten aufzustacheln, deren sie fähig sind.

Das Resultat von dem, was ich gesagt habe, ist der Nachweis, daß bei Staatsmännern und Feldherrn bloße „hervorragende Bedeutung" durchaus kein genügendes Kriterion für solche natürliche Gaben ist, die einen Menschen, unter was für Umständen immer er aufgezogen wurde, bemerkbar machen. Andererseits müssen Staatsmänner hoher und Feldherren der allerhöchsten Art, die alle Gegner schlagen, wunderbar begabt sein. Der Leser muß selbst die Fälle prüfen, wo im einzelnen ihre verschiedene Verdienste als Beweise ererbter Gaben angeführt sind. Ich habe versucht, nur von den allerberühmtesten Namen zu sprechen. Es hätte zu falschen Schlüssen geführt, wenn ich eine größere Anzahl genommen hätte und so zu einem niedrigeren Niveau hinuntergestiegen wäre.

Ich sehe schließlich keinen Grund, der dagegen spricht, hohen Ruf als ein sehr zuverlässiges Anzeichen hoher Fähigkeiten zu nehmen. Die Art des Beweises wird nicht verändert, wenn ein Versuch gemacht wird, den Ruf eines jeden Menschen mit seinen Verdiensten in Übereinstimmung zu bringen. Jeder Biograph tut das Gleiche. Besäße ich das kritische Talent eines St. Beuve, ich würde einfach in die Literatur noch eine der zahlreichen Meinungsäußerungen werfen, aus deren Gesamtzahl aller Ruf der Menschen sich aufbaut.

Ich fasse noch einmal zusammen: ich bin überzeugt, daß kein Mensch einen sehr hohen Ruf erlangen kann, ohne im Besitze sehr großer Fähigkeiten zu sein, und ich hoffe zuverlässig, daß ich Gründe genug dafür angeführt habe, daß nur wenig Menschen, welche sehr große Fähigkeiten besitzen, es nicht zu hervorragender Bedeutung bringen.

## Bezeichnungssystem.

Ich bitte meine Leser sich von dem ersten Einblick in das Bezeichnungssystem, das ich anwende, nicht abschrecken zu lassen, denn es ist wirklich sehr einfach zu verstehen und leicht zu behalten. Es war mir unmöglich, mich ohne etwas derartiges zu behelfen, da ich unsere gewöhnliche Nomenklatur viel zu unbestimmt und ebenso zu schwerfällig finde, um sie in diesem Buch zu verwenden.

So haben z. B. die Bezeichnungen „Onkel", „Neffe", „Großvater" und „Enkel" je zwei verschiedene Bedeutungen. Ein Onkel kann der Bruder des Vaters oder der Bruder der Mutter sein; der Neffe kann der Sohn eines Bruders oder der Sohn einer Schwester sein usw. Es gibt vier Arten leiblicher Vettern, nämlich die Söhne der beiden möglichen beschriebenen Onkel und die der korrespondierenden Tanten. Es gibt sechzehn Arten leiblicher Vettern „in zweiter Linie", denn A. kann entweder der Sohn eines der vorhin erwähnten vier Vettern oder eines der vorhin erwähnten vier Basen von B. sein oder B. kann in einem dieser Verwandtschaftsverhältnisse zu A. stehen. Ich brauche wohl nicht noch mehr Beispiele anzuführen, um zu illustrieren, was ich gesagt habe. Eine grenzenlose Verwirrung würde eintreten, wenn ich mich bei meiner Arbeit auf unsere gewöhnliche Nomenklatur beschränken wollte.

Das Bezeichnungssystem, dessen ich mich bediene, befreit uns von dieser verwirrten und schwerfälligen Sprache. Es legt die Familienbeziehungen in einer wunderbar vollständigen und befriedigenden Art auseinander und setzt uns in den Stand, methodisch vorzugehen, zu vergleichen und zu analysieren, wie immer wir wollen.

Galton, Genie und Vererbung.

Ganz allgemein gesprochen und ohne den Druck zu beachten,
in dem die Lettern gesetzt sind, steht V. für Vater, G. für Großvater, O. für Onkel, N. für Neffe, B. für Bruder, S. für Sohn und
E. für Enkel.

Diese Buchstaben sind groß gedruckt, wenn die verwandtschaftliche Beziehung, die ausgedrückt werden soll, durch die
männliche Linie geht, und klein, wenn es sich um die weibliche
Linie handelt. O. ist also der Onkel väterlicherseits, G. der Großvater väterlicherseits, N. ist ein Neffe, der der Sohn eines Bruders
ist, E. ist ein Enkel, der das Kind eines Sohnes ist. So is o. wieder
der Onkel mütterlicherseits, g. der Großvater mütterlicherseits,
n. ist ein Neffe, der der Sohn einer Schwester ist, e. ist der Enkel,
der das Kind einer Tochter ist.

Genau die gleichen Buchstaben werden in Kursivschrift verwendet für die weiblichen Verwandten. So bedeutet z. B. *O.* entsprechend O eine Tante, die die Schwester eines Vaters ist und
ebenso steht *o. o.* gegenüber, um auszudrücken, daß eine Tante
die Schwester einer Mutter ist.

Aus diesem Bezeichnungssystem folgt, daß V. B. und S. immer
groß gedruckt sind und daß die ihnen entsprechenden Bezeichnungen für Mutter, Schwester und Tochter immer in kleiner
Kursivschrift ausgedrückt sind als *v. b.* und *s.*

Der Leser muß in Gedanken das Wort s e i n vor den Buchstaben einschieben, der das Verwandtschaftsverhältnis bezeichnet
und ebenso w a r danach hinzufügen. Man muß also

    A d a m s , John: zweiter Präsident der Vereinigten Staaten;

    S. John Quincey Adams, sechster Präsident;

    E. C. F. Adams, amerikanischer Minister in England,
    Schriftsteller

lesen —

    s e i n (d. h. des John Adams) Sohn w a r John Quincey
    Adams,

    s e i n (d. h. des John Adams) Enkel w a r C. F. Adams.

Die folgende Tabelle faßt alle Bezeichnungen zusammen.

Die letzte Erklärung, die ich noch zu geben habe, ist die Bedeutung der Klammern [ ], die manchmal einen Buchstaben einfassen. Sie besagen, daß die Person, zu deren Namen der eingeklammerte Buchstabe gehört, nicht genügenden öffentlichen

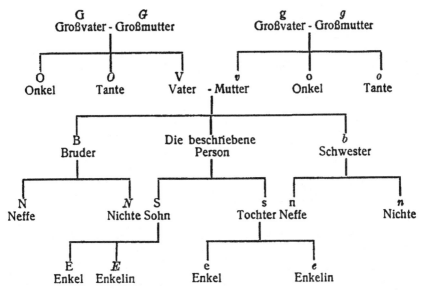

Ruf erlangt hat, um in statistischen Deduktionen mit den andern zusammen eingereiht zu werden.

Um das Nachschlagen zu erleichtern, gebe ich noch eine Liste aller Buchstaben und Doppelbuchstaben, die ich anwende. So schreibe ich stets G.V. für Urgroßvater und nicht V.G., was dasselbe bedeuten würde.

V. Vater.                    *v.* Mutter.
B. Bruder.                   *b.* Schwester.
S. Sohn.                     *s.* Tochter.

Großväter.                   Großmütter.
G. Des Vaters Vater.         *G.* Des Vaters Mutter
g. Der Mutter Vater.         *g.* Der Mutter Mutter.

Enkel.                       Enkelinnen.
E. Des Sohnes Sohn.          *E.* Des Sohnes Tochter
e. Der Tochter Sohn.         *e.* Der Tochter Tochter.

Onkel                        Tanten.
O. Des Vaters Bruder.        *O.* Des Vaters Schwester.
o. Der Mutter Bruder.        *o.* Der Mutter Schwester.

Neffen.                      Nichten.
N. Des Bruders Sohn.         *N.* Des Bruders Tochter.
n. Der Schwester Sohn.       *n.* Der Schwester Tochter.

4*

Großonkel

GB. Der Bruder des Vaters des Vaters.

*g*B. Der Bruder der Mutter der Vaters.

*G*B. Der Bruder des Vaters der Mutter.

gB. Der Bruder der Mutter des Mutter.

Großtanten.

*Gb.* Die Schwester des Vaters des Vaters.

*gb.* Die Schwestern der Mutter des Vaters.

G*b.* Die Schwester des Vaters der Mutter.

*gb.* Die Schwester der Mutter der Mutter.

Urgroßväter.

GV. Der Vater des Vaters des Vaters.

gV. Der Vater der Mutter des Vaters.

*G*V. Der Vater des Vaters der Mutter.

*g*V. Der Vater der Mutter der Mutter.

Urgroßmütter.

G*v.* Die Mutter des Vaters des Vaters.

g*v.* Die Mutter des Vaters der Mutter.

*Gv.* Die Mutter des Vaters der Mutter.

g*v.* Die Mutter der Mutter der Mutter.

Großneffen.

NS. Der Sohn des Sohnes des Bruders.

nS. Der Sohn des Sohnes der Schwester.

*N*S. Der Sohn der Tochter des Bruders.

*n*S. Der Sohn der Tochter der Schwester.

Großnichten.

N*s.* Die Tochter des Sohnes des Bruders.

n*s.* Die Tochter des Sohnes der Schwester.

*Ns.* Die Tochter der Tochter des Bruders.

*ns.* Die Tochter der Tochter der Schwester.

Urenkel.

ES. Der Sohn des Sohnes des Sohnes.

eS. Der Sohn der Tochter des Sohnes.

*E*S. Der Sohn des Sohnes der Tochter.

*e*S. Der Sohn der Tochter der Tochter.

Urenkelinnen.

E*s.* Die Tochter des Sohnes des Sohnes.

e*s.* Die Tochter des Sohnes der Tochter.

*Es.* Die Tochter der Tochter des Sohnes.

*es.* Die Tochter der Tochter der Tochter.

Vettern.

OS. Der Sohn des Bruders des Vaters.

oS. Der Sohn des Bruders der Mutter.

*O*S. Der Sohn der Schwester des Vaters.

*o*S. Der Sohn der Schwester der Mutter.

Ur-Urgroßväter.

(G, g, *G* oder *g* gefolgt von (G oder g).

Um einen Grad entfernte Vettern.

Ascendenten.

(G, g. *G* oder *g*) gefolgt von (N oder n).

Descendenten.

(O, o, *O* oder *o*) gefolgt von (E oder e).

Groß-Großonkel.

(G, g, *G* oder *g*) gefolgt von (O oder o).

Ur-Urenkel.

(E oder e) gefolgt von (E oder e).

Basen.

O*s*. Die Tochter des Bruders des Vaters.

o*s*. Die Tochter des Bruders der Mutter.

*O*S. Die Tochter der Schwester des Vaters.

*os*. Die Tochter der Schwester **der Mutter.**

Ur-Urgroßmütter.

(G, g, *G* oder *g* gefolgt von (*G* oder *g*).

Um einen Grad entfernte Basen.

Ascendenten.

(G, g, *G* oder *g*) gefolgt von (*N* oder *n*).

Descendenten.

(O, o, *O* oder *o*) gefolgt von (*E* oder *e*).

Groß-Großtanten.

(G, g, *G* oder *g*) gefolgt von (*O* oder *o*).

Ur-Urenkelinnen.

(E oder *e*) gefolgt von (*E* oder *e*).

## Die Judges in England zwischen 1660 und 1865.

Seit der Restauration der Monarchie im Jahre 1660 bilden die Judges (Inhaber hoher juristischer Posten) Englands eine Gruppe, die besonders geeignet ist, eine allgemeine Orientierung über die Ausbreitung und die Grenzen der Erblichkeit in bezug auf geistige Veranlagung zu ermöglichen. Ein oberstes Richteramt ist eine Garantie, daß sein Träger mit außerordentlicher Fähigkeit begabt ist; die obersten Richter sind zahlreich und fruchtbar genug, um eine entsprechende Basis für statistische Induktionen zu bieten. Überdies existieren über eine Anzahl von ihnen vorzügliche biographische Abhandlungen. Wir werden also gut tun, wenn wir unsere Untersuchungen mit einer Erörterung ihrer Verwandtschaftsverhältnisse beginnen. Wir kommen so rasch zu bestimmten Resultaten, die wir durch die folgenden Kapitel, die sich mit berühmten Männern in anderen Berufen beschäftigen, noch kontrollieren und vervollständigen werden.

Ich muß noch eine Weile bei meiner Behauptung verbleiben, das Amt eines Richters sei wirklich eine genügende Garantie für die außerordentliche Begabung des Betreffenden. In anderen Ländern mag es anders sein, in England wissen wir alle, daß bei uns nie vom Obersten Gerichtshof die Rede ist, ohne daß man vor den intellektuellen Talenten der Mitglieder Ehrfurcht hat. Ein Sitz im Obersten Gerichtshof ist ein hoher Preis, wert, daß ihn der beste Mann erringe. Ohne Zweifel gibt es außer den natürlichen Hindernissen noch andere für einen Mann, der aus der Gesamtheit der Barrister aufsteigt und zu einem obersten Richteramt emporklimmt. Vielleicht über geben ihm die „Attorneys*) keine Vertretungen, solange er ein junger „Barrister"**) ist. Selbst wenn er ein erfolgreicher

---

*) Meist praktische Geschäftsleute, die bei den Gerichten des Common Law fungierten und den plaidierenden Barrister mit den nötigen Instruktionen und Beweismitteln versorgten. Seit 1881 ist der Titel abgeschafft. D. Üb.
**) Rechtsanwalt an den höheren engl. und irisch. Gerichten, der nicht wie die attorneys und solicitors mit den Parteien verhandeln darf. D. Üb.

„Barrister" wird, so kann seine politische Partei vielleicht während einer langen Periode nicht am Ruder sein, wo er sonst für
das Avancement reif wäre. Ich kann jedoch nicht glauben, daß
ein Umstand dieser Art auf die Dauer hindernd bleiben kann.
Wahrhafte Fähigkeit macht sich unbedingt fühlbar und führt zur
Praxis; was aber die Politik anlangt, so ist der Wechsel der
Parteien ausreichend häufig, um fast jeder Genration genügende Chancen zu bieten. Auf jeden Mann, der oberster
Richter ist, kommen möglicherweise zwei andere Rechtsge
lehrte des gleichen geistigen Niveaus, die für diese Stelle in
gleicher Weise tauglich sind, aber es ist nicht gut glaublich, daß
es sich um eine größere Anzahl handelt.

Wenn nicht immer die ersten, so sind die Judges doch
immer unter den ersten einer großen Gruppe von Rechtsgelehrten. Der Zensus spricht von mehr als 3000 Barristern, Advokaten und spezial pleaders*) und man muß bedenken, daß diese
Gruppe nicht aus 3000 zufälligen Individuen besteht; ein großer
Teil von ihnen unterlag bereits einer Auslese, und aus diesen
hauptsächlich gehen durch eine abermalige Auslese die Judges
hervor. Wenn ich sage, daß ein großer Teil der „Barristers"
bereits einer Auslese unterworfen war, so meine ich jene unter ihnen, die aus niedrigen Verhältnissen stammen, aber glänzende natürliche Gaben besitzen, die sich schon als Knaben oder
selbst als Kinder besonders bemerkbar machten und daher in
eine gute Schule geschickt wurden. Sie erlangten daselbst Stipendien und erwiesen sich fürs College tauglich, wo sie sich
wieder durch Stipendien erhielten. Dann bezogen sie ihre Pension als Graduierte einer Universität, und so fanden sie nach und
nach ihren Weg zum Barreau. Viele von ihnen haben das oberste Richteramt erreicht. Die Abstammung der „Lord Chancellors"**) erbringt den Beweis für meine Behauptung. In der
Zeit, über die sich meine Untersuchungen erstrecken, zählt man
dreißig. Davon war Lord Hardwicke der Sohn eines kleinen
attorney aus Dover, der in kümmerlichen Verhältnissen lebte.
Lord Eldon (sein Bruder war Lord Stowell, Richter am Höchsten Admiralitäts-Gerichtshof) war der Sohn eines „Kohlen-

---

*) Juristen, die Streitschriften ausarbeiten. D. Üb.
**) Großkanzler. D. Üb.

gruben-Agenten"; Lord Truro war der Sohn eines Gerichtsvoll-
ziehers, und Lord St. Leonards (gleich Lord Tenterden, dem
Chef des Gerichtshofs für Zivilsachen) war der Sohn eines
Barbiers. Andere wieder waren die Söhne von Geistlichen in
beschränkten Verhältnissen. Wieder andere begannen mit anderen Berufen, gewannen jedoch ungeachtet des verfehlten Anfangs
ihrer Laufbahn, im späteren Leben bald wieder den verlorenen
Grund unter ihren Füßen zurück. Lord Erskine war erst bei der
Marine, dann in der Armee und wurde dann erst barrister. Lord
Chelmsford war ursprünglich Seekadett. Beim Barreau findet
sich eine ganze Anzahl von Männern mit ebenso ungünstigen
Antezedenzien für den Erfolg als die eben genannten, die dennoch ebenso viel erreichen wie sie; aus diesem Grunde sagte
ich, daß die barristers selbst schon eine Gruppe bilden, die einer
Auslese unterworfen war. Die Tatsache also, daß jeder Judge
aus den ersten Reihen dieser 3000 gewählt wurde, beweist, daß
seine außerordentliche Befähigung von unendlich höherer Art
ist, als wenn diese 3000 barristers ausgehobene Rekruten
wären, die das Los aus der allgemeinen Masse ihrer Landsleute
herausgerissen hätte. Ich habe daher auch nicht nötig, erst
Stellen aus Biographien zu zitieren, um zu beweisen, daß jeder
der Judges, dessen Name ich bei Gelegenheit heranziehen werde,
wirklich ein hochbegabter Mann ist. Gerade um der Notwendigkeit einer solch' weitschweifigen Arbeit zu entgehen, wählte ich
die Judges für mein erstes Kapitel.

Ich habe meiner Besprechung der englischen Judges das
wohlbekannte Buch von Foss „Leben der Judges" zugrunde gelegt. Es ist 1865 erschienen, und ich habe diese Jahreszahl als
Grenze meiner Untersuchungen akzeptiert. Ich habe nur diejenigen Männer als unter die Definition der „Judges" fallend betrachtet, die auch er als solche behandelt. Unter ihnen befinden
sich die Judges der Courts of Chancery und Common Law*)
und der Master of the Rolls**), aber nicht die Judges der Admiralty***) oder der Court of Canterbury.†) Durch diese letztere Begrenzung verlor ich den Vorteil, Lord Stowell aufnehmen

---

*) Kanzleigericht und gemeines Recht.
**) Oberkanzleidirektor.
***) Admiralitätsamt.
†) Höherer Gerichtshof.

zu können (Bruder des Lords Chancellor Eldon), ebenso die bemerkenswerte Familie der Lushingtons, diejenige von Sir R. Phillimore und einige andere. Durch die zeitliche Begrenzung verlor ich, da ich mit dem Jahr 1865 schloß, die kürzlich ernannten Judges, so Judge Selwyn, den Bruder des Bischofs von Lichfield und auch Professor der Theologie in Cambridge. Doch glaube ich, auf Grund flüchtiger Untersuchungen, daß die Verwandten dieser letzten Judges, allgemein gesprochen, keinen so großen Prozentsatz an hervorragenden Individuen stellen, wie wir ihn bei den Judges meiner Liste finden werden. Das war auch zu erwarten, da bekanntermaßen die Fähigkeiten eines modernen Judge nicht so hoch zu sein pflegen, als es früher der Fall war. Da die Anzahl der außerordentlich begabten Männer die gleiche geblieben ist, ist es unmöglich, die neue Nachfrage nach Rektoren höherer Schulen und nach Männern zahlreicher anderer Berufe, die jetzt befähigten Jünglingen offen stehen, zu befriedigen, ohne ernsthaft das Feld zu beschränken, aus dem allein gute Judges ausgesucht werden können. Indem ich mit der Restaurationen beginne, die ich zum Ausgangspunkt gewählt habe, da vorher bei derartigen Besetzungen häufig Mißbrauch im Interesse bestimmter Personen getrieben wurde, verliere ich einen Lord Keeper*) (vom gleichen Range wie ein Lord Chancellor) und seinen noch größeren Sohn, ebenfalls Lord Chancellor, nämlich die beiden Bacon. Ich teile diese beiden Tatsachen mit, um zu zeigen, daß ich nicht die fragliche Periode herausgegriffen habe, weil sie meiner Theorie am meisten entspricht, sondern einfach deshalb, weil sie mir am geeignetsten scheint, die Wahrheit aufzudecken, daß sich Anlagen vererben, und weil sie gleichzeitig für mich zur Untersuchung am bequemsten ist.

Innerhalb der Grenzen, die ich für meine Untersuchung gezogen habe, finde ich 286 Judges; 109 von ihnen haben einen oder mehrere hervorragende Verwandte, drei andere haben Verwandte, die ich zwar aufgenommen habe, deren Namen aber in Klammern figurieren, die daher nicht in den folgenden statistischen Deduktionen eingeschlossen sind. Um durch die rascheste Methode beim ersten Anblick die Art und Weise zu zeigen, wie sich diese Verwandten verteilen, gebe ich weiter unten eine Ta-

*) Großsiegelbewahrer.

belle, in welcher sie alle knapp aufgeführt sind. Diese Tabelle ist ein gedrängtes Verzeichnis zu diesem Kapitel, das der Leser nachsehen muß, wenn er eingehendere Informationen wünscht.

### Tabelle I.
Verzeichnis der Verwandten von 119 Judges, in 85 Familien gruppiert.

Ein Verwandter (oder zwei in der Familie).

| | | | |
|---|---|---|---|
| Abney | O. | Keating | V. |
| Alibone | G. | King, Lord | o. |
| Bedingfield | O. | Lawrence | V. |
| Best (Lord Wynford) | g. | Lee | B. |
| Bickersteth (Lord Langdale) | o. | Mansfield, Lord | E. |
| Bramston | V. | Milton | B. |
| Browne | oS. | Patteson | S. |
| Brougham, Lord | gB. | 2. Povis, Sir L. und Bruder | B. |
| Campbell, Lord | N. | 2. Raymond, Lord und Vater | V. |
| Cooper (Earl Shaftesbury) | E. | 2. Reynolds, Sir J. und Neffe | N. |
| Copley (Lord Lyndhurst) | V. | Romilly, Lord*) | S. |
| De Grey (Lord Walsingham) | S. | Scott (Earl Eldon) | B. |
| Erle | B. | Sewell | e. |
| 2. Eyre, Sir R. und Vater | V. | Thesiger (Lord Chelmsford) | S. |
| Forster | V. | Thurlow, Lord | B. |
| Gurney | S. | Treby | S. |
| Harcourt, Lord | G. | (Twisden, s. Finch). | |
| Heath | S. | Verney | g. |
| Henley (E. of Northington) | V. | Wigram | B. |
| Hotham | B. | Wood (Lord Hatherley) | V. |

Zwei und drei Verwandte (oder drei und vier in der Familie).

| | | | |
|---|---|---|---|
| Alderson | V. Os. | Jervis | V. GN. |
| (Bathurst, Earl, s. Buller.) | | Lechmere | E. o. |
| Blackburn | B. g. | Lovell | eS. eE. |
| Blackstone | S. N. | Nares | S. B. |

*) Die Verwandtschaft ist gerechnet von Sir Samuel Romilly.

2. Buller und Bathurst,
Earl     O. o. N.
Burnet     G. V.
Churchill*)     OE. n.
Clarke     B. o.
2. Clive, Sir E. und
Onkel     O. O. E.
2. Cowper, Earl und
Bruder     B. NS.
Dampier     V. B.
Dolben     S. B. gB.
2. Erskine, Lord, und Sohn   B. S.
2. Gould, Sir H. und Enkel   E. e.
Hewitt (Lord Lifford)     2 S.
2. Jeffreys, Lord und
Trevor     G. OS.

Parker (E. of Macclesfield)
und Sir Thomas     S. OE.
Pepys (E. of Cottenham) G. g. B.
Pollock     2 B. S.
Rolfe (Lord Cranworth) GN. gV.
Scarlett (Lord Abinger)    2 S.
Spelman     V. GV.
Sutton (Lord Manners)   B. N.
Talbot, Lord     V. N.
Turner     2 O.
2. Wilde, Lord Truro und
Neffe     B. N.
2. Willes, Sir J. und Sohn B. S.
Willmot     E. ES.
2. Windham, Sir W. und
Bruder     B. E. GN.

Vier und mehr Verwandte (oder fünf und mehr in der Familie).

4. Atkyns, Sir R. und drei andere     G. V. B. e.
Coleridge*)     S. s. 3 N. E. NS.
Denison     4 NS.
Denman     V. S. oS. oE.
3. Viz. Finch (Earl of Nottingham), Twisden
und Legge     V. 2 S. OS. GN. ES. (? gN).
2. Herbert, Lord Keeper, und Sohn     2 S. 2 OS.
3. Hyde, Earl Clarendon, und Vetter     2 O. 3 OS. S.
Law (Lord Ellenborough)     V. 2 S. 2 B.
(Legge s. Finch.)
Lyttleton**)     B. V. o. g. eS.
3. Näm. 2 Montagu***) und 1 North (Ld.
Guilford)     G. B. 2 S. 2 N. 2 E. NS. 5 N.

---

*) Die Verwandtschaft ist gerechnet von dem Großherzog von Marlborough.
**) Die Verwandtschaft ist gerechnet von dem Dichter Coleridge.
***) Ebenso von Lord Keeper.
†) Ebenso von Chief Justia, den ersten Earl of Manchester; die beiden Neffen sind William, Ch. B. E. und der Earl of Sandwich; die beiden Enkel, der Earl of Helifax und James, Ch. B. E. die genealogische Tabelle am Schluß dieses Kapitels erklärt diese und die anderen Verwandtschaften der Familie Montagu.

(North, s. Montagu.)

| | |
|---|---|
| 2. Pratt, Earl Camden und Sir J. | V. S. n. nS. |
| Somers, Earl (s. aber Jork) | 2 NS. 2 NE. |
| Trevor, Lord | g. V. S. O. GB. |
| (Trevor, Master of the Rolls, s. Jeffreys.) | |
| Vaughan | 3 B. 2 N. e. |
| 2. Jorke, Earl Hardwicke, und Sohn; in gewissem | |
| Sinne Earl Somers | 2 S. 2 E. ES. |

Einige charakteristische Merkmale dieser Tabellen fallen
sofort auf. Ich will sie hier nur kurz streifen, um etwas später
auf die Details einzugehen. In erster Reihe muß darauf hingewiesen werden, daß die Judges so stark untereinander in Beziehung stehen, daß 109 von ihnen sich auf nur 85 Familien verteilen. Wir haben siebzehn Fälle, wo zwei aus der gleichen
Familie kommen, zweimal drei und einmal vier. Hierzu kann
man noch sechs andere Fälle rechnen, die sich aus Individuen
zusammensetzen, deren Ahnen schon vor dem Regierungsantritt
Karls II. das Richteramt innehatten, nämlich Bedingfield, Forster,
Hyde, Finch, Windham und Lyttleton. Eine andere bemerkenswerte Tatsache in meiner Tabelle ist der enge verwandtschaftliche Grad zwischen den einzelnen Personen. Die einfachen
Buchstaben kommen am häufigsten vor. Obgleich ein Mensch
zweimal so viel Großväter als Väter hat und wahrscheinlich
mehr als zweimal so viel Enkel denn Söhne, haben doch die
Judges häufiger hervorragende Väter als Großväter und ebenso häufiger hervorragende Söhne als Enkel. Im dritten Verwandtschaftsgrad ist die Anzahl hervorragender Verwandter
seltener, obgleich die Anzahl der Individuen in diesen Graden in
doppelter Proportion zugenommen hat. Hat ein Judge nicht
mehr als einen hervorragenden Verwandten, so steht dieser fast
immer im ersten oder zweiten Verwandtschaftsgrad zu ihm.
So finden wir in der ersten Abteilung der Tabelle, wo die Judges
mit einem hervorragenden Verwandten aufgezählt sind, unter
39 angeführten Namen nur zwei Fälle (s. Browne und Lord
Brougham), wo die Verwandtschaft sich über den zweiten Grad
hinaus erstreckt. Erst in der letzten Abteilung der Tabelle, wo ganze,
reich mit Fähigkeiten begabte Familien angeführt werden, finden
sich hauptsächlich entfernte Verwandtschaftsverhältnisse. Ich
füge noch eine Tabelle hinzu, die aus der vorhergehenden aus-

gezogen ist und die diese Tatsachen mit großer Klarheit aufdeckt. Kolonne A enthält unverändert die Tatsachen, wie sie sich der Beobachtung darbieten. Kolonne D zeigt den Prozentsatz von Individuen in jedem Verwandtschaftsgrad im Verhältnis zu je 100 Judges, die hervorragende Bedeutung erlangt haben.

## Tabelle II.

| Verwandschaftsgrade. | | | | | | A. | B. | C. | D. | E. |
|---|---|---|---|---|---|---|---|---|---|---|
| Bezeichnung des Grades | | Entsprechender Buchstabe | | | | | | | | |
| 1 Grad | Vater | 22 V | — | — | — | 22 | 26 | 100 | 26,0 | 9,1 |
| | Bruder | 30 B | — | — | — | 30 | 35 | 150 | 23,3 | 8,2 |
| | Sohn | 31 S | — | — | — | 31 | 36 | 100 | 36,0 | 12,6 |
| 2 Grade | Großvater | 7 G | 6 g | — | — | 13 | 15 | 200 | 7,5 | 2,6 |
| | Onkel | 9 O | 6 o | — | — | 15 | 18 | 400 | 4,5 | 1,6 |
| | Neffe | 14 N | 2 n | — | — | 16 | 19 | 400 | 4,75 | 1,7 |
| | Enkel | 11 E | 5 e | — | — | 16 | 19 | 200 | 9,5 | 3,7 |
| 3 Grade | Urgroßvater | 1 G V | 1 gV | 0 $GV$ | 0 $g$V | 2 | 2 | 400 | 0,5 | 0,2 |
| | Großonkel leiblicher | 1 G B | 2 gB | 0 $GB$ | 0 $g$B | 3 | 4 | 800 | 0,5 | 0,2 |
| | Vetter | 5 OS | 2 oS | 1 $OS$ | 1 $o$S | 9 | 11 | 800 | 1,4 | 0,5 |
| | Großneffe | 7 NS | 1 nS | 7 $NS$ | 0 $n$S | 15 | 17 | 800 | 2,1 | 0,7 |
| | Urenkel | 2 ES | 2 eS | 1 $ES$ | 0 $e$S | 5 | 6 | 400 | 1,5 | 0.5 |
| Alle weiter Entfernten | | — | — | — | — | 12 | 14 | | 0,0 | 0,0 |

A. Anzahl der hervorragenden Männer in allen Verwandtschaftsgraden zu dem hervorragendsten Mann der Familie (85 Familien).

B. Die vorhergehende Kolonne im Verhältnis von 100 Familien gerechnet.

C. Anzahl der Individuen in jedem Verwandtschaftsgrad im Verhältnis von 100 Personen gerechnet.

D. Prozentsatz der hervorragenden Männer in jedem Verwandtschaftsgrad zu dem hervorragendsten Mitglied der ausgezeichneten Familien; er wurde gewonnen, indem B durch C dividiert und mit 100 multipliziert wurde.

E. Prozentsätze der vorhergehenden Kolonnen reduziert auf das Verhältnis von (286—24,*) oder) 242 zu 85, das nun auf Familien überhaupt angewandt wird.

Die zweite Tabelle gibt uns auch Material für eine vergleichende Beurteilung des Einflusses, den männliche und weibliche Linien in der Übertragung der Fähigkeiten haben. Dank meinem Bezeichnungssystem ist es vollkommen möglich und leicht, die beiden Linien auf eine Weise zu trennen, die ich sofort erklären werde. Ich wage es nicht, die Verwandten ersten Grades miteinander zu vergleichen, nämlich die Väter mit den Müttern, die Söhne mit den Töchtern, oder die Brüder mit den Schwestern, da wir kein Kriterion für einen richtigen Vergleich der natürlichen Fähigkeit der beiden Geschlechter haben. Selbst wenn wir ein Mittel hätten, sie zu prüfen, wäre das Resultat doch irreleitend. Eine Mutter überträgt männliche Eigentümlichkeiten auf ihr Kind, die sie selbst nicht besitzt, noch besitzen kann, und ebenso kann eine Frau, die mit weniger Gaben eines männlichen Typus ausgestattet ist, als ihr Gatte, doch in höherem Maße als er zu der männlichen intellektuellen Superiorität ihres Sohnes beitragen. Ich verschob daher meine Untersuchung vom ersten auf den zweiten und dritten Verwandtschaftsgrad. Was den zweiten Grad anbelangt, so vergleiche ich den Großvater väterlicherseits mit dem mütterlicherseits, den Onkel väterlicherseits mit dem mütterlicherseits, den Neffen von der Bruderseite mit dem von der Schwesterseite, und den Enkel, der durch den Sohn gewonnen wurde, mit dem Enkel, den die Tochter geboren hat. Nach dem gleichen Prinzip vergleiche ich die Verwandtschaften dritten Grades, d. h. den Vater des Vaters des Vaters mit dem Vater der Mutter der Mutter usw. Diese ganze Betrachtung läßt sich in der folgenden gedrängten Tabelle deutlich übersehen:

Im zweiten Grad

7 G $+$ 9 O $+$ 14 N $+$ 11 E $=$ 41 Verwandten unter denen männlicherseits.
6 g $+$ 6 o $+$ 2 n $+$ 5 e $=$ 19 Verwandten unter denen weiblicherseits.

---

*) D. h. 286 Judges, weniger 24 die als untergeordnete Mitglieder der 85 Familien miteinbeschlossen sind.

Im dritten Grad

1 GV + 1 GB + 5 OS + 7 NS + 2 ES = 19 Verwandten unter denen
männlicherseits.

0 $g$V + 0 $g$B + 1 $o$S + 0 $n$S + 0 $e$S = 1 Verwandter unter denen
weiblicherseits.

Die Zahlen sind zu klein, um einen sehr bestimmten Schluß
irgendwelcher Art zu gewährleisten, aber sie reichen doch aus,
um zu beweisen, daß der weibliche Einfluß in der Weitergabe
von Fähigkeiten hinter dem männlichen zurücksteht. Man darf
jedoch auch nicht übersehen, daß es in erster Reihe die Neffen
sind, die den Unterschied zwischen den Totalsummen der Verwandten männlicher- und weiblicherseits zweiten Grades erzeugen. Aber gerade dieser verwandtschaftlichen Beziehung
läßt sich weiblicherseits schwer nachgehen, denn es ist eine bekannte Tatsache, daß die Biographen von den Nachkommen
der Schwestern ihres Helden nicht so ausführlich sprechen, als
von denen ihrer Brüder. Was den dritten Grad anbelangt, so
sind die Verwandtschaftsbeziehungen weiblicherseits viel
schwerer aufzudecken, als die nach der männlichen Seite, und
ich zweifle nicht, daß ich viele ausgelassen habe. Bei meinen
früheren Versuchen war die Bilanz für die weibliche Seite noch
viel ungünstiger, sie reduzierte sich nachher genau im Verhältnis zur Häufigkeit der Revision meiner Daten. Obwohl ich also
anfangs einen großen Rest zu ungunsten der weiblichen Linie
annehmen zu müssen glaubte, meine ich, daß wir Grund haben,
zu glauben, der Einfluß der Frauen sei bei der Übertragung
richterlicher Fähigkeiten nur wenig geringer als der der Männer.

Es ist mir natürlich schmerzlich, daß die Umstände es unmöglich machen, den Einfluß der individuellen Eigentümlichkeiten
der Mutter auf ihre Nachkommenschaft — handle es sich nun
um gute oder schlechte Eigenschaften — zu schätzen. Aus den
angeführten Gründen scheinen mir die Eigenschaften der Mutter
ebenso wichtige Elemente für meine Untersuchung zu bilden als
diejenigen des Vaters, und doch bin ich aus Mangel zuverlässiger
Informationen in einer großen Majorität von Fällen gezwungen,
sie vollständig zu ignorieren. Nichtsdestoweniger habe ich noch
zahlreiche Argumente, die beweisen, daß Anlagen sich vererben.

Bevor ich weitergehe, muß ich meine Leser dringend er-
suchen, einen Einwand fallen zu lassen, der ihnen höchst wahr-

scheinlich in den Sinn kommt und dessen Unhaltbarkeit ich leicht nachweisen kann. Leute, die sich die Natur meiner Argumente nicht lebhaft vorstellen, haben beständig in folgendem Sinn zu mir gesprochen: „Es hat gar keinen Wert, Erfolge anzuführen, wenn man nicht in gleichem Maße die gegenteiligen Fälle in Betracht zieht. Hervorragende Männer mögen hervorragende Verwandte haben, aber sie haben auch sehr viel gewöhnliche Menschen in ihrer Verwandtschaft, selbst bornierte, und es gibt sogar einige darunter, die entweder exzentrisch oder völlig verrückt sind." Ich gebe das alles vollkommen zu, doch beeinträchtigt es nicht im geringsten die zwingende Kraft meiner Argumente. Wenn ein Mensch kräftige, gutgebildete Hunde züchtet, die aber einen gemischten Stammbaum haben, so werden die Jungen manchmal, aber selten die Eltern völlig gleichen. In den meisten Fällen werden sie einen unbestimmten Mischtypus aufweisen, da die Eigentümlichkeiten der Vorfahren bei der Nachkommenschaft leicht wieder auftauchen. Nichtsdestoweniger ist es leicht, die wünschenswerten Eigenschaften irgend welcher Hunde zum beständigen Erbstück einer neuen Zucht zu machen. Der Züchter wählt Generation um Generation die Jungen aus, die sich dem gewünschten Typus am meisten annähern, bis sie in einer ganzen Reihe von Graden keine Ahnen mehr aufweisen, die mit nicht einwandfreien Eigentümlichkeiten behaftet sind. Ebenso verhält es sich mit Männern und Frauen. Sind Vater oder Mutter oder beide Eltern eines Kindes fähige Menschen, so folgt daraus noch nicht mit Notwendigkeit, daß auch das Kind befähigt sein wird, aber seine Chancen stehen auch nicht gerade am ungünstigsten. Es erbt von seinen Großeltern, seinen Urgroßeltern und noch weiter zurück liegenden Ahnen eine außerordentliche Mischung von Eigenschaften, ganz ebenso gut wie von seinem Vater und seiner Mutter. Die berühmtesten und sogenannten „rassigen" Familien der Menschheit sind „Bastarde" was ihre natürlichen Gaben des Intellekts und des Charakters anlangt.

Was ich zu beweisen behaupte, ist folgendes: wenn wir zwei Kinder nehmen, von denen das eine von einem Vater oder einer Mutter von außerordentlicher Begabung abstammt — sei es, daß dieser Mensch der erste von 4000 oder einer Million sei so hat das erste Kind unendlich größere Chancen, in hohem

Grade begabt zu sein, als das zweite. In gleicher Weise folgere ich, daß, ebenso wie bei Tieren und Pflanzen eine neue Rasse geschaffen und zu einem solchen Grad von Reinheit gebracht werden kann, daß sie sich in der einmal erworbenen Weise erhält, wobei man nur mit geringer Sorgfalt, die mangelhaftesten Glieder der Herde von der Fortpflanzung abzuhalten hat, auch eine Rasse fähiger Menschen unter vollkommen gleichen Bedingungen gezüchtet werden könnte.

Ich muß um Entschuldigung bitten, daß ich mit diesen wenigen Bemerkungen den Gegenstand eines späteren Kapitels so völlig skizzenhaft und aus dem Stegreif vorwegnehme; doch bin ich wirklich gezwungen, so vorzugehen, da ich aus Erfahrung weiß, wie sehr Menschen, denen die Beweisführungen, durch welche die Gesetze der Vererbung festgestellt werden, fremd sind, dazu neigen, meine Schlüsse halsstarrig und ungehört zu verurteilen, indem sie blind darauf bestehen, daß die Einwände, von denen ich oben erzählte, von überwältigender Wucht sind.

Ich will jetzt zu dem übergehen, was wir aus den Verwandtschaftsverhältnissen der Judges lernen können. Zuerst stelle ich die Frage, ob die befähigteren Judges reicher sind an hervorragenden Verwandten, als diejenigen, welche weniger befähigt sind? Wir können dieser Frage auf zwei Arten näher treten, einmal können wir die Verwandten der law lords*) mit denen der puisne judges**) oder die der Chancellors mit denen der Judges im allgemeinen vergleichen, und weiter können wir bestimmen, welche Personen, deren Namen in der dritten Abteilung der I. Tabelle eingetragen sind, in Bezug auf ihre Fähigkeiten über dem Durchschnitt der Judges stehen. Wir finden nur wenige Lord Chancellors unter ihnen. Innerhalb der Grenzen meiner Untersuchung befinden sich nur 30 von diesen hohen Würdenträgern, doch haben 24 von ihnen hervorragende Verwandte, während von den (286—30 oder) 256 anderen Judges nur (114—24 oder) 90 hervorragende Verwandte haben. Wir sehen also, daß 80 p. c. der chancellors hervorragende Verwandte haben, gegen 36 p. c. der übrigen Judges. Die Pro-

---

*) Peers des englischen Parlaments, die ein hohes richterliches Amt bekleidet haben. D. Üb.
**) Ehemaliger Beisitzer an englischen oberen Courts of Law. D. Üb.

portion wäre noch größer, wenn ich die chancellors oder die
anderen law lords mit den puisne judges verglichen hätte.

Die andere Probe, die ich vorschlage, ist in gleicher
Weise befriedigend. Betreffs der außerordentlich hervorragenden
Befähigung der Männer, deren Namen in der dritten Abteilung
der I. Tabelle aufgeführt sind, kann kein Zweifel sein. Man
wird gegen mein Verfahren vielleicht Einspruch erheben und
geltend machen, die Lord Chancellors hätten mehr Gelegenheiten
als die anderen Judges, durch Mißbrauch ihrer amtlichen Stellung
Verwandte in hervorragende Stellungen zu drängen. Ich kann mich
auch diesen Einwänden gegenüber nur auf das beziehen, was
ich bereits über den Ruf eines Menschen als Beweis seiner Fähigkeiten gesagt habe und eine kurze Liste der bemerkenswerteren Fälle von Verwandtschaft mit Lord Chancellors geben, welche meines Erachtens in genügender Weise jenen Einwänden
begegnen. Es sind:

1) Earl Bathurst und seiner Tochter Sohn, der berühmte
Judge, Sir F. Buller. 2) Earl Camden und sein Vater, Chief
Justice*) Pratt. 3) Earl Clarendon und die bemerkenswerte Familie der Hyde, in welcher sich zwei Onkel und ein Vetter als
englische Judges finden, daneben ein wallisischer Judge und viele
andere bedeutende Männer. 4) Earl Cowper, sein Bruder der
judge und sein Großneffe der Dichter. 5) Lord Eldon und sein
Bruder Lord Stowell. 6) Lord Erskine, sein Bruder der Lord
Advocate von Schottland, ein hervorragender Rechtsgelehrter,
und sein Sohn, der Judge. 7) Earl Nottingham und die äußerst
bemerkenswerte Familie Finch. 8) 9) 10) Earl Hardwicke und
sein Sohn, gleichfalls ein Lord Chancellor, der plötzlich starb
und der Großonkel dieses Sohnes, Lord Somers, ebenfalls Lord
Chancellor. 11) Lord Herbert, sein Sohn ein Judge, seine Vettern
Lord Herbert of Cherbury und George, der Dichter und Theologe.
12) Lord King und sein Onkel, John Locke, der Philosoph. 13)
Der niederträchtige, aber äußerst begabte Lord Jeffreys hatte
einen Vetter, der ihm vollkommen glich, nämlich Sir J. Trevor,
Master of the Rolls. 14) Lord Guilford gehört einer Familie an,
die Mitglieder von einer so merkwürdigen richterlichen und
staatsmännischen Befähigung verkettet, daß ich fast daran ver-

---

*) Ehemaliger Präsident des Court of Common Pleas.

zweifle, ihr gerecht zu werden. Man müßte einen kleinen Band mit der Beschreibung dieser Familie allein ausfüllen. Sie weist dreißig erstklassige Männer auf, die in naher verwandtschaftlicher Beziehung zu einander stehen, die Montagus, Sydneys, Herberts, Dudleys und andere mit einbegriffen. 15) Lord Truro hatte zwei befähigte leibliche Brüder, von denen einer Chief Justice am Kap der guten Hoffnung war; sein Neffe ist ein englischer Judge, der kürzlich Lord Penzance geworden ist. Ich nenne hier noch Lord Lyttleton, den Lord Keeper Karls I., obgleich viele Mitglieder seiner äußerst bemerkenswerten Familie nicht in den Rahmen meiner Untersuchung fallen. Sein Vater, der Chief Justice von Nord-Wales, heiratete eine Tochter von Sir J. Walter, dem Chief Justice von Süd-Wales. Ihr Bruder war gleichfalls ein englischer Judge. Sie gebar ihm den Lord Keeper Lyttleton und ebenso einen Judge Sir Timothy. Der Sohn von Lord Lyttletons Tochter (sie heiratete einen Vetter) war Sir T. Lyttleton, der Speaker of the House of Commons.*)

Wir haben also ausreichend Grund anzunehmen, daß die Verwandten der Lord Chancellors an natürlichen Gaben bedeutend reicher sind, als diejenigen der anderen Judges.

Ich will noch einen anderen Beweis für die Vererbung von Fähigkeiten bringen. Ich vergleiche die Anzahl der Eintragungen in den Abteilungen der I. Tabelle untereinander. Wenn wir annehmen, daß natürliche Gaben vom bloßen Zufall herrühren und nicht mit der Herkunft zusammenhängen, müßten die Eintragungen sich in Übereinstimmung mit dem Gesetz verteilen, das die Verteilung des Zufalls überhaupt beherrscht. Wenn die Wahrscheinlichkeit eins zu hundert wäre, daß ein Mitglied irgend einer Familie innerhalb gewisser gegebenen Verwandtschaftsgrenzen einen Lotteriepreis gewinnt, so wäre die Wahrscheinlichkeit, daß drei Mitgliedern der gleichen Familie das gleiche widerfährt, eins zu einer Million (ungefähr, aber nicht genau, da die Größe der Familie begrenzt ist) und die Wahrscheinlichkeit, daß sechs Mitglieder der Familie einen Lotteriepreis gewinnen, eins zu einer Million Millionen. Wenn also natürliche Begabung vom reinen Zufall abhinge, müßte die erste Abteilung der I. Tabelle unendlich länger sein als die zweite

---

*) Vorsitzender des englischen Unterhauses.

und die zweite unendlich länger als die dritte; doch dem ist
nicht so. Wir sehen fast ebenso viel Fälle mit zwei oder drei
hervorragenden Verwandten, wie solche mit einem; den neun-
unddreißig Fällen der ersten Abteilung stehen nicht weniger als
fünfzehn in der dritten allein gegenüber.

Es ist also klar, daß Befähigung nicht zufällig verstreut
ist, sondern an gewissen Familien haftet.

Wir gehen zu einem dritten Beweis über.

Wenn Anlagen sich vererben, wie ich behaupte, dann
müssen auch die charakteristischen Merkmale eines Judge häufig
auf seine Nachkommen übergehen. Die Majorität der Judges
gehörten zu einem scharf ausgeprägten Typus. Sie sind nicht
Männer, die sich durch Gefühle hinreißen lassen, die Abgeschiedenheit und ein Traumleben lieben, sie sind vielmehr glänzende
Mitglieder einer ganz anders gearteten Gruppe, einer Gruppe,
die die Engländer zu ehren besonders geneigt sind, wenigstens
in den sechs Tagen der Woche, die dem bürgerlichen Leben
gehören. Ich meine, daß sie kräftige, scharfsinnige, praktische,
hilfreiche Männer sind; sie heben sich glänzend ab in dem
Kampfgetriebe des öffentlichen Lebens, sie haben eine zähe
Natur und einen gesunden Magen, sie schätzen, was Geld ein-
bringt, lieben Stellung und Einfluß und gründen gern eine Familie. Die Körperfrische der Judges ist durch die Tatsache bewiesen, daß das Durchschnittsalter, in dem sie ernannt wurden,
unter den drei letzten Regierungen siebenundfünfzig Jahre betrug. Die Arbeit und die Verantwortung ihres Amtes scheint
den Außenstehenden ungeheuer, und doch setzen diese ältlichen
Männer ihre Arbeit viele Jahre mit Leichtigkeit fort; sie sterben
durchschnittlich mit fünfundsiebzig Jahren und üben meist
ihren Beruf bis zuletzt aus. Erben nun ihre Söhne diese bemerkenswerten Gaben und Eigentümlichkeiten? Haben die
Judges oft Söhne, die ihnen in dem gleichen Beruf folgen, wo
der Erfolg ausgeschlossen wäre, wenn sie nicht die spezifischen
Eigenschaften ihrer Väter besäßen? Die beste Antwort ist eine
Liste von Namen. Sie wird für den Leser, der dem Rechts-
leben nahesteht, von großem Interesse sein; die anderen können
sie überblättern und gleich zu den Resultaten übergehen.

Judges von England und andere hohe Würdenträger aus dem Richterstande, zwischen 1660 und 1865, welche verwandt waren oder sind.

(Jene Fälle, wo beide Verwandte English judges sind, bezeichne ich mit einem *.)

(Wegen der Abkürzungen s. S. 88.)

| Väter. | Söhne. |
|---|---|
| *) Atkyns, Sir Edward, B. E. (Karl II.) | { Sir Robert, Chief Just. C. P. <br> { Sir Edward B. E. (Jak. II.). |
| Atkyns, Sir Richard, Chief Just. N. Wales | Sir Edward B. E. (Karl II.). |
| *) Bramston, Sir Francis, Chief K. B. (Karl I.)†) | Sir Francis, B. E. (Karl II.). |
| Coleridge, Sir John, Just. Q. B. (Vict.) | Sir John Duke, Solic.-Gen.*) |
| Dolben, Sir Wm. Just. K. B. (Will. III.) | Sir Gilbert, Just. C. P. Ireland; ern. z. Bart. |
| *) Erskine, T., ern. zum Lord Erskine; Lord Chan. | Hon. Sir Thomas, Just. C. P. (Vict.). |
| *) Eyre, Sir Samuel, Just. K. B. (Will. III.) | Sir Robert, Chief Just. C. P. (Georg II.). |
| Finch, Heneage, L. Ch. ern. E. von Nottingham | Heneage, Solic.-Gen.; ern. z. Earl Aylesford. |
| Finch, Sir Heneage, Syndikus von London | Heneage, Lord Chanc., ern. z. Earl v. Nottingham. |
| *) Forster, Sir James, Just. C. P. (Karl I.) | Sir Robert, Chief Just. K. B. (Karl II.). |
| Gurney, Sir John, B. E. (Vict.) | Rt. Hon. Russell Gurney, Syndikus v. London. |
| *) Herbert, Sir Edw. Lord Keeper (Karl II.) | Sir Edward, Chief Just. K. B. (Jak. II.). |
| Hewitt, James, ern. z. Lord Lifford, Just. K. B. | Joseph, Just. K. B. Irland |
| Jervis —, Chief Just. v. Chester | Sir John, Chief Just. C. P. (Vict.). |

---

†) Ich zähle die Väter der Judges unter Karl II. mit, da die Judges der jetzigen Regierung noch zu jung sind, um Judges als Söhne zu haben.
*) Hoher juristischer Beamter der Krone ohne Sitz im Kabinett.

Law, Edw., ern. z. Lord Eilen-
borough, Ch. K. B.

*) Pratt, Sir John, Chief Just.
K. B. (Georg II.)

*) Raymond, Sir Thomas, Just.
C. B.

Romilly, Sir Samuel, Solic.
Gen.

*) Willes, Sir John, Chief Just.
C. P. (Georg III.)

*) Yorke, Philip, Lord Chanc.
ern. z. Earl Hardwicke

Chas. Ewan, Parlamentsmitglied, Syndikus v. London.

Earl Camden, Lord Chanc.
(Georg III.).

Robert, ern. z. Ld. Raymond,
Ch. K. B. (Georg II.).

Ern. z. Lord Romilly, Master
of Rolls (Vict.).

Sir Edward, Just. K. B. (Georg
III.).

Hon. Charles, Lord Chanc.
(Georg III.).

## Brüder.

) Atkyns, Sir Robert, Chief C.
P. (Will. III.)

Cowper, Wm., ern. z. Earl
Cowper, Ld. Chanc.

Erskine, T., ern. z. Ld. Erskine, Ld. Chanc.

Hyde, Sir Robert, Chief K. B.
(Karl II.)

Lee, Sir William, Chief K. B.
(Georg II.)

*) Lyttleton, Lord, Lord Kee-
per (Karl I.)

North, F., ern. z. Earl v. Guilford, Ld. Chanc.

Pollock, Sir F., Chief B. E.
(Vict.)

*) Powis, Sir Lyttleton, Just.
K. B. (Georg I.)

Scarlett, Sir J., ern. z. Lord
Abinger, Ch. B. E.

Sir Edward, B. E. (Jak. II.).

Sir Spencer, Just. C. P. (Georg
II.).

Henry, zweimal Lord Advo-
cate v. Schottland.

{ Sir Frederick, ein Judge in S.
Wales.

Judge der Admiralität.

George, Dean of Arches†) usw.

Sir Timothy, B. E. (Karl II.).

Roger, Attorney-Gen. d. Königin.

Sir David, Chief Just. Bombay.

Sir Thomas, Just. K. B.
(Georg I.).

Sir Wm. Ch. Just. Jamaica.

---

†) Richter eines frühen unter dem Erzbischof v. Canterbury stehenden
geistlichen Apellationsgerichtshofes. D. Üb.

Scott, John; ern. z. Earl v. Eldon, Ld. Chanc.

Wilde, T., ern. z. Ld. Truro, Ld. Chanc.

*) Wynham, Sir Hugh, B. E. (Karl II.)

Großväter.

*) Atkyns, Sir Robt. Chief C P. (Will. III.)

Burnet , Schottischer Judge, Ld. Cramond

*) Gould Sir Henry, Just. Q. B. (Anna)

Jeffreys —, Judge in N. Wales

Finch, H., Solic., ern. z. E. Aylesford

Walter, Sir E., Chief Just. S. Wales

*) Heath, Sir R., Chief K. B. (Karl I.)

William, ern. z. Ld. Stowell, Judge Adm.

Sir —, Ch. Just. Kap d. guten Hoffnung.

Sir Wadham, B. E. (Karl II.).

Enkel.

Sir J. Tracy (nahm den Namen Atkyns an) Kanzleigerichtssekretär B. E. (Georg III.).

Sir Thomas Burnet, Just. C. P.

Sir Henry Gould, Just. C. P. (Georg III.).

Jeffreys, Lord, Ld. Chanc. (Jak. II.).

Hon. H. Legge, B. E. (Georg II.).

Lyttleton, Sir T. B. E. (Karl II.).

Verney, Hon. Sir J., Master of Rolls.

Von den 286 Judges ist jeder neunte entweder der Vater, der Sohn oder der Bruder eines andern Judge; andere Verwandte eines nahen Grades, die hohe richterliche Würden bekleiden, sind noch häufiger. Man kann nicht länger zweifeln, daß der spezielle Typus einer bestimmten Befähigung, die für einen Judge nötig ist, häufig mit der Abstammung übermittelt wird.

Der Leser muß sich vor der Vermutung hüten, die Judges hätten wenig hervorragende Verwandte in anderen Lebensberufen und Kreisen, da so viele ihrer Angehörigen richterliche Befähigung aufweisen. Man könnte eine lange Liste allein von solchen aufstellen, die Bischöfe und Erzbischöfe zu Verwandten haben. Nicht weniger als zehn Judges, von denen Sir Robert Hyde in der vorstehenden Tabelle figuriert, haben einen Bischof oder Erzbischof zum Bruder. Von den übrigen hatte Sir

William Dolben einen Erzbischof von York zum Bruder und war
selbst der Sohn der Schwester eines andern, nämlich von John
Williams, der auch der Lord Keeper Jakobs I. war. Wir finden
auch Fälle von verwandten Dichtern unter den Judges, wie
Cowper, Coleridge, Milton, Sir Thomas Overbury und Waller,
ebenso zahlreiche Verwandte, die Romanciers, Ärzte, Admiräle
und Generäle waren. Mein Verzeichnis am Ende dieses Kapitels
behandelt die einzelnen Individuen nur sehr knapp, aber es enthält die Namen sehr großer Männer, deren Taten große Bände
füllten. Bei der Abfassung dieses Buches gehört es zu meinen
größten Nachteilen, daß ich fühlen muß, wie Namen, die vor
meinem Auge jetzt nie mehr auftauchen, ohne daß ich Respekt
und Verehrung vor den großen Eigenschaften jener empfinde,
die sie einst trugen, in den Augen meiner meisten Leser vielleicht    unwichtig    und    bedeutungslos    sind,    wenigstens    in
den Augen aller jener, die nie Gelegenheit hatten, sich mit der
Geschichte dieser Männer zu befassen.    Ich weiß, wie groß meine
eigene Unwissenheit in Bezug auf die Persönlichkeit der großen
Männer früherer Generationen war, ehe ich mich mit ihren Biographien beschäftigte, und ich habe daher vollauf Grund anzunehmen, daß viele meiner Leser in dieser Hinsicht nicht besser
orientiert sind, als ich es war.    Eine Schar von Männern, zu
denen ich gelernt habe aufzusehen, wie zu den Helden einer
hehren Walhalla, wird von denen, die mit den Tatsachen der
biographischen Geschichte nicht vertraut sind, wie eine Ansamm-
lung bloßer Honoratioren betrachtet.
    Die Namen der North und Montagu unter den Judges führen
uns in einen bemerkenswerten Schlag hervorragender Männer
ein, der endlich in den Stammbaum der Montagus übergeht und
ebenso in den    der    Sidneys (s. das Kapitel „Literaten"),
deren Naturgeschichte — wenn ich mir den Ausdruck gestatten
darf — einige Seiten gewidmet sein sollen.    In ihren Stamm-
bäumen findet sich kaum ein Name, der nicht von mehr als gewöhnlicher hervorragender Bedeutung ist; viele von ihnen sind
berühmt.    Sie sind in ihren Verwandtschaftsbeziehungen eng miteinander verknüpft und erstrecken sich über zehn Generationen.
Die wichtigsten Wurzeln dieser verbreiteten Befähigung liegen
in den Geschlechtern der Sidney und Montagu und in einem geringeren Grade in dem der North.

Das Blut der Sydneys — ich meine die Nachkommen von Sir William Sydney und seiner Ehefrau — hat in zwei verschiedenen Kombinationen einen außerordentlichen Einfluß. Zuerst in Verbindung mit den Dudleys, woraus in der ersten Generation Sir Philip Sydney, sein hervorragender Bruder und seine gleichfalls hervorragende Schwester entstehen; in der zweiten Generation finden wir hier wenigstens einen hervorragenden Mann; in der dritten Algernon Sidney mit seinem befähigten Bruder und seiner vielgerühmten Schwester. Die zweite Vermischung des Sydney'schen Blutes erfolgte mit den Harringtons, die in der ersten Generation einen Fürsten des Schrifttums und Elisabeth, die Mutter des großen und äußerst bemerkenswerten Geschlechts hervorbrachte, welches in meiner genealogischen Tabelle den Hauptanteil hat.

Das Blut der Montagu, wie es Sir Edward, der 1644 im Tower starb, repräsentiert, ist von drei verschiedenen Quellen abgeleitet. Sein Urgroßvater ($g$V) war Sir John Finnieux, Chief Justice von des Königs Bench; sein Großvater ($g$) war John Roper, Attorney-General*) Heinrichs VIII. und sein Vater — weitaus der bedeutendste von den dreien — war Sir Edward Montagu, Chief Justice des Königs Bench. Der Sohn des Chief Justice, Sir Edward Montagu heiratete Elisabeth Harrington, von der ich eben sprach, und hatte eine große Familie, die an sich selbst und in ihren Nachkommen äußerst bemerkenswert wurde. Ich nenne blos die Titel, die sie erlangten: in der ersten Generation erhielten sie zwei Pairswürden, die Grafentitel von Manchester und die Baronie von Montagu; in der zweiten bekamen sie zwei mehr, den Grafentitel von Sandwich und die Baronie von Capel; in der dritten fünf mehr, die Herzogswürde von Montagu, die Grafentitel von Halifax und Essex, die Baronie von Guilford und eine neue Baronie von Capel (zweite Verleibung), in der vierten einen mehr, die Herzogswürde von Manchester (der Ministerpräsident von 1701), in der fünften einen mehr, den Grafentitel von Guilford. Der zweite Earl von Guilford, der Ministerpräsident Georgs III. (am bekanntesten als Lord North) gehört zur sechsten Generation.

Es ist mir ganz unmöglich, die Charakteristiken aller Indi-

---

*) Korwann alt. D. Üb.

viduen zu geben, die in meinem Stammbaum vermerkt sind. Ich könnte es nicht tun, ohne weit mehr Raum darauf zu verwenden, als ich erübrigen kann. Aber das eine kann und m u ß ich tun; nämlich die herausgreifen, die enger mit den Judges verknüpft sind und zeigen, daß sie vollgiltige Fähigkeiten besaßen und ihre hohen Stellungen nicht bloßer Protektionswirtschaft, noch ihren Ruf dem Zufall der Geburt oder Umständen irgend welcher Art verdankten. Ich will es gern unternehmen, dies zu zeigen, obgleich gerade das gegenwärtige Beispiel meine Sache in ein besonders unvorteilhaftes Licht rückt. Francis North, Lord Keeper und erster Baron von Guilford, ist der Mann vor allen anderen in dieser hohen Stellung (die identisch oder ungefähr gleich mit einem Lord Chancellor ist), den neuere Autoritäten um die Wette verunglimpfen und verdammen. Wer gegen meine Theorien opponiert, wird vielleicht sagen, der Fall von Francis North, der Lord Keeper wurde, beweise, daß es unmöglich sei, offiziellen Rang als Kriterion der Befähigung zu nehmen. Er erlangte seine Stellung durch Protektion und protegierte selbst, als er oben war; er erbte Familieneinfluß, nicht natürliche intellektuelle Gaben, und das Gleiche ließe sich von allen Gliedern dieses oder eines andern Stammbaums sagen. Wie ich schon vorher andeutete, enthält dieser Einwand soviel Wahrheit, daß man ihm unmöglich mit einem einfachen Widerspruch begegnen kann, der sich auf klare einfache Ursachen stützt. Man muß die Charaktere analysieren und ein wenig auf die Details eingehen. Ich will das tun, und ich glaube, daß viele meiner Leser am Schluß besser als vorher zu schätzen vermögen werden, in welch hohem Maße natürliche intellektuelle Gaben das Geburtsrecht einiger Familien sind.

Francis North, der Lord Keeper, entstammte einer Familie von fünf Brüdern und einer Schwester. Das Leben dreier dieser Brüder ist uns durch die entzückenden Biographien, die ein anderer Bruder, Roger North, verfaßte, genügend bekannt. Ihre Stellung innerhalb der Familie der Montagu ist leicht durch Zuhilfenahme des Stammbaums zu erkennen. Sie fallen in die dritte jener Generationen, die ich eben beschrieben habe, in jene gerade, wo die Familie eine Herzogswürde, zwei Grafschaften und zwei Baronien gewann. Ihr Vater stammte aus einer Gelehrten - Familie, die sich nach rückwärts in einer Linie von nicht weniger

als fünf Generationen fortsetzte. Der erste Lord North war zur
Zeit der Königin Elisabeth ein hervorragender Rechtsgelehrter,
und sein Sohn — ein befähigter Mensch und Gesandter — heiratete die Tochter des Lord Chancellors Rich. Sein Sohn wieder
— der starb, bevor er die Pairswürde erlangte — heiratete die
Tochter eines Masters of the Court of Requests*), und seine Ur-
Urenkel — die dazwischen liegenden Glieder waren mehr oder
weniger ausgezeichnet, aber ich weiß wenig von ihren Heiraten
waren die Brüder North, von denen ich eben spreche.

Der Vater dieser Brüder war der vierte Baron North. Er
war ein gelehrter Mann und beschrieb unter anderen Sachen das
Leben des Begründers seiner Familie. Er war ein „sparsamer"
Mann und „außergewöhnlich tugendhaft und mäßig für seine Person". Der Stil seiner Schriften war nicht so glänzend wie der
seines Vaters, des zweiten Barons, der geist- und flammen-
sprühend gewesen sein soll. Der Vater hatte in Versen und
Prosa geschrieben, und Walpole hatte seine Gedichte gelobt. Die
Mutter der Brüder, Anne Montagu, wird von ihrem Sohn als ein
Ausbund von Wohltätigkeit und Weisheit geschildert. Ich nehme
an, daß es der vierte Baron North war, von dem die unange-
nehmen Eigenschaften von dreien der Brüder North herstammen,
und zwar die Geckenhaftigkeit des Lord Keepers und der
merkwürdig sparsame, merkantile Geist, der sich in verschiedenen Formen am Lord Keeper, dem Finanzmann und dem
Master of Trinity College**) zeigte. Ich kann nicht umhin, diese
Eigenschaften zu erwähnen, denn sie bilden auffallende Züge
ihrer Charaktere und nehmen einen breiten Raum in ihren Biographien ein.

Ich denke, daß ich besser tue, wenn ich beim Lord Keeper
mit der schlechten Seite seines Charakters beginne. Ist diese
einmal eingeräumt und abgetan, so wird der Rest meiner Aufgabe angenehm und interessant sein. Mit kurzen Worten: der
Lord Keeper wurde in Bezug auf seinen öffentlichen Charakter
grausam behandelt. Lord Campbell nennt ihn den widerlichsten
Mann, der je das Groß-Siegel in Händen hielt, und sagt, daß er

---

*) Forderungsgerichtshof, urteilt über kleine Schulden. D. Üb.
**) Geistliches Colleg, drei an der Zahl: in Cambridge, Oxford und
Dublin. D. Üb.

während seines ganzen Lebens sich durch die niedrigsten Schliche um Beförderungen bewarb und sie auch auf diese Weise erhielt. Bischof Burnet nennt ihn schlau und verschlagen. Lord Macaulay beschuldigt ihn der Selbstsucht, Feigheit — und Niedrigkeit. Ich weiß von keinem Schriftsteller, außer seinem Bruder, der zärtlich an ihm hing, der seinen öffentlichen Charakter gerühmt hätte. Ich muß aber sagen, daß selbst Lord Campbell einräumt, der Lord Keeper sei in all seinen Privatbeziehungen außerordentlich liebenswürdig gewesen, und es gibt kaum etwas Rühmenderes als den Bericht, den wir über die warme und stetige Zuneigung zwischen ihm und seinem Bruder besitzen, der ihn überlebte und sein Biograph wurde. Ich bin jedoch an des Lord Keepers öffentlichem Charakter nur so weit interessiert, daß ich zeigen will, er habe zwar ein höchst unwürdiges Vorgehen an den Tag gelegt, wo es sich um Beförderungen handelte, und habe überdies Verwandte in hohen Ämtern besessen, die ihm helfen konnten, daß er aber dennoch ebenso wie seine Brüder eine wahrhaft bemerkenswerte Befähigung besaß.

Bischof Burnet sagt von ihm, er habe nicht die Tugenden seines Vorgängers besessen (Lord Nottingham), aber er habe auch Eigenschaften gehabt, die weit über diesen hinausgingen. Lord Campbell weicht jedoch wieder von dieser Meinung ab und bemerkt, daß „ein Nottingham nicht häufiger als einmal in hundert Jahren aufsteht" (ich möchte den Leser an dieser Stelle bitten, sich der wunderbaren vererbten Gaben der Familien Nottingham oder Finch zu erinnern.) Macaulay sagt, sein Intellekt sei klar gewesen, sein Fleiß groß, sein Wissen in Literatur und Wissenschaft respektabel und seine Gesetzeskenntnis mehr als respektabel. Sein Bruder Roger schreibt über die Jugend des Lord Keeper:

„Es war sonderbar und bemerkenswert an ihm, daß er neben dem Rechtsstudium, von dem man im Allgemeinen annimmt, daß es die ganze Studienzeit eines jüngeren Gentleman verschlingt, noch seine Untersuchungen in allen freien Künsten, als Geschichte, Humaniora und Sprachen fortsetzte, wodurch er nicht nur ein guter Jurist, sondern auch ein guter Historiker, Politiker, Mathematiker, Naturforscher und ich muß hinzufügen, ein vollendeter Musiker ward."

Der Hon. Sir Dudley North, sein jüngerer Bruder, war ein

Mann von außerordentlich hoher Begabung und Kraft. Er kam
als Jüngling nach Smyrna, wo seine guten Werke noch nicht vergessen sind und wo er ein großes Vermögen erwarb; denn, nach
seiner Rückkehr nach England, erlangte er mit einem Schlage
im Parlament den höchsten Ruf auf finanziellem Gebiet. In seiner
Jugend hatte er eine unangenehme Charaktereigenschaft, aber
er überwand sie und entwuchs ihr. Er zeigte nämlich anfangs,
als er noch in der Schule war, einen sonderbaren Hang zum
Handel; dann verwickelte er sich in peinliche Betrugsaffären
und geriet in Schulden; später brachte er seine Eltern durch
Betrug dahin, die Schulden zu bezahlen. Zuletzt machte er eine
gewaltige moralische Anstrengung und änderte sich völlig, so daß
sein Bruder seine Biographie folgendermaßen schließt:

„Wenn ich so frei sein darf, meine Gedanken über seinen
moralischen Charakter auszusprechen, muß ich zugestehen: Ich
glaube, in allen merkantilen Kunststücken und in jeglicher
Handelslist, die er nur anwenden konnte, um von denen Geld zu
erlangen, mit denen er zu tun hatte, geizte er nicht; was aber
Falschheiten und Lügen anlangt, . . . so war er so rein als je
ein Mensch."

Nach den Berichten der gleichen Autorität scheint er ein
sehr entwickeltes, lebhaftes und schönes Kind gewesen zu sein.
In der Schule kam er mit dem Bücherlernen nicht mehr recht
weiter, da er einen außerordentlichen Tätigkeitsdrang hatte;
dennoch war seine Befähigung derart, daß ein bißchen Eifer ihn
weit brachte, so daß er die Schule schließlich als mittelmäßiger
Schüler verließ. Er war ein großer Schwimmer und konnte einen
ganzen Nachmittag im Wasser verbringen (ich bemerke das, da
ich noch Gelegenheit haben werde von physischen Gaben zu
reden, die nicht selten intellektuelle begleiten). Er ließ seine
Kleider oft bei einem Türhüter unterhalb London Bridge, lief dann
nackt über den schlammigen Strand der Themse fast bis nach
Chelsea hinauf, um das Vergnügen zu haben, mit der Flut zu
seinen Kleidern hinunter zu schwimmen, und liebte es, damit
zu schließen, daß er den Wasserfall unterhalb der alten Londoner
Brücke hinabschoß. Befinde ich mich in einem Dampfer auf dem
Flusse, so wundere ich mich oft über seine Leistung.

Ich zitiere noch aus seinem späteren Leben Macaulays Beschreibung seines ersten Auftretens unter den englischen Poli-

tikern. In seiner „Geschichte Englands" sagt Macaulay bei der Beschreibung der Periode, die dem Regierungsantritt Jakob II. unmittelbar folgte:

„Die Person, der die Aufgabe übertragen war, Mittel und Wege ausfindig zu machen, war Sir Dudley North, der jüngere Bruder des Lord Keeper. Dudley North war einer der befähigsten Männer seiner Zeit. Er war in frühen Jahren nach der Levante geschickt worden, wo er lange im Handel tätig war. Die meisten Menschen hätten unter solchen Umständen ihre Fähigkeiten rosten lassen; denn in Smyrna und Konstantinopel gab es wenig Bücher und wenig intelligente Gefährten. Doch der junge Geschäftsführer besaß eine jener kräftigen Intelligenzen, die von äußeren Hilfsmitteln unabhängig sind. In seiner Einsamkeit dachte er gründlich über die Philosophie des Handels nach und ersann eine vollständige und bewundernswürdige Theorie, die im Wesentlichen die gleiche war, die hundert Jahre später Adam Smith darlegte." North kam als Vertreter Banburys ins Parlament, und obgleich ein neues Mitglied, war er doch die Person, auf welche der Lord Treasurer*) sich in erster Reihe bei der Durchführung finanzieller Angelegenheiten im Hause der Abgeordneten stützte. „Norths Schlagfertigkeit und seine vollkommene Kenntnis des Handels gewannen sowohl im Parlament als im Finanzministerium über alle Opposition Oberhand. Die alten Mitglieder sahen mit Erstaunen, wie ein Mann, der noch keine vierzehn Tage im Hause war und der sein Leben hauptsächlich in fremden Ländern zugebracht hatte, voller Zuversicht das Amt eines Chancellor of the Exchequer*) übernahm, um es mit Geschicklichkeit zu verwalten." Er war damals vierundvierzig Jahre alt.

Roger North beschreibt folgendermaßen die Finanztheorie seines Bruders: „Das Eine ist, daß der Handel nicht wie die Regierung in Nationen und Königreiche eingeteilt ist, sondern überall in der ganzen Welt ein Einheitliches und Ungeteiltes ist, ebenso wie das offene Meer nicht in einem Teile geleert oder gefüllt werden kann, sondern das ganze mehr oder weniger davon beeinflußt wird." Ein anderer Punkt: „Was das Geld anbelangt,

---

*) Schatzkanzler. D. Üb.
**) Staatsschatz-Amt. D. Üb.

so steht es fest, daß kein Volk zu wenig Geld (Metallgeld) oder zu viel besitzen könne ... Denn wenn ein Volk Geld braucht, zahlt es auch einen Preis dafür; dann bringen es Kaufleute, um Gewinn zu erlangen und legen es vor ihm nieder."

Roger North erzählt von Sir Dudley und dem Lord Keeper: „Diese Brüder genossen mit ausnehmender Genugtuung ihre gegenseitige Gesellschaft; denn beide hatten sowohl vollkommene Weltkenntnis als Kenntnisse in allen Angelegenheiten ihrer verschiedenen Berufe, und jeder war ein Indien für den andern, das stets die reichsten Neuheiten produzierte, nach denen die besten Köpfe gierig sind."

Hon. Dr. John North, Master des Trinity College in Cambridge unterschied sich in mancher Hinsicht von seinen Brüdern und ähnelte ihnen wieder in anderem:

„Als er jung war und auch als er heranwuchs, war er von schwacher und zarter Konstitution, nicht so kräftig und athletisch als es die meisten seiner Brüder waren." „Seine Gemütsart war immer zurückhaltend und fleißig . Wenn etwas schon so früh an ihm verfehlt erschien, so war es ein unnatürlicher Ernst, der bei Jünglingen selten ein gutes Zeichen zu sein pflegt, denn er beweist Schwäche des Körpers oder des Geistes oder beides; bei ihm aber war nur die erstere vorhanden, denn seine geistige Veranlagung war kräftig, wie keine sonst."

Dann wurde er im Lernen eifrig, und seine ganzen Ausgaben gingen auf Bücher; in anderen Beziehungen war er geizig und sparsam. Folglich, wie sein Bruder sagt, war er über alle Maßen geneigt, zu denken oder er betrieb es andernfalls mit mehr Fleiß und Anspannung als die anderen Menschen es gewöhnlich tun .... Er war mit einem Worte der angespannteste und leidenschaftlichste Denker, der je gelebt hat, und hatte einen klaren Verstand." Dies ruinierte seine Gesundheit. ‚Sein Fleisch war sonderbar schlaff und weich; sein Gang war schwächlich und schlürfend, er kreuzte dabei oft seine Beine, als wenn er betrunken wäre, er schlief selten oder nie gut, unruhige und sorgenvolle Träume unterbrachen seinen Schlaf, die Ruhepausen, die er hatte, waren kurz und hastig, sein tätiger Geist fand selten Beruhigung oder Frieden."

Es ist klar, daß er seinem Gehirn zuviel zumutete, und das Resultat war, daß er einen Schlaganfall bekam und völlig zusammenbrach, er verfiel mehr und mehr an Körper und Geist, bis der Tod ihn im Alter von 38 Jahren erlöste.

Es ist kein Zweifel, daß Dr. John North mehr Ruf verdiente, als er erhielt, einmal infolge seines frühen Todes und weiter infolge seiner außerordentlichen Empfindlichkeit in Bezug auf posthume Kritik. Er hinterließ bestimmte Befehle, alle seine Manuskripte zu verbrennen. Er scheint besonders im Griechischen und Hebräischen große Kenntnisse gehabt zu haben.

Der Lord Keeper und der Master of Trinity waren einander in ihrer peinlich scheuen Art und ihren gelehrten Neigungen ähnlich. Der sonderbare geldsparende Zug war allen drei Brüdern gemeinsam. Die trägen Gewohnheiten des Master of Trinity wurden auch von Sir Dudley nach seiner Rückkehr nach England geteilt, der keinerlei Bewegung mehr machte, sondern entweder Tag für Tag zu Hause saß oder ein kleines Segelschiff auf der Themse steuerte. Der Lord Keeper war um seine Gesundheit stets grillenhaft besorgt.

Die Hon. Mary North, später Lady Spring, war die Schwester dieser Brüder und nicht weniger begabt als sie. Roger North sagt:

„Außer den Vorzügen ihrer Person, hatte sie einen überaus großen Verstand, ein wunderbares Gedächtnis und war in der Konversation äußerst angenehm." Sie war gewöhnt vorzutragen „auswendig weitschweifige Romane, mit dem Inhalt von Gesprächen und Briefen sowie ganze Stellen und das alles nicht nur mit wenig oder ohne Schwanken, sondern in ununterbrochener Folge. Die bloße Erinnerung daran erfüllt mich heute noch mit Staunen."

Sie starb kurze Zeit nach der Geburt ihres ersten Kindes und das Kind bald nach ihr.

Roger North, der Biograph seiner Brüder, den ich bereits so viel zitiert habe, war auch der Autor anderer Werke; so verfaßte er eine Abhandlung über Musik, die zeigte, daß er an den musikalischen Eigenschaften Teil hatte, die so stark im Lord Keeper entwickelt waren. Sein Privatleben ist wenig bekannt. Er war Attorney-General*) Jakobs II. An seinen Fähigkeiten kann man nicht zweifeln. Das „Leben der Norths" ist nicht das

---

*) Kronanwalt. D. Üb.

Werk eines gewöhnlichen Skribenten. Es zeigt an sehr vielen Stellen die Spur von Genie und ein scharfes Empfindungsvermögen. Roger North scheint ein äußerst liebreicher und liebenswerter Mann gewesen zu sein.

Charles, der fünfte Lord North, war der älteste der Familie und erbte den Titel; aber er zeigte, soviel ich weiß, keinerlei Anzeichen von Genie; nichtsdestoweniger hatte er eine Tochter, deren literarischer Geschmack eine sonderbare Ähnlichkeit mit dem ihres Onkels, Dr. John, aufwies. Sie war eine Dudley North, die nach den Worten Rogers „durch Studien herunterkam, wobei sie sich nicht nur Griechisch und Latein aneignete, sondern auch die orientalischen Sprachen." Sie starb früh, nachdem sie eine kostbare Bibliothek orientalischer Werke gesammelt hatte.

Ich will diese Familienbeschreibung mit einem Zitat aus der Vorrede ihres Biographen schließen, dessen Seltsamkeit charakteristisch ist: „In Wahrheit, der Fall der letzten Dudley Lord North ist denkwürdig wegen der glücklichen Umstände, die eine so zahlreiche und verbreitete Herde begleiteten, und es war kein reudiges Schaf unter ihnen."

Der nächste Seitenverwandte der Familie North auf Seiten der Montagu ist Charles Hatton, ihr leiblicher Vetter. In Roger North' „Leben" ist dreimal von ihm die Rede, und stets erscheint sein Name mit dem gleichen Epitheton: „Der unvergleichliche Charles Hatton". Warum er so ´ausgezeichnet wurde, ist uns nicht bekannt, aber es ist wohl gerechtfertigt, wenn wir Roger North' Achtung vor seinen Verdiensten gelten lassen und ihn unter die befähigten Mitglieder der Familie der Montagu rechnen.

Ich will nur noch vier Verwandte der North anführen. Der erste ist ihr Großonkel, Sir Henry Montagu, Chief Justice of the King's Bench, der zum Earl von Manchester ernannt wurde. Er war der Großvater von James Montagu, Ch. B. E. (Georg III.) und Onkel von William, Ch. B. E. (Jak. II), welche beide in meiner Liste figurieren. Lord Clarendon sagt von Sir Henry, daß er „ein Mann von großem Eifer und großer Weisheit in allen geschäftlichen Angelegenheiten war, die er außerordentlich liebte und daß er eine so große Kraft seines Geistes selbst bis zu seinem Tode behielt, daß die, welche ihn in seinen jüngeren Jahren gekannt hatten, glaubten, er habe in seinem Alter einen helleren Geist gehabt als vorher."

Der zweite Earl von Manchester, ein gN. der Norths, war der
Baron Kimbolton von Marston Moor und wie Lord Campbell
sagt „einer der vorzüglichsten Männer, der in der interessan-
testen Periode unserer Geschichte auftauchte; als Lord Kimbolton verteidigte er die Freiheiten seines Vaterlandes im Senat, als
Earl von Manchester im Felde, später trug er durch die Restauration der königlichen Familie viel zur Unterdrückung der
Anarchie bei."

Der erste Earl von Sandwich, gleichfalls ein gN. der Norths,
war der tapfere High Admiral von England zur Zeit Karls II.
Er begann, als er achtzehn Jahre alt war, sein Leben als Soldat,
mit einem Regiment, das er selbst aufgestellt hatte, und er beschloß es in der Seeschlacht gegen die Niederländer bei South-
wold Bay*). Er übersetzte auch ein spanisches Werk über Me-
tallurgie. Ich weiß nicht, ob das Buch irgend welchen Wert hat,
aber die Tatsache ist bemerkenswert, da sie zeigt, daß er mehr
war als ein bloßer Soldat oder Seemann.

Der letzte der hervorragenden Verwandten der Norths, von
dem ich schließlich noch sprechen will, ist der Urenkel des
ältesten Bruders, der berühmte Premier**)— der Lord North
in der Zeit des amerikanischen Krieges wurde. Lord Brougham
sagt, alle Zeitgenossen stimmten darin überein, daß seine Talente
während dieser besonders mißlichen Periode einen starken und
stetigen Abglanz verbreiteten. Er spricht von einem Witz, der
ihm nie fehlte, und einer Sanftmut des Temperaments, die durch
nichts gestört werden konnte, als von besonderen Eigenschaften,
in denen er und seine ganze Familie (seine unmittelbare Familie)
die meisten anderen Menschen übertrafen. Die wunderbare Beschreibung des Lord North von seiner Tochter, Lady Charlotte
Lindsay, die seiner Biographie von Lord Brougham beigefügt ist,
beweist genügend die hohe Befähigung dieser Dame.

Es gibt noch eine andere Familie von hohen Würdenträgern des Rechts, die mit den Norths verwandt ist, deren Platz
im Stammbaum mir nicht bekannt ist: es sind die Hydes, und
sie weisen unter ihren Namen den berühmten ersten Earl of
Clarendon auf. Es scheint, daß der Lord Chief Justice Hyde sich

---

*) Nordseehafen.  D. Üb.
**) Ministerpräsident.  D. Üb.

freundlich um den Lord Keeper, Francis North, bemühte, als er noch ein junger aufsteigender Barrister war, indem er das Verwandtschaftsverhältnis zwischen ihnen erwähnte und ihn „cousin" nannte.

Es ist Mangel an Raum, nicht an Material, der mich zwingt, die Beschreibung der befähigten Verwandten der Norths und Montagus zu beschließen. Ich bin aber überzeugt, daß ich genug gesagt habe, um die Behauptung zu beweisen, die ich an ihre Spitze stellte, daß nämlich eine sehr große Anzahl von Mitgliedern dieser Familie natürliche Gaben einer außerordentlichen hohen Art geerbt hatten und daß sie ihren Ruf ihren Fähigkeiten verdankten und nicht ihren Familienbeziehungen.

Ein anderer Beweis für die Tatsache des erblichen Charakters der Fähigkeiten ist der, daß man untersucht, ob die nahen Verwandten der sehr hervorragenden Männer häufiger hervorragend sind, als jene, die entfernter mit ihnen verwandt sind. Tabelle II (S. 60) beantwortet diese Frage mit großer Deutlichkeit in der Weise, die ich schon auseinandergesetzt habe. Sie zeigt, daß die nahen Verwandten der Judges an Fähigkeiten bedeutend reicher sind, als die entfernteren, und zwar geht dies so weit, daß die Tatsache einer verwandtschaftlichen Beziehung vierten Grades keinerlei fühlbaren Gewinn mehr bringt. Die Daten, aus welchen ich Abteilung C dieser Tabelle gewann, sind die folgenden. Ich finde, daß von 23 der Judges berichtet wird, sie hätten „eine große Familie" gehabt, sagen wir bestehend aus vier erwachsenen Söhnen; 11 werden einfach beschrieben als „Nachkommenschaft" besitzend, sagen wir auf jede dieser Familie kommen 1½ Söhne; von der Anzahl der Söhne der anderen wird genau angegeben, daß sie alles in allem 186 betrug; damit haben wir eine Totalsumme von 294. Dazu kommen 9 verheiratete Judges, bei denen alle Bemerkungen über Kinder fehlen, und endlich 31 Judges, bei denen überhaupt nichts über eine Ehe erwähnt ist. Ich denke, wir sind vollkommen gerechtfertigt, wenn wir aus diesen Daten schließen, daß im Durchschnitt jeder Judge Vater nicht weniger als eines Sohnes ist, der ein Alter erreichte, wo er sich hätte hervortun können, wenn er die Fähigkeit hierzu gehabt hätte. Ich finde ebenso, daß die erwachsenen Familien durchschnittlich aus nicht weniger als je 2½ Söhnen und 2½ Töchtern bestehen, so daß jeder Judge durchschnittlich 1½ Brüder und 2½ Schwestern hat.

6*

Von diesen Daten ausgehend, ist es vollkommen leicht, die Anzahl der Verwandten nach jeder Seite zu zählen. So bestehen die Neffen aus den Söhnen der Brüder und den Söhnen der Schwestern; nun nehmen wir an, daß 100 Judges 150 Brüder und 250 Schwestern haben und daß jeder Bruder und jede Schwester im Durchschnitt nur je einen Sohn hat; folglich werden die 100 Judges (150+250 oder) 400 Neffen haben.

Ich will den Leser nicht mit noch mehr Zahlen belästigen. Es genügt, wenn ich sage, daß ich die Totalanzahl der hervorragenden Verwandten von 100 Judges durch die Anzahl der Verwandten in jedem Grade dividiert habe und daß ich durch diese Division die Kolonne D der Tabelle II erhalten habe, die ich jetzt in Tabelle III als Stammbaum projiziere.

### Tabelle III.

Anzahl der hervorragenden Männer in jedem Verwandtschaftsgrad bezogen auf die am höchsten begabten Mitglieder der herausgehobenen Familien.

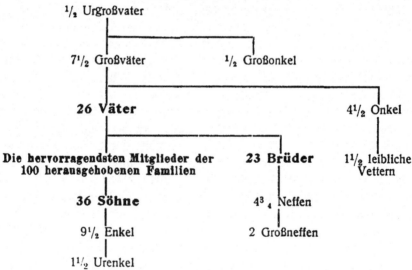

Es sei bemerkt, daß Tabelle III sich nur auf die herausgehobenen F a m i l i e n bezieht. Wenn wir sie dahin modifizieren, daß sie mit Abteilung E der Tabelle II korrespondiere, in welcher alle Judges aufgenommen sind, ob sie nun herausgehobene Verwandte haben oder nicht, bleibt die Proportion zwischen den hervorragenden Verwandten in jedem verschiedenen Grad unverändert, obgleich ihre absoluten Zahlen auf ein Drittel ihres Wertes heruntergedrückt würden.

Tabelle III zeigt in der unverkennbarsten Art die ungeheure Überlegenheit, die ein naher Verwandter vor einem entfernteren in der Wahrscheinlichkeit der Vererbung von Anlagen hat. Ungefähr gesprochen, betragen die Prozentsätze für jeden folgenden Verwandten, sei es durch Abstammung oder in den Seitenlinien, den vierten Teil.

Die Tabelle beweist auch eine andere Tatsache, welche die Menschen im allgemeinen nicht glauben. Sie zeigt, durch den Durchschnitt vieler Beispiele, daß es nicht in Wirklichkeit, sondern nur scheinbar häufig wunderbare Naturspiele gibt. In letzter Reihe tritt die Fähigkeit nicht plötzlich auf, um mit der gleichen Plötzlichkeit wieder zu verschwinden, sondern sie steigt eher in einer regelmäßigen allmählichen Kurve aus dem gewöhnlichen Niveau des Familienlebens auf. Die Statistiken zeigen eine regelmäßige durchschnittliche Zunahme an Fähigkeiten in den Generationen, die der Kulmination vorausgehen, und ebenso regelmäßig eine Abnahme in jenen, die ihr folgen. Im ersteren Falle waren die Heiraten im Sinne der Förderung einer solchen Fähigkeitsproduktion, im letzteren waren sie nicht imstande, sie festzuhalten.

Nach drei einander folgenden Blutsverdünnungen scheinen die Abkömmlinge der Judges unfähig zu sein, hervorragende Bedeutung zu erlangen. Diese Resultate sind nicht überraschend, selbst wenn man sie mit der viel größeren Ausdehnung innerhalb des Verwandtschaftsbereiches vergleicht, in welchem Gesichtszüge und Krankheiten noch weitergegeben werden. Fähigkeit muß auf einem dreifachen Fundament ruhen, von dem wieder jede Stütze fest eingerammt sein muß. Damit ein Mensch im Konkreten Fähigkeit erbt, muß er drei Eigenschaften erben, die getrennt und voneinander unabhängig sind. Er muß Talent, Eifer und Kraft erben, denn ohne diese drei oder wenigstens die Kombination zweier dieser Eigenschaften kann er nicht hoffen, sich in der Welt durchzusetzen. Die Unwahrscheinlichkeit, eine Kombination von drei Eigenschaften zu erben, die nicht mit einander verbunden sind, ist notwendig dreimal so groß, als die, eine von ihnen zu erben.

Ein bemerkenswerter Unterschied besteht zwischen dem
Fähigkeitsprozentsatz bei den Enkeln der Judges, je nachdem,
ob die Söhne (die Väter jener Enkel) hervorragend oder nicht
hervorragend waren. Setzen wir den Fall, der Sohn eines Judge
wünsche sich zu verheiraten: welche Aussichten hat er, daß
seine eigenen Söhne in ihrem späteren Leben hervorragende
Männer, Stützen seiner Familie und nicht eine Last für sie
werden?

In dem Falle, wo der Sohn des Judge selbst hervorragend
ist, finde ich unter den 226 Judges bis zur jetzigen Regierung
22 Fälle, wo die Söhne ausgezeichnete Männer waren. Ich
zähle die Judges der jetzigen Regierung nicht mit, da die Enkel
dieser Männer zum größten Teil noch zu jung sind, um sich auszuzeichnen. 22 aus einer Zahl von 226 gibt 10 von hundert, als
den Prozentsatz der Judges, die ausgezeichnete Söhne gehabt
haben. (Der Leser wird bemerken, wie nahe dies Resultat zu
den 9½ ist, welche Ziffer in meiner Tabelle figuriert, woraus
die ungefähre Richtigkeit der beiden Schätzungen hervorgeht.)
Unter diesen 22 zähle ich die folgenden „Gruppen zu drei". Die
Familie Atkyn kommt zweimal vor. Es ist richtig, daß der Großvater nur Chief Justice von Nord-Wales war und kein englischer
Judge, aber die Kraft des Blutes ist dadurch bewiesen, daß nicht
nur sein Sohn und zwei Enkel englische Judges waren, sondern
daß auch ein Enkel eines von ihnen durch die weibliche Linie
englischer Judge war. Eine andere Linie ist die der Pratts,
nämlich der Chief Justice und sein Sohn, der Lord Chancellor,
Earl Camden und sein Enkel, der Sohn des Earl, der zum Marquis Camden ernannt wurde; der letztere war Chancellor*) der
Universität in Cambridge und ein Mann von Ansehen in mancherlei Beziehung. Ein anderer Fall findet sich in der York-
Linie, denn der Sohn des Lord Chancellor, des Earl von Hardwicke, war Charles Yorke, der selbst Lord Chancellor war.
Seine Söhne waren befähigte Männer; einer wurde First Lord
der Admiralität, ein anderer war Bischof von Ely, ein dritter Sohn
war ein ausgezeichneter Marineoffizier und wurde zum Baron
Dover ernannt, ein vierter war ein ausgezeichneter Admiral.
Ich will all' diese nicht mitrechnen, sondern zähle sie nur als

---

*) Kanzler der Universität.  D. Üb.

drei günstige Beispiele auf. Die Totalsumme ist auf diese Weise sechs; dazu kämen noch von Rechts wegen einige aus der sehr bemerkenswerten Familie der Montagu und ihren Verwandten, die sowohl vor als nach der Restauration Karls I. verschiedene Judges aufwies. Nichtsdestoweniger wünsche ich innerhalb der Grenzen zu bleiben und werde daher nur auf sechs Erfolge von den 22 Anspruch erheben (ich setze wie vorher voraus, daß jeder Judge einen Sohn hat) oder 1 zu 4. Selbst bei dieser Beschränkung hat im Durchschnitt das Kind eines hervorragenden Sohnes eines Judge die Wahrscheinlichkeit 1 zu 4 ein ausgezeichneter Mann zu werden.

Gehen wir jetzt zu der zweiten Kategorie über, wo der Sohn nicht hervorragend ist, wohl aber der Enkel. Es finden sich nur sieben dieser Art bei den (226—22 oder) 204 Judges, und ein oder zwei von ihnen stehen nicht auf einer besonders hohen Stufe. Es sind der dritte Earl Shaftesbury, der Autor der „Charakteristiken"; Cowper, der Dichter; Lord Lechmere, der Attorney-General;*) Sir Wm. Mansfield, Commander-in-Chief**) in Indien; Sir Eardley Willmot, der verschiedene Ämter mit Anerkennung bekleidete und zum baronet ernannt wurde, und Lord Wyndham Lord Chancellor von Irland. Fielding, der Romancier, war der Enkel des Judge Gould durch die weibliche Linie. Wir haben also hier 204 zu 7 oder 30 zu 1 als die Wahrscheinlichkeit, die für den nicht hervorragenden Sohn eines Judge besteht, ein hervorragendeś Kind zu haben.

Die Anzahl der Personen in diesen beiden Kategorien ist sichtlich zu gering, um uns auf sie zu stützen, ausgenommen in der Hinsicht, daß sie uns zeigen, daß die Wahrscheinlichkeit, einen hervorragenden Enkel zu haben, für einen Judge wächst, wenn auch seine Söhne hervorragend sind. Es folgt daraus, daß die Söhne oder Töchter ausgezeichneter Männer, die selbst mit ausgesprochen hoher Befähigung ausgerüstet sind, die an der Universität oder sonstwo geprüft wurden, am besten früh heiraten. Wenn sie eine große Familie haben, so ist die Wahrscheinlichkeit zu ihrem Gunsten, daß wenigstens eines ihrer Kinder hervorragende Erfolge im Leben erringen wird, so daß es für sie

---

*) Kron-Anwalt. D. Üb.
**) Oberbefehlshaber. D. Üb.

ein Gegenstand des Stolzes und für die übrigen eine Stütze
sein wird.

Betrachten wir einen Augenblick die Tragweite der eben
erhaltenen Tatsachen in Bezug auf eine Aristokratie, wo befähigte Männer Titel erhalten, die sie durch Erbfolge auf ihre
ältesten männlichen Nachkommen übertragen. Dieser Gebrauch
kann aus zwei verschiedenen Gründen gerechtfertigt werden.
Einerseits wird der zukünftige Pair in einem Heim auferzogen,
das voller Familientraditionen ist, was seinen Charakter formt.
Andererseits wird von ihm vorausgesetzt, daß er die Befähigung
des Gründers der Familie geerbt hat. Das erstere ist eine wirkliche Rechtfertigung des Erstgeburtsrechts, angewandt auf Titel
und Besitzungen, bezüglich des zweiten Punktes ist es nicht der
Fall, wie wir aus der Tabelle ersehen. Ein Mensch, der keine
näheren befähigten Vorfahren hat, als einen Urgroßvater, hat
kaum mehr Chancen, selbst mit Fähigkeiten ausgestattet
zu sein, als wenn er aus der allgemeinen Masse der Menschen
herausgehoben würde. Eine alte Pairswürde ist ein wertloser Titel,
was natürliche Gaben anlangt, ausgenommen, so weit sie durch
weise Wechselheiraten aufgefrischt wird. Wenn jedoch, wie es
häufig der Fall ist, die direkte Linie erlischt und der Titel auf
einen entfernten Verwandten übergeht, der nicht in den Familientraditionen auferzogen wurde, so ist die Achtung, die an seinen
Besitz geknüpft ist, völlig unvernünftig. Ich kann mir keinen
Rechtsanspruch denken, der ein so völliger Betrug ist, als den,
den ein Pair, der weder eine adlige Erziehung genossen hat, noch
innerhalb dreier Grade einen hervorragenden Verwandten aufweisen kann, auf Grund seiner Abstammung geltend macht.

Ich schließe dieses Kapitel mit einigen wenigen Tatsachen,
die ich aus meinen verschiedenen Notizen abgeleitet habe und
die „die Naturgeschichte" der Judges betreffen. Es scheint, daß
die Eltern der Judges innerhalb der letzten sechs Regierungen,
d. h. seit der Thronbesteigung Georgs I. in Prozenten gerechnet,
sich folgendermaßen verhält: „noble", „honorable" oder „baronet"
(aber nicht Judge) 9; Landedelleute 35; Judges, barristers oder attorneys 15; Bischöfe oder Geistliche 8; Mediziner 7; Großhändler
und diverse, nicht eingeordnete 10; Kleinhändler 7; unbekannt 9.
Es scheint daher keine Gruppe der Bevölkerung besonders an
der Herkunft der Judges beteiligt zu sein. Sie scheinen sich un-

gefähr aus den gleichen Kreisen zu rekrutieren, wie die Studenten unserer Universitäten, mit einer ausgesprochenen, aber nicht ausschließlichen Präponderanz zugunsten der Eltern aus der Gruppe derjenigen Menschen, die mit dem Recht in Berührung stehen.

Ich fand es auch der Mühe wert, zu notieren, in welcher Reihenfolge die Judges in ihren verschiedenen Familien stehen, um zu sehen, ob die Fähigkeit sich mehr auf die älteren als auf die jüngeren Nachkommen erstreckt oder ob irgend eine wichtige Tatsache dieser Art sich aufdecken lasse. In meinen Notizen finde ich Geburtsdaten über 72 Judges. Das Resultat in Prozentsätzen ist: der einzige Sohn war der Judge in 11 Fällen; der älteste in 17; der zweite in 38; der dritte in 22; der vierte in 9; der fünfte in 1; in zwei Fällen standen noch mehr Söhne vor dem Betreffenden. Es ist klar, daß die ältesten Söhne nicht halb so stark als die jüngeren als Judges folgen. Ich nehme an, daß soziale Einflüsse im großen ganzen gegen ihren Eintritt oder gegen ihre Nachfolge in der Rechtswissenschaft sind.

### Anhang zu dem Kapitel „Richter".

Nach dem „Leben der Judges" von Foss gab es seit der Thronbesteigung Karls II. bis zum Jahre 1864 286 Judges. Nicht weniger als 112 von ihnen sind in der folgenden Liste aufgeführt. Unter die Judges sind auch die Lord Chancellors, 30 an der Zahl, eingerechnet, und unter diesen hervorragenden Beamten finden sich nicht weniger als 24 oder 80 p. c., die hervorragende Verwandte haben.

Abkürzungen in der Liste.

Der eingeklammerte Name des Herrschers, wie (Karl II.) bezeichnet die letzte Regierung, unter welcher jeder Judge sein Amt bekleidete.

| | |
|---|---|
| Ch. K. B. (oder Q. B.) | = Chief Justice von des Königs (oder der Königin) Gerichtshof. |
| Just K. B. (oder Q. B.) | = Justice von des Königs (oder der Königin) Gerichtshof. |
| Ch. B. E. | = Chief Baron des Staatsschatzamtes. |
| B. E. | = Baron of the Exchequer. |
| Curs. B. E. | = Cursitor Baron of the Exchequer. |
| Ch. C. P. | = Chief Justice of the Common Pleas. |

Just. C. P.              = Justice of the Common Pleas.
M. R.                    = Master of the Rolls.

A b i n g e r, Lord s. Scarlett.

A b n e y, Sir Thomas; Just. C. P. (Georg II.)

    O. Sir Thomas Abney, ein berühmter Lord Mayor von London; einer der Stifter der Bank von England; Gönner von Dr. Isaac Watts. S. Watts Elegie an ihn.

    (V.) Sir Edward Abney, Doktor der Rechte und Mitglied des Parlaments, in seiner Zeit ein Mann von Bedeutung.

A l d e r s o n, Sir Edward Hall; B. E. (Vict.)

    V. Syndikus von Norwich, Ipswich und Yarmouth.

    Os. Mrs. Opie, die Novellistin.

A l i b o n e, Sir Richard; Just. K. B. (Jakob II.)

    G. Ein hervorragender protestantischer Geistlicher (V. ein bekehrter Papist.)

A t k y n s, Sir Edward; B. E. (Karl II.)

    (G.) Thomas, zweimal Lektor an der Lincoln's Inn.*)

    V. Sir Richard, Ch. Just. Nordwales.

    S. Sir Robert, Ch. Just. C. P. (Wilh. III.)

    S. Sir Edward B. E. (Jakob II.)

    ES. John Tracy, der den Namen seiner Mutter, Atkyns, annahm. Curs. B. E. (Georg III.)

Thomas, Lektor an der Lincoln's Inn.*)
   |
Sir Richard, Ch. Just. Nord-Wales
   |
Sir Edward, B. E. (Karl II.)
   |

Sir Robert, Ch. Just. C. P.                    Sir Edward B. E.
                                               (Jakob II.)
Tochter
  |
Sir J. Tracy (Atkyns) Curs. B. E.

A t k y n s, Sir Robert; Ch. C. P. (Wilh. III.)

    G. Sir Richard, Ch. Just. Nordwales.

    V. Sir Edward, B. E. (Karl II.)

    B. Sir Edward, B. E. (Jakob II.)

    e. Sir John Tracy, der den Namen der Atkyns annahm. Curs. B. E.

---

*) Rechtsschule.

A t k y n s , Sir Edward; B. E. (Jakob II.)

G. Sir Richard; Ch. Just. Nordwales.

V. Sir Edward, B. E. (Karl II.)

B. Sir Robert, Ch. C. P.

Be. Sir John Tracy, der den Namen der Atkyns annahm. Curs. B. E.

A t k y n s , Sir John Tracy (seine Mutter hieß Atkyns, und er nahm ihren Namen an); Curs. B. E. (Georg III.)

g. Sir Robert Atkyns, Ch. C. P.

gB. Sir Edward Atkyns, B. E. (Jakob II.)

gV. Sir Edward Atkyns, B. E. (Karl II.)

B a t h u r s t , Henry; zweiter Earl von Bathurst; Lord Chancellor (Georg III.)

V. Der erste Earl, ein tüchtiger Verstand.

n. Sir Francis Buller, Just. K. B. berühmter Judge (Georg III.)

B e d i n g f i e l d , Sir Henry; Ch. C. P. (Johann II.)

O. Sir Thomas Bedingfield, Just. C. P. (Karl I.)

B e s t , Wm. Draper; zum Lord Wynford ernannt; Ch. C. P. (Georg IV.)

g. General Sir William Draper, der bekannte Widersacher von „Junius"*).

B i c k e r s t e t h , Henry, zum Lord Langdale ernannt; M. R. (Vict.)

o. Dr. Batty, der berühmte Arzt.

B i r c h , Sir John; Curs B. E. (Georg II.)

(O) Oberst Thomas Birch, während der Republik (Commonwealth) wohlbekannt.

B l a c k b u r n , Sir Colin; Just. Q. B. (Vict.)

B. Professor der Mathematik in Glasgow.

g. Rev, John Gillies, Doktor der Rechte, Historiker und Nachfolger von Dr. Robertson (dem Groß-Onkel von Lord Brougham) als Historiograph Schottlands.

B l a c k s t o n e , Sir William; Just. C. P. (Georg III.)

S. Sein zweiter Sohn machte alle seine Universitätsprüfungen mit Vorzug.

---

*) Politischer Schriftsteller, Pseudonym, in der zweiten Hälfte des achtzehnten Jahrhunderts. D. Üb.

N. Henry, schrieb „Reports", die populärer waren als seine
eigenen.†)

B r a m s t o n , Sir Francis; B. E. (Karl II.)

V. Sir John Bramston, Ch. K. B. unter Karl I.

B r o w n e , Samuel; Just. C. P. (Karl II.).

oS. Oliver St. John, Ch. Just. C. P. unter dem Protektorat.

B r o u g h a m , Henry; zum Lord Brougham ernannt; Lord Chancellor (Wilh. IV.).

gB. Robertson, der Historiker.

B u l l e r , Sir Francis; Just. C. P. (Georg III.).

O. William Buller, Bischof von Exeter.

o. Earl von Bathurst, Lord Chancellor (Georg III.).

N. Rt. Hon. Charles Buller, Staatsmann.

B u r n e t , Sir Thomas; Just. C. P. (Georg II.).

G. Hervorragender schottischer Rechtsgelehrter, erhielt den
Titel Lord Cramond.

V. Der gefeierte Whiger Bischof, Bischof Burnet.

C a m d e n , Earl s. Pratt.

C a m p b e l l , Lord; Lord Chancellor (Vict.).

(G.) Hervorragend erfolgreicher Schüler in St. Andreas.

(V.) Hatte ausgezeichnete literarische Kenntnisse; war fromm
und besaß eine gute Rednergabe.

N. George Campbell, Mitglied des höchsten Obergerichts in
Indien, schrieb über indische Politik.

C h e l m s f o r d , Lord, s. Thesiger.

C h u r c h i l l , Sir John; M. R. (Jakob II.).

GN. John Churchill, der große Herzog von Marlborough.

G*N*S. Herzog von Berwick, ein großer General.

C l a r e n d o n , Earl s. Hyde.

C l a r k e , Sir Charles; Ch. B. E. (Georg II.).

B. Dean*) von Chester.

o. Charles Trimnell, Bischof von Winchester.

C l i v e , Sir Edward; Just. C. P. (Georg III.).

O. Sir George Clive, Curs. B. E. (Georg II.).

OE. Der große Lord Clive, General-Gouverneur von Indien.

C l i v e , Sir George; Curs. B. E. (Georg II.).

N. Sir Edward Clive, Just. C. P. (Georg III.).

NS. Der Sohn eines andern Neffen war der große Lord Clive.

---

†) Nämlich des William B.   D. Üb.
*) Dekan.   D. Üb.

C o c k b u r n , Sir Alexander James; Ch. Q. B. (Vict.).

(V.) Gesandter und bevollmächtigter Minister in Columbia.

C o l e r i d g e , Sir John Taylor; Just. Q. B. (Vict.).

O. Samuel Taylor Coleridge, Dichter und Philosoph, s. unter Dichtern. (Er war der Vater von Hartley, Derwent und Sara).

OS. Hartley Coleridge, Dichter.

OS. Edward, Direktor am College in Eton.

OS. Derwent Coleridge, Rektor des St. Mark College in Chelsea.

OS. Sara Coleridge, Schriftstellerin (heiratete ihren Vetter, Henry Nelson Coleridge).

OS. Henry Nelson Coleridge (Sohn des Oberst Coleridge, Bruder des Samuel Taylor C.), Schriftsteller.

S. Sir John Duke Coleridge, Solicitor-General.**)

C o o p e r , Sir Anthony Ashley; ernannt zum Earl von Shaftesbury; Lord Chancellor (Karl II.).

E. Der dritte Earl, Autor der „Charakteristiken‘

C o p l e y , Sir John Singleton; ernannt zum Lord Lyndhurst; Lord Chancellor (Vict.).

V. Ein Maler und zwar ein hervorragender, nach den Preisen zu urteilen, die seine Bilder jetzt erzielen.

C o t t e n h a m , Lord s. Pepys.

C o w p e r , Sir Wm.; ernannt zum Earl Cowper; Lord Chancellor (Georg I.).

B. Sir Spencer Cowper, Just. C. P. (Georg II.).

NS. Der Dichter Cowper war Sir Spencers Enkel (s. Dichter).

C o w p e r , Sir Spencer; Just. C. P. (Georg II.).

B. Erster Earl Cowper, Lord Chancellor (Georg I.).

E. William Cowper, der Dichter.

C r a n w o r t h , Lord s. Rolfe.

D a m p i e r , Sir Henry; Just. K. B. (Georg III.).

V. Dean von Durham.

B. Bischof von Ely.

D e G r e y , Sir Wm.; ernannt zum Lord Walsingham; Ch. C. P. (Georg III.).

S. Thomas, 2ter Baron, zwanzig Jahre lang Präsident der Kommissionen im Hause der Lords.

---

**) Hoher juristischer Beamter der Krone. D. Üb.

D e n i s o n , Sir Thomas; Jùst. K. B. (Georg III.).

    4 NS. und (2 NS). Sein Bruder war der Großvater einer be-
merkenswerten Familie von sechs Brüdern, nämlich des
jetzigen Speaker†) des House of Commons, des Bischofs
von Salisbury, des Archidiakonus von Taunton, des Ex-
Gouverneurs von Südaustralien und zwei anderen, die
beide Gelehrte sind.

D e n m a n , Sir Thomas; ernannt zum Lord Denman; Ch. Q. B.
(Vict.).

    V. Arzt, ein gefeierter Accoucheur

    S. Hon. George Denman, königlicher Rat, Mitglied des Parla
ments, war der erste in klassischen Studien seines Jahr
gangs, 1842 in Cambridge.

    oS. Sir Benjamin Brodie, erster Baronet, der späterhin her
vorragende Chirurg.

    oE. Der jetzige Sir Benjamin Brodie, 2ter Baronet, Professor
der Chemie in Oxford.

D o l b e n , Sïr William; Just. K. B. (Wilh. III.).

    S. Sir Gilbert Dolben, Just. C. P. in Irland, zum Baronet er-
nannt.

    B. John Dolben, Erzbischof von York.

    gB. Erzbischof John Williams, der Lord Keeper Jakobs I.

E l d o n , Lord, s. Scott.

E l l e n b o r o u g h , Lord, s. Law.

E r l e , Sir William; Ch. C. P. (Vict.).

    B. Peter Erle, Commissioner of Charities*).

E r s k i n e , Thomas; ernannt zum Lord Erskine; Lord Chancellor (Georg III.).

    B. Henry Erskine, zweiter Lord Advocate**) von Schott-
land.

    S. Hon. Sir Thomas Erskine, Just. C. P. (Vict.).

E r s k i n e , Hon. Sir Thomas; Just. C. P. (Vict.).

    V. Lord Erskine, Lord Chanc. (Georg III.).

    O. Henry Erskine, zweimal Lord Advocate von Schottland.

E y r e , Sir Robert; Ch. C. P. (Georg II.).

    V. Sir Samuel Eyre, Just. K. B. (Wilh. III.).

---

†) Vorsitzender.  D. Üb.
*) Mitglied der Verwaltung der milden Stiftungen.  D. Üb.
**) General-Anwalt.  D. Üb.

E y r e , Sir Samuel; Just. K. B. (Wilh. III.).

S. Sir Robert, Ch. C. B. (Georg II.).

(Sir Giles Eyre, Just. K. B. (Wilh. III.) war nur sein Vetter in zweiter Linie).

F i n c h , Sir Heneage; ernannt zum Earl von Nottingham, Lord Chancellor (Karl II.).

V. Sir Heneage Finch, Recorder*) von London, Speaker im House of Commons.

S. Daniel, zweiter Earl und Hauptstaatssekretär Wilh. III.

S. Heneage Finch, Solicitor-general und Parlamentsmitglied für die Universität Cambridge; zum Earl Aylesford ernannt.

OS. Thomas Twisden, Just. K. B. (Karl II.).

GN. Lord Finch, Ch. C. P. und Lord Keeper (Karl I.).

gN. (?) Dr. William Harvey (s. unter Naturwissenschaften), Entdecker der Blutzirkulation.

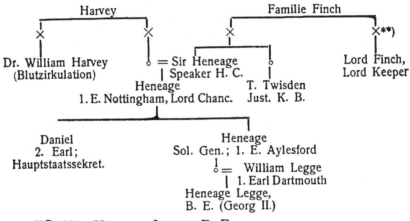

ES. Hon Heneage Legge, B. E.

F o r s t e r , Sir Robert; Ch. K. B. (Karl II.).

V. Sir James Forster, Just. C. P. (Karl I.).

G o u l d , Sir Henry; Just. Q. B. (Anna).

E. Sir Henry, Gould, Just. C. P. (Georg III.).

e. Henry Fielding, der Novellist („Tom Jones").

G o u l d , Sir Henry; Just. C. P. (Georg III.).

G. Sir Henry Gould, Just. Q. B. (Anna).

---

*) Syndikus. D. Üb.

**) ○ bedeutet Tochter, ✕ bedeutet Sohn.

OS. Henry Fielding, der Romancier.

G u i l f o r d , Lord s. North.

G u r n e y , Sir John; B. E. (Vict.).

    S. Rt. Hon. Russell Gurney, Parlamentsmitglied, Recorder von London.

H a r c o u r t , Sir Simon; ernannt zum Lord Harcourt; Lord Chancellor (Georg I.).

    G. Waller, der erste Parliamentary general (er selbst Verwandter von Waller, dem Dichter).

H a r d w i c k e , Earl von, s. Yorke.

H e a t h , Sir John; Just. C. P. (Georg III.).

    S. Dr. Benjamin Heath, Head Master*) in Eton

H e n l e y , Sir Robert; ernannt zum Earl von Northington; Lord Chancellor (Georg III.).

    V. Einer der tüchtigsten Männer seiner Zeit. Parlamentsmitglied für Weymouth.

H e r b e r t , Sir Edward; Lord Keeper, (Karl II.).

    S. Arthur, ein Admiral, wurde zum Lord Torrington ernannt.

    S. Sir Edward Herbert, Ch. K. B. und C. P. (Jakob II.).

    OS. Lord Herbert von Cherbury, Staatsmann und Philosoph.

    OS. George Herbert, Dichter und Geistlicher.

H e r b e r t , Sir Edward; Ch. K. B. und Ch. C. P. (Jakob II.).

    V. Sir Edward, Lord Keeper. (Karl II.).

    B. Arthur, ein Admiral, ernannt zum Lord Torrington.

H e w i t t , Sir James; ernannt zum Lord Lifford; Just. K. B. (Georg III.).

    S. Joseph Hewitt, Just. K. B. in Irland.

    S. Dean von Cloyne.

H o t h a m , Sir Beaumont; B. E. (Georg III.).

    B. Ein Admiral, wurde wegen seiner Heldentaten zur See zum Lord Hotham ernannt.

H y d e , Sir Edward; ernannt zum Lord Clarendon; Lord Chancellor (Karl II.). Die Hydes waren viele Generationen hindurch eine sehr befähigte Familie, sowohl im Staat als in der Gesetzgebung; aber da sie aus dem Bereich des Wettbewerbs in das eines Begünstigungssystems übergingen, kann ich ihre Verdienste nicht richtig einschätzen. Überdies erlosch die

---

*) Erster Lehrer in einem College. D. Üb.

männliche Linie. Die folgenden sind die nahen Verwandten des Lord Chancellor:

O. Sir Nicholas Hyde, Ch. K. B. (Karl I.).

O. Sir Lawrence Hyde, ein großer Rechtsgelehrter und Attorney-General unter Jakob I. Er hatte elf Söhne, von denen sich die meisten in ihren verschiedenen Berufen auszeichneten. Von diesen sind:

OS. Sir Robert Hyde, Ch. K. B. (Karl II.).

OS. Sir Frederik Hyde, ein Judte in S. Wales.

OS. Alexander, Bischof von Salisbury.

(OS.) Graduiert im New College und Judge der Admiralität.

(OS.) Dean von Windsor.

(OS.) James, Rektor von Magdalen Hall.

S. Henry, zweiter Earl, Lord Privy Seal.

S. Lawrence, ernannt zum Earl von Rochester, Lord Lieutenant von Irland, ein Mensch von großen natürlichen Anlagen und großer Rechtschaffenheit.

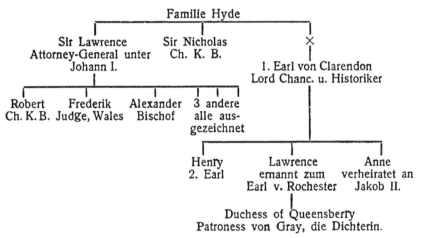

(S.) Anne, verheiratet an den Duke von York, später Jakob II. Eine Frau von starkem Charakter, die Drohungen zum Trotz darauf bestand, daß ihre Ehe öffentlich bekannt werde, was immer für Konsequenzen daraus folgen möchten.

Hyde, Sir Robert; Ch. K. B. (Karl II.).

V. 2 B. (3 B.) O. und OS. s. oben.

Jeffreys, Geo, ernannt zum Lord Jeffreys von Wem; Ch. K.

B. Lord Chancellor Jak. II.).

G. Ein Judge in Nordwales.

OS. Sir John Trevor, M. R. (Geo I.).

J e r v i s , Sir John; Ch. C. P. (Vict.).

V. Chief Justice von Chester.

GN. J. Jervis, Admiral, erster Earl St. Vincent, s. Parker.

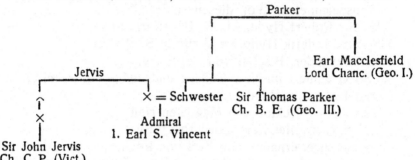

K e a t i n g , Sir Henry Singer; Just. C. P. (Vict.).

V. Sir Henry Keating, K. C. B. zeichnete sich in Indien usw.
    aus.

K i n g , Sir Peter; ernannt zum Lord King; Lord Chancellor.
(Geo II.).

o. John Locke, der Philosoph.

L a n g d a l e , Lord s. Bickersteth.

L a w , Sir Edward; ernannt zum Lord Ellenborough; Ch. K. B.
(Geo III.).

V. E. Law, Bischof von Carlisle, Schriftsteller.

S. Edward, General-Gouverneur von Indien, ernannt zum
    Lord Ellenborough.

S. C. Evan, Recorder von London und Parlamentsmitglied
    für die Universität Cambridge.

B. G. H. Bischof von Bath und Wells.

B. John, Bischof von Elphin in Irland.

Die Familie hat noch viele andere befähigte Mitglieder.

L a w r e n c e , Sir Soulden, Just. C. P. (Geo III.).

V. Präsident des Ärztekollegiums.

L e c h m e r e , Sir Nicholas; B. E. (Wilh. III.).

E. Nicholas Lechmere, Attorney-General, ernannt zum
    Baron Lechmere.

o. Sir Thomas Overbury, Dichter (vergiftet).

L e e , Sir William, Ch. K. B. (Geo II.).

B. George, Dean of the Arches\*) und Judge der Pregorative Court\*\*) in Canterbury. Diese beiden Brüder waren gleichzeitig, der eine an der Spitze des höchsten Gerichtshofes des Common Law, der andere an der Spitze des höchsten Gerichtshofes des Zivilrechts; ein gleicher Fall wie der der Lords Eldon und Stowell.

L e g g e , Hon Heneage; B. E. (Geo II.).

V. William, erster Earl von Dortmouth, Staatssekretär etc.

G. George, erster Baron Dartmouth, Master of the Ordnance\*\*\*) und Admiral of the Fleet†).

g. erster Lord Aylesford, Attorney-General und hervorragender Rechtsgelehrter.

gV. (Vater des Lord Aylesford) war der erste Earl von Nottingham, Lord Chancellor (s. Finch).

L i f f o r d , Lord s. Hewitt.

L o v e l l , Sir Salathiel; B. E. (Anne).

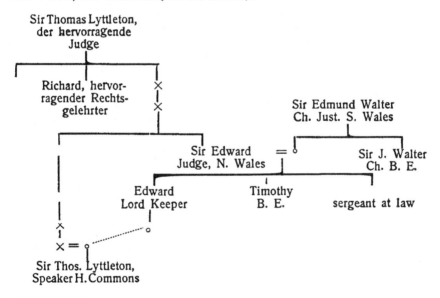

---

\*) Richter eines alten, unter dem Erzbischof von Canterbury stehenden geistlichen Appellationshofes. D. Üb.

\*\*) Früheres geistliches Gericht in Testamentssachen. D. Üb.

\*\*\*) Feldzeugmeister. D. Üb.

†) Flottenadmiral. D. Üb.

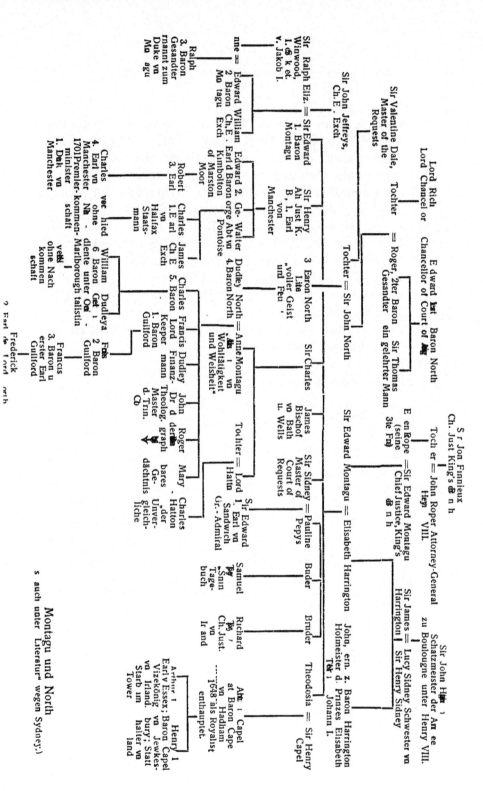

Montagu und North

s auch unter Literatur" wegen Sydney.)

eS. War Richard Lovell Edgeworth, Schriftsteller.

e*E.* Maria Edgeworth, Novellistin.

L y n d h u r s t, Lord s. Copley.

L y t t l e t o n, Sir Timothy; B. E. (Karl II.).

GG. Sir Thomas Lyttleton, der hervorragende judge unter
Edward IV.

g. Sir E. Walter, Chief Just. von S.-Wales.

o. Sir John Walter, Ch. B. E. (Karl I.).

V. Sir Edward Lyttleton, Chief Justice von N.-Wales.

B. Edward, Lord Lyttleton, Lord Keeper (Karl I.).

NS. Sir Thomas Lyttleton, Speaker im House of Commons
1698. (Seine Mutter war die Tochter des Lord Keeper)

M a c c l e s f i e l d, Lord, s. Parker.

M a n n e r s, Lord, s. Sutton.

M a n s f i e l d, Sir James, Ch. C. P. (Geo III.).

E. General Sir William Mansfield, Komtur des Bath Ordens,
Oberkommandant in Indien.

[Außerdem drei begabte Brüder.]

M i l t o n, Sir Christopher; C. P. (Jakob II.).

B. Milton, der Dichter, s. unter Dichter.

Miltons Mutter war eine Verwandte (? welchen Grades)
des Königsmörders Lord President*) Bradshaw.

M o n t a g u, Sir William, Ch. B. E. (Jacob II.).

V. Ernannt zum Baron Montagu.

VB. Sir Henry Montagu, erster Earl von Manchester, Ch.
B. K. James I.

N. Ernannt zum Duke von Montagu, Staatsmann.

g. Sir John Jeffreys, C. B. K.

GV. Sir Edward Montagu, Ch. B. K. (Henry VIII.).

M o n t a g u, Sir J. Ch. B. E. (Geo I.).

G. Henry Montagu, erster Earl von Manchester, Ch. B. K.

O. Walter, Abt von Pontoise; Dichter, Hofmann, Rat unter
Marie von Medicis.

O. Edward, zweiter Earl von Manchester, der erfolgreiche
General. Baron Kimbolton von Marston Moor.

---

*) Vorsitzender Richter des obersten Zivilgerichtshofes in Schottland.
D. Üb.

**) Vornehmster Barrister des gemeinen Rechts. D. Üb.

GB. Erster Baron Montagu.

OE. (Enkel von Baron Kimbolton.) Der vierte Earl von Manchester, erster Staatssekretär, 1701, zum ersten Duke von Manchester ernannt.

N a r e s , Sir George, Just. C. P. (Geo III.).

S. Regius, Professor für moderne Geschichte in Oxford.

B. Dr. James Nares, Musiker.

N o r t h , Francis, ernannt zum Lord Guilford; Lord Chancellor (Jakob II.).

B. Dudley North, Großhändler nach der Levante, hervorragender englischer Finanzmann.

B. Rev. John North, Dr. der Theologie, Gelehrter, Master des Trin. Coll. in Cambridge.

B. Roger North, der Biograph, Attorney-General der Königin.

b. Mary hatte ein wunderbares Gedächtnis.

oS. Charles Hatton „der Unvergleichliche" (s. „Leben der North").

gB. Sir Henry Montagu, erster Earl von Manchester, s. Montagu Sir J.

gN. Edward, zweiter Earl von Manchester, der Baron Kimbolton von Marston Moor.

gN. George Montagu, Abt von Pontoise, Hofman und Minister Katharinas von Medicis.

gN. Sir Edward Montagu, erster Earl von Sandwich. (Sein Onkel (o) war pepys „sein Tagebuch".)

(N) Dudleya North, Orientalistin.

ES. Frederick, zweiter Earl Guilford, Premierminister. (Der „Lord North" unter Georg III. Regierung.)

N o r t h i n g t o n , Lord s. Henley.

N o t t i n g h a m , Earl von, s. Finch.

P a r k e r , Sir Thomas; ernannt zum Lord von Macclesfield; Lord Chancellor (Geo I.).

S. Zweiter Earl, Präsident der Royal Society, Mathematiker und Astronom.

OE. Sir Thomas Parker, Ch. B. E.

P a r k e r , Sir Thomas, Ch. B. E. (Geo III.).

n. John Jervis, Admiral erster Earl St. Vincent, s. Jervis.

GN. Sir T. Parker, erster Earl von Macclesfield, Lord Chancellor.

P a t t e s o n , Sir John, Just. K. B. (Vict.).

S. Heidenbischof der Inseln im Stillen Ozean.

P e n g e l l y , Sir Thomas; Ch. B. E. (Geo II.).

(G) (Bekannt, aber fraglich.) Oliver Cromwell (Foss's „Judges").

P e p y s , Sir Chas. Christopher; ernannt Earl von Cottenham· Lord Chancellor (Vict.),

(V.) Ein Vorsteher in der Kanzlei des Lordkanzlers.

G. Sir L. Pepys, Leibarzt Georgs III.

g. Rt. Hon. W. Dowdeswell, Chancellor of the Exchequer.

B. Bischof von Worcester.

P o l l o c k , Sir Frederick Ch. B. E. (Vict.).

B. Sir David, Ch. Justice von Bombay.

B. Sir George, General in Afhganistan.

S'. Frederick, Vorsteher in der Kanzlei des Lordkanzlers, Danteübersetzer.

(E) Frederick (auch [e] des Right Hon. C. Herries, Chancellor of the Exchequer) war 1867 in Cambridge der zweite seines Jahrganges in klassischen Studien.

P o w i s , Sir Lyttleton, Just. K. B. (Geo I.).

B. Sir Thomas Powis, Just. K. B. (Geo I.).

P o w i s , Sir Thomas; Just. K. B. (Geo I.).

P r a t t , Sir John, Ch. K. B. (Geo I.).

S. Sir Charles Pratt, erster Earl Camden, Lord Chancellor (Geo III.).

E. J. J. Pratt, zweiter Earl und zum ersten Marquis Camden ernannt, Statthalter von Irland, Kanzler der Universität von Cambridge.

e. George Hardinge (s. nächsten §).

es. Field Marshal erster Viscount Hardinge, Generalgouverneur von Indien.

(es) (s. nächsten §).

P r a t t , Sir Charles; ernannt zum Earl Camden; Lord Chancellor Geo III.).

V. Sir John Pratt, Ch. K. B. (Geo I.).

S. J. J. Pratt, zweiter Earl und zum Marquis von Camden ernannt, Statthalter von Irland und Kanzler der Universität von Cambridge.

n. George Hardinge, Attorney-General der Königin, Chief Justice des Gerichtsbezirks von Brecon.

nS. Field Marshal erster Viscount Hardinge, General-Gouverneur von Indien. (Sein Vater war ein Literat.)

(nS.) Ein Kapitän der Marine, dem die Nation ein Monument
in der St. Paulskirche stiftete.

R a y m o n d , Sir Edward; ernannt zum Lord Raymond; Ch. K.
B. (Geo II.).

V. Sir Thomas Raymond, ein Judge in jedem der drei Courts.
(Karl.)

R a y m o n d , Sir Thomas; Just. K. B. & c. (Karl II.).

S. Robert, Lord Raymond, Ch. K. B. (Geo II.).

R e y n o l d s , Sir James (2); B. E. (Geo II.).

O. Sir James Reynolds (1) Ch. B. E. (Geo II.).

R o l f e , Sir Robt. Monsey; ernannt zum Lord Cranworth; Lord
Chancellor (Vict.).

GN. Admiral Lord Nelson.

gV. Dr. Monsey, der gefeierte und seltsame Arzt am Chelsea-
Spital.

R o m i l l y , Sir John; ernannt zum Lord Romilly; M. R. (Vict.).

V. Sir Samuel Romilly, Solicitor-General*) und hervorragender Jurist.

S c a r l e t t , Sir James, ernannt zum Lord Abinger; Ch. B. E.
(Vict.).

(B) Sir William Scarlett, Chief Justice in Jamaica.

S. Gen. Sir James Scarlett, Oberbefehlshaber der Kavallerie
in der Krim; dann General-Adjutant.

S. Sir Peter Campbell Scarlett, Diplomat.

S c o t t , Sir John; ernannt zum Earl von Eldon, Lord Chancellor
(Geo IV.).

B. Sir William Scott, ernannt zum Lord Stowell, Judge des
Hohen Admiralitäts-Gerichtshofs. (s. Bemerkungen unter
Ch. Just. Sir W. Lee.)

S e w e l l , Sir Thomas M. R. (Geo III.).

e. Matthew G. Lewis, Novellist gewöhnlich „Monk" Lewis
genannt.

S h a f t e s b u r y , Earl von, s. Cooper.

S o m e r s , Sir J. ernannt zum Earl Somers; Lord Chancellor
(Wilh. III.).

---

*) Hoher juristischer Beamter der Krone, ohne Sitz im Kabinet.

*N*S. Charles Yorke, Lord Chancellor (Geo III.).

*N*S. and 2 *N*E, s. Yorke.

GNE. Richard Gibbon, der Historiker.

S p e l m a n , Sir Clement! Curs. B. E. (Karl II.).

GV. Just. K. B. (Henry VIII.).

V. Sir Henry, berühmter Schriftsteller auf dem Gebiete der Geschichtsforschung (antiquarian).

(B.) Sir John Spelmann, gleichfalls Historiker (antiquary).

„Alfred der Große".

S u t t o n , Sir Thomas Manners; B. E. später Lord Chancellor von Irland und ernannt zum Lord Manners (Geo III.).

B. Charles Sutton, Erzbischof von Canterbury.

N. (Sohn des Erzbischofs) Charles Manner-Sutton, Speaker of the House of Commons, ernannt zum Viscount von Canterbury.

T a l b o t , Hon. Chas., ernannt zum Lord Talbot; Lord Chancellor (Geo II.).

V. Hintereinander Bischof von drei Bistümern.

N. Rev. William Talbot, ein früher und hervorragender Verfechter des Protestantismus (Yenn's Leben, Vorwort S. XII).

T h e s i g e r , Sir Frederick; ernannt zum Lord Chelmsford; Lord Chancellor (Vict.).

S. General-Adjutant von Indien.

(G. V. O.) Alle bemerkenswert, aber kaum von genügend hervorragender Bedeutung um in diesem knappen Verwandtschaftsverzeichnis besonders aufgeführt zu werden.

T h u r l o w , Edward; ernannt zum Lord Thurlow; Lord Chancellor (Geo III.).

B. Bischof von Durham.

(S.) (Illegitim.) Starb im Cambridge, wo er, wie gesagt wurde, die höchsten Auszeichnungen erreicht hätte.

T r e b y , Sir George Ch. C. P. (Wilh. III.).

S. Rt. Hon. Robert Treby, Intendant des Heeres.

T r e v o r , Sir Thomas; ernannt zum Lord Trevor; Ch. C. P (Geo. I.).

g. J. Hampden, der Patriot,

V. Sir John Trevor, Staatssekretär,

S. Bischof von Durham,

O. Sir John Trevor, Ch. B. E. (Karl I.).

GB. Sir Thomas Trevor, B. E. (Karl I.).

T r e v o r , Sir John, M. R. (Geo. L.).

oS. Lord Jeffreys, Lord Chancellor (Johann II.).

T r u r o , Lord, s. Wilde.

T u r n e r , Sir George James, Lord Justice (Vict.).

O. Dawson Turner, Botaniker und Altertumsforscher.

O. Dean of Norwich und Direktor des Pembroke College in Cambridge.

(S.) Bischof von Grafton und Armidale in Australien.

(Die Familie hat auch andere Mitglieder, die sich ausgezeichnet haben, so Dr. Hooker, den Botaniker, Gifford Palgrave, den Arabienreisenden, und Francis Palgrave, den Schriftsteller.)

T w i s d e n , Sir Thomas; Just. K. B. (Karl II.).

oS. Earl von Nottingham (Finch) und Lord Chancellor (Karl II.).

(B.) Roger, Altertumsforscher und Historiker.

V a u g h a n , Sir John; Just. C. P. (Vict.).

B. Henry Vaughan, nahm den Namen Halford an und wurde der gefeierte Arzt, Sir Henry Halford, erster Baronet.

B. Rev. Edward (of Leicester), Calvinistischer Theologe.

B. Sir Charles R., außerordentlicher Gesandter in den Vereinigten Staaten.

(B) Peter, Dean von Chester.

N. Rev. Charles Vaughan, Dr. der Theologie, war 1838 der erste in klassischen Studien in Cambridge; erster Lehrer in Harrow, wies zwei Bistümer zurück.

N. Professor Halford Vaughan von Oxford.

e. Vaughan Hawkins, war 1854 der erste seines Jahrgangs in klassischen Studien in Cambridge.

V e r n e y , Hon. Sir John; M. R. (Geo. II.)

g. Sir R. Heath. Ch. K. B. (Karl I.).

W a l s i n g h a m , Lord, s. De Grey.

W i g r a m , Sir James; V. C. (Vict.).

B. Bischof von Rochester.

W i l d e , Sir Thomas, ernannt zum Lord Truro, Ld. Chanc. (Vict.).

B. Ch. Justice, Kap der guten Hoffnung.

N. Sir James Wilde, B. E. (Vict.), seitdem zum Lord Penzance ernannt.

W i l d e , Sir James Plasted; B. E. (Vict.); seitdem zum Lord
  Penzance ernannt.
  O. Lord Truro, Lord Chancellor (Vict.).
  O. Chief Justice, Kap der guten Hoffnung.
W i l l e s , Sir John; Ch. C. P. (Geo. III.).
  B. Bischof von Bath und Wells.
  S. Sir Edward Willes, Just. K. B. (Geo. III.).
W i l l e s , Sir Edward Willes, Just. K. B. (Geo. III.).
  V. Sir John Willes, Ch. C. P. (Geo. III.).
  O. Bischof von Bath und Wells.
W i l m o t , Sir John Eardley; Ch. C. P. (Geo. III.).
  E. Fellow of the Royal Society of Arts und Fellow of the
    Anthropological Society, Gouverneur von Van Diemen's
    Land und erster Baronet.
  ES. Syndikus von Warwackshire und Judge des Provinzial-
    Gerichtshofs von Bristol.
W o o d , Sir William Page; V. C. (Vict.) (seither zum Lord
    Hatherley ernannt, Lord Chancellor 1868).
  V. Sir Matthew, 28 Jahre lang Parlamentsmitglied für Lon-
    don und zweimal Lord mayor.
  (O) Benjamin Wood, Parlamentsmitglied für Southwark.
  (B) Western Wood, Parlamentsmitglied für London.
W y n d h a m , Sir Hugh; B. E., C. P. (Karl II.).
  B. Sir William Wyndham, Just K. B. (Karl II.)
  GN. Sir Francis Wyndham, Just C. P. (Clif).
  NS. Thomas Wyndham, Lord Chancellor von Irland (Geo. I.)
    ernannt zum Baron Wyndham
W y n d h a m , Sir Wadham; Just. K. B. (Karl II.).

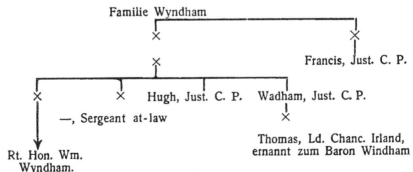

B.  Sir Hugh Wyndham, B. E. Just C. P. (Karl II.), Chancellor von Irland (Geo. I), ernannt zum Baron Wyndham.

E.  Thomas Wyndham.

GN. Sir Francis Wyndham, Just. C. P. (Eliz.).

W y n f o r d , Lord, s. Best.

Y o r k e , Philip; Earl von Hardwicke; Lord Chancellor (Geo. II.).

S.  Hon. Charles (von einer Nichte des Lord Chancellor
Somors, Lord Chancellor (Geo. III.).

S.  Hon. James, Bischof von Ely.

E.  Philip, dritter Earl, Statthalter von Irland.

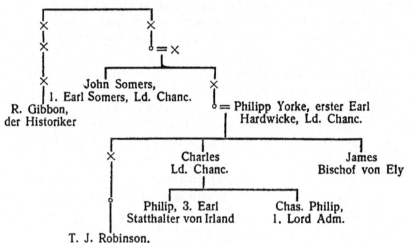

E.  Rt. Hon. Charles Philip, Fellow of the Royal Society of
Arts, First Lord der Admiralität.

ES. Lord Goderich und Earl von Ripon, Premierminister.

Y o r k e , Hon. Charles; Lord Chancellor (Geo. III.).

V.  Erster Earl von Hardwicke, Lord Chancellor (Geo. II.).

S.  Philip, dritter Earl, Statthalter von Irland.

S.  Rt. Hon. Charles Philip Fellow of the Royal Society of
the Arts, First Lord der Admiralität.

B.  Hon. James, Bischof von Ely.

gb. Erster Earl Somers, Lord Chancellor (Wilh. III.).

NS. Lord Goderich und Earl von Ripon, Premierminister.

## Politiker.

Ich will in diesem Kapitel die Verwandtschaftsbeziehungen der modernen englischen Politiker besprechen. Es ist mein ernstlicher Wunsch, bei der Abfassung dieses Buches zwischen zwei Gefahren glücklich hindurchzusteuern, einerseits rein offizielle Stellungen oder das ebenso offizielle Bekanntsein eines Menschen mit einem mehr charakteristischen Ruf zu identifizieren, und andererseits mich unbewußt mehr den Tatsachen zuzuneigen, die für meine Theorie am günstigsten sind. Um mich gegen die letztere Gefahr zu schützen, benütze ich Gruppen von Namen, wo die Auslese von anderen getroffen wurde, um mich gegen die erstere zu wahren, adoptiere ich Auslesesysteme, die das allgemeine Vertrauen genießen. Namentlich wenn man es mit Politikern zu tun hat, ist es besonders wichtig, nach beiden Richtungen behutsam zu sein, da ihre hervorragende Bedeutung als solche von dem Zufall der sozialen Stellung stark beeinflußt ist. Es wäre nicht ratsam, wenn wir für unsere Ausleseliste die Namen der geheimen Staatsräte oder selbst der Kabinettsminister wählen wollten, denn obgleich einige von ihnen wegen ihrer Begabung berühmt waren und viele hervorragende Männer sich unter ihnen finden, so gehören doch wieder andere unter ihnen einer entschieden niedrigeren natürlichen Stufe an. Es scheint z. B. in den letzten Jahren in der Stellung eines großen landbesitzenden duke eine reine Nebensache geworden zu sein, einen Sitz im Kabinett als Minister der Krone inne zu haben. Ohne Zweifel sind einige wenige der dukes hochbegabt, aber man kann mit gleicher Sicherheit behaupten, daß die Fähigkeiten der großen Majorität sehr weit davon entfernt sind, eine solche Annahme zu rechtfertigen.

Außerdem kann die Ausnahmestellung eines Kabinetts-
ministers nicht das richtige Kriterion einer entsprechenden außerordentlichen Begabung sein, da die Politik kein allgemein zugänglicher Beruf ist. Sie war das viel eher in jenen Zeiten, wo wir
noch Wahlflecken hatten, in denen ein Grundbesitzer einen oder
mehrere Abgeordnete ins Parlament wählte; damals wurden
junge Leute, die wirklich viel versprachen, eifrig von den Land-
magnaten gesucht und ins Parlament gebracht, wo man sie dann
dazu anhielt, in den Gladiatorenkampf für die eine oder die andere der großen streitenden Parteien des Staates einzutreten.
Bis auf diese Ausnahmen war das parlamentarische Leben kein
allgemein zugänglicher Beruf, und selbst dann war die freie Zu-
gänglichkeit keine vollständige, denn nur begünstigte Jünglinge
waren zu dem Wettbewerb zugelassen. Aber wie in jedem anderen Beruf, hat auch im Parlament niemand Aussichten, besonders erfolgreich zu sein, der nicht außerordentlich und besonders
begabt ist, ob er auch von der ersten Zeit seines Mannesalters
an sich daran beteiligt. Dudley North, von dem ich in dem Kapitel über die Judges sprach, hatte sicherlich großen Erfolg, ebenso in späteren Zeiten Lord George Bentinck und in gleicher oder
anderer Art der Duke von Wellington. Auch andere Fälle können
leicht zitiert werden, wo Männer erst in vorgerücktem Alter ihr
aktives parlamentarisches Leben begannen und nichtsdestoweniger erfolgreich waren; doch kann man es als eine Regel
gelten lassen, die nur wenige Ausnahmen kennt, daß Politiker
Menschen sind, die das Privilegium besitzen, in frühen Jahren
ins Parlament einzutreten und darin zu verbleiben. Jedes Ministerium ist notwendig aus einem begrenzten Feld ausgewählt.
Ohne Zweifel enthält es stets einige wenige Personen von sehr
hohen Gaben, die ihren Weg in die Front unter jedwedem vernünftigen politischen régime gefunden hätten, aber es besteht
auch unfehlbar aus Männern, die in dem Kampf um Stellung und
Einfluß gefallen wären, wenn ganz England zu gleichen Bedingungen an diesem Kampf teilnehmen könnte.

Zweierlei Auslesen von Männern scheinen mir im großen
ganzen vertrauenswürdig. Die einen sind die Premierminister,
die wir der Bequemlichkeit wegen mit der Regierung Georgs III.
beginnen lassen; ihre Anzahl beträgt 25, und die Anzahl jener,

die nicht den Anspruch erheben können, mehr als „hervorragend"
begabt zu sein, wie Addington:
„Pitt verhält sich zu Addington, wie London zu Paddington"*)
ist sehr klein. Die andere Auslese ist Lord Broughams Werk:
„Die Politiker unter der Regierung Georgs III." Es zählt nicht
weniger als 53 Männer auf, die aus den ersten Politikern dieser
langen Regierungszeit ausgewählt sind. Nun sind von diesen
11 Judges und, wie ich hinzufügen möchte, 7 dieser Judges sind
in dem Anhang zu dem letzten Kapitel beschrieben, nämlich die
Lords Camden, Eldon, Erskine, Ellenborough, King, Mansfield
und Thurlow. Die vier übrig bleibenden sind Chief Justices
Burke und Gibbs, Sir William Grant und Lord Loughborough.
Lord Broughams' Verzeichnis enthält auch den Namen von Lord
Nelson, der besser unter die Feldherren einzureihen ist, und
ebenso den des Earl St. Vincent, der seinen Platz in diesem Kapitel behalten mag, da er sich in Friedenszeiten als ein sehr befähigter Administrator zeigte, wie er im Kriege ein sehr befähigter Admiral war. Zu diesen kommen noch die Namen
von 9 Premierministern hinzu, von denen der eine der Duke von
Wellington ist, den ich hier und dann wieder unter den Feldherren aufzähle und die in Lord Brughams Verzeichnis rund 31
neue Namen ergeben. Lassen wir die Judges weg, so beträgt die
Gesamtsumme beider Auslesen 57.

Die durchschnittliche natürliche Begabung dieser Männer
kann mit vollem Rechte als höher denn Gruppe F. bezeichnet
werden. Canning, Fox, die beiden Pitts, Romilly, Sir Robert
Walpole, den Lord Brougham in seine Aufzählung aufnimmt, der
Marquess Wellesly und der Duke von Wellington übertreffen
wahrscheinlich G. Man wird sehen, wie außerordentlich die
Verwandtschaftsbeziehungen dieser Familien sind. Die Verwandtschaft der beiden Pitt, Vater und Sohn, ist oft als ein
seltenes, wenn nicht einziges Beispiel von großem Genie, das
sich vererbte, zitiert; aber die bemerkenswerten Verwandten
von William Pitt waren noch weiter verbreitet. Er war nicht
nur der Sohn eines Premierministers, sondern auch der Neffe
eines andern, George Grenville, und Vetter eines dritten, Lord
Grenville. Überdies hatte er das Blut der Familie Temple in sich.

---

*) Bezirk in London.

Sein Stammbaum, der sich in dem Anhang zu diesem Kapitel findet, wird seiner Abstammung nur ungenügend gerecht. Der Stammbaum der Fox ist auch durch seine Verbindung mit den Lords Holland und der Familie Napier sehr bemerkenswert. Eine der bedeutendsten ist jedoch die mit dem Marquess Welles-ly, eines sowohl in Indien als in der Heimat sehr berühmten Staatsmannes und seines jüngeren Bruders, des großen Duke von Wellington. Er ist auch durch die Tatsache interessant, daß der Marquess sehr bemerkenswerte Gaben als Kritiker und Ge-lehrter besitzt. Er zeichnete sich schon in frühen Jahren durch diese Talente aus, und sie gingen auf seinen Sohn über, den spä-teren Rektor von New Ton Hall in Oxford, aber sein Bruder teilte sie nicht mit ihm. Obgleich aber der große Duke nichts vom Gelehrten und Kunstkritiker in sich hatte, besaß er doch Eigenschaften, die beiden Typen verwandt sind. Seine Schriften sind gefeilt und nervig und hervorragend wirkungsvoll. Sein Sattelzeug, seine Equipagen und dergleichen waren durch eine unauffällige Vollkommenheit und Tüchtigkeit in einer gefälligen Form charakterisiert.

Ich habe nicht die Absicht, die vielen Namen, die in meinem Anhang aufgezählt sind, d e r  R e i h e  n a c h durchzugehen. Der Leser muß das selber tun, und er wird finden, daß seine Mühe belohnt wird; ich aber begnüge mich hier mit den Resultaten, die ich in der gleichen entsprechenden statistischen Form nieder-lege, wie ich sie schon bei den Judges verwendet habe, und be-haupte auf der gleichen Basis, daß die Verwandtschaftsbeziehun-gen der Politiker den erblichen Charakter ihrer Anlagen zeigen.

Ich glaube gut daran zu tun, wenn ich die knappe Anzahl der englischen Politiker, von denen ich eben gesprochen habe, durch eine kurze ergänzende Liste erweitere, die sich aus ver-schiedenen Perioden und anderen Ländern zusammensetzt. Ich kann nicht genau sagen, wie groß das Gebiet war, auf dem die Auslese, wie die Liste sie darstellt, vollzogen wurde. Ich kann dem Leser nur versichern, daß sie einen beträchtlichen Teil der Namen enthält, die mir die bedeutendsten unter jenen scheinen, die ich in gewöhnlichen kleinen biographischen Lexika ausführlich beschrieben fand.

Tabelle I.

Übersicht der Verwandtschaftsbeziehungen 35 englischer Politiker, in 30 Familien gruppiert.

Ein Verwandter (oder zwei in der Familie).

| | | | |
|---|---|---|---|
| Bolingbroke (Vict. St. John) | g. | Perceval | n. |
| Disraeli | V. | Romilly, Sir S. | S. |
| Francis, Sir P. | V. | Scott (Lord Stowell) | B. |
| Grattan | g. | Wilberforce | S. |
| Horner | B. | | |

Zwei oder drei Verwandte (oder drei oder vier in der Familie).

| | |
|---|---|
| 2. Bedford, Duke von und Ur-Ur-Urenkel, Earl Russell | GV. G*v*. EE. |
| Bentinck (Duke von Portland) | S. E. |
| Canning | OS: S. |
| Jenkinson (Earl von Liverpool) | V. O. OS. |
| Jervis (Earl St. Vincent) | o. OE. OES. |
| Lamb (Viscount Melbourne) | 2 B. *b. e.* |
| Petty (Marquess von Lansdowne) | *G*V. S. |
| Russel (s. Bedford). | |
| Stanley (Earl von Derby) | V. oS. S. |
| Stewart (Marquess von Londonderry) | V. oS. B. |

Vier oder mehr Verwandte (oder fünf oder mehr in der Familie).

| | |
|---|---|
| Dundas (Viscount Melville) | GV. B. N. S. E. |
| 2. Fox und Lord Holland | G. o. V. B. N. *N*S. 2oS. |
| 3. Grenville, Lord; sein Vater George Grenville, auch sein Vetter William Pitt | B. V. g. *o*S. O. |
| Grey, Earl | V. B. 2S. |
| Holland, Lord (s. Fox). | |
| Peel | V. g. 2B. 3S. |
| 2. Pitt, nämlich Earl Chatham und sein Sohn, Wm. Pitt (s. auch Grenville) | V. N. o. oS. *n.* |
| Robinson (Earl Ripon) | G. V. gB. gV. S. |
| Sheridan | V. *v*. g. G. S. E. ES. |

Temple (Viscount Palmerston)          B. GGB. GG. GGV.
Stuart (Marquess von Bute)          GF. G. GO. GB. o. B. 2S.
Walpole (Earl von Orford)          G. B. 2S. nG.
2. Wellesley, nämlich der Marquess und
    sein Bruder, der Duke von Welling-
    ton          B. N. S. gGV.

Anhang: 13 große Politiker verschiedener Zeiten und Länder
in 9 Familien gruppiert.

2. Arteveldt, James, und sein Sohn John          S.
Mirabeau          V.
More, Sir Thomas          V.
2. De Witt, John, und Bruder Cornelius          B.
3. Cecil, Robt.; Vater Lord Burleigh und
    Vetter Lord Bacon          V. oS.
Colbert          O. B. 2S. 2N.
Guise, Duc de          B. 2S. E. ES.
Richelieu          V. B. BE. BES. nS.

Tabelle II.*)

| Verwandtschaftsgrade | | | | | A. | B. | C. | D. |
|---|---|---|---|---|---|---|---|---|
| Bezeichnung des Grades | Korrespondierende Buchstaben | | | | | | | |
| Vater | 13 V | — | — | — | 13 | 33 | 100 | 33.0 |
| Bruder | 15 B | — | — | — | 15 | 39 | 150 | 26.0 |
| Sohn | 19 S | — | — | — | 19 | 49 | 100 | 49.0 |
| Großvater | 6 G | 5 g | — | — | 11 | 28 | 200 | 14.0 |
| Onkel | 3 O | 4 o | — | — | 7 | 18 | 400 | 4.5 |
| Neffe | 6 N | 1 n | — | — | 7 | 18 | 400 | 4.5 |
| Enkel | 4 E | 0 e | — | — | 4 | 10 | 200 | 5.0 |
| Urgroßvater | 1 GV | 1 gT | 1 GV | 0 gV | 3 | 8 | 400 | 2.0 |
| Großonkel | 1 GB | 1 gB | 0 GB | 0 gB | 2 | 5 | 800 | 0.6 |
| Leiblicher Vetter | 2 OS | 3 oS | 0 OS | 3 oS | 8 | 21 | 800 | 2.6 |
| Großneffe | 0 NS | 1 nS | 1 NS | 0 nS | 2 | 5 | 800 | 0.6 |
| Urenkel | 0 ES | 0 eS | 0 ES | 0 eS | 0 | 0 | 400 | 0.0 |
| alle mehr ent- fernten | 14 | — | — | — | 14 | 37 | — | — |

*) Zur Erklärung s. die gleiche Tafel S. 61.

Stellen wir zunächst die Frage, ob die befähigsten Politiker die größte Anzahl von befähigten Verwandten aufweisen? Tabelle I beantwortet sie in bejahendem Sinne. Es kann kein Zweifel darüber herrschen, daß die dritte Abteilung mehr berühmte Namen enthält als die erste, und ich bin überzeugt, daß je mehr der Leser sich die Mühe nehmen wird, die Verwandtschaftsbeziehungen zu analysieren und zu „wägen", je mehr ihm auch diese Wahrheit augenscheinlich werden wird. Anderseits sind die Politiker, als Ganzes genommen, wieder hervorragender begabt als die Judges; ein Vergleich der Tabelle II resp. ihrer Abteilung B. mit der entsprechenden Abteilung auf S. 60 wird zeigen, daß ihre Verwandten an Fähigkeiten reicher sind.

Wir gehen zu dem nächsten Beweis über; wir sehen, daß der dritte Abschnitt tatsächlich länger ist als der erste oder zweite, und er zeigt uns, daß Befähigung nicht zufällig verteilt ist, sondern an gewissen Familien haftet.

Drittens wird der Typus der politischen Begabung in starkem Maße weitergegeben oder vererbt. Es wäre zu weitschweifig, die Beispiele aufzuzählen, die dafür sprechen. Dagegen sprechen Disraeli, Sir P. Francis (der kaum ein Politiker, sondern eigentlich ein scharfer Polemiker war) und Horner. In allen übrigen 35 oder 36 Fällen meines Anhangs finden sich ein oder mehrere Politiker unter den hervorragenden Verwandten. Mit anderen Worten: die Kombination von hohen intellektuellen Gaben, Takt im Umgang mit Menschen, Kraft des Ausdrucks im Debattieren und die Fähigkeit, außerordentlich harte Arbeit zu verrichten, ist erblich.

Tabelle II beweist ebenso deutlich, als es bei den Judges der Fall war, daß die näheren Verwandten hervorragender Politiker an Fähigkeiten reicher sind als die entfernteren. Man wird sehen, daß das Verteilungsgesetz, das aus diesen Beispielen folgt, sehr ähnlich jenem ist, das wir schon früher gefunden haben. Ich will die Darstellung hier nicht mit einem Vergleich der Politiker und Judges in Bezug auf dieses Gesetz aufhalten, denn ich beabsichtige alle Gruppen hervorragender Männer, von denen ich in meinen verschiedenen Kapiteln rede, in vollkommen gleicher Weise zu behandeln und die Resultate ein für allemal am Schluß dieses Buches zu kollationieren.

## Anhang zu dem Kapitel Politiker.

Politiker unter der Regierung Georgs III., wie sie Lord Brougham in seinem wohlbekannten Buch unter dem gleichen Titel
ausgewählt hat.

Sein Verzeichnis umfaßt die folgenden 53 Personen, von
denen 33, deren Namen gesperrt gedruckt sind, einen Platz in
meinem Verwandtschaftsdiktionäre haben. Es kommt in dieser
Liste häufig vor, daß die gleiche Person unter ihrem Titel und
ebenso unter ihrem Zunamen aufgeführt ist, etwa „Dundas (Viscount Melville)" — „Melville, Lord (Dundas)".

Allen. *)Bedford, 4ter Duke. Bolingbroke. Bushe,
Ld. Ch. Just. Camden, Earl (Pratt). *)Canning, Carroll,
Castlereagh, Lord (Londonderry); see Stewart. *)Chatham,
Lord (Pitt). Curran. Dundas (Visc. Melville). Eldon,
Lord (Scott). Erskine, Lord. Ellenborough, Lord
(Law). Fox. Francis, Sir Philip. Gibbs, Ld. Ch. Just.
Grant, Sir Wm. Grattan. *)Grenville, George.
*)Grenville, Lord. Holland, Lord. Horner. Jef-
ferson. *)Jenkinson (Earl Liverpool). Jervis
(Earl St. Vincent). King, Lord. Law (Lord Ellen-
borough). Lawrence, Dr. *)Liverpool, Earl (Jenkin-
son). Loughborough, Lord (Wedderburn). Londonderry, Lord
(Castlereagh: s. Stewart). Mansfield, Lord (Murray).
Melville, Lord (Dundas). Murray (Lord Mans-
field). Nelson, Lord. *)North, Lord. *)Perceval.
*)Pitt (Earl von Chatham). *)Pitt, William. Pratt
(Earl Camden). Ricardo. Romilly. St. Vincent Earl
(Jervis). Scott (Lord Eldon). Scott (Lord Stowell).
Stowell, Lord (Scott). Stewart (Lord Castle-
reagh, Marquess von Londonderry). Thurlow,
Lord. Tierney. Tooke, Horne. Walpole. Wedderburn (Lord
Loughborough). Wellesley, Marquess. Wilberforce.
Wilkes, John. Windham.

---

*) Premierminister.

Premierminister seit der Thronbesteigung Georgs III.

Wie die folgende Liste zeigt, hatte England seit dieser Zeit 25 Premierminister, von denen 17, deren Namen gesperrt gedruckt sind, einen Platz in meinem Verwandtschaftsdiktionäre haben.

Neun von ihnen figurieren bereits unter dem Titel „Politiker unter Georg III." Sie sind mit einem † bezeichnet.

Es kommt gelegentlich vor, daß das gleiche Individuum unter seinem Zunamen und ebenso unter seinem Titel angeführt ist, etwa „Chatham, Earl (Pitt)"; — „Pitt (Earl Chatham)"

Aberdeen, Earl. Addington (Sidmouth). † **Bedford, 4ter Duke. Bute, Marquess.** † **Canning.** † **Chatham, Earl (Pitt). Derby, Earl. Disraeli.** Gladstone. Goderich. Grafton, Duke. **Grenville, George,** † **Grenville, Lord. Grey, Earl. Lansdowne (Shelburne).** † **Liverpool, Earl.** Melbourne, Visct. Newcastle, Duke. † **North, Lord. Palmerston, Lord. Peel, Sir Robert.** † **Perceval. Pitt (Earl Chatham).** † **Pitt, William.** Rockingham, Marquess. **Russell, Earl. Shelburne, Earl (Lansdowne).** Sidmouth, Lord (Addington). **Wellington.**

**Bedford,** John, 4ter Duke.
> GV. William, Lord Russell; Patriot, 1683 hingerichtet.
> Gv. Lady Rachel W. Russell, ihres Gatten Sekretär „Briefe".
> EE. Erster Earl Russell; Führer der Reform, wie Lord John Russell, und dreimal Premierminister.

**Bentinck,** William H. Cavendish; dritter Duke von Portland; 1783—84 und 1807—10 Premierminister.
> S. Lord Wm. Henry Bentinck; General-Gouverneur von Indien, schaffte die Witwenverbrennung in Indien ab und führte die Preßfreiheit ein.
> E. Lord George Bentinck, Parlamentsmitglied; wurde in mittleren Jahren ein hervorragender Finanzmann und führender Politiker, bis dahin war sein Leben von Interessen für den Rennstall erfüllt.

**Bolingbroke,** Henry; ernannt zum Viscount St. John; der gefeierte Staatssekretär der Königin Anna; (sein Name ist Brougham's Verzeichnis der Politiker unter Georg III. beigefügt).

g. Sir Oliver St. John, Ch. Just. C. P. unter dem Protektorat, (war selbst Vetter eines andern Judge, S. Brown (s.) unter Karl II.).

B u t e , Earl s. Stuart.

C a m d e n , Earl; Lord Chancellor. S. unter Judges. V. und S.

C a n n i n g , George; ernannt zum Lord Canning; 1827 Premierminister. Als Kind nicht früh entwickelt aber als Schuljunge bemerkenswert. („Microcosm" mit 15 Jahren und Anti-Jakobiner), Gelehrter, Redner und äußerst befähigter Staatsmann. In der Familie Canning herrschte ein sensitives, reizbares Temperament.

(V.) Ein Mann mit beträchtlichen literarischen Kenntnissen.

(v.) War sehr schön und hatte eine vorzügliche Bildung. Nach dem Tode ihres Mannes trat sie ohne großen Erfolg auf der Bühne auf. Beide waren von der übrigen Familie Canning getrennt.

OS. Stratford Canning; ernannt zum Lord Stratford de Redcliffe, Gesandter bei der Hohen Pforte; der „große Elchi"

(OS.) George Canning, Fellow of the Royal Society of Arts, Fellow of the Society of Antiquaries, ernannt zum Lord Garvagh.

S. Karl; ernannt zum Lord Canning; war General-Gouverneur von Indien während des Verlaufs und der Unterdrückung des englischen Aufstands.

C a s t l e r e a g h , s. Stewart.

D i s r a e l i , Rt. Hon. Benjamin; 1868 Premierminister. Frühreif begann sein Leben in der Kanzlei eines attorney; wurde als junger Mensch ein Novellist von Ruf, später nach einem Mißerfolg ein hervorragender parlamentarischer Disputant und Redner.

V. Isaac Disraeli; Autor der „Curiosities of Literature"

D u n d a s , Henry; ernannt zum Viscount Melville; Freund und Amtsbeistand von Wm. Pitt und ein führendes Mitglied seiner Administration in verschiedenen Stellungen.

V. Robert Dundas of Arniston; Lord President des obersten Zivilgerichtshofes in Schottland.

G. Robert Dundas; Lord Arniston, hervorragender Rechtsgelehrter; Judge des Zivilgerichtshofes.

(GV.) Sir James Dundas, Parlamentsmitglied für Edinburg, Senator des Rechtskollegiums.

B. (Ein Halbbruder.) Robert Dundas; Lord President des obersten Zivilgerichtshofs, wie sein Vater vor ihm.

N. (Ein Halbneffe.) Robert Dundas (Sohn des vorhergehenden) Lord Chief Baron des Schatzkammergerichts für Schottland.

S. Robert zweiter Viscount; Geheimsiegelbewahrer in Schottland.

E. Richard Saunders Dundas; zweimal Sekretär der Admiralität; Nachfolger von Sir C. Napier als Chefkommandant der Baltischen Flotte im Krieg mit Rußland 1855 und eroberte Sweaborg. (Er war nicht mit Sir James W. D. Dundas verwandt, der im gleichen Kriege Oberbefehlshaber der Flotte am Schwarzen Meer war).

Eldon, Earl von; Lord Chancellor, s. in Judges unter Scott.

Ellenborough, Lord; Chief Justice King's Bench. s. unter Judges.

Erskine, Lord Chancellor, s. unter Judges.

Fox, Rt. Hon. Charles James; Politiker und Redner, der große Rivale Pitts. In Eton lebte er mehr für sich und war fleißig, aber gleichzeitig ein verschwenderischer dandy. Man betrachtete ihn dort als einen sehr vielversprechenden jungen Mann. Mit 25 Jahren war er bereits eine markante Erscheinung im House of Commons und gleichzeitig ein großer Spieler.

G. Sir Stephen Fox; Politiker, Zahlmeister der Mächte; das Invalidenhaus in Chelsea ist hauptsächlich ihm zu verdanken, er schlug den Plan vor und steuerte £ 13 000 bei.

o. Charles, dritter Duke von Richmond; 1766 Hauptstaatssekretär.

V. Henry; ernannt zum Lord Holland; Intendant des Heeres.

B. Stephen; zweiter Lord Holland; Staatsmann und sozialer Führer.

N. Henry R. dritter Lord Holland; Fellow of the Royal
Society of Arts, Fellow of the Society of Antiquaries,
Syndikus von Nottingham (s. Lord Brougham's Pany-
girikus auf diese Männer in seinen „Politikern unter
Georg III.“). Seine Tante, Lady Sarah, die Schwester
des Duke von Richmond, heiratete den Oberst Napier
und war die Mutter der berühmten Familie Napier,
Oberst Napier selbst war eine wahrhafte Heldengestalt.
Er hatte sowohl in geistiger als physischer Beziehung
ungewöhnliche Kräfte und auch wissenschaftliche Neigungen. Er war Superintendent des Woolwich-Labo-
ratoriums und Rechnungskontrolleur der Armee.

oS. General Sir Charles James Napier, Ritter des Groß-
kreuzes des Bathordens, Chefkommandant in Indien; Eroberer von Scinde.

oS. General Sir William Napier; Historiker des Feldzugs
der Engländer gegen Napoleon in Spanien.

(3 oS.) Außerdem existierten drei Brüder Napier, die als bemerkenswerte Männer galten, nämlich: General Sir
George, Gouverneur vom Kap der guten Hoffnung;
Richard Q. C. und Henry, Kapitän und Autor einer „Geschichte von Florenz“.

NS. H. Bunbury, Senior-classic seines Jahres (1833) in
Cambridge.

Francis, Sir Philip; gilt allgemein als „Junius“, der pseudo-
nyme Verfasser politischer „Letters“ im Public Adver-
tiser 1769/72, ein heftiger Gegner Hastings in Indien.

V. Rev. Philip; Dichter und dramatischer Schriftsteller,
Übersetzer des Horaz und anderer Klassiker. Hatte eine
Schule, die Gibbon besuchte. War gleichfalls ein poli-
tischer Polemiker.

Goderich, Viscount, s. Robinson.

Grattan, Henry; Redner und Politiker.

(GB) Sir Richard Grattan, Lord Mayor von Dublin.

g. Thomas Marley, Chief Justice von Irland.

(V) James Grattan, Syndikus von und Parlamentsmitglied
für Dublin.

(S) Right Honourable James Grattan.

Grenville, George, 1763 Premierminister.

Die sehr bemerkenswerten Verwandten der Familie Grenville und die Resultate der Vermischung der Familie Temple einerseits mit der Familie des ersten Earl von Chatham, anderseits mit der Familie Wyndham, ersieht man am besten aus der beifolgenden Tabelle.

g. Sir Richard Temple; ein führendes Mitglied im House of Commons.

o. General Sir Richard Temple; ernannt zum Viscount Cobham, diente unter Marlborough.

B. Richard, folgte seiner Mutter, der Gräfin, als erster Earl Temple; Politiker; Großsiegelbewahrer.

S. William Wyndham Grenville; ernannt zum Lord Grenville; 1806 Premierminister.

S. George, 2 ter Earl Temple; ernannt zum Marquis Buckingham; zweimal Vizekönig von Irland.

S. Thomas, der seine Bibliothek dem British Museum hinterließ.

Grenville, William Wyndham; ernannt zum Lord Grenville; 1806 Premierminister; Kanzler der Universität Oxford.

B. Marquess Buckingham, zweimal Vizekönig von Irland.

V. Georg Grenville; 1763 Premierminister.

g. Sir William Wyndham; Baronet, Intendant des Heeres und Schatzkanzler.

oS. William Pitt, Premierminister.

O. Richard Grenville; ernannt zum Earl Temple; Politiker.

Grey, Charles, 2 ter Earl; 1830—34 Premierminister.

V. General in Amerika, nahm frühzeitig am Krieg gegen Frankreich teil, wurde seiner Verdienste wegen zum Earl Grey ernannt.

B. Edward, Bischof von Hertford.

S. Henry G., 3 ter Earl, Politiker; schrieb über Kolonialregierung und Reformen.

S. Sir Charles Grey, Privatsekretär der Königin.

Holland, Lord, s. Fox.

Horner, Francis, Politiker, Finanzmann. Einer der Gründer der Edinburgh Review; später stieg er im Parlament rasch zu großem Ansehen auf. Seine Karriere wurde durch seinen frühen Tod, im 39. Lebensjahre, abgebrochen.

Wechselheira en zwischen den Familien Temp e Grenville, Pitt und Wyndham

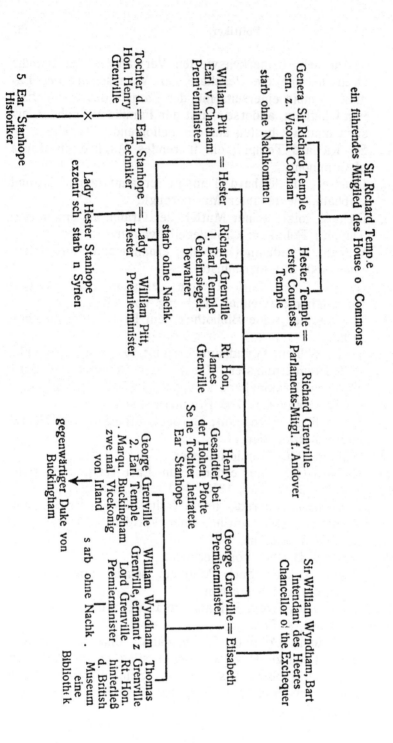

B. Leonard Horner, Geologe; viele Jahre hindurch ein hochgeachtetes Mitglied der wissenschaftlichen Welt.

J e n k i n s o n , Robert Banks, 2 ter Earl von Liverpool; 1812-27.

  V. Right Hon. Charles Jenkinson, ernannt zum Lord Liverpool; Staatssekretär, ein vertrauter Freund und Ratgeber Georgs III.

  (O) John Jenkinson, Oberst; Joint Sekretär für Irland.

  (OS) John Banks Jenkinson, Doktor der Theol., Bischof von St. David.

J e r v i s , John Admiral; ernannt zum Earl St. Vincent; erster Lord der Admiralität.

  o. Right Hon. Sir Thomas Parker; Ch. B. E.

  OE. Thomas Jervis, Parlamentsmitglied, Chief Justice von Chester.

  OES. Sir John Jervis, Parlamentsmitglied, Attorney-General; Ch. C. P. (Vict.).

K i n g , Lord, s. Judges.

L a m b , William, 2 ter Visc. Melbourne, 1834 und 1835—41 Premierminister.

  B. Frederick, Diplomat, Gesandter in Wien, ernannt zum Lord Beauvale.

  B. George, Parlamentsmitglied, Unterstaatssekretär für das Ministerium des Innern.

  b. Lady Palmerston.

  e. Rt. Hon. Wm. F. Cowper, Präsident des städt. Bauamts usw.

L a n s d o w n e , Marquis, s. Petty.

L i v e r p o o l , Lord, s. Jenkinson.

L o n d o n d e r r y , s. Stewart.

N e l s o n , Admiral, ernannt zum Earl Nelson, s. Feldherren.

N o r t h , Lord; ernannt zum Earl Guilford; Premierminister 1770—82.

  (GV.) Francis, 1ster Baron Guilford, Lord Keeper (Jakob II.). Seine drei Brüder und andere hervorragende Verwandte s. unter Judges (s. auch genealogische Tabelle).

P a l m e r s t o n , s. Temple.

P e e l , Sir Robert, 1834—35, 1841—45, 1845—46 Premierminister.

  V. Sir Robert Peel, Parlamentsmitglied, zum Baronet ernannt. Ein sehr wohlhabender Baumwollfabrikant und

von großer merkantiler Geschicklichkeit. Er gründete
den Reichtum der Familie. Er war Vize-Präsident der
Literarischen Gesellschaft.
  g. Sir John Floyd, General, zum Baronet wegen seiner
     Verdienste in Indien ernannt.
  B. Right Hon. General Peel, Kriegsminister.
  B. Right Hon. Lawrence Peel, Chief Justice des obersten
     Gerichtshofs in Calcutta.
        Ferner noch zwei Brüder von mehr als durchschnitt-
     licher Befähigung.
  S. Rt. Hon. Sir Robert, 2 ter Baronet; Hauptsekretär für
     Irland.
  S. Right Hon. Frederick, Unterstaatssekretär des Kriegs-
     departements.
  S. Kapitän zur See William Peel, zeichnete sich in Indien
     und Sebastopol aus.
Perceval, Spencer; 1810—12 Premierminister.
  n. 2 ter Lord Redesdale, Comité-Vorsitzender im Hause
     der Lords. (Er war der Sohn des Lord Chancellor von
     Irland.)
  n. Right Hon. Spencer Walpole, Staatssekretär für das Mi-
     nisterium des Innern.
Petty, William Petty; 2 ter Earl Shelburne; ernannt zum Mar-
     quis Lansdowne; 1782—83 Premierminister. Ein eifriger
     Anhänger des Earl von Chatham; vorher hatte er sich
     in der Armee bei Minden ausgezeichnet.
  GV. William Petty, Arzt, Politiker und Schriftsteller; Gene-
     ral-Inspektor der königl. Wälder und Domänen in Ir-
     land; ein Mensch von wunderbarer Gewandtheit, der in
     allem erfolgreich war, incl. Gelderwerb.
  S. 3 ter Marquis Lansdowne, Politiker und Schriftsteller.
     In seiner Jugend, als Lord Henry Petty, gehörte er zu
     der Gesellschaft, die die Edinburgh Review gründete.
     Dann tat er sich im Parlament als Whig hervor und war
     mehr als einmal Staatssekretär, mit 26 Jahren war er
     englischer Finanzminister.
Pitt, William, ernannt zum Earl von Chatham; 1766 Premier-
     minister. Ursprünglich in der Armee, die er mit 28
     Jahren verließ; später ein heftiger Gegner Walpoles im

Parlament, „der schreckliche Dragonerfähnrich", später, mit 49 Jahren, wurde er einer der fähigsten Politiker, der glänzendste Redner und die erste bewegende Kraft der Politik in England. Heiratete eine Grenville (s. Grenville wegen des Stammbaums).

(G.) Thomas Pitt, Gouverneur des Fort George, der auf die eine oder andere Weise in Indien ein großes Vermögen erwarb.

S. William Pitt, Premierminister.

e. Lady Hester Stanhope.

Pitt, William, 2 ter Sohn des ersten Earl von Chatham. Berühmter Politiker. 1783—1801 und 1804—6 Premierminister, frühreif und von hervorragendem Talent; in seiner Kindheit oft kränklich; mit 14 Jahren ein trefflicher Schüler, hatte nie ein kindisches Wesen und wurde mit 18 Jahren ein gesunder Jüngling. War mit 24 Jahren Finanzminister und mit 25 Premierminister; das letztere Amt behielt er 17 Jahre hintereinander. Seine Gesundheit wurde früh durch die Gicht gebrochen. Starb mit 47 Jahren.

V. Earl von Chatham, Premierminister.

*n.* Lady Hester Stanhope.

o. George Grenville, Premierminister.

nS. Lord Grenville, Premierminister.

*n.* Lady Hester Stanhope, die die Honneurs seines Hauses machte und gelegentlich als sein Sekretär funktionierte. Sie war hochgebildet, aber sehr exzentrisch und mehr als halb verrückt. Nach Pitts Tod lebte sie in Syrien, wo sie die Tracht der männlichen Eingeborenen trug und übernatürliche Kräfte lehrte.

Portland, Duke von, s. Bentinck.

Ripon, Earl von, s. Robinson.

Robinson, Frederick, John; erster Viscount Goderich und Earl von Ripon, 1827—28 Premierminister.

G. Thomas Robinson, ernannt zum Baron Grantham, Diplomat; später Staatssekretär.

V. Thomas Robinson, 2 ter Baron, auch Diplomat und später Staatssekretär des Äußeren.

gB. Charles Yorke, Lord Chancellor, s. Judges.

gV. Philip Yorke, erster Lord Hardwicke Ld. Chancellor, s. Judges.

S. George F. (ererbter) Earl de Grey und Ripon, Intendant des Heeres.

R o m i l l y, Sir Samuel; hervorragender Jurist und Politiker. Seine Eltern waren französische Flüchtlinge. Er war in seiner Jugend von ernsthafter Gemütsart, war ein Autodidakt und erhielt sich selbst. Wandte sich dann dem Barreau zu und zog durch ein Pamphlet die Aufmerksamkeit auf sich. Er stieg in seinem Beruf rasch auf und wurde Solicitor - General und Parlamentsmitglied. Ein hervorragender Reformer von Strafgesetzen. Beging mit 61 Jahren Selbstmord.

S. Right Hon. Sir John Romilly, ernannt zum Lord Romilly; Attorney - General und Oberaufseher der Archive des High Court of Chancery. s. Judges.

R u s s e l l, erster Earl; Premierminister s. Bedford.

S c o t t, William; ernannt zum Lord Stowell, Judge der Admiralität.

B. Lord Eldon, Lord Chancellor, s. Judges.

Lord Stowell und Lord Eldon waren beide Zwillinge und hatten jeder zusammen mit einer Schwester das Licht der Welt erblickt.

S h e l b u r n e, Earl von, s. Petty.

S h e r i d a n, Richard Brinsley; Redner, hatte einen außerordentlichen Witz und war Dramatiker. Als siebenjähriges Kind war er stumpf. Mit 11 war er faul und nachlässig, aber reizend, und zeigte den Glanz einer höheren Intelligenz, wie Dr. Parr bezeugt. Als er die Schule verließ, schrieb er, was er später in der „Critic" entwickelte. Schrieb die „Rivals" mit 24 Jahren. Starb stumpf an Körper und Geist mit 65 Jahren.

Er ging in seiner Jugend mit Miss Linley durch, einer beliebten Sängerin von großem persönlichem Reiz und außerordentlichem musikalischen Talent. Tom Sheridan war der Sohn dieser Ehe. Miss Linleys Vater war ein musikalischer Komponist und Direktor des Drury Lane Theater. Die Familie Linley war „ein Nest von Nachtigallen", alle hatten Talent, Schönheit und Stimme. Mrs.

Tickel war eine von ihnen. Der Name Sheridan ist be
sonders an eine Reihe glänzender und gewinnender, aber
auch nichtsnutziger Eigenschaften geknüpft. Richard
Brinsleys Talent war ein Strohfeuer und hinterließ
Resultate, die in keinem Verhältnis zu seiner bemerkenswerten Kraft standen. Seine Rednergabe
und seine gewinnende Art machten ihn zu einem
star der Gesellschaft; doch war er weder ein führender
Politiker, noch ein wahrer Freund. Er war ein ausgezeichneter lustiger Zechgenosse, aber unglücklich in
seinen häuslichen Verhältnissen. Rücksichtslose Verschwendung, Spiel und ein wildes Leben brachten ihn
in Schulden und Zahlungsschwierigkeiten und ruinierten
frühzeitig seine Gesundheit. Diese Eigenschaften finden
sich in stärkerem oder schwächerem Grad unter zahlreichen Mitgliedern der Familie Sheridan, auch unter
jenen, deren Biographien veröffentlicht wurden, und es ist
außerordentlich lehrreich, zu sehen, wie stark sie sich
vererbten.

V. Thomas Sheridan, Autor des Dictionaire. Unterrichtete
in Rednerkunst, hatte Verbindungen mit Theatern, war
mit 25 Jahren Direktor von Drury Lane. Er war ein
grillenhafter, aber kein eigensinniger Mensch.

f. Frances Chamberlain, sehr gebildet und liebenswürdig.
Ihr Vater wollte nicht gestatten, daß sie schreiben lerne;
ihre Brüder lehrten es sie heimlich; als sie 15 Jahre alt
war, zeigte sich ihr Talent für literarische Kompositionen. Sie schrieb einige Komödien, von denen Garrick
eine ebenso sehr lobte, als Fox und Lord North ihre No-
velle „Sydney Biddulph" priesen.

g. Rev. Dr. Philip Chamberlain, ein bewundernswerter
Prediger, aber humoristisch und voller Launen. (Ich
weiß nichts über den Charakter seiner Frau Miss Lydia
Whyte.)

G. Rev. Dr. Thomas Sheridan, Freund und Korrespondent
von Dean Swift. Ein gesellschaftlicher, witzelnder, Zeit
vertrödelnder Mensch, sorglos und indolent, von leb-
haftem Temperament. „Seine Feder und seine Geige
waren in ständiger Bewegung."

S. Tom Sheridan, ein robuster Bruder - Liederlich und ein Sheridan mehr als alle anderen. (Er hatte auch das Linley-Blut in sich, s. oben), heiratete und starb jung und hinterließ eine große Familie, von denen eine ist

E. Caroline, Mrs. Norton, Dichterin und Schriftstellerin.

ES. Lord Dufferin, später Sekretär für Irland, ist der Sohn einer anderen Tochter.

S t a n l e y , Edward Geoffrey; 14 ter Earl von Derby, 1852, 1858 —59, 1866—68 Premierminister, Gelehrter, übersetzte Homer in englische Verse, ein ebenso guter Redner als Politiker.

V. Naturforscher, Präsident der Linné- und der Zoologischen Gesellschaft, bekannt durch seine Bemühungen, Tiere zu akklimatisieren.

oS. Rev. J. J. Hornbey, erster Lehrer in Eton, Gelehrter und Wettkämpfer.

S. Edward, Lord Stanley, Staatssekretär für Auswärtige Angelegenheiten.

S t e w a r t , Robert, der berühmte Viscount Castlereagh und 2 ter Marquess Londonderry. Große Hoffnungen wurden in ihn gesetzt, als er in jungen Jahren ins Parlament eintrat, doch enttäuschte er sie anfangs, da er ein sehr ungleichmäßiger Redner war. Nichtsdestoweniger wurde er mit 29 Jahren Führer im Hause der Gemeinen. Beging Selbstmord.

V. War Parlamentsmitglied für die Grafschaft Down und stieg durch Peerswürden bis zur Marquiswürde auf.

oS. Sir George Hamilton Seymour, hatte das Großkreuz des Bathordens, Diplomat, namentlich in Rußland und Österreich.

B. (Halbbruder, Enkel des Lord Chancellor Camden.) Charles William; ernannt zum Earl Vane; mit 30 Jahren General-Adjutant unter Wellington in Spanien.

(e.) (Auch Enkel des Duke von Grafton, der 1767 Premierminister war.) Admiral Fitzroy; hervorragender Seereisender („Voyage of the Beagle"), Vorsteher der Meteorologischen Abteilung des Handelsministeriums.

S t u a r t , John, 3 ter Earl von Bute; 1762—63 Premierminister.

o. 2 ter Duke von Argyll; ernannt zum Duke von Greenwich; Politiker und General. War im Kommando bei
der Schlacht bei Sheriffmuir.

„Argyll des Staates ganzen Donner geboren zu
schwingen,
Senat und Feind im Feld gleich zu bezwingen."
P o p e.

GV. Sir George Mackenzie, Generalanwalt; hervorragender
Jurist.

G. Sir James Stuart, erster Earl von Bute; geheimer Staatsrat der Königin Anna.

GO. Robert Stuart, erster Baronet, Richter des Obersten
Zivilgerichtshofs in Schottland, wie Lord Tillicoultry.

GB. Dugald Stuart, gleichfalls ein Richter des Obersten Zivilgerichtshofs in Schottland.

B. Right Hon. James Stuart, der den Zunamen Mackenzie
annahm, Geheimsiegelbewahrer von Schottland.

S. General Sir Charles Stuart; unterjochte Minorca.

S. William, Dr. der Theologie, Erzbischof von Armagh.

E. Charles, Gesandter in Frankreich, ernannt zum Baron
Stuart von Rothesay. Seine Urgroßmutter (Gf) war
Lady Wortley Montagu; reizvolle Briefschreiberin;
führte die Impfung aus dem Osten ein.

T e m p l e, Henry J.; Lord Palmerston, mit 80 Jahren Premierminister 1855—58, 1859—65. War sonderbar träge und
zeigte selten seine großen Talente, obgleich er stets als ein
befähigter Mann betrachtet wurde und bei seinen Unternehmungen stets Erfolg hatte. Er hatte eine ausgezeichnete Konstitution und ein lebhaftes Temperament, aber
er war nicht ehrgeizig im gewöhnlichen Sinne dieses
Wortes und bequemte sich nicht gern zur Arbeit. Er war
45 Jahre alt, ehe seine politischen Talente klar entwickelt waren.

Sein Vater wird als Muster der Gattenliebe beschrieben; er setzte seiner Frau eine sehr pathetische und
doch sehr natürliche Grabschrift. War ein Freund von
Literatur und Malerei.

B. Sir William Temple; Bevollmächtigter Minister am Hof

von Neapel. Begründer der „Temple-Collection" italienischer Antiquitäten und Kunstwerke im British Museum.

GGB. Sir William Temple, Swifts Gönner.

GG. Sir John Temple, Attorney-General und Speaker des
Hauses der Gemeinen in Irland.

GGV. Sir John Temple, Oberarchivar in Irland; selbst er war
nicht der erste in der Familie, der Fähigkeiten zeigte.

Thurlow, Lord; Lord Chancellor, s. unter Judges.

St. Vincent, Earl, s. Jervis.

Walpole, Sir Robert, ernannt zum Earl von Orford; 1721—42
Premierminister (unter Georg I. und II., aber in Broughams Buch unter den Politikern Georg III. angefuhrt). In
seinem Privatleben herzlich, gutgeartet und gesellig.
Hatte eine glückliche Art sich Freunde zu machen. Große
Überzeugungskraft. Hatte ein großes Talent für Ge
schäfte aller Art und betrieb seine Arbeiten mit der
größten Leichtigkeit und Ruhe.

G. Sir Edward Walpole, Parlamentsmitglied, ausgezeichnetes Mitglied des Parlaments, das Karl II. re-
staurierte.

B. Horatio; hoher Diplomat, wurde zum Baron Walpole ernannt.

S. Sir Edward; Chefsekretär für Irland.

S. Horace; berühmt in Literatur und Kunst; Strawberry
Hill, ein ausgezeichneter Briefschreiber. Byron nennt
seine Briefe unvergleichlich. Hatte die Gicht. Starb
mit 80 Jahren.

ne. Admiral Lord Nelson.

Ein Enkel (G) von Horatio war ständiger Gesandter
in München, ein anderer in Portugal. Einer der Söhne
des ersteren ist Rt. Hon. Spencer Walpole, Staatssekretär.

N. Mrs. Damer, Bildhauerin, Tochter des Feldmarschall
Conway, Cousin von Horace Walpole.

Wellesley, Richard; ernannt zum Marquess von Wellesley;
Generalgouverneur von Indien; äußerst hervorragender
Politiker und Gelehrter.

B. Arthur, der große Duke von Wellington.

(B.) Erster Baron Cowley, Diplomat.

(V.) Erster Earl von Mornington, hervorragende musikalische
Neigungen. Er erbte die Besitzungen und den Namen,
aber nicht das Blut der Wesleys, deren Nachkommen
die berühmten Dissidenten waren, sein Vater, Richard
Colley, hatte die Erbschaft von dem Gatten seiner Tante
übernommen, der ein Wesley war.
Der berüchtigte Judge, Sir John Trevor, der Vetter und
und Rivale des fähigeren, aber schwerlich noch nieder-
trächtigeren Judge Jeffreys.
N. Henry Wellesley; ernannt zum Earl Cowley; Diplomat,
Gesandter in Frankreich.
S. (Illegitim.) Rev. Henry Wellesley, Dr. der Theologie;
Direktor von New Inn Hall, Oxford; ein Gelehrter von
ausgedehnter literarischer Bildung und bemerkenswerten
künstlerischen Neigungen.
W e l l e s l e y , Arthur, ernannt zum Duke von Wellington, Pre-
mierminister s. Feldherren.
B. Marquess Wellesley.
V. Earl Mornington.
N. Earl Cowley.
N. Rev. Henry Wellesley.

ebenso

W i l b e r f o r c e , William; Philantrop und Politiker; in seiner
Kindheit von sehr schwächlicher Konstitution. Schon mit
7 Jahren zeigte er ein bemerkenswertes rednerisches
Talent; hatte eine sonderbar melodische Stimme, die
nachweislich vererbt war, sang gut, war sehr lebhaft,
im College oberflächlich. Trat mit 21 Jahren ins Parlament ein und erlangte hohen Ruf, ehe er noch 25 Jahre
alt war.
S. Samuel, Bischof von Oxford, Prälat, Redner und Administrator.
(S.) Robert Archidiakonus, Fellow des Oriel College in Oxford, wurde später römisch-katholisch.
(S.) Henry William; Gelehrter, Oxford 1830, wurde später
römisch-katholisch.

S u p p l e m e n t - L i s t e
großer Politiker verschiedener Zeiten und Länder.

A d a m s , John (1735—1826), zweiter Präsident der Vereinigten
9*

Staaten . Studierte Jus, worin er frühzeitig großen Ruf
und Praxis hatte; war mit 30 Jahren aktiver Politiker.
Nahm hervorstechenden Anteil am Unabhängigkeits-
kampf seines Vaterlandes.

S. John Quincey Adams, sechster Präsident der Vereinigten
Staaten; vorher ständiger Gesandter in Berlin, Rußland
und Wien.

E. Charles Francis Adams, der kürzliche wohlbekannte
amerikanische ständige Gesandte in London, Autor von
„Life of John Adams".

A r t e v e l d t, Jakob van (1345 ?), Anstifter von Gent; bekannter
Führer während der Revolution in Flandern; übte neun
Jahre lang die souveräne Macht aus.

S. Philipp van Arteveldt. s. unten.

A r t e v e l d t, Philipp van (1382?), Führer der Volkspartei lange
nach dem Tode seines Vaters. Er war gut gebildet und
wohlhabend und hatte sich bis zu seinem 42sten Jahr
von der Politik ferngehalten, in die er durch die Volkspartei hineingezerrt wurde und durch Akklamation zu
ihrem Anführer ausgerufen wurde, führte die Niederländer tapfer gegen die Franzosen, wurde aber schließlich besiegt und erschlagen.

V. Jakob van Arteveldt, s. oben.

B u r l e i g h, Earl s. Cecil.

C e c i l, William, ernannt zum Lord Burleigh; Politiker (Elisabeth);
Lord-Schatzkanzler. „Der befähigste Minister einer befähigten Regierung." War Sekretär oder Ministerpräsident fast während der ganzen langen Regierung
der Königin Elisabeth, die 45 Jahre dauerte. Er war in
Cambridge wegen seiner Arbeitskraft und seiner regelmäßigen Gewohnheiten ausgezeichnet, heiratete zum
zweiten Mal die Tochter von Sir Anthony Cooke, Studien-
leiter Eduards VI. und Schwester von Lady Bacon, der
Mutter des großen Lord Bacon. Mit ihr hatte er

S. Robert Cecil, der zum Earl of Salisbury ernannt wurde
am gleichen Tage, wo sein älterer Bruder zum Earl von
Exeter ernannt wurde. Er war von schwächlicher Gesundheit und mißgestaltet. Folgte seinem Vater als
Erster Minister unter Elisabeth und später unter Jakob I.,

war unfraglich der befähigste Minister seiner Zeit, aber kaltherzig und selbstsüchtig. Lord Bacon war sein oS.

(B.) Erster Earl von Exeter.

(V.) Garderobenmeister Heinrichs VIII.

C o l b e r t , Jean Baptiste; französischer Politiker und Finanzmann (Ludwig XIV.), hervorragend durch die Unterstützungen, die er öffentlichen Werken und Institutionen, sowie dem Handel und der Manufaktur angedeihen ließ. Er wurde schon früh von Mazarin voll eingeschätzt, der ihn als seinen Nachfolger empfahl. Er wurde mit 49 Jahren Minister und war gewöhnt, täglich sechzehn Stunden zu arbeiten. Seine Familie gab Frankreich viele ausgezeichnete Diener.

O. Oudard, ein Großkaufmann, der ein hervorragender Finanzmann wurde.

B. Charles, Politiker und Diplomat.

S. Jean Baptiste; Politiker, intelligent und von festen Vorsätzen; befehligte noch als Jüngling die Expedition gegen Genua 1684.

S. Jaques Nicolas, Erzbischof, Mitglied der Akademie.

N. Jean Baptiste (Sohn von Charles), Diplomat.

N. Charles Joachim, Prälat. Die Familie fuhr auch in der nächsten Generation fort, Fähigkeiten zu zeigen.

C r o m w e l l , Oliver, Lord-Protektor des Gemeinwohls.

OS. Hampden, der Patriot, von dem Lord Clarendon sagt: „er habe einen Kopf zum Erfinden, eine Zunge zum Überzeugen und ein Herz jedes Unheil zu vollführen." Das Wort „Unheil" hier natürlich als Gegnerschaft gegen den König gemeint.

Oe. Edmund Waller, der Dichter, ein Mann von sehr beträchtlichen Fähigkeiten, sowohl in Poesie als in parlamentarischer Beredsamkeit, aber nicht völlig fest in seinen Prinzipien. Er war ein n. von Hampden.

S. benahm sich in der Armee mit Unerschrockenheit und arbeitete in Irland als Vizekönig mit Auszeichnung. Er hatte noch einen Sohn und vier Töchter, die befähigte Männer heirateten, deren Nachkommen aber nicht bemerkenswert waren. Der Cromwell-Stamm war von viel weniger Bedeutung als man nach seinen eigenen An-

lagen und denen seiner Seitenverwandten hätte erwarten
können. Außer seinem Sohn Henry gibt es keinen bedeutenden Namen unter den zahlreichen Nachkommen
von Oliver Cromwell. Henrys Söhne waren unbedeutende Menschen, ebenso die von Richard und ebenso
die von Cromwells Töchtern, trotz ihrer Ehen mit so hervorragenden Männern wie Ireton und Fleetwood. Eine
von Olivers Schwestern heiratete den Erzbischof Tillotson und hatte Kinder von ihm, aber sie taten sich durch
nichts hervor.

G u i s e , François Balafré, Duc de. Der berühmteste
unter den Generälen und politischen Führern dieser
machtvollen französischen Familie. Er hatte ein großes
militärisches Talent und zeichnete sich schon mit 34 Jahren besonders als General aus und wurde dann zu der
Würde eines General-Leutnant des Königreichs erhoben.

B. Charles, Kardinal von Lorraine.

S. Henri (Duc von Guise auch Balafré genannt). Er war
weniger edelmütig und aufrührerischer als sein Vater. Er
war der Anstifter der Bartholomäusnacht und gab die Veranlassung zu Colignys Mord, wurde selber im Alter von
38 Jahren auf Heinrichs III. Befehl ermordet.

S. Kardinal, verhaftet und im Gefängnis getötet, am gleichen
Tage wie sein Bruder.

(S.) Duc de Mayenne.

E. Charles war zusammen mit seinem Onkel, dem Duc de
Mayenne, Führer der Liga gegen Heinrich IV.

ES. Henri, konspirierte gegen den Kardinal Richelieu.
Die Familie Guise hatte vier Generationen bemerkenswerter Männer.

M i r a b e a u , H. G. Riqueti, Comte de, französischer Politiker.
„Der Alcibiades der französischen Revolution". Ein
Mann von starken Leidenschaften, gewaltiger Einbil-
dungskraft und großen Fähigkeiten. Er hatte eine wun-
derbar bewegliche Intelligenz und hungerte nach jeder
Art von Wissen.

V. Marquis de Mirabeau, Autor von „L'ami des Hommes",
ein Führer der Physiokraten, Philantrop von Beruf und
ein harter Despot in seiner eigenen Familie.

(B. und b.) Unter den Brüdern und Schwestern Mirabeaus gab es bemerkenswerte Charaktere, aber ich bin leider nicht imstande, Tatsachen nachzuweisen, nach denen sie klar geschätzt werden könnten.

Unter den Mirabeaus oder richtiger Riquettis, denn Mirabeau war ein angenommener Name, soll es viele Generationen hindurch Männer vor großer Geisteskraft und starkem Charakter gegeben haben. So erzählt St. Beuve, und ich gebe hier das ganze Zitat, ohne mich wegen des Interesses zu entschuldigen, das sich an die Charakteristiken der Mirabeaus knüpft.

„Les Correspondances du père et de l'oncle du grand tribun, la notice sur son grand-père et en général toutes les pièces qui font le tissu de ces huit volumes, ont révélé une race à part, des caractères d'une originalité grandiose et haute, d'où notre Mirabeau n'a eu qu'à descendre pour se répandre ensuite, pour se précipiter comme il l'a fait et se distribuer à tous, tellement qu'on peut dire qu'il n'a été que l'enfant perdu, l'enfant prodigue et sublime de sa race."

Er vereinigte Eigenschaften des Vaters mit denen der Mutter. „Ce n'était suivant la définition de son père qu'un mâle monstreux au physique et au moral.

„Il tenait de sa mère la largeur du visage, les instincts, les appétits prodigues et sensuels, mais probablement aussi ce certain fond g a i l l a r d et gaulois, cette faculté de se familariser et de s'humaniser que les Riquetti n'avaient pas et qui deviendra un des moyens de sa puissance. Une nature riche, ample, copieuse, généreuse, souvent grossière et vicée, souvent fine aussi, noble, même élégante et en somme, pas du tout monstreuse, mais des plus humaines."

M o r e Sir Thomas, Lord Chancellor (Heinrich VIII.), hervorragender Politiker und Schriftsteller; besonders liebenswürdig, unaffektiert fromm und beherzt bis zum Tode. Als er 13 Jahre alt war, pflegte der Dekan der St. Paulskirche von ihm zu sagen: „Es gibt nur ein Genie in England, und das ist der junge More."

V. Sir John More, Just. K. B.

(S. und 3 s.) Außer seinen drei sehr gebildeten Töchtern Margaret Roper, Elizabeth Dauncy und Cecilia Heron, hatte Sir Thomas More einen Sohn John. Von dem Mangel an Talenten bei diesem Sohn ist zuviel gesprochen worden. Sein Vater rühmte die Reinheit seines Lateins mehr als das seiner Töchter, und Grynaeus (s. unter Geistlichen) dedizierte ihm eine Plato-Ausgabe, während Erasmus ihm die Werke des Aristoteles widmete. Er war charakterfest genug, um des Königs Obergewalt zu leugnen und wurde deswegen einige Zeit im Tower unter Androhung der Todesstrafe gefangen gehalten. „Life of More" by Rev. Joseph Hunter, 1828, Vorwort S. XXXVI.

Richelieu, Armand J. du Plessis, Kardinal, Duc. de. Der große französische Minister unter Ludwig XIV. Er wurde für das Heerwesen erzogen, widmete sich aber selber dem Studium und trat in einem sehr frühen Alter — früher als gesetzlich — in die Kirche ein, wurde Doktor. Mit 39 Jahren war er Hauptminister und regierte seither 18 Jahre lang absolut. Er war kein liebenswürdiger Mensch. Er verfolgte nur ein Ziel — die Erreichung eines strengen Despotismus. Starb mit 37 Jahren.

V. François du Plessis, seigneur de Richelieu; zeichnete sich als Soldat und Diplomat aus. Wurde durch Protektion grand prévôt de France und wurde von Heinrich IV. hoch belohnt.

(B.) Henri; Maréchal du camp und wurde in einem Duell erschlagen, als er als Gouverneur von Angers ernannt werden sollte.

B. Alphonse L., Kardinal von Lyon; wurde ein Kartäusermönch und befleißigte sich großer Enthaltsamkeit. Er benahm sich edel in Lyon zur Zeit der Pest.

BE. (Enkel von Henri.) Louis F. Armand, Duc de Richelieu. Er war Marschall von Frankreich und personifizierte das achtzehnte Jahrhundert, er war frivol, liebte Intriguen, war unmoralisch, kannte keine Gewissensbisse, von unerschütterlichem Humor und mutig. Er war ein Sieben-

monatskind und lebte bis zu seinem 92. Jahr. Seine
Kinder waren:

BES. Der „trop célèbre" Duc de Fronsac.

BES. Die witzige und schöne Comtesse de Egmont.

BEE. (Sohn des Duc de Fronsac) Armand E., Duc de Richelieu; Erster Minister von Frankreich unter Ludwig
XVIII. Starb 1822.

nS. Comte de Gramont, witzig und Höfling. s. unter Lita-
raten.

Witt, De, Sohn, John. Der jüngere Bruder von zwei der fähigsten und geehrtesten niederländischen Politiker. Sie waren
in ihrer Karriere unzertrennlich, aber in ihren Charakteren
verschieden, jedoch war jeder von ihnen ein vollendeter
Repräsentant seines Typus. John spielte die hervor-
stechendere Rolle infolge seines genialen, gewandten
und ehrgeizigen Charakters. Er stieg durch verschiedene
Ämter auf, bis er mit 27 Jahren Präsident der General-
staaten, der eigentliche oberste Beamte Hollands, wurde.
Wurde mit 47 Jahren barbarisch ermordet.

B. Cornelius de Witt s. unten.

(V.) Ein Parteiführer von einiger Bedeutung.

Witt, De, Cornelius, hatte solidere, wenn auch weniger glänzende Eigenschaften als sein Bruder. In Wirklichkeit
war er der bedeutungsvollere Träger jener Macht, die
sein Bruder John ausübte. Wurde gleichfalls mit 49
Jahren barbarisch ermordet.

B. John de Witt, s. oben.

(V.) s. oben.

# Die Verleihung der Pairswürde und ihr Einfluß auf die Rasse.

Sehr häufig wurde die richtige Bemerkung gemacht, daß die Familien großer Menschen die Neigung haben auszusterben, aus dieser Tatsache schließt man nun, daß geistig befähigte Menschen unfruchtbar sind. Wäre dies der Fall, so würde jeder Versuch, eine hochbegabte Rasse von Menschen zu züchten, am Ende zu einem Mißerfolg führen. Begabte Individuen könnten dann zwar auferzogen werden, aber sie wären unfähig, auf eine Nachkommenschaft ihre Eigenschaften zu übertragen.

Ich habe vor, in einem späteren Kapitel, wenn ich die verschiedenen Gruppen hervorragender Männer bereits durchgenommen habe, zu untersuchen, bis zu welchem Grade überragendes Genie mit Sterilität verbunden ist, doch scheint es mir am Platze, schon jetzt einiges über die Gründe eines Ausfalls an Nachkommenschaft bei den Judges und Politikern zu sagen, um so zu irgend einem Schluß zu kommen, ob eine Zucht von Männern mit der durchschnittlichen Begabung jener hervorragenden Männer sich in einer unbegrenzten Zahl einander folgender Generationen halten kann oder nicht. Ich will sogar noch etwas weiter gehen und von den ausgestorbenen Adelsgeschlechtern im allgemeinen sprechen.

Zunächst stoßen wir bei den Judges auf eine Eigentümlichkeit ihrer häuslichen Beziehungen, die auf einen breiten Durchschnitt legitimer Familien störend einwirkt. In einer Fußnote zur Biographie des Lord Chancellor Thurlow erzählt Lord Campbell in seinen „Biographien der Chancellors", daß die Hälfte der Judges zur Zeit, wo er (Lord Campbell) das englische Barreau kennen lernte, ihre Maitressen geheiratet hatten. Er sagt, es sei damals selbstverständlich gewesen, daß ein barrister, dem eine Richterstelle verliehen worden war, entweder seine Maitresse heiratete oder sie wegschickte.

Nach diesem merkwürdigen Bericht möchte es scheinen, daß
weit mehr als die Hälfte der Judges, die zu Beginn des neunzehnten Jahrhunderts Richterstellen innehatten, vor der vorgerückten Periode ihres Lebens, wo sie ernannte Judges waren,
keine legitime Nachkommenschaft hatten. Die eine Hälfte hatte
deshalb keine, weil sie gerade auf dieser Stufe ihrer Karriere
ihre Maitressen heirateten, weiter gab es solche unter ihnen, die
ihre Maitressen eben fortgeschickt hatten und so jetzt erst heiraten konnten. Nichtsdestoweniger habe ich gezeigt, daß die
Zahl der legitimen Kinder bei den Judges beträchtlich ist und
daß sie selbst bei dieser Beschränkung im großen Ganzen durchaus kein unfruchtbarer Schlag sind. Wenn wir uns vorhalten,
was ich soeben mitgeteilt habe, müßten wir sogar folgern, daß
sie außerordentlich zeugungsfähig sind. Ja, es finden sich in
allen Perioden ihrer Geschichte gelegentlich Beispiele von ungeheuer großen Familien. Aber sterben die Familien nicht aus?
Ich untersuche die Nachkommen jener Judges, die die Pairswürde
erlangt haben und die einen Platz als Richter in der letzten Zeit,
ehe die Regierung Georgs IV. zu Ende war, innehatten. Die
Namen finden sich im Anhang zum Kapitel über die Judges. Ich
zähle 31 solcher Namen; neunzehn dieser Adelstitel bestehen
noch, zwölf sind erloschen. Unter was für Bedingungen erloschen
nun diese zwölf? Bilden einige dieser Bedingungen ein Spezi-
fikum dieser zwölf, das von den übrigen neunzehn nicht geteilt
wird?

Um eine Antwort auf diese Fragen zu finden, untersuchte
ich die Anzahl der Kinder und Enkel aller einunddreißig Pairs
und im besonderen noch die Anzahl der Eheschließungen bei
ihnen. Ich tabellarisierte die gewonnenen Resultate, als mir
zu meinem Erstaunen eine sehr einfache, erschöpfende und neue
Erklärung der allgemeinen Ursache des Aussterbens von Adelsgeschlechtern vor die Augen trat. In erster Reihe erwies sich,
daß ein beträchtlicher Teil der neu ernannten Pairs und ihrer
Söhne Erbinnen heiraten. Die Motive eines solchen Vorgehens
sind klar genug und nicht verdammungswürdig. Sie haben einen
Titel und vielleicht ein ausreichendes Vermögen, das sie ihrem
ältesten Sohn übergeben können, aber sie benötigen einen Güter-
zuwachs, um ihre jüngeren Söhne und ihre Töchter auszustatten.
Andererseits hat eine Erbin Vermögen und braucht einen Titel.
So werden der Pair und die Erbin durch verschiedene Impulse
zu dem gleichen Ausweg der Ehe gedrängt. Aber meine sta-

tistischen Listen zeigen mit unfehlbarer Sicherheit die besondere Unfruchtbarkeit dieser Ehen. Man kann nämlich in der Tat erwarten, daß eine Erbin, die das einzige Kind aus einer Ehe ist, nicht so fruchtbar ist, wie eine Frau, die viele Brüder und Schwestern hat. Eine verhältnismäßige Unfruchtbarkeit muß ebenso erblich sein wie andere physische Eigenschaften, und ich bin überzeugt, daß es bei den Haustieren der Fall ist. Folglich fehlt der Ehe eines Pairs und einer Erbin häufig die Nachkommenschaft, so daß der Titel eingeht. Ich gebe in der folgenden Liste alle Fälle an, wo die Nachkommen von Law-Lords, die den englischen Judges innerhalb der von mir gezogenen Grenzen entnommen sind, Erbinnen oder Miterbinnen geheiratet haben und bringe jedesmal des Resultat. Zum Schluß werde ich die Tatsachen zusammenfassen.

**Einfluß der Ehen mit Erbinnen in den Familen jener englischen Judges, die die Pairswürde erlangten und die einen Platz im Bench (hoher Gerichtshof) hatten, von der Thronbesteigung Karls II. an bis zum Ende der Regierung Georgs IV.**

(Die eingeklammerten Zahlen bedeuten die Daten des Beginns ihrer Pairswürde.)

Colpepper, erster Lord (1664). Heiratete zweimal und hatte jedesmal Nachkommenschaft, im ganzen fünf Söhne und vier Töchter. Der älteste Sohn heiratete eine Erbin und starb kinderlos. Der zweite heiratete eine Miterbin und hatte nur eine Tochter. Der dritte heiratete, blieb aber kinderlos, die beiden letzten Söhne heirateten überhaupt nicht, so daß der Titel erlosch.

Cooper, erster Earl von Shaftesbury (1672). Seine Mutter war eine einzige Erbin. Er heiratete dreimal und hatte nur einen Sohn. Nichtsdestoweniger war der Sohn zeugungsfähig, und die direkte männliche Linie setzte sich fort.

Cowper, erster Earl (1718). Seine erste Frau war eine Erbin; er bekam keine lebende Nachkommenschaft von ihr. Von seiner zweiten Frau bekam er zwei Söhne und zwei Töchter. Sein ältester Sohn heiratete in erster Ehe eine Miterbin und hatte nur einen Sohn und eine Tochter. Die direkte männliche Linie dauert fort.

Finch, erster Earl von Nottingham (1681). Hatte vierzehn Kinder. Der älteste Sohn heiratete eine Miterbin in erster Ehe und hatte von ihr nur eine Tochter.

Harcourt, erster Lord (1712). Hatte drei Söhne und zwei Töchter. Zwei von den Söhnen starben jung. Der älteste Sohn heiratete eine Erbin, deren Mutter schon Erbin gewesen war. Er hatte vgn ihr zwei Söhne und eine Tochter. Beide Söhne heirateten, doch starben beide kinderlos, so daß der Titel erlosch.

Henley, erster Earl von Northington (1764). Seine Mutter war eine Miterbin. Er heiratete und bekam einen Sohn und fünf Töchter. Der Sohn starb unverheiratet, und so erlosch der Titel.

Hyde, erster Earl von Clarendon (1661.) Heiratete eine Dame, die vielleicht eine einzige Erbin war, und hatte von ihr vier Söhne und zwei Töchter. Der dritte Sohn starb unverheiratet und der vierte ertrank, folglich blieben nur zwei Söhne, die fähig waren die Familie fortzupflanzen. Der ältere von ihnen, der zweiter Earl wurde, heiratete eine Dame, die nach ihrem Tode nur einen Sohn hinterließ. Er heiratete darauf zum zweiten Mal und zwar eine Erbin, die überhaupt keine Kinder bekam. Sein einziger Sohn hatte nur ein männliches Kind, das jung starb. Der Titel ging auf die Nachkommen des zweiten Sohnes des ersten Earl über. Er (der Sohn einer Erbin) hatte nur einen Sohn und vier Töchter, und dieser Sohn, der vierter Earl von Clarendon wurde, hatte nur einen Sohn und zwei Töchter. Der Sohn starb jung, so daß der Titel erlosch.

Jeffreys, erster Lord (von Wem — 1685). Hatte einen Sohn und zwei Töchter. Der Sohn heiratete eine Erbin und hatte nur eine Tochter, so daß der Titel erlosch.

Kenyon, erster Lord (1788). Hatte drei Söhne. Obgleich einer von ihnen eine Miterbin heiratete, wies die nächste Generaton zahlreiche Nachkommen auf.

North, erster Lord Guilford (1683). Heiratete eine Miterbin. Er hatte nur einen Enkel, der jedoch am Leben blieb und Kinder hatte.

Parker, erster Earl von Macclesfield. (1721.) Diese Familie entging knapp dem Erlöschen, das ihr immerwährend infolge ihrer schlechten ehelichen Verbindungen drohte. Der erste Earl heiratete eine Miterbin und hatte nur einen Sohn und eine Tochter. Der Sohn heiratete eine Miterbin und hatte zwei Söhne; von diesen heiratete der zweite eine Miterbin und hatte überhaupt keine Nachkommenschaft. Der älteste

Sohn (der Enkel des ersten Earl) war daher der einzige männliche Nachkomme der Familie. Er hatte zwei Söhne und eine Tochter. Von diesen beiden einzigen männlichen Erben in der dritten Generation heiratete einer eine Miterbin und hatte nur eine Tochter. Der andere heiratete glücklicherweise zweimal, denn er hatte aus der ersten Ehe nur Töchter. Ein Sohn aus der zweiten Ehe ist der jetzige Pair und ist der Vater von elf Söhnen und vier Töchtern, die aus zwei Ehen hervorgegangen sind, in keinem Falle war die Mutter eine Erbin.

Pratt, erster Earl von Camden (1786). Diese Familie gibt ein ähnliches Beispiel wie die vorige einer drohenden Vernichtung des Geschlechts. Der erste Earl heiratete eine Erbin und hatte nur einen Sohn und vier Töchter. Der Sohn heiratete eine Erbin und hatte einen Sohn und 3 Töchter. Der Sohn heiratete eine Miterbin, doch hatte er glücklicherweise drei Söhne und acht Töchter.

Raymond, erster Lord (1731). Er hatte einen Sohn, der eine Miterbin heiratete und gar keine Nachkommenschaft hinterließ, so daß der Titel erlosch.

Scott, Lord Stowell. s. weiter unten in meiner Liste der Politiker.

Talbot, erster Lord (1733). Die Familie war nahe am Erlöschen. Der erste Lord heiratete eine Erbin und hatte drei Söhne. Der älteste Sohn heiratete eine Erbin und hatte nur eine Tochter. Der zweite Sohn heiratete eine Miterbin und hatte keine Nachkommenschaft von ihr. Sie starb jedoch, er heiratete zum zweiten Mal und hinterließ vier Söhne. Der dritte Sohn hatte männliche Nachkommen.

Trevor, erster Lord (1711). Heiratete in erster Ehe eine Miterbin und hatte von ihr zwei Söhne und drei Töchter. Beide Söhne heirateten, doch hatte jeder von ihnen nur je eine Tochter. Lord Trevor heiratete zum zweiten Mal und hatte drei Söhne, von denen einer jung starb, die beiden anderen heirateten zwar beide, hinterließen aber keine Nachkommenschaft.

Wedderburn, erster Lord Loughborough und Earl von Rosslyn (1801). Heiratete in erster Ehe eine Erbin und hatte keine Nachkommenschaft. In etwas vorgerücktem Alter heiratete er zum zweiten Mal und hatte wieder keine Nachkommenschaft. So erlosch die direkte männliche Linie.

Yorke, erster Earl von Hardwicke (1754). Ist zahlreich vertreten, trotzdem in zwei Linien seiner Nachkommen ein Fehler begangen wurde, da sich in jeder dieser beiden Linien eine Ehe mit einer Miterbin findet.

Das Resultat aller dieser Tatsachen ist außerordentlich auffallend und zwar:

1. Unter den 31 Familien, denen die Pairswürde zuteil wurde, sind nicht weniger als siebzehn Fälle, wo der erbliche Einfluß einer Erbin oder Miterbin die erste oder zweite Generation affizierte.

Dieser Einfluß trug sichtlich dazu bei, in sechzehn von diesen siebzehn Fällen Sterilität zu bewirken, deren Einfluß sich mitunter in der Geschichte eines Geschlechts zwei, drei oder mehrere Male zeigte.

2. Die direkte männliche Linie von nicht weniger als acht dieser Geschlechter, nämlich Colpepper, Harcourt, Northington, Clarendon, Jeffreys, Raymond, Trevor und Rosslyn, ist gegenwärtig unter dem Einfluß der Erbinnen erloschen, während sechs andere, nämlich Shaftesbury, Cowper, Guilford, Parker, Camden und Talbot, aus dem gleichen Grunde nahe am Erlöschen waren. Ich habe buchstäblich nur einen einzigen Fall, Lord Kenyon, wo der familienzerstörende Einfluß des Erbinnenbluts nicht fühlbar wurde.

3. Von den zwölf Pairsgeschlechtern, die in der direkten männlichen Linie ausgestorben sind, haben nicht weniger als acht dieses Resultat Ehen mit Erbinnen zu verdanken.

Wenden wir uns den vieren zurück, die übrig bleiben. Lord Somers und Lord Thurlow starben beide unverheiratet. Lord Alvanley hatte nur zwei Söhne, von denen einer unverheiratet starb. Nur in diesem Falle und weiter beim Earl von Mansfield kann von allen zehn geadelten Judges, die heirateten und deren Titel erloschen, dieses Erlöschen nicht auf Ehen mit Erbinnen zurückgeführt werden. Man kann daher nicht auch nur mit einem Anschein von Recht behaupten, daß irgend welche Gründe für eine außerordentliche Sterilität der Judges vorhanden sind. Untersucht man die Tatsachen sorgfältig, so tendieren sie alle scharf nach der entgegengesetzten Seite.

In der gleichen Weise wie die Judges untersuche ich jetzt die Politiker unter Georg III. und die Premierminister seit der Thronbesteigung Georgs III. bis hinunter auf die letzte Zeit; doch nehme ich hier nur jene vor, deren Stammbäume ich leicht feststellen konnte, nämlich solche, die selbst Pairs waren oder mit Pairs nahe verwandt waren. Ich habe zweiundzwanzig solcher

Namen. Ich finde vierzehn unter ihnen, die keine männlichen Nachkommen hinterlassen haben, von diesen wieder heirateten sieben selbst Erbinnen, oder ihre Söhne taten es, nämlich Canning, Castlereagh, Lord Grenville, George Grenville, Lord Holland, Lord Stowell und Walpole (der erste Earl von Orford). Anderseits finde ich nur drei Fälle, wo Pairs Erbinnen heirateten und die Nachkommenschaft nicht fehlte, nämlich Addington (Lord Sidmouth), der Marquis von Bute und der Duke von Grafton.

Die sieben Fälle, wo die männliche Linie aus anderen Gründen erlosch, sind Bolingbroke, Earl Chatham, Lord Liverpool, Earl St. Vincent, Earl Nelson, William Pitt (unverheiratet) und der Marquess von Wellesley (der illegitime Nachkommenschaft hinterließ). Die übrigen fünf, die diese zweiundzwanzig Fälle vervollständigen, sind der Duke von Bedford, Dundas (Viscount Melville), Perceval, Romilly und Wilberforce. Keiner von ihnen verband sich mit Erbinnenblut oder stammte von solchem ab, und sie hinterließen alle Nachkommen.

Ich gebe im Nachstehenden noch die Geschichte dieser Erbinnenehen, wie ich sie vorhin für die Judges gegeben habe.

Bute, Marquess von. Heiratete eine Miterbin, hatte jedoch eine zahlreiche Familie.

Canning, George. Heiratete eine Erbin und hatte drei Söhne und eine Tochter. Der älteste starb jung, der zweite ertrank in seiner Jugend, der dritte, der letzte Earl Canning, heiratete eine Miterbin und hatte keine Nachkommenschaft. So erlosch die Linie.

Castlereagh, Viscount. Heiratete eine Miterbin und hatte weder einen Sohn, noch eine Tochter; so erlosch die Linie.

Grafton, Duke von. Heiratete eine Erbin und hatte zwei Söhne und eine Tochter. In zweiter Ehe hatte er eine größere Familie.

Grenville, George. Hatte drei Söhne und vier Töchter. Der älteste Sohn heiratete eine Erbin und hatte keine männlichen Enkel; der zweite war allem Anscheine nach unverheiratet; der dritte war Lord Grenville (Premierminister); er heiratete, blieb aber kinderlos; so erlosch die Linie.

Holland, Lord. Hatte einen Sohn und eine Tochter. Der Sohn heiratete eine Erbin und hatte nur einen Sohn und eine Tochter. Dieser Sohn starb kinderlos; so erlosch der Titel.

Sidmouth, Viscount (Addington). War der Sohn einer Erbin und hatte nur einen Sohn und vier Töchter. Der Sohn hatte eine zahlreiche Nachkommenschaft.

Stowell, Lord. Heiratete eine Miterbin. Er hatte nur einen Sohn, der unverheiratet starb, und eine Tochter; so erlosch die männliche Linie.

Walpole, 1ster Earl von Orford. Er hatte drei Söhne und zwei Töchter. Der älteste Sohn heiratete eine Erbin und hatte nur einen Sohn, der unverheiratet starb. Der zweite und dritte Sohn starben unverheiratet; so erlosch die männliche Linie.

Das wichtige Resultat, zu dem wir so gelangen, daß nämlich Heiraten mit Erbinnen ein merkliches Agens im Erlöschen von Familien bilden, wird noch durch eingehendere Untersuchungen bestätigt. Ich verwandte einige Tage auf eine genaue Durchforschung von Burkes Werk über die bestehenden und erloschenen Pairswürden. Ich untersuchte zunächst die Ehen, die die jeweiligen zweiten Pairs der noch bestehenden Titel schlossen. Die Vermutung war naheliegend, daß der älteste Sohn des ersten Pairs, des Begründers des Titels, ziemlich häufig eine Erbin heiratete. Es war tatsächlich der Fall und brachte über die betreffende Familie furchtbare Verwüstungen. Ich untersuchte ein Siebentel der Pairs. Wenn ich die Miterbinnen auslasse — ich würde den Leser durch zu viel Distinktionen ermüden — komme ich zu folgenden Resultaten:

Anzahl der Fälle.

| | |
|---|---|
| 1 | Abingdon, 2ter Earl, die Mutter und die Frau waren beide Erbinnen. Keine Nachkommenschaft. |
| 2 | Aldborough, 2ter Earl; heiratete zwei Erbinnen hintereinander. Keine Nachkommenschaft. |
| | Annesley, 2ter Earl; die Frau und die Mutter waren beide Erbinnen, drei Söhne und zwei Töchter. |
| | Arran, 2ter Earl; die Frau und die Mutter waren beide Erbinnen. 4 Söhne und 3 Töchter. (Sein Sohn, der 3te Earl, heiratete eine Erbin und hatte keine Nachkommenschaft.) |
| | Ashburnham, 2ter Baron; die Frau und die Mutter waren beide Erbinnen. Keine Nachkommenschaft. |

Anzahl der Fälle.

1    (Sein Bruder folgte ihm als 3 ter Earl und heiratete eine Erbin; hatte keine Nachkommenschaft
von ihr.)
Aylesford, 2 ter Earl; die Frau war Erbin, die
Mutter Miterbin. 1 Sohn und 3 Töchter.
Barrington, 2 ter Viscount; die Frau und die Mutter waren beide Erbinnen. Keine Nachkommenschaft.

2    Beaufort, 2 ter Duke; heiratete zwei Erbinnen
hintereinander; von der einen hatte er keine
Nachkommenschaft, von der andern bekam er
zwei Söhne.
Bedford, 2 ter Duke; heiratete eine Erbin. 2
Söhne und 2 Töchter.
Camden, 2 ter Earl; die Frau und die Mutter
waren beide Erbinnen. 1 Sohn und 3 Töchter.

14

also eine Totalsumme von vierzehn Fällen auf siebzig Pairs, wobei in acht Fällen eine absolute Sterilität eintrat und in zwei
Fällen nur ein Sohn geboren wurde.

| Anzahl der Söhne in jeder Ehe | Je 100 Ehen von jeder der beschriebenen Arten | |
|---|---|---|
| | Anzahl der Fälle, wo die Mutter Erbin war | Anzahl der Fälle, wo die Mutter keine Erbin war |
| 0 | 22 | 2[1]) |
| 1 | 16 | 10 |
| 2 | 22 | 14 |
| 3 | 22 | 34 |
| 4 | 10 | 20 |
| 5 | 6 | 8 |
| 6 | 2 | 8 |
| 7 | 0 | 4 |
| mehr | 0 | 0 |
| | 100 | 100 |

[1]) Ich fürchte, ich muß ein oder zwei sterile Ehen übersehen haben,
anders kann ich mir die geringe Anzahl nicht erklären.

Ich untersuchte die Frage noch von einer andern Seite, indem ich die letzten Pairs vornahm und die Anzahl der Kinder, wo die Mutter eine Erbin war, mit der Anzahl jener Kinder verglich, wo sie es nicht war. Ich traf noch die Vorsichtsmaßregel, aus der zweiten Gruppe alle Fälle auszuschließen, wo die Mutter Miterbin oder der Vater ein einziger Sohn war. Auch mußte ich, da Erbinnen nicht so häufig sind, oft zwei bis drei Generationen zurückgehen, um das Beispiel einer Ehe mit einer Erbin zu finden. Auf diese Weise erhielt ich fünfzig Fälle für jede Gruppe. Ich bringe sie unten, nachdem ich die tatsächlichen Resultate verdoppelt habe, um sie in Prozenten zu setzen.

Ich finde unter den Ehegattinnen von Pairs:

100 die Erbinnen sind und die 208 Söhne und 206 Töchter haben,
100 die nicht Erbinnen sind und 336 Söhne und 284 Töchter haben.

Die Tabelle zeigt, wie außerordentlich unsicher die Nachkommenschaftslinie einer Erbin sein muß, besonders wenn die jüngeren Söhne nicht imstande sind zu heiraten. Ein Fünftel der Erbinnen hat überhaupt keine männlichen Kinder; ein volles Drittel hat nicht mehr als ein Kind; drei Fünftel haben nicht mehr als zwei Kinder. Für viele Familien bedeutete es die Rettung, daß der Gatte die erste Frau, die Erbin war, überlebte und fähig war, Nachkommenschaft durch eine zweite Ehegattin zu gewinnen.

Jede Erhebung zu einer höheren Adelswürde ist ein neuer Beweggrund, wieder eine Erbin in die Familie einzuführen. Folglich haben Herzöge eine stärkere Durchtränkung an Erbinnenblut als Grafen, man kann also erwarten, daß die Herzogswürde häufiger erlischt als der Grafentitel, und dieser wieder häufiger als der Baronstitel. Die Erfahrung zeigt, daß dies ganz zweifellos der Fall ist. In seinem Vorwort zu den „Erloschenen Pairswürden" legt Sir Bernard Burke dar, daß alle englischen Herzogswürden, die in dem Zeitraum vom Beginn dieser Würde an bis zum Regierungsantritt Karls II. geschaffen wurden, mit Ausnahme von dreien, die mit dem Königshause in Verbindung traten, untergingen, und daß von den zahlreichen Grafentiteln, die die Normannen, die Plantagenets und die Tudors verliehen, nur elf geblieben sind.

Meine Statistik über die Erbinnen ist damit zu Ende. Ich will nicht weitergehen, da man etwas mehr über die Lebensgeschichten der einzelnen wissen müßte, um zu ganz genauen Resultaten über ihre Fruchtbarkeit zu kommen. Eine Erbin ist nicht immer das einzige Kind aus einer Ehe, die in einem frühen Lebensalter geschlossen wurde und viele Jahre dauerte. Sie kann das einzig überlebende Kind aus einer großen Familie sein, oder das Kind einer späten Ehe, oder auch die Waise von früh verstorbenen Eltern. Wir müßten auch die Familie des Gatten in Betracht ziehen, je nachdem ob er ein einziges Kind ist oder aus einer großen Familie stammt. Diese Fragen bieten demjenigen, der sich damit beschäftigen würde, ein äußerst lehrreiches Arbeitsfeld, aber sie liegen außerhalb meines Arbeitsplans. Ich hielt mich so lange bei dieser Materie auf, um zu zeigen, daß, obgleich viele Männer von hervorragender Befähigung (ich spreche hier nicht von berühmten oder wunderbaren Genies) keine Nachkommenschaft hinterlassen haben, dies nicht von ihrer Zeugungsunfähigkeit herrührt, sondern mit ihrer Neigung zusammenhängt, unfruchtbare Frauen zu heiraten, um so den Reichtum mit der Pairswürde zu vereinigen, die ihnen für ihre Verdienste verliehen wurde. Ich betrachte die Pairswürde als eine unheilvolle Institution, die geeignet ist, ihre verheerenden Wirkungen auf unsere wertvollen Geschlechter auszubreiten. Die bestbegabten Männer werden geadelt; ihre ältesten Söhne werden verlockt, Erbinnen zu heiraten, und ihre jüngeren Söhne heiraten überhaupt nicht, da sie nicht genug Vermögen haben, um eine Familie zu erhalten und gleichzeitig ihre aristokratische Position zu wahren. So werden die Seitenschößlinge des Stammbaumes abgehackt, und der Hauptzweig verdirbt, die ganze Zucht aber geht für immer verloren.

Ich habe die Ursachen, warum Familien dazu neigen, ihren adeligen Würden proportional auszusterben, mit großer Befriedigung skizziert und hoffe, sie gänzlich bestimmt zu haben; in erster Reihe, weil es mein Wunsch war, zu zeigen, daß befähigte Familien nicht notwendig steril sind, und zweitens, um den tollen und lächerlichen Hypothesen ein Ende zu machen, die häufig aufgebracht werden, um dieses Aussterben zu erklären.

# Feldherren.

In Zeiten eines langwierigen Krieges, wo allein der Ruhm eines großen Feldherrn erlangt werden kann, bietet die soldatische Laufbahn Männern von militärischem Genie einen vollen Anteil an günstigen Gelegenheiten. Die Beförderung erfolgt in solchen Zeiten rasch, die Nachfrage nach fähigen Männern hört nicht auf, und sehr junge Offiziere haben häufig eine günstige Gelegenheit, ihre Talente zu zeigen. Hieraus folgt, daß die Liste der großen Feldherren, ungeachtet ihrer Kürze, einige der begabtesten Männer aufweist, deren Namen die Geschichte bewahrt. Sie zeigen eine ungeheure Überlegenheit über ihre Zeitgenossen. indem sie sich in vielen einzelnen Richtungen hervortun. Sie sind unter Politikern und Generälen die ersten ihrer Zeit und ihre Energie ist wunderbar. Viele von ihnen zeichneten sich schon durch ihre politischen Fähigkeiten aus, als sie noch kaum trocken hinter den Ohren waren. In frühem Mannesalter tragen sie die ganze Bürde und Verantwortung der Regierung; Armeen und Nationen spornen sie mit ihrem Genius an; sie werden die Helden großer Vereinigungen und halten Millionen von anderen Menschen durch die überragende Kraft ihres eigenen Intellekts und Willens in den Schranken.

Ich will einen kurzen Blick auf einige dieser Namen in der gleichen Reihenfolge, in der sie im Anhang zu diesem Kapitel erscheinen, werfen, um zu zeigen, welche Riesen an Befähigung sie nach ihren Taten sein mußten und wie groß und originell ihre Stellung in einem Alter war, wo die meisten Jünglinge im Hintergrund der allgemeinen Gesellschaft festgehalten werden, wo

man ihnen kaum gestattet, Meinungen zu äußern, die den vor-
herrschenden Gefühlen der Zeit entgegengesetzt sind, noch viel
weniger gegen diese Gefühle zu handeln.

Alexander der Große begann seine Laufbahn als Eroberer
mit zwanzig Jahren, nachdem er schon vorher zu Hause vier
Jahre lang mehr oder minder königliche Macht mit einem wirklichen staatsmännischen Talent geübt hatte. Mit 32 Jahren hatte
er sein Lebenswerk vollendet. Bonaparte, der spätere Kaiser
Napoleon I., war mit 26 Jahren General der italienischen Armee
und eilte seither von Erfolg zu Erfolg, sowohl auf dem Schlacht-
felde als im Staate. Er wurde mit 35 Jahren Kaiser, und mit
46 Jahren hatte er schon die Schlacht bei Waterloo verloren.
Cäsar zeigte schon in seiner Jugend, ja selbst im Knabenalter,
große politische Talente, obgleich politische Hindernisse ihn von
einer hohen Stellung und dem Oberbefehl im Kriege bis zum
Alter von 42 Jahren zurückhielten. Karl der Große begann seine
Kriege mit 30 Jahren. Karl XII. von Schweden begann mit
18 Jahren Krieg zu führen, und die Fähigkeiten, die er in dieser
frühen Zeit seines Lebens zeigte, waren von der höchsten Art.
Prinz Eugen hatte mit 25 Jahren die kaiserliche Armee von
Österreich unter sich. Gustav Adolph war in Krieg und Politik
ebenso frühreif als sein Nachkomme Karl XII. Hannibal und
seine Familie waren wegen ihrer Überlegenheit in ihrer Jugend
bekannt. Viele von ihnen erhielten den Oberbefehl über die
Truppen Karthagos und wurden der Schrecken der Römer, ehe
sie das erreichten, was wir „großjährig" nennen. Auch die
Nassaus sind in gleicher Weise bemerkenswert. Als Wilhelm
der Schweigsame noch ein reiner Junge war, war er der treue
Vertraute, selbst der Ratgeber des Kaisers Karls V. Sein Sohn,
der große General Moritz von Nassau, war erst achtzehn Jahre
alt, als er als Oberbefehlshaber der Niederlande die Waffen gegen
Spanien erhob. Sein Enkel Turenne, der begabte französische
General, und sein Urenkel, unser Wilhelm III., waren beide in
frühem Alter berühmt. Marlborough stand in der Zeit seines
größten Erfolges zwischen 46 und 50 Jahren, doch wurde er
schon viel früher als ein Mann von hohen Gaben behandelt.
Scipio Africanus Major hatte mit 24 Jahren das Oberkommando
gegen die Karthager in Spanien. Wellington brach die Kraft der
Mahratten mit 35 Jahren und war bei Waterloo 46 Jahre alt.

Wenn jedoch die soldatische Laufbahn in Zeiten langwieriger Kriege Männern von großem militärischen Genie viele günstige Gelegenheiten eröffnet, so ist es ein anderes in Friedenszeiten oder während kurzer Kriege. In jedem Land steht die Armee mehr als jede andere Institution unter dem direkten Einfluß des Herrschers. Das Patronat über die Armee ist das letzte Privileg, das die Herrscher, geleitet vom Instinkt der Selbsterhaltung, bereit sind, den Forderungen der Demokratie zu überlassen. Die Folge ist, daß das Heer unbedingt unter jenen Übeln leidet, die von jedem höfischen Patronat unzertrennlich sind. Würden und politische Dienste wiegen leicht militärische Befähigung auf, so daß unbegabte Offiziere in Friedenszeiten hohe Stellungen einnehmen. Bei kurzen Kriegen sind sie vielleicht imstande, ihren Posten auszufüllen, ohne Anlaß zu einem öffentlichen Skandal zu geben, ja sie tragen vielleicht sogar Ehren davon, die gerechter weise ihren talentierteren Untergebenen zukommen.

Wollen wir daher den Ruf eines Feldherrn als Zeichen seiner Talente hinnehmen, so ist es sehr nötig, daß wir uns auf diejenigen beschränken, was ich auch beabsichtige, deren Ruf entweder durch langwährende Kriege geschaffen wurde, oder deren Überlegenheit über andere Männer bereitwillig anerkannt wurde.

Noch eine sonderbare und seltsame Bedingung gilt für den Erfolg in Armee und Flotte, die ganz unabhängig von jeder Art von Befähigung ist und mit einigen Worten besprochen werden muß. Damit ein junger Mann seinen Weg bis zur höchsten Spitze seines Berufs erkämpft, muß er viele Schlachten überleben. Aber Männer von gleichen Fähigkeiten haben nicht immer die gleiche Wahrscheinlichkeit im Feuer unverletzt zu bleiben.

Ehe ich das Warum? erkläre, möchte ich noch bemerken, daß die Gefahr, in einer Schlacht erschossen zu werden, beträchtlich ist. Nicht weniger als sieben von den zweiunddreißig Feldherren, die ich in meinem Anhang aufzähle, sind auf diese Weise zugrunde gegangen, also ein Bruchteil, der zwischen einem Viertel und einem Fünftel der Gesamtzahl schwankt. Es sind dies Karl XII., Gustav Adolph, Sir Henry Lawrence, Sir John Moore, Nelson, Tromp und Turenne. Ich füge noch hinzu, weil ich von diesen Dingen einmal rede, daß vier andere ermordet wurden, obgleich diese Tatsache nichts mit meinem Argument zu tun hat; diese vier sind Cäsar, Coligny, Philipp II. von Ma-

zedonien und Wilhelm der Schweigsame; zwei andere begingen
Selbstmord, und zwar Lord Clive und Hannibal. Kurz gesagt,
40 p. c. der Gesamtsumme starb eines gewaltsamen Todes.

Es gibt im Kriege ein Prinzip der natürlichen Auslese, das
darin besteht, daß die großen Männer leichter getroffen werden
als die kleinen. Große Männer werden leichter getroffen. Ich
rechne, daß die Gelegenheit für einen Mann, zufällig erschossen
zu werden, der Quadratwurzel des Produkts seiner Größe multipliziert mit seinem Gewicht gleichkommt,*) so daß, wo ein
Mensch von 16 stone Gewicht und 6 Fuß 2½ Zoll Höhe der Möglichkeit, erschossen zu werden, 2 Jahre lang entgehen kann, ein
Mensch von 8 stone Gewicht und 5 Fuß 6 Zoll Höhe dieser Möglichkeit drei Jahre lang entgehen wird. Aber die Gesamtpropor-
tion der Gefahr, die der große Mensch läuft, ist meines Dafür-
haltens beträchtlich größer. Er fällt durch seine Größe auf, ist
leichter kenntlich und kann das Objekt eines speziellen Ziels
werden. Es liegt auch in der menschlichen Natur, daß der
Schütze sich den größten Mann heraussucht, gerade so wie er
den größten Vogel in einem Schwarm oder die größte Antilope
in einer Herde aussucht. Anderseits bietet von zwei Männern,
auf die gezielt wird, der stärker gebaute eine größere Zielscheibe.
Diese Wahrscheinlichkeit ist ein wenig geringer als das Verhältnis seines Querschnittzuwachses, denn es unterliegt dem Gesetz, das wir Seite 28 besprochen haben, obgleich wir infolge
unserer Unkenntnis über die durchschnittliche Entfernung des
Feindes und die Dichtigkeit seiner Schüsse die Abnahme nicht
berechnen können. In großer Entfernung und bei heftigem Feuer
wird die Abnahme unmerklich sein; bei verhältnismäßig ge-

---

*) Die Aussicht für einen Menschen von zufälligen Schüssen getroffen
zu werden, steht im Verhältnis zu seinem Querschnitt, zu seinem Schatten
an einer benachbarten Wand, bei klarem Licht geworfen oder zu seiner Höhe
multipliziert in seiner durchschnittlichen Breite. Jedoch ist es ebenso leicht
und bequemer nach den besser bekannten Daten seiner Höhe und seines
Gewichts zu rechnen. Ein Mann differiert von anderen, indem er mehr oder
weniger großgewachsen und mehr oder weniger untersetzt ist. Es ist über-
flüssig, die Tiefe (des Brustkastens z. B.) ebenso wie seine Breite zu messen,
denn die beiden hängen von einander ab. Nehmen wir $h$ = die Höhe eines
Mannes, $g$ = sein Gewicht, $b$ = seine durchschnittliche Breite, in welcher
Richtung wir wollen, doch so, daß sie stets die gleiche bleibt, so haben wir
sein Gewicht $g$, das sich ändert wie $hb^2$, während sein Querschnitt sich ändert
wie $hb$ oder wie $\sqrt{h \times hb^2}$ oder wie $\sqrt{hg}$.

schlossenen Reihen wird sie unerheblich sein, denn selbst die Summen von A. und B. S. 33 betragen nur ein Fünftel mehr als 2 A. (In der letzten Kolonne der Tabelle $77 + 48 = 125$ ist nur 21, oder um ein Fünftel etwa mehr als $2 \times 48 = 96$.) Es ist nun eine bekannte Tatsache, daß nach Feldherren häufig besonders gezielt wird. Ich erinnere mich einer Anekdote, die durch die Zeitungen ging, als Soult England besuchte. Ein englischer Veteran, erzählten die Blätter damals, habe erklärt, der Held müsse ein verzaubertes Leben haben, denn er habe wohl dreißigmal mit seiner Büchse nach ihm gezielt, ohne je das Glück zu haben, ihn zu treffen. Nelson wurde von einem der vielen Schüsse niedergestreckt, die ein Schütze im Großmars des französischen Schiffes, mit welchem sein eigenes im scharfen Kampf lag, direkt gegen ihn richtete. Die relativen Aussichten in einer Schlacht, nicht erschossen zu werden, sind im großen ganzen für zwei Männer, deren Größen und Gewichte ich beschrieben habe, gleich 3 zu 2 für den kleineren Mann in Bezug auf zufällige Schüsse, und in einer sicherlich noch günstigeren Proportion, wenn direkt gezielt wird. Da die letztere Aussicht sich aus den beiden folgenden Umständen zusammensetzt: erstens aus der begründeteren Hoffnung, nicht Gegenstand eines direkten Zieles zu werden, und zweitens nicht erschossen zu werden, selbst wenn der Feind direkt auf einen zielt.

Diese Betrachtung ist tatsächlich wichtig. Wäre Nelson von großem Wuchs gewesen — in Wahrheit hatte er ein Schneidergewicht — er wäre wahrscheinlich nicht so lange am Leben geblieben. Betrachten wir einen Augenblick die außerordentlichen Gefahren, die er überlebt hat. Wenn wir die erste Zeit seines aktiven Dienstes außer acht lassen, wo ihn nur gelegentlich Gefahren bedrohten, und ebenso die lange Friedenszeit, die dann folgte, finden wir ihn mit 35 Jahren im Krieg mit Frankreich tätig, wo sein Name infolge seiner Energie bei Bastia und Calvi überall im Mittelmeergebiet gefürchtet wurde. Als er 37 Jahre alt war, brachte ihm seine Teilnahme an der Schlacht bei St. Vincent großen Ruhm. Später war er bei Cadiz unter scharfem Feuer, und ebenso bei Teneriffa, wo er einen Arm durch eine Kanonenkugel verlor. Darauf bekam er eine Pension von 1000 Pfund jährlich. Das Memorial, das er damals einreichen mußte, besagt, daß er hundertzwanzigmal im Feuer war, und erwähnt außer dem verlorenen Arm und dem verlorenen Auge noch andere schwere Wunden. Mit 40 Jahren gewann er die Schlacht am Nil, wo der Kampf ungeheuer blutig war. Er wurde darauf zum Baron Nelson mit einer Pension von 3000 Pfund jährlich ernannt und empfing den Dank des Parlaments. Damals wurde er auch vom König von Neapel zum Herzog von Bronté ernannt und wurde in England vergöttert. Mit 43 Jahren war er in die schwierige Schlacht bei Kopenhagen verwickelt, und mit 47 Jahren wurde er bei Trafalgar erschossen. Seine Kriegskarriere erstreckte sich also über 12 Jahre, wobei er in der ersten Zeit häufiger unter Feuer war, als später. Hätte er nur zwei Drittel oder sogar drei Viertel seiner Schlachten erlebt, er hätte weder am Nil, noch bei Kopenhagen, noch bei Trafalgar das Kommando haben können. Unter diesen Umständen hätte sein Ruf sich auf den eines schneidigen Kapitäns oder eines jungen, vielversprechenden Admirals beschränkt. Wellington war ein kleiner Mann. Wäre er auf der Pyrenäischen Halbinsel gefallen, so wäre sein Ruhm unzweifelhaft sehr groß geworden, aber er hätte nicht den Glanz von Waterloo besessen. Kurz und gut, am Leben bleiben ist ein äußerst wichtiger Umstand, um ein berühmter Feldherr zu werden. Doch Menschen von den gleichen militärischen Gaben     wie die notwendige Form einer hohen intellektuellen und moralischen Befähigung in Verbindung mit Körperkraft — sind durchaus nicht gleich qualifiziert, wenn es sich darum handelt, den feindlichen Kugeln zu entgehen. Sie sind dem schmalgebauten Mann weniger gefährlich, und so kann der schmächtige Mensch auch eher großen Ruhm als Feldherr erlangen, als seine gleichbegabten Zeitgenossen, deren physische Hülle breiter ist.

Ich gebe zum Schluß noch eine Tabelle, die genau so angelegt ist, wie diejenigen in den vorhergehenden Kapiteln.

Tabelle I.

Übersicht über die Verwandten von *32* Feldherren,
gruppiert in *27* [oder *24**)] Familien.

---

*) Coligny, Moritz, Turenne und Wilhelm I. sind unmöglich zu trennen und ebenso unmöglich zu einer Familie zu rechnen. Betrachtet man sie als eine Familie, so ist die Gruppe von 27 auf 24 reduziert.

Ein Verwandter (oder zwei in der Familie).

| | |
|---|---|
| Berwick, Herzog (s. Marlbo- rough). | Pyrrhus (s. Alexander). |
| Doria N. & c. | Titus V. |
| Hyder Ali S. | Tromp S. |
| Lawrence, Sir H. B. | |

Zwei oder drei Verwandte (oder drei oder vier in der Familie).

| | | | |
|---|---|---|---|
| 2 Karl der Große und | | | |
| Karl Martell | V. G. GF. | Eugen | gB. gN. |
| Karl Martell (s. Karl der Große). | | 2 Marlborough und Herzog von | |
| | | Berwick | n. OE. |
| Clive | GB. GN. | Moore, Sir John | · V. B. |
| Coligny (aber s. Maurice) | | | |
| | V. o. eE. | Nelson | oE. go. |
| Cromwell | S. oS. oE. | Runjeet Singh | G. V. |
| | | Saxe, Marschall | V. o. es. |
| | | Wellington | B. 2 N. |

Vier oder mehr Verwandte (oder fünf oder mehr in der Familie).

| | |
|---|---|
| 3 Alexander, Philipp und Pyrrhus | V. v. B. N. gBE. |
| Bonaparte | v. B. b. S. 2 N. |
| Cäsar | s. v. n. nS. |
| Karl XII. (s. Gustav Adolph). | |
| 2 Gustav Adolph und Karl XII. | s. GV. Gb. NE, |
| Hannibal | V. 3 B. |
| 4 Moritz von Nassau, Wilhelm der Schweigsame, Coligny und Turenne | V. g. n. NS. |
| Napier | GGV. V. oS. 2B. n. OS. etc. |
| Napoleon (s. Bonaparte). | |
| Philipp und Pyrrhus (s. Alexander). | |
| Raleigh | 3 B. 2 oS. |
| Scipio | V. G. 2 S. 2 E. GN. |
| Turenne (andererseits s. Moritz) | V. etc. |
| Wilhelm I. (andererseits s. Moritz) | 2 S. E. ES. |

Tafel II[1])

| Verwandtschaftsgrade | | | | | A. | B. | C. | D. |
|---|---|---|---|---|---|---|---|---|
| Bezeichnung des Grades | Korrespondierende Buchstaben | | | | | | | |
| Vater | 12 V | — | — | — | 12 | 47 | 100 | 47.0 |
| Bruder | 13 B | — | — | — | 13 | 50 | 150 | 33.3 |
| Sohn | 8 S | — | — | — | 8 | 51 | 100 | 32.0 |
| Großvater | 3 G | 1 g | — | — | 4 | 16 | 200 | 8.0 |
| Onkel | 0 O | 2 o | — | — | 2 | 8 | 400 | 2.0 |
| Neffe | 6 N | 3 n | — | — | 9 | 35 | 400 | 9.0 |
| Enkel | 3 E | 0 e | — | — | 3 | 12 | 200 | 6.0 |
| Urgroßvater | 2 GV | 0 gV | 0 GV | 0 gV | 2 | 8 | 400 | 2.0 |
| Großonkel | 1 GB | 1 gB | 0 GB | 0 gB | 2 | 8 | 800 | 1.0 |
| Leiblicher Vetter | 1 OS | 2 oS | 1 OS | 1 oS | 5 | 20 | 800 | 2.5 |
| Großneffe | 1 NS | 0 nS | 0 NS | 1 nS | 2 | 8 | 800 | 1.0 |
| Urenkel | 0 ES | 0 eS | 0 ES | 0 eS | 0 | 0 | 400 | 0.0 |
| Alle weiter entfernten Verw. | 11 | — | — | — | — | 44 | — | — |

Aus diesen Tabellen können genau die gleichen Schlüsse gezogen werden, wie aus denen, die ich bereits gab, aber sie machen meine Sache noch überzeugender.

Ich stelle den Satz auf: je befähigter ein Mensch ist, desto größer ist die Zahl seiner befähigten Verwandten. Oder kurz gesagt, die Namen in der dritten Abteilung von Tabelle I müssen im großen ganzen diejenigen von Männern von größerer Bedeutung sein, als diejenigen in der ersten Abteilung. Auch nicht der Schatten eines Zweifels kann aufkommen, daß dies tatsächlich der Fall ist. Aber die Tabelle zeigt noch mehr. Ihre dritte Abteilung ist proportional länger, als die entsprechende Abteilung in der Tabelle der Politiker, während sie in dieser Tabelle wieder länger war als in der Tabelle der Judges. Nun ist der Durchschnitt der natürlichen Gaben bei den verschiedenen Gruppen in genau der gleichen Anordnung zugemessen. Die Feldherren sind befähigter als die Politiker, und die Politiker befähigter als

---

[1]) . die gleiche Tafel S. 61.

die Judges. Folglich finden wir bei einem Vergleich der drei Gruppen miteinander, daß die befähigteren Männer durchschnittlich eine größere Anzahl von befähigten Verwandten haben. In gleicher Weise ist das Verhältnis der Feldherren, die überhaupt hervorragende Verwandte haben, zu jenen, die keine haben, viel größer als dies bei den Politikern der Fall ist, und bei diesen wieder viel größer als bei den Judges.

Ihr spezifischer Fähigkeitstypus wird in starkem Maße weitergegeben. Meine begrenzte Liste der Feldherren enthält verschiedene bemerkenswerte Familien von Generälen. Die Familie Wilhelms des Schweigsamen ist sehr berühmt, und ich muß sagen, daß er wenigstens in zwei Fällen seiner vier Ehen — als er die Tochter des Kurfürsten von Sachsen heiratete und ein zweites Mal die Tochter des großen Coligny — gar nicht besonnener hätte wählen können. Moritz von Nassau zum Sohn, Turenne als Enkel und unseren Wilhelm III. als Urenkel haben ist ein wunderbares Beispiel vererbter Gaben. Eine andere äußerst berühmte Familie ist die Karls des Großen. Als erster Pipin von Heristal, tatsächlicher Herr von Frankreich, dann sein Sohn Karl Martell, der die sarazenische Invasion, die schon halb Frankreich überschwemmt hatte, zurückdrängte; dann sein Enkel, Pipin der Kleine, der Begründer der Karolingischen Dynastie, und schließlich sein Urenkel Karl der Große, der Begründer des germanischen Kaisertums. Die letzten drei, wenn nicht alle vier, gehören als Führer der Menschen auf die allerhöchste Stufe.

Eine andere, noch berühmtere Familie ist die Alexanders des Großen, die Philipp von Mazedonien, die Ptolomäer und seinen Großkousin Pyrrhus umfaßt. Ich erachte den letzteren eigentlich als einen weit entfernteren Verwandten, doch hat Pyrrhus in seinem Charakter so große Ähnlichkeit mit Alexander, daß ich berechtigt bin, seine Gaben als erbt in Anspruch zu nehmen. Wieder eine andere Familie bilden Hannibal, sein Vater und seine Brüder; weiter die Familie der Scipios; ebenso die interessante nahe Verwandtschaft zwischen Marlborough und dem Herzog von Berwick. Raleighs Verwandtschaft ist meiner Theorie außerordentlich angemessen, denn sie gibt ausgezeichnete Beispiele in Vererbung spezieller Fähigkeiten. Von Wellington

und dem Marquess von Wellesley habe ich schon im letzten
Kapitel gesprochen, so daß ich mich nicht hier zu wiederholen
brauche. Von Familien großer, aber nicht so berühmter Feldherren nenne ich noch die Familie Napier, Lawrence und die
merkwürdige Seemannsfamilie von Hyde Parker. Es waren fünf
Brüder Grant, die sich alle in Wellingtons Feldzügen besonders
auszeichneten. Ich füge noch hinzu, daß, obgleich ich zu wenig
über die großen asiatischen Krieger Dschengis Khan und
Timur weiß, um sie in meinen Anhang aufzunehmen, mir doch bekannt ist, daß sie doppelt, wenn auch sehr entfernt verwandt sind.

Die Verteilung der Fähigkeiten unter die verschiedenen Verwandtschaftsgrade ist in der gleichen Weise angeordnet, wie dies
bei den Politikern und den Judges der Fall war.

## Anhang zu dem Kapitel Feldherren.

Verzeichnis der Feldherren, die in die nachstehende Untersuchung einbezogen sind.

Die Namen in Sperrschrift figurieren in meinem nach
stehenden Verwandten-Lexikon. Es sind 32, die übrigbleibenden
27 sind durchaus nicht völlig ohne begabte Verwandte.

A l e x a n d e r. Baber. Belisarius. B e r w i c k, Herzog von.
Blake. Blücher. B o n a p a r t e. C a e s a r. K a r l  d e r  G r o ß e.
K a r l  M a r t e l l. K a r l  XII. C l i v e. C o l i g n y. Condé.
C r o m w e l l. Cyrus der Ältere. Dandolo. D o r i a. Dschengis-
Khan. Dundonald, Lord. E u g e n , P r i n z. Friedrich der Große.
G u s t a v  A d o l p h. H a n n i b a l. Heinrich IV. H y d e r  A l i.
L a w r e n c e ,  S i r  H. Mohamet Ali. Marius. Massena.
M o r i t z v o n N a s s a u. M a r l b o r o u g h. Miltiades. M o o r e ,
S i r  J. Moreau. N a p i e r ,  S i r  C h a r l e s. (N a p o l e o n, s.
B o n a p a r t e.) N e l s o n. Peter der Große. Pericles, P h i l i p p
v o n M a z e d o n i e n. Pompejus. P y r r h u s. Raleigh. R u n -
j e e t  S i n g h. Saladin. Sachsen, Marschall. Schomberg.
S c i p i o A f r i c a n u s. Soult. Themistocles. Timurlane. T i t u s.
Trajan. Tromp Marten. T u r e n n e. Wallenstein. W e l l i n g -
t o n. W i l h e l m I. v o n O r a n i e n. Wolfe.

Alexander der Große. Ist allgemein als der genialste Feldherr berühmt, den die Welt je hervorgebracht hat. Mit 16 Jahren schon zeigte er einen außerordentlichen Scharfsinn in öffentlichen Angelegenheiten, als er während einer Abwesenheit seines Vaters Mazedonien regierte. Mit 20 Jahren bestieg er den Thron und begann seine große Laufbahn als Eroberer, starb mit 32 Jahren. Da er in einer Zeit lebte, in der das Band der Ehe locker war, so sind seine Verwandten nicht leicht festzustellen. Nichtsdestoweniger gehören diejenigen Menschen, die nach allgemeiner Annahme als seine Verwandten gelten, einer sehr hohen Stufe an. Er hat viel von den natürlichen Gaben seiner beiden Eltern geerbt; die kühle vorbedächtige Art und die praktische Weisheit seines Vaters und den feurigen Enthusiasmus und die unbändigen Leidenschaften seiner Mutter.

Er hatte vier Frauen, aber nur einen Sohn, ein posthumes Kind, das mit 12 Jahren ermordet wurde.

V. Philipp von Mazedonien, ein berühmter General und Staatsmann. Er erschuf und organisierte eine Armee, die durch ein bis dahin unbekanntes System der Disziplin zusammengehalten war. Mit diesem Heer hielt er ganz Griechenland in Schach. Mit 24 Jahren schon zeigte er seine kühle vorbedächtige Art und seine praktische Fertigkeit, indem er sich ganz allein aus verwirrenden politischen Schwierigkeiten hinaushalf. Er hatte eine kräftige Gestalt, ein edles und gebietendes Aussehen, eine geschickte Beredsamkeit und Gewandtheit im Umgang mit Menschen und Dingen. Cicero rühmt von ihm, daß er „immer groß" war. Die sinnlichen Freuden des Lebens genoß er gierig. Er wurde mit 47 Jahren ermordet.

v. Olympias, feurig in ihrem Enthusiasmus, unbändig in ihren Leidenschaften, schmiedete immer Ränke und intrigierte. Den Tod erlitt sie als Heldin.

B. (Halb-Bruder.) Ptolomäus Soter I. Er wurde nach Alexanders Tode der erste König von Ägypten und war ein Sohn Philips II. von Arsinoe. Alexander schätzte ihn

sehr hoch ein. Er war sehr tapfer und hatte alle Eigenschaften eines befähigten und urteilsfähigen Generals.
Er war auch der Literatur zugetan und förderte gelehrte
Männer. Er hatte zwölf Nachkommen, die Könige von
Ägypten wurden. Sie wurden alle Ptolomäer genannt
und waren in ihren Gesichtszügen, in ihren politischen Fähigkeiten, in ihrer Vorliebe für die Wissenschaft und in ihren wollüstigen Neigungen einander recht
ähnlich. Das Geschlecht der Ptolomäer ist im ersten
Augenblicke wegen der außerordentlichen Zahl seiner
Ehen innerhalb des engen Familienkreises äußerst interessant. Bei den Ptolomäern fand so Inzucht statt, wie
unter preisgekröntem Vieh bei unseren Züchtern, aber
ihre nahen Ehen waren unfruchtbar — die Vererbung
ging meistens durch andere Frauen weiter. Wir bezeichnen die Ptolomäer ihrer Zahl nach in der Art ihrer
Thronfolge, II heiratete seine Nichte und später seine
Schwester; IV seine Schwester; VI und VII waren
Brüder und heirateten hintereinander die gleiche
Schwester. VII heiratete später seine Nichte; VIII heiratete hintereinander zwei seiner eigenen Schwestern;
XII und XIII waren Brüder und beide heirateten hintereinander ihre Schwester, die berühmte Cleopatra.

Genealogie der Ptolomäer.

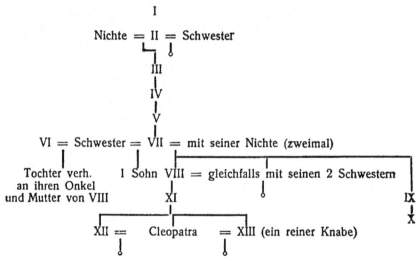

So gab es unter den dreizehn Ptolomäern nicht weniger als neun enge Wechselheiraten. Wenn wir sie jedoch in einem Stammbaum anordnen, wie wir dies unten tun, sehen wir klar, daß die Hauptlinie bis auf zwei Fälle, und zwar III und VIII von diesen Wechselheiraten unberührt blieb. Die persönliche Schönheit und Kraft Cleopatras, der letzten des Geschlechts, kann nicht eigentlich als Gegenbeweis gegen die schlechten Folgen naher Abkunft angeführt werden. Im Gegenteil, das Beispiel der Ptolomäer zeigt klar, daß Zwischenheiraten Sterilität zur Folge haben.

### Vornamen der Ptolomäer.

| | |
|---|---|
| I. Soter | VIII. Soter II |
| II. Philadelphus | IX. Alexander |
| III. Euergetes | X. Alexander II |
| IV. Philopator | XI. Auletes |
| V. Epiphanes | XII. Dionysus |
| VI. Philometor | XIII. Wurde als Knabe er- |
| VII. Euergetes II (Phison) | mordet. |

N. (Halbneffe.) Ptolomäus Philadelphus, ein Mann von schwacher und kraftloser Konstitution, aber von großer Befähigung und Energie. Er säuberte Ägypten von Räuberbanden. Er war der erste, der afrikanische Elefanten zähmte; die Elefanten, die man vor ihm in Ägypten benützte, waren alle ausnahmslos aus Indien importiert worden. Er gründete die Stadt Ptolemais an der Grenze Äthiopiens speziell um die gefangenen afrikanischen Elephanten in Empfang zu nehmen, die dort gezähmt wurden. Er nahm das alte ägyptische Unternehmen wieder auf, die Landenge von Suez zu durchfahren, schickte Reisende auf Entdeckungen das Rote Meer hinunter, gründete die Bibliothek von Alexandria und veranlaßte die Septuaginta-Übersetzung der Bibel. Bei all seiner Intelligenz und Energie hatte er, wie wir schon sagten, eine schwache und kränkliche Konstitution, und sein Leben war das eines raffinierten Wollüstlings.

(NS.) Ptolomäus Euergetes. War seinem Vater an Tüchtigkeit
und Befähigung durchaus nicht ebenbürtig. Er wurde
aber wegen seiner Gönnerschaft, die er Literatur und
Wissenschaft angedeihen ließ, kaum weniger gefeiert.

gBE. Pyrrhus, König von Epirus, der berühmte Feldherr. (Ich
bin bei dem zweiten Buchstaben nicht ganz sicher, ob es
sich um ein B. oder *b.* handelt.) Er war einer der
größten Feldherren, die je gelebt haben, und er hätte
einer der mächtigsten Monarchen seiner Zeit werden
können, wenn er mehr Ausdauer besessen hätte. Die
Blutsbande zwischen ihm und Alexander scheinen bemerkenswert gewesen zu sein, können hier aber schwer
genau registriert werden. Pyrrhus Charakter hatte
Ähnlichkeit mit dem Alexanders, den er sich auch in
jungen Jahren schon zum Beispiel nahm. Sein Ehrgeiz
feuerte ihn an, die Taten Alexanders nachzuahmen.

Berwick, James Fitzjames, Herzog von. Einer der ausgezeichnetsten Feldherren während der Regierung Ludwigs XIV.
Er war der illegitime Sohn Jakobs II. von Arabella Churchill und wurde Oberkommandant der irischen Armee
seines Vaters. Er begleitete Jakob II. in die Verbannung
und trat in französische Dienste, wo er große Auszeichnungen erhielt, namentlich im spanischen Erbfolgekrieg.
Er war dann General-Leutnant der französischen Armeen und wurde zum spanischen Granden ernannt.

o. John Churchill, der große Herzog von Marlborough s.

Bonaparte, Napoleon I. Seine außerordentlichen Talente zeigten
sich in seiner Knabenzeit noch nicht. War ein schweig-
samer junger Mann. Der jährliche Bericht an den Gene-
ral-Schulinspektor sagt von dem fünfzehnjährigen Bonaparte, er sei „ausgezeichnet in mathematischen Studien,
in Geschichte und Geographie leidlich versiert, sehr zurück
in Latein, schöner Literatur und anderen Gegenständen,
von regelmäßigen Gewohnheiten, fleißig und wohl-
erzogen und erfreue sich einer vortrefflichen Gesundheit
(Bourienne).“ Er zeichnete sich erst mit 24 Jahren bei
der Belagerung von Toulon aus. Mit 26 Jahren wurde
er General der italienischen Armee, die sich damals in

einem desorganisierten Zustand befand. Von da ab begann seine ununterbrochene Siegeslaufbahn. Er war
mit 35 Jahren Kaiser; wurde mit 46 Jahren bei Waterloo
besiegt und starb sechs Jahre später auf St. Helena. Zu

### Stammbaum der Familie Bonaparte.

Carlo Bonaparte
ein korsischer Advokat

‖

Lätitia Ramolini
bekannt als „Madame la
Mère". War von helden-
hafter Natur und eine
der schönsten jungen
Frauen ihrer Zeit. Sie
folgte ihrem Gatten auf
allen seinen Reisen durch
die Insel, die damals
von gefährlichen Un-
ruhen heimgesucht war.
Sie war stark und un-
erschrocken. Später
wurde sie „eine blasse,
aber ernste Frau, die,
wenn sie von etwas ge-
sprochen hatte, was sie
stark interessierte, mit
zusammengepreßten
Lippen und weitge-
öffneten Augen dasaß,
ein Bild der Entschlossen-
heit kombiniert mit Tiefe
des Gefühls" (Duchesse
d'Abrantes). Napoleon
schätzte sie hoch ein.

1. Joseph, König von
   Neapel und später
   von Spanien.
   m Julia Clary.
   } Töchter.

2. Napoleon I.
   m zweimal.
   { 1. König von Rom, aber
   jetzt Napoleon II. be-
   titelt; ein schwind-
   süchtiger Jüngling,
   starb mit 20 Jahren.
   2. Graf Walewski (il-
   legitim) hervorragen-
   der Diplomat; fran-
   zösischer Gesandter
   in England.

3. Lucien, Prinz von
   Canino.
   m zweimal.
   { 1. Charles Lucien.
   2. Prinz Louis, Philologe.

4. Elisa, Prinzessin von
   Piombino und Lucca:
   „die italienische Semi-
   ramis"
   m Baciocchi.
   } Napoleon Eliza.

5. Louis, König von
   Holland.
   m Hortense Beau-
   harnais.
   { 1. Napoleon Ch.
   2. Charles Napoleon,
   3. Louis, Napoleon III.

6. Marie Pauline;
   m 1. Genl. Leclerc,
   2. Prinz Camillo
   Borghese.
   } keine Kinder.

7. Jérôme, König von
   Westphalen; Präsi-
   dent des Staatsrats
   unter Napoleon III.
   m Prinzessin von
   Württemberg.
   { 1. Prinzessin Mathilde;
   m Prinz Demidoff.
   2. Prinz Napoleon;
   m Clothilde, Tochter
   des Königs v. Italien.

8. Karoline.
   m Murat, König von
   Neapel.
   } Lucien Napoleon Murat.

11*

den bemerkenswerteren Eigenschaften dieses außerordentlichen Mannes gehörten auch ein wunderbares
Gedächtnis und intellektuelle Rastlosigkeit. Er besaß
eine gewaltige Körperkraft.

Die Familie Bonaparte hat so viel beachtenswerte
Mitglieder, während gleichzeitig einige von ihnen von
den politischen Verhältnissen so sehr unterstützt, andere
wieder gleichfalls durch die politischen Verhältnisse so
zurückgedrängt wurden, daß es sehr schwer ist zu sagen,
welche von ihnen als Beispiele vererbter Anlagen anzuführen sind und welche nicht. Ich bringe umstehend
den Stammbaum der Familie und erachte es als die Ursache des erblichen Einflusses:

*v.* B. *b.* S. und 2 N.

Lucien, Elisa und Louis waren sehr begabte Menschen, und andere Schwestern und Brüder Napoleon I.
ragten sicherlich über den Durchschnitt hinaus. Es sind
noch jetzt Mitglieder der Familie am Leben, unter ihnen
der Kardinal von Rom, der noch eine große politische
Rolle vor sich haben mag.

Cäsar, Julius, römischer Diktator. War nicht nur ein Feldherr
der höchsten Art und ein Staatsmann, sondern auch ein
Redner und Schriftsteller. Schon als Knabe berechtigte
er zu den größten Hoffnungen und war in seiner Jugend
durch sein Urteil, seine literarischen Fähigkeiten und
sein Rednertalent bemerkenswert. Infolge der verwirrten Zustände in der römischen Politik wurde er erst mit
41 Jahren Konsul und begann seine militärische Laufbahn erst mit 42 Jahren. Von da ab hatte er vierzehn
Jahre lang ununterbrochen Erfolg. Mit 56 Jahren wurde
er ermordet. Selbst wenn man seinen Charakter an
dem niedrigen Stand der Zeit, in welcher er lebte, mißt,
muß er noch als besonders ruchlos erscheinen. Er hatte
keine Brüder, nur zwei Schwestern. Er war viermal
verheiratet und hatte nur einen illegitimen Sohn von
Cleopatra, namens Caesarion, den Augustus aus politischen Gründen hinrichten ließ, dann noch eine Tochter

*s.* Julia, verheiratet mit Pompejus und von ihm (obgleich die Ehe aus rein politischen Gründen geschlossen war), sowie von dem ganzen Volke sehr geliebt. Sie war von hervorragender Befähigung, Tugend und Schönheit. Sie starb frühzeitig, vier Jahre nach ihrer Verheiratung, in vorgeschrittener Schwangerschaft infolge eines großen Schreckens.

*v.* Aurelia scheint keine gewöhnliche Frau gewesen zu sein. Sie bewachte sorgsam die Erziehung ihrer Kinder und wurde von Cäsar stets mit der größten Liebe und dem größten Respekt behandelt.

*n.* Atia, die Mutter des Augustus, die sorgsam über seine Erziehung wachte und die in eine Reihe mit Cornelia, der Mutter der Gracchen, und Aurelia, der Mutter Cäsars, gestellt wird.

*nS.* Augustus Cäsar, der erste Kaiser von Rom. Die öffentliche Meinung seiner eigenen Zeit nannte ihn einen ausgezeichneten Fürsten und Staatsmann. Er war von Cäsar adoptiert worden, der ihn hoch schätzte und der Erziehung des Jünglings viel Zeit seines beschäftigten Lebens widmete. Er war von großer Vorsicht und Mäßigung. Nach dem Tode Cäsars war er schon in jungen Jahren als Feldherr sehr erfolgreich. Heiratete drei Frauen, hinterließ aber nur eine Tochter.

*O.* Sext. Julius Cäsar; Konsul. v. Ch. 91.

*p* Marcus Antonius. Seine Mutter gehörte zur Familie des Julius Cäsar, doch ist unbekannt, welchen Grades diese Verwandtschaft war.

(Cajus Marius, der Feldherr heiratete die Tante (*o*) von Julius Cäsar, hatte aber keine Kinder von ihr: Marius der Jüngere, der viel von Cajus Fähigkeiten und Charakter hatte, war nur ein adoptierter Sohn.)

Karl der Große, Begründer des deutschen Reiches und ein großer Feldherr. Begann seine Kriege mit 30 Jahren, starb mit 72. Er war ein hervorragender Gesetzgeber und großer Gönner der Wissenschaften. Er hatte viele Kinder, sowohl legitime als illegitime, unter ihnen auch Ludwig den Gütigen.

*GV.* Pipin der Dicke (von Heristal), ein ausgezeichneter
  Feldherr. Er machte der Merowingischen Dynastie ein
  Ende und war ein kraftvoller Herrscher Frankreichs.
  *G.* Karl Martell. s. unten.
  *V.* Pipin der Kurze, der erste karolingische König von
  Frankreich.
Karl Martell. Ahnherr der karolingischen Könige von Frank-
  reich. Besieger der Sarazenen in der großen und ent-
  scheidenden Schlacht zwischen Tours und Poitiers.
  *V.* Pipin der Dicke. s. oben.
  *S.* Pipin, der erste karolingische König von Frankreich.
  *E.* Karl der Große. s. oben.
Karl XII. von Schweden. s. unter Gustav Adolph.
Clive, 1ster Lord; General-Gouverneur von Indien. „Ein him-
  melentsprossener Feldherr, der ohne Erfahrung alle
  Offiziere seiner Zeit überragte" (Lord Chatham). Mit 32
  Jahren siegreich bei Plassy. Beging mit 49 Jahren
  Selbstmord.
  *GB.* Sir G. Clive, Judge, Curs. B Exch. (Georg II).
  *GN.* Sir E. Clive, Judge, Just C. P. (Georg III).
Coligny, Gaspard de; französischer Admiral, Feldherr und Po-
  litiker. Berühmter Hugenottenführer. Kam im Blut-
  bad der St. Bartholomäusnacht um.
  *V.* Gaspard de Coligny, Marschall von Frankreich, zeichnete
  sich in den italienischen Kriegen unter Karl VIII, Lud-
  wig XI. und Franz I. aus.
  *o.* Duc de Montmorency, Marschall und Constable von
  Frankreich. Das berühmteste Mitglied einer großen
  französischen Familie. Er war unwissend, wurde aber
  infolge seiner natürlichen Befähigung und seiner großen
  Erfahrung einer der befähigsten Ratgeber und Politiker.
  *eE.* Wilhelm III. von England. s. den Stammbaum bei Moritz.
Cromwell, Oliver; Lord Protector der Republik (Commonwealth).
  *OS.* Hampden, der Patriot, von dem Lord Clarendon sagt, er
  habe „einen Kopf zum Entwerfen, eine Zunge, um zu
  überzeugen und ein Herz, um jedes Unheil anzurichten."
  Das Wort „Unheil" bedeutet hier natürlich Gegnerschaft
  gegen den König.

*Oe.* Edmund Waller, der Dichter, ein Mann von sehr beträchtlichen Fähigkeiten, sowohl in parlamentarischer
Beredsamkeit als in der Dichtkunst, doch war er in seinen Prinzipien nicht sehr standhaft. Er war der n. von
Hamden.

S. Henry; benahm sich tapfer in der Armee und war mit
Auszeichnung als Lord Deputy in Irland tätig.

Er hat einen andern Sohn und vier Töchter, die befähigte Männer heirateten, jedoch keine bemerkenswerten Nachkommen hatten.

Doria, Andrea; Admiral und berühmter Politiker. Er vertrieb die Franzosen aus Genua und erhielt vom Senat den Titel „Vater und Retter des Vaterlandes." Bekannt durch seine Siege über die Seeräuber im Mittel-
ländischen Meer. In der letzten Schlacht war er 85
Jahre alt. Er gehörte einem jüngeren Zweig der großen
Familie Doria an, aus der sich viele Männer in der
italienischen Geschichte hoch ausgezeichnet haben. Er
hatte keine Kinder. Starb mit 94 Jahren.

N. Filippino Doria, der ihm als Admiral folgte und einen
wichtigen Sieg über die Franzosen errang.

Eugen, Prinz. Österreichischer Feldherr und Politiker. Kollege
von Marlborough, Sieger über die Türken. Er war für
die Kirche bestimmt worden, zeigte jedoch eine ent-
schiedene Vorliebe für die militärische Laufbahn. Er
war hervorragend tapfer, besaß viel Befähigung und
sehr viel physische Kraft. Seine Eigenschaften und
seine Geburt sicherten ihm ein rapides Avancement, so
daß er die kaiserlich österreichische Armee in Piemont
mit 25 Jahren befehligte. Napoleon stellte ihn als Feldherr mit Turenne und Friedrich dem Großen in eine
Reihe.

*ZB.* Kardinal Mazarin, der große Minister während der
Minderjährigkeit Ludwig XIV.

*gN.* Hortense Mancini, die gebildete und schöne Herzogin
von Mazarin, verheiratet an den Herzog de la Meilleraye.
Sie wurde in England sehr bewundert und starb dort
1699.

Gustav Adolph. Nicht nur ein sehr hervorragender Feldherr und
    Politiker, sondern auch ein Gönner von Wissenschaft
    und Literatur. Er bestieg mit siebzehn Jahren den
    Thron und zeichnete sich gleich danach selbst im Kriege
    aus. Er wurde das Haupt der deutschen protestantischen
    Sache. Er fiel mit 38 Jahren in der Schlacht bei Lützen.
 8. Christine, Königin von Schweden, sein einziges Kind.
    Sie war eine Frau von hoher Befähigung, aber von
    männlichen Gewohnheiten und sehr exzentrisch. Sie be-
    bewunderte Alexander den Großen sehr. Sie zog an
    ihren Hof viele hervorragende europäische Philosophen
    und Gelehrte heran, unter ihnen Grotius, Descartes und
    Vossius. Sie trat zum Katholizismus über, verzichtete
    in einem Ausbruch von Laune auf den Thron und ver-
    suchte nach einigen Jahren vergebens, ihn wieder zu er-
    langen.

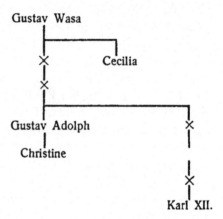

    In der schwedischen Königsfamilie war einige Gene-
rationen lang viel Befähigung und Exzentrizität verstreut.
So Gustav Wasa, seine Tochter Cecilia und in einer viel
späteren Generation Karl XII., die alle sehr bemerkenswerte und in vielen Beziehungen einander sehr ähnliche
Charaktere besaßen. Der Zusammenhang zwischen ihnen
ist aus der vorstehenden Tabelle leicht ersichtlich, ich
will sie jetzt der Reihe nach beschreiben.

GV. Gustav Wasa; obgleich verbannt und ausgewiesen, gelang es ihm doch, die Schweden zu vereinen und mit ihnen die Dänen zu verjagen und der Begründer der schwedischen Dynastie zu werden.

Gb. Cecilia, seine Tochter, welche ein „echtes Vorbild der launischen und exzentrischen Christine war; sie hatte eine intensive Sehnsucht, zu reisen und das weitberühmte Beispiel der Königin von Saba nachzuahmen." Sie kam mit ihrem Gatten nach England, wo sie in entsetzliche Schulden geriet. Sie starb mit 87 Jahren nach einem planlosen und zügellosen Leben. (Einleitung von „England, wie es die Fremden sehen" von W. B. Rye, 1865.)

NP Karl XII. Zeigte von seiner frühsten Jugend an großen Eigensinn und bemerkenswerte Vorliebe für militärische Übungen. Sein großer Wunsch war, Alexander nachzueifern. Er bestieg den Thron mit 15 Jahren und begann mit 18 Jahren seine Kriege mit Rußland, Dänemark und Polen, wobei er sie alle hintereinander besiegte. Er besaß viel Mut und physische Kraft, war eigensinnig, tollkühn und grausam. (Auch sein Vater Karl XI. war eigensinnig, hart und despotisch.) Er wurde mit 37 Jahren während eines Feldzuges getötet.

Hannibal, der große karthagische Feldherr; mit 18 Jahren wurde ihm das hohe Kommando anvertraut, mit 26 Jahren war er berühmt. Er führte die karthagische Armee mit ihren Elefantenscharen von Spanien durch Frankreich über die Alpen. Nach Italien hin absteigend, erzwang er sich seinen Weg gegen die römische Macht und schlug sie bei dieser großen Entfernung von seiner Operationsbasis völlig bei Cannä. Später wurde er von ihr unter Scipio Africanus geschlagen. Er vergiftete sich selbst mit 64 Jahren, um der Rache der Römer zu entgehen.

V. Hamilcar Barcas, „der Große", hatte schon als Jüngling das Kommando über die Truppen in Spanien. Über seine Abstammung ist nichts bekannt.

B. Hasdrubal, ein würdiger Rivale von Vater und Bruder um die Palme des Ruhms. Er überschritt nach Hannibal die Alpen und wurde zuletzt von den Römern besiegt und getötet.

B. Mago, ein guter Feldherr, der zusammen mit seinen Brüdern operierte.

B. (Halbbruder, Sohn von Hannibals Mutter) Hasdrubal, Feldherr in Spanien.

Hyder, Ali. Der fähigste und schrecklichste Feind der Engländer in Indien. Er begann sein Leben als Glücksjäger, stieg bis zum Minister und dann zum Sultan von Mysore auf, starb mit 44 Jahren.

S. Tippoo Saib. Weniger befähigt als sein Vater, aber raubgieriger und ein ebenso entschiedener Feind der Engländer; wurde in der Schlacht bei Seringapatam getötet.

Lawrence, Sir Henry; Gouverneur von Oude. Ein Mann von großem militärischen und administrativen Talent. Die Hauptstütze der englischen Regierung beim Ausbruch des indischen Aufstandes, er verteidigte Lucknow und wurde dabei getötet. Er war sehr beliebt und wurde ungemein geschätzt.

(V.) Ein Offizier in Indien, der sich einigermaßen hervortat.

B. John, ernannt zum Lord Lawrence, General-Gouverneur von Indien, ein ausgezeichneter Administrator; war einer der wichtigsten Retter der Regierung zur Zeit des indischen Aufstands.

Moritz von Nassau, einer der größten Befehlshaber seiner Zeit, regierte mit 18 Jahren nach dem Tode seines Vaters die Niederlande mit großem Mut und Talent; schlug und vertrieb 1597 mit 30 Jahren die Spanier.

V. Wilhelm I. von Nassau, „der Schweigsame", „der Leitstern einer großen Nation" (Motley). Mit 15 Jahren war er der intime und vertrauteste Freund Karls V. Er wurde als Verteidiger des Protestantismus der wütendste Gegner Philipps und schuf schließlich, nachdem er die Spanier besiegt hatte, die Utrechter Union, die Basis der Niederländischen Republik. Er wurde mit 51 Jahren ermordet. Er heiratete viermal, war der Vater von Moritz

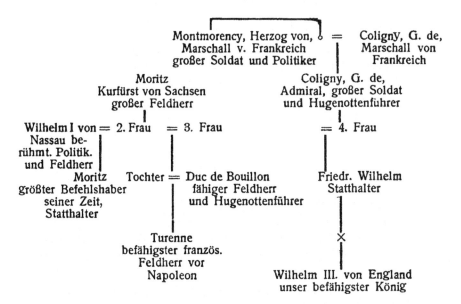

von Nassau, der Großvater von Turenne und der Urgroßvater unseres Wilhelm III.

g. Moritz, Kurfürst von Sachsen, ein großes militärisches
Talent.

n. (der Sohn eines Halbbruders) Turenne, der größte französische Feldherr.

NS. Wilhelm III., Statthalter und König von England. Er
war mit 22 Jahren ein befähigter Feldherr in Holland
und wurde später kraft seiner Heirat König von England
und war der befähigste Monarch, den wir je besaßen.
Er war eine kühle und schweigsame Natur, aber seltsam
klarsehend, standhaft und mutig. Er war ein Sieben-
monatkind. Er starb mit 52 Jahren infolge eines Unfalls
beim Reiten.

Marlborough, John Churchill, Herzog von. Der befähigste Feldherr und vollendetste Politiker seiner Zeit. In seinen
frühen Feldzügen zeichnete er sich durchweg aus.
Mit 22 Jahren zog er Turennes Aufmerksamkeit auf sich,
der prophezeite, sein „schöner Engländer" werde sich
einmal als Meister in der Kriegskunst bewähren. Er war
in der Gefahr besonders kühl und hatte mehr Kopf als

Herz, denn er war selbstsüchtig und berechnend. Er hatte einen Sohn, der sehr jung starb, und vier Töchter.

n. James Fitzjames, Herzog von Berwick. s. Berwick. „Ein Befehlshaber von Ruf, doch weniger berühmt als sein Onkel mütterlicherseits."

OE. Sir J. Churchill, Judge, M. R. (Jakob II.)

Moore, Sir John. Einer der ausgezeichnetsten englischen Offiziere der modernen Zeit. Kommandierte mit 40 Jahren die Reserven der britischen Armee in Ägypten. Fiel mit 48 Jahren in der Schlacht bei Corunna. Er war ein Mann von ritterlichem Mut.

V. Dr. John Moore, ein wohlbekannter vielseitiger Schriftsteller („Zeluco" usw.) Ein Mann von hoher Moralität; seine Bemerkungen waren scharf, dazu hatte er einen kaustischen Humor.

B. Admiral Sir Graham Moore, Großkreuz des Bathordens.

(S.) Kapitän John Moore, zur See, zeichnete sich im Krimkrieg durch sein Kommando des Highflyer aus und war der Privatsekretär des Herzogs von Somerset, als dieser Fürst Lord der Admiralität war.

Napier, Sir Charles; Eroberer von Scinde. Das hervorragendste Mitglied einer sehr hervorragenden militärischen Familie.

GGV Napier von Merchistoun, Erfinder der Logarithmen.

V. Oberst Napier; war selbst aus dem Holz der wahren Helden geschnitzt. Er hatte ungewöhnliche Körper- und Geisteskräfte, besaß wissenschaftliche Neigungen und Fähigkeiten. War Vorsteher des Woolwich.-Laboratoriums und Rechnungskontrolleur der Armee.

oS. Right Hon. Charles James Fox, Politiker und Redner. s. Fox bezüglich seiner zahlreichen begabten Verwandten.

B. General Sir William Napier, Historiker des pyrenäischen Krieges.

B. General Sir George Napier, Gouverneur von Kapland, 1849 wurde ihm das Kommando über die Piemontesische Armee angeboten, was er ablehnte.

(2B.) Es gab noch zwei andere Brüder, Richard, Ratgeber der Königin, und Henry, Marine-Kapitän, die gleichfalls als Beispiele vererbten Talentes angeführt werden können.

O*S*. Admiral Sir Charles Napier. Zeichnete sich in seiner Jugend im französischen Krieg durch Tapferkeit aus, später in Portugal, nachher bei der Belagerung von Acre. Als seine Gesundheit schon untergraben war, wurde er im Russischen Krieg zum Oberkommandanten der Baltischen Flotte ernannt.
Lord Napier, der Diplomat, ist ein anderer befähigter Verwandter.
Bem. Lord Napier von Magdala ist kein Verwandter dieser Familie.

Napoleon I., s. Bonaparte.

Nelson, Lord. Admiral. Englands größter Held zur See. Als Knabe hatte er weder einen kräftigen Körper, noch eine starke Konstitution. Er war 47 Jahre alt, als er alle seine Siege erfochten hatte und fiel. Seine bemerkenswerten Verwandten sind nur weitläufig mit ihm verbunden, sind aber wert, genannt zu werden.

(g.) Maurice Suckling, Dr. der Theologie, Domherr von Westminster.

*o*E. Lord Cranworth, Lord Chancellor.

*go.* (der Onkel der Mutter der Mutter) Sir Robert Walpoles.

Philipp von Mazedonien. s. unter Alexander.

S. Alexander der Große ⎫
S. Ptolomäus I. von Ägypten ⎬ s. unter Alexander.
E. Ptolomäus Philadelphus ⎭

Pyrrhus.

GBe. Alexander der Große war sein Großkousin durch Alexanders Mutter, doch ist mir über die anderen Glieder nichts bekannt. s. unter Alexander.

Raleigh, Sir Walter; ein verwegener Forscher und Kolonisator, auch Politiker, Hofmann und Schriftsteller und ebenso ein hervorragender Feldherr zu Land und zur See.

B. (Halbbruder) Sir Humphrey Gilbert, bekannter Seefahrer. Schlug die Nordwest-Passage nach China vor. Er war es, der von Neufundland Besitz nahm. Er kam auf dem Meere um.

2 B. John und Adrian Gilbert. „Sir Humphrey's Ruhm hat den seiner Brüder John und Adrian verdunkelt, aber alle

drei halfen beträchtlich, England zu dem zu machen, was
es ist, und alle waren Mitarbeiter an der Kolonisation
von Nordamerika" (Edwards' Life of Raleigh).

oS. Henry Chanpernoun, der eine englische Freiwilligen-
schar der Armee der Hugenotten zuführte.

oS. Gawen Champernoun, gleichzeitig mit Raleigh später im
Dienst in den französischen Bürgerkriegen.

Runjeet Singh, Begründer des Seikh-Reiches. Sein Vater starb,
als er noch ein Knabe war, und seine Mutter, die jung
und hübsch war, tat alles, was sie nur konnte, um ihn
zu verweichlichen, damit er als Mann zur Regierung unfähig sei, und nichtsdestoweniger erwachte sein Ehrgeiz mit 17 Jahren, mit 29 Jahren hatte er ein großes Gebiet erobert. Dieser energische Mann herrschte vierzig
Jahre lang in unbestrittener Macht über zahlreiche unruhige Provinzen, obgleich seine Gesundheit durch Aus-
schweifung und Frönung niedriger Leidenschaften so gebrochen war, daß er mit 50 Jahren nicht mehr ohne
fremde Hilfe stehen konnte. Seine Autorität blieb bis zu
seinem Tode bestehen, der 1839 in seinem 59. Jahre
eintrat.

G. Churruth Singh, von niedrigem Stand und ausschweifender Lebensweise, wurde Herr von Sookur
Chukea im Panjoub.

V. Maha Singh, breitete die Herrschaft seines Vaters aus
und führte vierzehn Jahre lang mit seinen Nachbarn Krieg,
obgleich er mit 30 Jahren schon starb. Er soll gleichzeitig 60 000 Reiter kommandiert haben.

Sachsen, Marschall von. Berühmter Feldherr unter Ludwig XV.
Er war von großer Statur und hatte außerordentlich viel
physische Kraft. Von Kindheit auf an körperliche Übungen
gewöhnt. Mit 12 Jahren lief er davon, um zur Armee
zu gehen. Im Charakter außerordentlich viel Don Juan-
haftes. Er war ein erfahrener Befehlshaber, der seinen
Beruf liebte, aber seine Fähigkeiten waren nicht der
allerhöchsten Art.

V. August II., König von Polen (Der Marschall war einer
seiner zahlreichen illegitimen Nachkommen.). August

wurde unter vielen Mitbewerbern zum König gewählt und war ein bemerkenswerter Mann, obgleich Karl XII. ihn schlug. Er war ausschweifend und trieb viel Luxus.

o. Graf Königsmarck, der Bruder der schönen aber zarten Mutter des Marschalls. Er hatte einen Liebeshandel mit der Frau Georgs I. von England und wurde ermordet. Er war ein schöner, ungestümer Mann, stets in galante Aventüren verstrickt.

es. Madame Dudevant (George Sand), die französische Schriftstellerin. Ihre Großmutter war eine natürliche Tochter des Marschall von Sachsen.

Scipio P. Cornelius, Africanus Major; Besieger Hannibals und Gelehrter. Der größte Mann seines Zeitalters, vielleicht der größte Römer überhaupt, mit Ausnahme Cäsars. Er war erst 24 Jahre alt, als er zum obersten Befehlshaber über die römische Armee in Spanien ernannt wurde.

Die Familie Scipio brachte viele große Männer her vor, und Rom verdankt ihr zum großen Teile seine Weltherrschaft.

V. P. Cornelius Scipio; ein großer Feldherr, wurde jedoch von Hannibal besiegt und dann wieder durch die Karthager unter Hasdrubal und Mago endgiltig geschlagen und getötet.

G. L. Cornelius Scipio; vertrieb die Karthager aus Corsica und Sardinien.

S. P. Corn. Sc. Africanus, war durch seine schwache Gesundheit verhindert, an den öffentlichen Angelegenheiten teil zu nehmen, doch bemerkt Cicero, daß er neben der Geistesgröße seines Vaters einen größeren Bestand an Wissen hatte.

Sein Bruder L. Corn. S. Afr. wird „ein degenerierter Sohn seines berühmten Vaters" genannt.

s. Cornelia, die Tiber. Sempr. Gracchus heiratete, wurde von dem Volke fast vergöttert. Sie erbte von ihrem Vater einen Hang für Literatur und vereinigte in ihrer Person die strengen Tugenden einer altrömischen Matrone mit dem höheren Wissen, dem Raffinement und der Kultur, die sich damals in den höheren Klassen Roms auszubreiten begannen. Ihre Briefe waren noch zu Ciceros Zeiten vorhanden und wurden als Muster der Komposition betrachtet.

2 E. Tiberius und Cajus Gracchus, kühne Verteidiger der Rechte des Volkes. Berühmt durch ihre Beredsamkeit und Tugend. Beide wurden ermordet.

GN. Scipio Nasica, der Jurist.

Bem. P. Corn. Sc. Aemilianus Africanus Minor, war nicht aus dem Blute der Scipio, sondern ein Vetter mütterlicherseits von P. Corn. Sc. Africanus (s. oben), der ihn als Sohn adoptierte. Er war ein sehr gebildeter Gelehrter und hervorragender Redner.

Titus, Flav. Vesp., Kaiser von Rom. Befähigt und tugendhaft (?) zeichnete sich im Kriege aus; außerordentlich beliebt. In seiner Jugend war er etwas liederlich, als er aber Kaiser wurde, zeigte er sich hervorragend gemäßigt und gerecht.

V. Vespasian. Stieg durch verschiedene Würden bis zum Kaiser von Rom empor, ausschließlich infolge seiner eigenen großen Verdienste als Feldherr und Politiker.

Tromp, Marten; berühmter dänischer Admiral, der durch sein eigenes Verdienst in einer wichtigen Epoche zum obersten Befehlshaber wurde. Obgleich er in seiner Jugend gefangen genommen wurde, wodurch sein Avancement im Dienste für einige Jahre lahmgelegt war, war er mit 40 Jahren ein bekannter Admiral und gefürchteter Gegner der Engländer. Fiel mit 56 Jahren in der Schlacht.

S. Cornelius van Tromp, ein gefeierter niederländischer Admiral, der diesen Rang im Kriegsdienst mit 33 Jahren erhielt. Seine berufliche hervorragende Bedeutung ist außer aller Frage, obgleich sie schwerlich der des Vaters gleichkommt.

Turenne Henry, Vicomte de, der größte französische Feldherr vor Napoleon. Alle seine Taten tragen den Stempel eines wahrhaft großen Geistes. Er war klar und umfassend in seinen Ansichten, energisch in seinen Handlungen und erhaben über die beschränkten Gefühle eines rein religiösen Parteigängers. In seinem Privatleben war er hervorragend rein. Bis zu seinem elften Jahre war er schwächlich. Als Knabe liebte er Bücher und studierte die Biographien hervorragender Krieger. Er lernte langsam und mit Schwierigkeiten, rebellierte gegen Zwang und zeigte ausdauernde Standhaftigkeit. Er liebte besonders athletische Übungen und stärkte dadurch seine Gesundheit. Die erste Gelegenheit, sich auszuzeichnen, fand er mit 23 Jahren, worauf er zum „Maréchal de camp" und dann, als nächste Stufe, zum Maréchal von Frankreich ernannt wurde. Er wurde mit 64 Jahren von einer Kanonenkugel getötet.

V. Henri, Duc de Bouillon, einer der befähigsten Soldaten aus der Schule Heinrichs IV. Sein hoher Rang, seine Liebe zum Studium, seine Anhänglichkeit an den kalvinistischen Glauben und seine Fähigkeiten als Politiker machten ihn nach dem Tode dieses Prinzen zum Führer der Hugenottenpartei.

g. Wilhelm I. von Oranien, „Der Schweigsame", s. unter Moritz.

o. Halbruder der Mutter, Moritz von Nassau, s.

oE. Wilhelm III. von England.

Wellington, Duke von. Der größte der modernen englischen Feldherren, ein entschlossener Politiker und klarer Schriftsteller. Mit 35 Jahren brach er die Kraft der Mahratta in Indien. Dann wurde er Sekretär von Irland. Mit 39 Jahren bekam er das Kommando über die britische Armee in Spanien, mit 46 Jahren hatte er Waterloo hinter sich und stand am Ende seiner militärischen Laufbahn.

B. Marquess Wellesley (s. unter Politiker), General-Gouverneur von Indien, Politiker und Gelehrter.

(B) Baron Cowley, Diplomat.

(V) Earl von Mornington, hatte musikalische Fähigkeiten.

N. Earl Cowley, Diplomat, englischer Botschafter in Frankreich.

N. Rev. Henry Wellesley, Dr. der Theologie, Gelehrter und ein Mann von bemerkenswerten Neigungen. Vorstand von New Inn Hall in Oxford.

Wilhelm I. von Oranien, der Schweigsame, s. unter Moritz.
  S.  Moritz von Nassau, s.
  S.  Friedrich Wilhelm, Statthalter in den blühendsten Zeiten
      der Republik.
  e,  Turenne (s.), der große französische Feldherr.
  SE. Wilhelm III. von England.

# Literaten.

Wer mit großen Bibliotheken vertraut ist und sich die Mühe genommen hat, die Anzahl der bekannten Autoren zu zählen, deren Werke sie enthalten, kann nicht verfehlen, sich über ihre Menge zu wundern. Die Jahre vergehen, jedes Jahr bringt jedes Volk literarisch gehaltvolle Werke hervor, und die Haufen von Büchern vermehren sich von Jahrhundert zu Jahrhundert. Welche Autoren sind nun die hervorragendsten? Ich fühle mich nicht kompetent genug, diese Frage zu beantworten. Es wäre nicht schwierig, Listen der bekanntesten literarischen Charaktere der einzelnen Epochen zu erhalten, aber ich habe nichts gefunden, was einer gedrängten und wahrheitsgetreuen Auslese der großen Schriftsteller aller Zeiten gleichkäme. Bloße Popularität bei der Nachwelt ist ein außerordentlich unsicherer Beweis für Verdienst, denn die Autoren veralten. Was sie an Gedanken und sprachlichem Ausdruck beigesteuert haben, wird von anderen wiederholt und abermals wiederholt, bis beides schließlich so in die laufende Literatur und die Sprache des Tages aufgenommen ist, daß niemand mehr ihre Spur bis zu den ursprünglichen Quellen verfolgt, ebenso wenig als die Menschen sich dafür interessieren, das Gold, das schon in Sovereigns verwandelt ist, bis zu den Metallklumpen zu verfolgen, von denen es herkommt, oder bis zu den Goldgräbern, die es entdeckt haben.

Anderseits leistet ein Mensch von guten Fähigkeiten, der sich der Literatur widmet, ein gut Stück rechtschaffener Arbeit. Es ist immer Aussicht vorhanden, daß einige solcher Werke weit über ihre wirklichen Verdienste berühmt werden, weil der Autor

12*

irgend etwas zu erzählen hat, wessen die Welt gerade bedarf;
oder er kann auch spezielle Erfahrungen gemacht haben, die
ihn dazu qualifizieren, Dichtungen zu schreiben oder Ansichten auszusprechen, die den Bedürfnissen der Zeit ausgezeichnet angepaßt sind, in späteren Jahren aber unwichtig werden.
Auch in diesem Falle führt der Ruhm irre.

Unter diesen Umständen halte ich es für das Beste, mich
nicht allzusehr mit älteren Zeiten zu beschäftigen, da ich sonst
verpflichtet wäre, mich in weitläufige Rechtfertigungen meiner
Listen von literarisch wertvollen Persönlichkeiten einzulassen.
Ich ziehe es daher vor, Autoren neuerer Zeit zu wählen, oder
solche, deren Ruf sich in England frisch erhalten hat. Ich habe
daher einfach Lexika durchgesehen, aus denen ich diejenigen
Namen von Literaten, die am meisten hervortraten, auszog. Diejenigen von ihnen, die entschieden hervorragende Verwandte
haben, beschreibe ich in meinem Anhang. Ich habe verschiedene ausgelassen, von denen andere mit Recht meinen, daß sie
wert sind, aufgenommen zu werden. Meine Liste ist eine sehr
inkongruente Kollektion, denn sie weist Romanciers, Historiker,
Gelehrte und Philosophen auf. Nur zwei Eigentümlichkeiten sind
allen diesen Männern gemeinsam; die eine besteht in dem
Wunsch, sich auszudrücken, die andere ist eine Liebe zu Ideen, die
stärker ist als die Liebe zu materiellem Besitz. Disraeli, der
selbst ein gutes Beispiel für ererbtes literarisches Talent ist, beschreibt in einer Rede am Jahresfest des Königlichen Literarischen Fonds vom 6. Mai 1868 die Natur des Schriftstellers. Seine
Worte ziehen in verkürzter Form zusammen, was in seinen eigenen Schriften bildlich geschildert ist, und ich kann hinzufügen,
ebenso in denen von Sir Edward Bulwer Lytton, jetzt Lord
Lytton (der zusammen mit seinem Bruder Sir Henry Bulwer und
seinem Sohn „Owen Meredith" ein noch bemerkenswerteres Beispiel vererbten literarischen Talentes darstellt, als Mr. Disraeli
es tut). Er sagt: „Wir müssen immer im Auge behalten, daß der
Schriftsteller eine eigentümliche Organisation hat. Er ist ein
Wesen mit einer Prädisposition, die unüberwindbar in ihm ist
    er hat eine Neigung, der er auf keiner Weise entrinnen kann,
sie stößt ihn entweder in die dunklen Forschungen der Gelehr
samkeit, oder sie führt ihn in die heiße und stürmische Atmosphäre

der Phantasie." Die Mehrzahl der Männer, die in dem Anhang zu diesem Kapitel beschrieben sind, rechtfertigen die Beschreibung Disraelis. Auch kann kein Zweifel daran sein, daß die Talente von vielen aus dieser Gruppe von der allerhöchsten Art sind. Verschiedene von ihnen waren schon in ihrer Knabenzeit Wunder an Gelehrsamkeit, so Grotius, Lessing und Niebuhr; viele andere zeichneten sich in ihrer Jugend aus; Charlotte Bronté veröffentlichte „Jane Eyre" mit 22 Jahren; Chateaubriand war in einem gleich frühen Alter bekannt; Fénelon machte schon mit 15 Jahren Eindruck; Sir Philip Sidney ragte schon besonders hervor, ehe er noch 21 Jahre alt war; wenige Jahre später, denn er fiel mit 32 Jahren in der Schlacht, hatte er seinen großen Ruhm erworben und das Herz des Volkes gewonnen. Ich kann hinzufügen, daß sich gelegentlich auch Beispiele von großen Literaten finden, bei denen sich das Gegenteil zeigt. Boileau ist der einzige Fall dieser Art in meinem Anhang. In der Schule war er ein Dummkopf und blieb bis zu seinem dreißigsten Jahre träge. Aber unter anderen Literaten, über die ich Notizen gesammelt habe, wurde Goldsmith als ein träges Kind angesehen. An der Universität zu Dublin hat er sich durchaus nicht ausgezeichnet. Er begann erst mit 32 Jahren gut zu schreiben. Rousseau galt in der Schule, der er mit 16 Jahren entlief, als Dummkopf.

Die unregelmäßige Erziehung, die vielen Männern und Frauen zuteil wurde, deren Namen in meinem Anhang auftauchen, bestätigt auffallend, was ich mich in einem früheren Kapitel bemüht habe zu beweisen: daß nämlich die höchste Stufe von Ruf von äußeren Hilfsmitteln unabhängig ist. Als solche Namen führe ich Boileau an, die Familie Bronté, Chateaubriand, Fielding, die beiden Gramonts, Jrving, Carsten Niebuhr, Porson (in einem gewissen Sinne), Roscoe, Le Sage, J. C. Scaliger, Sévigné und Swift.

Ich bringe jetzt meine gewöhnliche Tafel, aber ich setze die Zahlen der hervorragenden Literaten, die die einunddreißig aufgezählten Familien enthalten, nicht mit dem rechten Vertrauen hin. Sie haben viele Verwandte, die sich mit Literatur beschäftigten und beträchtliche Verdienste hatten, aber ich fühle mich aus den zu Beginn des Kapitels angegebenen Gründen unfähig, jene aus ihnen auszuwählen, die „hervorragend" sind. Die Familien Taylor sowohl als die von Norwich und die von Ongar wurden eingeschaltet, da sie von großem Interesse in Bezug auf Vererbung sind, doch nur wenige ihrer Mitglieder (s. Austen) werden in der folgenden Tafel aufgezählt.

Tafel I.

Übersicht über die Verwandten von 52 Literaten, gruppiert in 33 Familien.

(Ein Verwandter (oder zwei in der Familie).

| Addison | V. | Edgeworth | V. |
|---|---|---|---|
| Aikin | *b.* | Lamb | *b.* |
| 2. Arnold | S. | 2. Mill | S. |
| 2. Bossuet | N. | 2. Niebuhr | V. |
| 2. Champollion | B. | Roscoe | S. |
| Chateaubriand | *b.* | 2. Scaliger | V. |

Zwei oder drei Verwandte (oder drei oder vier in der Familie).

| Austen, Mrs. | *s.* N. | Lessing | 2 B. N. |
|---|---|---|---|
| Bentham | B. N. | 2. Palgrave | 2 S. |
| Boileau | 2 S. | Sage, Le. | 2 S. |
| Bronté | B. 2 b. | 3. Seneca | V B. N. |
| 3. Fénelon | N. 2 NS. | Sévigné | S. 2 OS. |
| 2. Gramont | *g* B. B. E. | 2. Swift | *G* N. OE. OES. |
| Helvetius | V. G. | Trollope | 2. S. |

Vier oder mehr Verwandte (oder fünf oder mehr in der Familie).

| Alison | B. V. o. g. gB. gV. gG. |
|---|---|
| Fielding | g. oS. B. *b.* |
| 2. Grotius | G. V. O. B. S. |
| Hallam | V. *v.* 2 S. *s.* |
| Maucaulay | G. V. 2.O. OS. m. |
| Porson | V. *v.* B. *b.* |
| 2. Schlegel | V. 2 O. B. |
| 2. Staël | G. V. O. *f.* OS. OE. |
| 2. Stephen | V. B. 2 S. |
| 4. Stephens | V. g. *v.* B. O*s.* e. |
| Sidney | V. g. o. o*S. b.* n. E. ES. & |
| (Taylors von Norwich) | |
| (Taylors von Ongar) | |

## Tafel II[1])

| Verwandtschaftsgrade | | | | | A. | B. | C. | D. |
|---|---|---|---|---|---|---|---|---|
| Bezeichnung des Grades | Korrespondierende Buchstaben | | | | | | | |
| Vater | 16 V | — | — | — | 14 | 48 | 100 | 48 |
| Bruder | 14 B | --- | — | — | 16 | 42 | 150 | 28 |
| Sohn | 17 S | — | — | — | 17 | 51 | 100 | 21 |
| Großvater | 4 G | 4 g | — | — | 8 | 24 | 200 | 12 |
| Onkel | 6 O | 2 o | — | — | 8 | 24 | 400 | 6 |
| Neffe | 6 N | 2 n | — | — | 8 | 24 | 400 | 6 |
| Enkel | 2 E | 1 e | — | — | 3 | 9 | 200 | 4.5 |
| Urgroßvater | 0 GP | 1 gV | 0 $G$V | 0 $g$V | 1 | 3 | 400 | 1 |
| Großonkel | 0 GB | 2 gB | 0 $G$B | 0 $g$B | 2 | 6 | 800 | 1 |
| Cousins I. Grades | 4 OS | 2 oS | 0 $O$S | 0 $o$S | 6 | 18 | 800 | 2.5 |
| Großneffen | 2 NS | 0 nS | 0 $N$S | 0 $n$S | 2 | 6 | 800 | 1 |
| Urenkel | 1 ES | 0 eS | 0 $E$S | 0 $e$S | 1 | 3 | 400 | 1 |
| Alle weiter entfernten Verw. | 5 | — | — | — | 5 | 15 | — | — |

Es wäre eine ebenso weitschweifige als unnütze Sache, wenn ich diese Tafel in gleicher Weise und ebenso eingehend untersuchen wollte, wie ich es bei den Tafeln in den vorhergehenden Kapiteln tat. Der allgemeine Charakter dieser Tafeln ist ein sehr ähnlicher, und was aus der Analyse der anderen abgeleitet werden kann, läßt sich auch aus dieser ableiten. Der Anteil an hervorragenden Enkeln ist gering, doch ist die Gesamtzahl zu klein, als daß wir aus dieser Tatsache Schlüsse ziehen könnten. namentlich da die Anzahl der hervorragenden Söhne nicht in gleichem Verhältnis gering ist. Andere geringfügige Eigentümlichkeiten werden deutlicher zum Ausdruck kommen, wenn am Schluß dieser Arbeit alle entsprechenden Tafeln verglichen und besprochen werden. Inzwischen wollen wir uns damit zufrieden geben, daß eine Analyse der Verwandtschaftsbeziehungen das literarische Talent ebenso als erblich hinstellt, wie alle anderen Arten von Fähigkeiten, die wir bisher besprochen haben.

---

[1]) s. S. 61.

## Anhang
### zu dem Kapitel Literaten.

Die Verdienste der Literaten werden von ihren Zeitgenossen und der Nachwelt so verschieden bewertet, daß ich den
Plan einer kleinen Auslese erstklassiger Autoren verzweifelt aufgeben mußte. Ich habe mich daher mit den Namen befähigter
Schriftsteller begnügt, die mir besonders in die Augen fielen, und
habe gelegentlich Männer herangezogen, die nicht völlig zur
ersten Klasse gehören, die aber in anderer Hinsicht interessant
sind. Es ist bemerkenswert, wie wenig über die nahen Verwandten von vielen der größten Literaten bekannt ist, namentlich wenn es sich um vergangene Zeiten handelt, und ich habe
Grund anzunehmen, daß unsere Unwissenheit in vielen Fällen
eher eine bloße historische Nachlässigkeit ist, als ein Beweis dafür, daß ihre Fähigkeiten oder ihre Werke einer Aufzeichnung
nicht wert waren. Das allgemeine Resultat meiner Untersuchungen hat mich zu der Überzeugung gebracht, daß mehr als
die Hälfte der großen Literaten Verwandte von hoher Befähigung gehabt haben.

Die Gesamtzahl der Namen, die in meiner Liste figurieren,
ist siebenunddreißig. Ich will hier noch die Namen jener aufzählen, deren Biographien ich untersucht habe, die aber keine
„hervorragenden" Verwandten gehabt zu haben scheinen; es
sind neunzehn und zwar:

Cervantes; De Foe (sein Sohn schrieb, wurde aber von
Pope verspottet); Fichte; La Fontaine; Mme. Genlis; Gibbon (s.
jedoch Lord Chancellor Hardwicke als entfernten Verwandten);
Goldsmith; Jeffrey; Samuel Johnson (doch war sein Vater kein
gewöhnlicher Mann); Montaigne; Montesquieu; Rabelais; Richardson, der Romancier; Rousseau; Scott, Sir W.; Sidney Smith;
Smollet; Sterne; und Voltaire.

Addison, Joseph, Autor des „Spectator" &. Er war mit 25 Jahren
    schon den großen Gönnern der Literatur wohlbekannt.
    War ein sehr geschickter Schriftsteller. Staatssekre-
    tär unter Georg I.

  V. Launcelot Addison, ein Geistlicher von beträchtlichem
    Wissen und ebensolcher Beobachtungsgabe. Dekan
    von Lichfield. Schriftsteller.

Aikin, John, Dr. med., hervorragender Arzt und populärer Autor im achtzehnten Jahrhundert („Abende zu Hause").

b. Mrs. Barbauld, entzückende Kinderschriftstellerin.

(S.) Arthur Aikin, erbte viel von dem literarischen Talent seines Vaters, interessierte sich aber mehr für Wissenschaft. Herausgeber der „Annual Review"

(s.) Lucy Aikin, gleichfalls Schriftstellerin.

Alison, Sir Archibald; Autor einer „Geschichte Europas", wurde infolge seiner literarischen Verdienste zum Baronet erhoben.

B. Dr. William Pulteney Alison, Professor der Medizin in Edinburg und erster Leibarzt der Königin in Schottland.

V. Rev. Archibald, Autor der „Essays über die Natur und Prinzipien des Geschmacks".

o. Dr. James Gregory, Professor der Medizin in Edinburg.

g. Dr. John Gregory, Professor der Philosophie und Medizin in Aberdeen, später Professor der Medizin in Edinburg.

gB. und gV. gleichfalls Professoren der Medizin.

gG. James Gregory, Erfinder des Reflexions-Teleskops. S. Gregory unter Naturwissenschaften.

Arnold, Thomas, Dr. der Theologie. Rektor von Rugby; Gelehrter, Historiker, Geistlicher und Administrator; Begründer des modernen öffentlichen Schulsystems. War als Kind steif und pedantisch, haßte frühes Aufstehen. Zeichnete sich in Oxford ganz besonders aus und wurde von allen, die ihn kannten, ganz besonders geliebt.

S. Matthew Arnold, Dichter und Professor der Poetik in Oxford. (Auch andere Söhne von mehr als durchschnittlicher Befähigung.)

Bentham, Jeremy, politischer und juridischer Schriftsteller; Begründer einer philosophischen Schule.

B. General Sir Samuel Bentham; ein ausgezeichneter Offizier in russischen Diensten, der ein bemerkenswertes mechanisches Talent hatte.

N. Hervorragender moderner Botaniker. Präsident der Linné-Gesellschaft.

Boileau, Nicolas (genannt Despréaux), Dichter, Satiriker und

Kritiker. Sollte Jus studieren, das er haßte, zeigte keine
frühzeitigen Anzeichen von Befähigung, sondern war bis
zu seinem dreißigsten Jahre träge. Als Knaben hielt
man ihn für einen völligen Dummkopf.

S. Gilles, eine hervorragender Literat, schrieb ausgezeichnete Satiren; hatte einen lebhaften Geist. Seine
Gesundheit war schlecht, er starb jung, mit 38 Jahren.

S. Jaques, ein Doktor an der Sorbonne, von großer Gelehrsamkeit und Befähigung. Autor verschiedener Publikationen, alle über seltsame Gegenstände.

Bossuet, Jaques Bénigne, einer der berühmtesten katholischen
Autoren von antiprotestantischen Kontroversschriften,
war ein fleißiger Student. Er war Priester und hatte daher keine Familie.

N. Bischof von Troyes; Herausgeber der Werke seines
Onkels.

Bronté, Charlotte (ihr Pseudonym war Currer Bell), Roman-
schreiberin. Sie war das bedeutendste Glied einer Familie, die wegen ihrer intellektuellen Talente, ihrer rast-
losen geistigen Tätigkeit und ihrer elenden Konstitution
bemerkenswert ist. Charlotte Bronté und ihre fünf Brüder und Schwestern waren alle schwindsüchtig und starben jung. „Jane Eyre" wurde veröffentlicht, als Charlotte 22 Jahre alt war.

(V.) Rev. Patrick Bronté, war früh reif gewesen und war
ehrgeizig, obgleich er ein Geistlicher in knappen Verhältnissen in einem rauhen, abgelegenen Dorf war.

(O. und O. verschiedene) Rev. Patrick Bronté hatte neun
Brüder und Schwestern, alle von bemerkenswerter
Kraft und Schönheit.

(v.) Gebildet, fromm, rein und bescheiden.

(o.) war genau, von altertümlichem Wesen und kleidete sich
nach einer längstvergangenen Mode.

B. Patrick, der völlig auf Irrwege geriet und ein Sorgen-
kind der Familie wurde, war vielleicht das größte natürliche Talent unter ihnen allen.

b. Emily Jane (Ellis Bell), „Auf heulenden Höhen", („Wuth-
ering Heights") und „Agnes Grey".

b. Anne (Acton Bell), „Der Lehnsmann von Wildfield Hall".
(2 b.) Maria und Jane, waren fast ebenso reich mit intellektuellen Gaben ausgestattet wie ihre Schwestern.

Champollion, Jean François, Entzifferer der Hieroglyphen und
ägyptischer Altertumsforscher. Er gehörte zu der Gruppe der Gelehrten, die Napoleons Expedition begleiteten.
B. Jean Jaques, Historiker und Altertumsforscher. Autor
verschiedener Werke. Bibliothekar des gegenwärtigen
Kaisers von Frankreich.

Chateaubriand, Fr. Aug. Vicomte de; ein ausgezeichneter französischer Schriftsteller und Politiker, aber halb verrückt.
Seine Erziehung war unzusammenhängend, denn er
wurde erst für die Flotte, dann für die Kirche und später
für die Armee bestimmt. Mit 20 Jahren gab er sich
völlig dem Studium und der Einsamkeit hin, nachher ging
er in die unkultivierten Teile Amerikas auf Abenteuer
aus. Unter Ludwig XVIII. diente er in verschiedenen
Ministerialposten. In vorgeschrittenem Alter geriet
er in Verzweiflung. Viele von seinen zehn Brüdern
und Schwestern starben jung. Verschiedene unter ihnen
hatten Ähnlichkeit mit ihm, sowohl was Talent als Anlagen betrifft; eine von ihnen nämlich
b. hatte das Talent, die Gemütsart und die Überspanntheit
von J. J. Rousseau.

Edgeworth, Maria, eine beliebte Schriftstellerin und Moralistin,
deren Schriften „eine sonderbare Mischung von nüch-
ternem Sinn und unerschöpflicher Erfindung" zeigen.
Sie fing mit 31 Jahren an zu schreiben. Starb mit 83.
V. Richard Lovell Edgeworth (s. Lowell den Judge) schrieb
über verschiedene Materien, wobei ihm seine Tochter
viel half; ein sowohl geistig als körperlich wunderbar
aktiver Mensch, für alles interessiert und unbezähmbar.
Heiratete viermal. Zwischen den ältesten und dem
jüngsten seiner zahlreichen Kinder war ein Altersunterschied von vierzig Jahren. Maria stammte von der
ersten Frau.

Etienne, s. Stephens.

Fénelon, François, Erzbischof von Cambrais in Frankreich. Autor des „Télémaque“, bemerkenswert wegen seines graziösen, einfachen und entzückenden Stils. Ein Mann von auffallender Klarheit des Gemütes und christlicher Moral. Er war auf der Kanzel sehr beredt. Er hielt seine erste Predigt mit 15 Jahren und hatten großen Erfolg. (Als Priester hatte er keine Familie.)

? Bertrand de Salignac, Marquis de La Mothe, Diplomat, Gesandter in England zur Zeit der Königin Elisabeth und ein ausgezeichneter Offizier war sein Ahne (doch fraglich in welchem Grad, er starb siebzig Jahre, ehe François geboren wurde).

N. Gabriel Jaques Fénelon, Marquis de la Mothe, französischer Gesandter in Holland, schrieb „Memoiren eines Diplomaten“.

NS. François Louis, Literat.

NS. Abbé de Fénelon, Vorsteher einer Wohltätigkeitsanstalt für Savoyarden in Paris; sehr beliebt. Wurde in der französischen Revolution guillotiniert.

Fielding, Henry, Romancier, Autor von „Tom Jones“. Byron nannte ihn „den Homer der menschlichen Natur in Prosa“. Seine Erziehung war unzusammenhängend, entsprechend den beschränkten Mitteln seines Vaters, damals Leutnant, aber späterhin General. Begann mit 21 Jahren Dramen zu schreiben, war sehr zerstreut und unachtsam in Geldsachen. Trat in den „Temple“ ein und studierte mit Eifer Jus, schrieb zwei wertvolle Broschüren über Verbrechen und Pauperismus und wurde zum Judge in Middlesex ernannt.

g. Sir Henry Gould, Justice Queen's Bench (Kön. Anna).

oS. Sir Henry Gould, Justice Common Pleas (Georg III.).

(G.) John Fielding, Kaplan Wilhelms III.

B. (Halbbruder) Sir John Fielden, ausgezeichneter Beamter, wenn auch blind. Er schrieb über Polizeiadministration.

*b.* Sarah, eine Frau von beträchtlichem Wissen und Schriftstellerin.

Gramont, Antoine, Herzog von. Marschall von Frankreich. Soldat und Diplomat. Autor der berühmten „Memoiren“,

die aber nicht so entzückend geschrieben sind, wie die
seines Bruders.

gB. Kardinal Richelieu s.

B. Gramont, Philibert, Graf von. Hitzkopf und Hofmann,
starb mit 86 Jahren. Seine Memoiren, die ein Freund
schrieb und die alle seine Jugendstreiche enthalten,
wurden zu seiner Unterhaltung begonnen, als er 80 Jahre
war.

(S.) Armand, französischer General.

E. Herzog von Gramont und Herzog von Guiche, Marschall
von Frankreich.

Grotius, Hugo (de Groot), ein berühmter und profunder holländischer Schriftsteller, Politiker und völkerrechtliche Autorität; zeigte schon als Kind außerordentliche Fähigkeiten, wurde sorgfältig erzogen und war schon mit 14
Jahren wegen seines großen Wissens bekannt. Er war
ein Mann von großer Bedeutung und hatte ein ereignisreiches Leben, war wegen seiner arminianischen religiösen Meinung zum ewigen Kerker verurteilt, floh aber
erst nach Frankreich, dann nach Schweden. Er wurde
schwedischer Gesandter in Frankreich, in welcher Eigenschaft er seine Obliegenheiten in einer mißlichen Zeit mit
großer Zuverlässigkeit erfüllte. Schließlich wurde er mit
großen Ehren in Holland empfangen. Er gehörte zu einer
hervorragend talentierten und gelehrten Familie. Heiratete eine Frau von seltenem Wert.

G. Hugo de Groot, großer Gelehrter.

V. John, Kurator der Universität zu Leyden, ein gelehrter
Mann.

O. Corneille, Professor der Philosophie und Jurisprudenz.

B. Wilhelm, der Hugos Dichtungen sammelte und herausgab; war selbst ein gelehrter Mann und Schriftsteller.

S. Peter, ein befähigter Diplomat und Gelehrter.

Hallam, Henry, einer der ausgezeichnetsten modernen Schriftsteller und gerechtesten Kritiker. Autor der „Konstitutionellen Geschichte Englands" und der „Literatur
Europas", war einer der frühesten Mitarbeiter der Edinburgh Review. Die Grabschrift auf seinem eignen Grab-

stein ist so gedrängt und treffend und ebenso jene, die
er selbst seinen Kindern setzte, die vor ihm starben, so
entsprechend, als wohlklingend und rühmend, daß ich sie
hierher setzte.  Seine Grabschrift in der Kirche von St.
Paul lautet:

„Henry Hallam, Historiker des Mittelalters, der Ver-
fassung seines Landes und der Literatur Europas.  Das
Monument ist von vielen Freunden errichtet, die in Anbetracht der Gründlichkeit seines Wissens, der em-
fachen Beredsamkeit seines Stils, seines männlichen und
umfassenden Intellekts, der furchtlosen Ehrlichkeit
seines Urteils und der moralischen Würde seines Lebens
wünschen sein Andenken in diesen geheiligten Mauern
zu verewigen, als das eines Mannes, der die englische
Sprache, den englischen Charakter und den englischen
Namen auf das Beste geschildert hat."  Er hatte eine
kräftige Gesundheit; sein massiger Kopf war von einem
starken Körper getragen.  Als Kind war er frühreif.
Konnte mit 4 Jahren lesen und schrieb mit 9 oder 10
Jahren Sonette, starb mit 82.  Heiratete eine Schwester
von Sir Charles Elton, Bart.  Schrieb Gedichte und
machte Übersetzungen.

V.  John Hallam, Dr. der Theologie, Dekan von Bristol,
Domherr von Windsor, lehnte das Bistum von Chester
ab, wurde in Eton erzogen, der Sohn und das einzige
Kind von John Hallam, das über die Kindheit hinaus-
kam, Chirurg und zweimal Bürgermeister von Boston.

v.  Tochter von Richard Roberts, Dr. med., war eine sehr
vortreffliche Person, ein wenig übertrieben ängstlich,
hatte in ihren Zügen viel Ähnlichkeit mit ihrem Sohn.
Hatte nur zwei Kinder, die am Leben blieben.

o.  Dr. Roberts, Rektor von Eton.

(b.)  Elisabeth, hatte große intellektuelle Neigungen.

S.  Arthur Henry, starb mit 23 Jahren.  Tennysons „In Me-
moriam" ist an ihn gerichtet.  Seine Grabschrift in Cle-
vedou lautet: „Und nun ruhen in dieser dunklen und
einsamen Kirche die sterblichen Überreste eines, der
für den Ruhm zu früh starb, der sich aber unter seinen

Zeitgenossen durch den Glanz seines Talentes, die Tiefe seines Verstandes, den Edelmut seines Charakters, die Innigkeit seines Glaubens und die Reinheit seines Lebens auszeichnete. Vale dulcissime, desideratissime. Requiescas in pace usque ad tubam."

s. Eleanor Hallam, starb mit 21 Jahren. „Ihre betrübten Eltern beugen sich unter diesem zweiten Verlust und bezeugen hier, daß die Lieblichkeit des Gemütes und die himmlisch gesinnte Frömmigkeit zwar für sie verloren gegangen ist, nun aber dahin gegangen ist, wo der Lohn ihrer wartet." Sie hatte große Fähigkeiten.

S. Henry Fitzmaurice Hallam, starb mit 26 Jahren. „Mit seinem klaren und lebhaften Verstand, der Sanftmut und der Reinheit eines Lebens war er vor den Augen derer, die ihn am meisten liebten, ein Bild seines älteren Bruders. Wie jener, war er früh bekannt und genoß die Liebe vieler Freunde, und wie jener auch, wurde er von einer kurzen Krankheit in einem fremden Lande dahingerafft."

Helvetius, Claude Adrien (Schweitzer) (1715—1771), der gefeierte und verfolgte Autor einer materialistischen Philosophie. Er besaß eine universale Bildung, war schön, graziös, kräftig und voller Talent. Mit 23 Jahren war er General-Steuerpächter in Frankreich. Kam als Flüchtling nach England und anderen Ländern. Er heiratete eine reizende Frau, Mlle. de Ligueville. Es wird erzählt, daß sowohl Franklin als Turgot sie heiraten wollte, nachdem sie Witwe geworden war. Er hatte zwei Töchter.

V. John Claude Adrien, ein besonders hervorragender Arzt in Paris, Generalinspektor der Spitäler; war liberal und wohlwollend.

G. Jean Adrien, dänischer Arzt, der in Paris starb; war Generalinspektor der Spitäler. Er war der erste, der auf die Wichtigkeit der Ipecacuanha als Medizin hinwies.

Irving, Washington, amerikanischer Schriftsteller, Romancier und Historiker, war Gesandter in Spanien, hatte eine

schwächliche Gesundheit; war von seinen älteren Brüdern erzogen worden; hatte ein sprunghaftes Wesen·
war vermögend.

2 B.) Seine Brüder hatten beträchtliche literarische Kenntnisse, einer von ihnen leitete die New York Chronicle.

Lamb, Charles („Essays von Elia"), ein kluger und talentierter
Humorist; sehr beliebt.

b. Eine Schwester, die in einem Anfall von Irrsinn ihre
Mutter tötete und die Charles Lamb mit der äußersten
Sorge behütete. Sie erlangte später wieder ihren Verstand und hatte nach der Beschreibung von Menschen,
die sie kannten, einen scharfen Intellekt und ein Herz,
dessen Humanität das Gegenstück zu dem ihres Bruders
bildete. Sie schrieb viele Theaterstücke, die in den
Werken ihres Bruders veröffentlicht sind.

Lessing, Gotthold Ephraim, ein universeller Schriftsteller, der
ungeheuer viel zu dem Schatz der deutschen Literatur
beitrug. Er war von seiner frühesten Kindheit an ein
Bücherfresser. Seine Gesundheit ging von seinem 50.
Jahre an rasch bergab.

B. Karl Gotthelf ⎫
B. Johann Gottlieb ⎬ zeichneten sich alle als Literaten aus.
N. Karl Friedrich ⎭

Macaulay, Thomas, Babington; ernannt zum Lord Macaulay;
Historiker, Dichter, Essayist und gewandter Erzähler;
ein Mann von überragender Gedächtniskraft.

G. Rev. Joh. Macaulay, schottischer Geistlicher in Inve-
rary; äußerst beredsamer Prediger; genannt in Dr.
Johnsons Umschau.

V. Zachary, beteiligte sich an der Bewegung für die Skla-
venbefreiung; sehr befähigt; war ein klarer und gewandter Stilist, doch fehlte ihm beim Sprechen die
Leichtigkeit des Ausdrucks.

O. Colin Macaulay, General. War die rechte Hand des
Herzogs von Wellington in seinen indischen Feldzügen.
Er regierte viele Jahre als Präsident über einen großen
Teil von Madras und war trotz seiner anstrengenden

Beschäftigung ein erstklassiger Gelehrter, sowohl in der alten, als in der modernen Literatur. In der zeitgenössischen Literatur wird er fortwährend als ein Wunder an Erudition und Talenten bezeichnet.

O. Aulay Macaulay, brillanter Erzähler, schrieb viel Wertvolles, was unvollendet und ungedruckt blieb; Vormund von Karoline von Braunschweig, starb in jugendlichem Alter.

(OS.) (Sohn von Aulay.) John Heyrick, Rektor von Repton, ein guter Gelehrter.

OS. Kenneth Macaulay, Parlamentsmitglied für Cambridge, war der Sohn des obigen. Noch zwei andere talentierte Brüder.

n. George Trevelyan, Parlamentsmitglied, Junior Lord of the Treasury*) (Sohn des Politikers Sir Charles Trevelyan), war der zweite seines Jahrgangs in klassischen Studien (1861, Cambridge), Autor von „Cawnpore" etc.

Mill, James, Historiker von Britisch-Indien.

S. John Stuart Mill, der hervorragende moderne Philosoph und staatswissenschaftlicher Schriftsteller.

Niebuhr, Barthold Georg; kritischer Historiker („Römische Geschichte"); Finanzpolitiker. Seine ganze Zeit widmete er dem Studium. Besaß eine gute Erziehung. Mit 7 Jahren wurde er als ein Wunder an Fleiß betrachtet, aber seine Konstitution war schwach und nervös und verschlimmerte sich noch durch ein Sumpffieber. Macaulay (Vorwort „Balladen des alten Roms") sagt, Niebuhr wäre der erste Schriftsteller seiner Zeit geworden, wenn sein Talent, die Wahrheit mitzuteilen, mehr im Verhältnis zu seinem Talent gestanden hätte, die Wahrheit zu entdecken. Er war preußischer Botschafter in Rom.

V. Carsten Niebuhr, bereiste Arabien und schrieb darüber. Sein Vater war ein Pächter gewesen. Beide Eltern starben, als er noch ein Kind war, so daß er als gewöhnlicher Arbeiter arbeiten mußte und bis zu seinem 21.

---

*) Funktionär in der englischen Verwaltungskommission des Schatzamtes

Jahre ungebildet blieb. Von da an arbeitete er selbst fleißig an seiner Bildung.

(S.) Marcus, ein hoher Beamter im preußischen Zivildienst.

Palgrave, Sir Francis; Historiker und Altertumsforscher, beschäftigte sich speziell mit der anglo-sächsischen Periode. Heiratete eine Dawson-Turner (s. Hooker in „Naturwissenschafter und Mathematiker").

S.   Francis; Literatur und Kunst („Goldener Schatz").

S.   Giffard; Orientalist und Arabien-Reisender.

Porson, Richard, hervorragender griechischer Philologe und Kritiker. Von seiner Kindheit an pflegte seine Mutter von ihm zu sagen: was immer Richard tut, ist auf eine höhere Art getan. Er spann besser Garn als seine Brüder und Schwestern und hatte dazu noch immer beim Spinnen ein offenes Buch neben sich liegen. Ehe er es schreiben konnte, hatte er sich schon selbst aus einem alten Buch in Arithmetik bis zur Kubikwurzel gebracht. Als er heranwuchs, war sein Gedächtnis erstaunlich. Er besaß einen unwandelbaren Fleiß, großen Scharfsinn, einen gesunden, strengen Verstand, ein lebhaftes Empfinden für das Schöne und auch für das Komische, und einen sehr reinen und unbeugsamen Wahrheitssinn. Er hatte viel Körperkraft. Man erzählt von ihm, daß er von Cambridge bis London zu Fuß ging, also eine Entfernung von zweiundfünfzig Meilen, um seinen Klub abends zu erreichen, da er nicht imstande war, das Fahrgeld zu zahlen. Betrank sich gelegentlich, was zu seiner Zeit ein ziemlich verbreiteter Brauch war, doch tat er es zuletzt gewohnheitsmäßig.

V.   Ein Weber und Küster. Ein Mann von ausgezeichnetem Verstand und großem natürlichen Talent für Arithmetik.

*v.*   Die Magd eines Geistlichen, die im geheimen seine Bücher las. Er fand sie eines Tages über Shakespeare und entdeckte zu seiner Überraschung, daß sie ein gesundes Verständnis für dieses Buch und auch für andere besaß, so daß er ihr half, so weit er es vermochte. Sie hatte ein bemerkenswertes Gedächtnis

B.   Thomas. Nach der Ansicht von Dr. Davy, dem da-

maligen Rektor des Caius College in Cambridge, der
beide Brüder genau kannte, war er Richard in gelehrter
Befähigung ebenbürtig. Er leitete eine klassische Schule,
starb aber schon mit 24 Jahren.

*b.* Hatte das wunderbare Gedächtnis der Porson. Sie
heiratete und bekam Kinder, die sich aber durch nichts
auszeichneten.

(B.) Henry, ein guter Arithmetiker, der keine Neigungen zur
Literatur hatte; starb mit 33 Jahren.

Roscoe, William, Historiker und Dichter („Leben Lorenzos von
Medici"). Sohn eines Handelsgärtners, wurde in einer
gewöhnlichen Schule erzogen; kam erst zu einem Buch-
händler, dann in die Kanzlei eines attorney, wo er sich
selbst weiterbildete. Begann mit 30 Jahren bekannt zu
werden. Wurde Bankier, gründete die Royal Institution
in Liverpool, war Parlamentsmitglied für diese Stadt.
Starb mit 78 Jahren.

S. Henry, schrieb die Biographie seines Vaters „Biographien hervorragender Rechtsgelehrter".

(S.) Robert; war ein Rechtsgelehrter, schrieb das Epos „Alfred".

(S.) Thomas gab verschiedene Gedichte, Erzählungen und
illustrierte Reisebeschreibungen heraus.

Le Sage, Romancier („Gil Blas"); war ein einziger Sohn und früh
verwaist. Er wurde ein schmucker und anziehender
Jüngling. Heiratete mit 26 Jahren und arbeitete hart.
Seinen ersten Erfolg erreichte er mit dem „Hinkenden
Teufel"; er war damals 34 Jahre alt. Er war 67, als
der letzte Band von Gil Blas erschien. Mit 40 Jahren
begann er schwerhörig zu werden, zuletzt war er ganz
taub. Er hatte drei Söhne:

S. René-André (Montménil), war ein Abbé, wurde aber der
Kirche untreu und ging zum großen Schmerz seines Vaters zur Bühne. Er war ein vorzüglicher Komiker. Der
Vater sah ihn auf der Bühne und verzieh ihm. Er starb
jung und plötzlich.

S. Ein Kanoniker. Er war ein hübscher Bursche, mit dem
Le Sage seine letzten Tage verbrachte. Er freute sich

13*

am Leben und liebte das Theater. Er wäre ein ausgezeichneter Komiker geworden.

(S.) Wurde ein schlechter Schauspieler und starb unbekannt.

Scaliger, Julius Caesar; Philologe und Naturforscher (1484—1558), starb mit 74 Jahren. War von zweifelhafter Herkunft. Er diente bis zu seinem 29. Jahre in der Armee, studierte dann Theologie, die er verließ, um sich der Medizin zu widmen, und begann dann Griechisch zu lernen. Er begann seine Studien in so vorgerücktem Alter, daß er keines seiner Bücher vor seinem 47. Jahre veröffentlichte. Er war einer der außerordentlichsten Männer seiner Zeit. Er hatte ein äußerst zähes Gedächtnis und einen scharfen Verstand, aber er war außerordentlich reizbar und eitel und hatte Feinde. Die Gelehrten späterer Zeiten überboten einander in Lobeshymnen auf Scaliger, aber sein Ruhm als Gelehrter und Kritiker, wenn auch in seiner Zeit sehr groß, wurde von seinem Sohn Joseph verdunkelt.

S. Joseph Justus Scaliger, s. unten.

Scaliger, Joseph Justus; Gelehrter, hervorragend auf dem Gebiet der philologischen Kritik (1540—1609, starb mit 69 Jahren). War gut erzogen und las nach seinem eigenen Bericht intensiv. Er gehörte zu jener Gruppe großer Gelehrten, die gegen Ende des sechzehnten Jahrhunderts die Universität Leyden zierten. Er war ganz von seinen Studien absorbiert. Er heiratete nie. Er war reizbar und eitel, wie sein Vater. Als kritischer Philologe wird er besonders gerühmt, und es gibt wenig Gelehrte, die sich mit ihm vergleichen lassen.

V. Julius Caesar Scaliger, s. oben.

Schlegel, August Wilhelm von; gefeierter deutscher Gelehrter, Kritiker und Dichter, übersetzte Shakespeare und verschiedenes aus der Indischen Literatur. In einem frühen Alter schon zeigte er ein bemerkenswertes Sprachentalent. Sein Fehler, wenn es einer ist, bestand darin, daß er zu sehr nach Universalität strebte. Er schloß sich an Madame de Staël an und überließ sich völlig ihrem intellektuellen Einfluß. Starb mit 48 Jahren. Er

und sein Bruder wurden „die literarischen Dioskuren"
ihrer Zeit genannt. Sein Großvater war Ratsherr beim
Apellationsgericht in Meißen. Er erzog seine Kinder —
Schlegels Vater und dessen Onkel — sorgfältig.

V. Johann Adolph, Prediger von Ruf, schrieb auch Gedichte.

O. Johann Elias, Dichter, Dramatiker und Kritiker. „Er ist
zweifellos der beste dramatische Dichter, den Deutschland in der ersten Hälfte des achtzehnten Jahrhunderts
hervorbrachte." Starb mit 31 Jahren, war überarbeitet.

O. Johann Heinrich; dänischer Königlicher Historiograph.
Lebte in Kopenhagen.

B. Friedrich Karl Wilhelm v. Schlegel, s. unten.

Schlegel, Friedrich Karl Wilhelm von; Historiker, Philosoph und
Philologe. War als Kind nicht frühreif, wurde aber als
Jüngling stark von der Literatur angezogen. Er hielt
Vorlesungen über Philosophie der Geschichte und
Sprache, schrieb Gedichte, war Herausgeber und wurde
schließlich unter Metternich, seinem beständigen Gönner,
diplomatischer Beamter. Starb mit 57 Jahren.

V. O. O. wie oben.

B. August Wilhelm v. Schlegel, s. oben.

Seneca, Lucius Annaeus, römischer Philosoph; wurde zur Rhetorik erzogen, doch sträubten sich seine Neigungen gegen
diesen Beruf, und er widmete sich der Philosophie. Seine
edlen Gefühle und sein erhabener Stoizismus haben selbst
auf die christliche Welt großen Einfluß gehabt, denn
Seneca wurde früher viel gelesen und bewundert. Er
erwarb ein ungeheures Vermögen auf unbekannte
Weise, doch vermutet man, daß er sich dabei zwei-
deutiger Mittel bediente. Er war der Erzieher Neros
und hatte natürlich bei seinem Zögling nicht sehr viel
Autorität. Er beging mit 63 Jahren Selbstmord, von
Nero in den Tod getrieben.

V. Marcus Annaeus Seneca; Rhetor und Schriftsteller.
Er hatte ein wunderbares Gedächtnis und war imstande,
zweitausend Worte in der gleichen Anordnung zu wie-

derholen, in der er sie gehört hatte. Heiratete eine
Spanierin.

B. Marcus Novatus, der den Namen Junius Gallio annahm
und Prokonsul von Achaja wurde. Vor sein Tribunal
wurde der heilige Paulus gebracht, als man ihn anklagte,
Neuerungen in religiösen Dingen einzuführen. Eusebius
beschreibt ihn als einen ausgezeichneten Rhetoriker,
und sein Bruder nennt ihn den tolerantesten Menschen.

N. Lucanus Marcus Annaeus (Lucan), der Dichter. Seine
„Pharsalia" ist das einzige seiner Werke, das auf uns
gekommen ist. Sein Vater, der Bruder Senecas, heiratete die Tochter des Lucanus, eines hervorragenden
Redners, von dem der Sohn den Namen erhielt.

Sévigné, Marquise de (geb. Marie de Rabutin-Chantal), Autorin
reizender Briefe. Als Briefschreiberin wurde sie nicht
übertroffen, vielleicht nicht einmal erreicht. Ihr Vater
fiel in der Schlacht, als sie noch ein ganz kleines Kind
war, die Mutter starb, als sie 6 Jahre alt war. Sie war
ein einziges Kind. Sie war in unglücklicher Ehe mit
einem liederlichen Mann verheiratet, der im Duell wegen
einer anderen Dame fiel. Sie schrieb gut vor ihrer Wit-
wenschaft, aber nicht viel; dann zog sie sich von der
Welt zurück, um ihre Kinder zu erziehen, erschien mit
27 Jahren wieder in der Gesellschaft und glänzte dort.
Die Gesellschaft verfeinerte sie, ohne sie zu verderben.
Ihre Tochter heiratete den Vize-Statthalter der Provence, und an sie eben sie die berühmten Briefe gerichtet. Sie war von fröhlicher Gemütsart, war schön,
anmutig und witzig, nichts an ihr war heimlich und ver-
steckt. Solange sie lebte, wurden ihre Briefe bei Hofe
und in der Gesellschaft gefeiert; sie gingen von Hand
zu Hand und wurden mit unendlichem Vergnügen gelesen.

S. Marquis de Sévigné, ein Mann von viel Befähigung und
Mut, der ein rastloses und etwas ausschweifendes Leben
in religiösen Übungen beschloß, denen er sich unter der
Führung von Geistlichen widmete. Er hatte nicht ge-

nügend Ausdauer, um in irgend etwas einen Erfolg zu
erringen.

OS. Bussy-Rabutin, ein ganz ausgezeichneter Soldat, aben-
teuerlustig, tollkühn und etwas ausschweifend. Wäre
sicherlich Marschall von Frankreich geworden, war aber
von unfreundlicher, kaustischer Gemütsart, was zu seiner
Verbannung führte, so daß er alle Hoffnung auf Avancement verlor. Er war ein ausgezeichneter Briefschreiber.
Er war wirklich ein Mann von großem literarischen Talent, der die französische Sprache verfeinerte.

Es gab in der Familie der Madame de Sévigné noch
eine ganze Reihe sporadischer Talente, aber keines von
ihnen erreicht je einen vollen Erfolg.

Sidney, Sir Philip; Gelehrter, Soldat und Hofmann. Ein vollendeter und vollkommener gentleman, in dem sich Milde
mit Mut paarte, gelehrte Bildung durch höfische Kultur
modifiziert erschien und höfisches Wesen durch Wahr-
heitsliebe veredelt war." Als Knabe war er ernst. Er
verließ Cambridge mit 18 Jahren und war damals bereits sehr bekannt; er wurde sogleich Hofmann und
zwar ein sehr erfolgreicher, dank seiner Bildung und
seinem Charakter. Seine „Arcadia" ist das Werk eines
seltenen Talents, wenn auch in eine unglückliche Form
gebracht. Er war in seiner Zeit ungeheuer berühmt.
Er fiel mit 32 Jahren in der Schlacht. Nach seinem
Tode fand in England eine allgemeine offizielle Trauer
statt, wie es scheint, die erste dieser Art in unserem
Lande (s. auch den Stammbaum unter Montagu im Kapitel „Judges" S. 99).

V. Sir Henry Sidney, ein Mann von großen Anlagen. Sowohl die Königin Mary als die Königin Elisabeth schätzten ihn sehr; er war dreimal Lord-Deputierter von Irland und regierte weise.

(G.) Sir William Sidney, ein Soldat und Ritter von einigem
Ruf zur Zeit Heinrichs VIII.

g. John Dudley, Earl von Warwick und Duke von Northumberland, „der Liebling seiner Zeit", Graf-Marschall

von England und der mächtigste der Untertanen. Zum Tode verurteilt und hingerichtet 1553.

o. Sir Robert Dudley, der große Earl von Leicester, Günstling der Königin Elisabeth.

oS. Sir Robert (Sohn des großen Earl von Leicester, aber nicht im Besitze seines Titels), „ein vollendeter Gentleman in allen standesmäßigen Tätigkeiten, ein exakter Seemann, ein ausgezeichneter Architekt, Mathematiker, Arzt, Chemiker und alles mögliche außerdem . . . . ein schmucker Mann, bekannt im Turnier und als erster von allen, die Hunde zur Rebhühnerjagd abrichten" (Anthony Wood, zitiert in Burke's „Erloschene Pairswürden").

b. Mary, Gräfin von Pembroke. Hatte die gleichen Neigungen und Eigenschaften wie ihr Bruder, der ihr seine „Arcadia" widmete. Ben Jonsons wohlbekannte Grabschrift war für sie:
„Sie, die alle Liedern feiern,
Liegt nun unter schwarzen Schleiern.
Sidney hat die Schwester verloren,
Pembroke, die Mutter, die ihn geboren.
Sie war schön und tugendreich;
Eh' du eine dieser gleich
Tod, erschlägst ein zweites Mal,
Traf Dich selbst der Zeiten Strahl."

n. 3. Earl von Pembroke, Kanzler von Oxford; ein Gelehrter, Dichter und Gönner gelehrter Männer.

(B.) Sir Robert Sidney, ernannt zum Earl von Leicester. (Man könnte glauben, daß dieser Titel unheilvoll ist, so oft wurde er von neuem verliehen. Nicht weniger als sechs Familien haben ihn erhalten und starben aus.) Er war ein ziemlich bekannter Militär.

N. Sir Robert Sidney, 2. Earl von Leicester; ein Mann von großem Wissen, Beobachtung und Wahrhaftigkeit.

NS. Algernon Sidney, der Patriot, geköpft 1683. Er hatte eine große natürliche Befähigung, war aber zu rauh und ungestüm, um Widerspruch zu vertragen. Er studierte die Geschichte der Verwaltung in allen ihren Zweigen

und besaß eine genaue Menschenkenntnis. War außerordentlich mutig und eigensinnig.

(Ns.) Dorothy, Wallers „Saccharissa".

Oe. Sir Henry Montagu, 1. Earl von Manchester, Ch. Just.
K. Bench. (S. Montagu im Kapitel „Judges".) Die hohen
Eigenschaften dieser sehr bemerkenswerten Familie
scheinen in erster Reihe einer Vermischung mit dem
Sidney-Blut zu entstammen, da aus der zahlreichen
Schar der anderen Nachkommen des ersten Ch. Just.
Montagu unter Heinrichs VIII. Regierung keine Linie
sich außer der auszeichnete, wo eine Blutsmischung mit
den Sidneys stattfand.

3 OeS. Baron Kimbolton, Walter Montagu, Abt von Pontoise,
und der erste Earl Sandwich, der größte Admiral.

8 OeE. 1. Duke von Montagu; William Montagu, Ch. Baron
Exchequer; Charles Montagu, 1. Earl von Halifax; Francis North, 1. Lord Guilford, Lord Chancellor; und seine
drei Brüder; Charles Hatton, „der unvergleichliche"

Man könnte noch mehr sagen, aber ich verweise den
Leser auf den Stammbaum der Montagu.

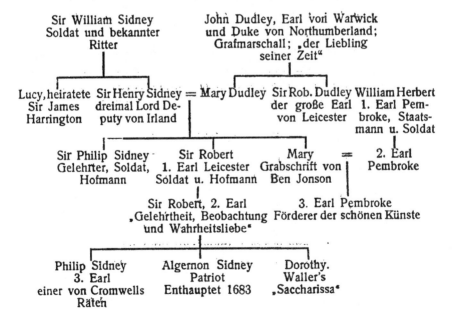

Staël, Anne Germaine de, gehörte zu den besten Autoren ihrer
    Zeit. Sie war ein einziges Kind. Noch ganz jung, inter-
    essierte sie sich lebhaft für die philosophischen und poli-
    tischen Gespräche am Tische ihres Vaters. Dann über-
    arbeitete sie sich mit 15 Jahren, teilweise von ihrer
    Mutter zum Studium angetrieben. Nach einer ernst-
    haften Krankheit war sie völlig verwandelt, kein pedan-
    tisches Kind mehr, sondern voller „abandon" und Reiz.
    Sie heiratete zweimal und hatte drei Kinder.
G.  Charles Frederick Necker, ein deutscher Rechts- und
    politischer Schriftsteller. Ließ sich in Genf nieder, wo
    ein juristischer Lehrstuhl für ihn errichtet wurde.
V.  Jacques Necker, der gefeierte französische Staatsmann
    und Finanzminister unter Ludwig XVI. Hatte einen
    starken natürlichen Hang zur Literatur; zeigte mit 18
    Jahren eine bemerkenswerte Tauglichkeit für das Ge-
    schäftsleben; liebte seine Tochter außerordentlich und
    ebenso sie ihn.
O.  Louis Necker, Professor der Mathematik in Genua. Er
    fing mit einem Bankgeschäft in Paris an und hatte in
    dieser Stadt sowie später in Marseille viel Erfolg in
    seinen Spekulationen; doch der unsichere Zustand
    Frankreichs veranlaßte ihn, nach Genf zurückzukehren.
v.  Susanna Curchod; Gibbon hatte sie heiraten wollen.
    Sie war ein frühreifes Kind, merkwürdig gut belesen,
    ein ausgezeichneter Verstand, aber pedantisch. Sie war
    eine strenge Kalvinistin. Es ist ein Wunder, daß sie die
    Anlagen ihrer Tochter nicht erstickte.
OS.  Jacques Necker, Sohn von Louis, Professor der Botanik
    in Genf, heiratete eine Tochter des Geologen de
    Saussure.
EO.  Louis Albert, Sohn von Jaques und Enkel von de
    Saussure, Professor der Geologie und Mineralogie in
    Genf. (S. eine lange Denkschrift über ihn von Dr. James
    David Forkes in einer Adresse an die Royal Society in
    Edinburg 1863.)
Stephen, Right Hon. Sir James, Historiker; („Biographische

Essays zur Kirchengeschichte"), Unterstaatssekretär für die Kolonien.

V. James Stephen, Vorsteher in der Kanzlei des Lordkanzlers; ein Führer in der Sklavenbefreiungsbewegung.

B. Henry John Stephen, hervorragender juristischer Schriftsteller („Stephen: Über das Plaidieren".)

(B.) Sir George, Barrister, erfolgreicher Novellist („Abenteuer eines attorney auf der Suche nach Praxis").

S. Fitz-James Stephen, Q. C., Autor der „Criminal. Gesetze", schrieb viel in Zeitschriften.

S. Leslie Stephen, ebenfalls ein bekannter Zeitschriftenmitarbeiter; Bergsteiger, Präsident des Alpinen Klubs.

Stephens, Robert (oder Estienne) war das erste hervorragende Mitglied einer Familie der berühmtesten Gelehrten und Drucker, die je aufgetaucht sind. Es muß daran erinnert werden, daß in der ersten Zeit der Buchdruckerkunst alle Buchdrucker Gelehrte waren. Robert war ein außergewöhnlicher Gelehrter, außerordentlich frühreif, seine Zeitgenossen schätzten ihn höher als irgend einen anderen Gelehrten. Er druckte die Bibel in vielerlei Typen, wurde verfolgt und nach Genf vertrieben. Heiratete Petronella s. unten.

B. Charles, besaß gründliche Kenntnisse in klassischen Studien, fühlte sich aber mehr zu Physik, Medizin und Naturwissenschaften hingezogen.

S. Robert (2) war, was seine Tätigkeit und die Exaktheit seiner Ausgaben anlangt, seines Vaters würdig.

N. Nicole nicht weniger wegen ihrer Schönheit als wegen ihrer Talente und Bildung gefeiert.

Stephens, Henri (oder Estienne) der größte in der ganzen Familie. War außerordentlich frühreif. Er legte einen großen Teil seines Vermögens in kostspieligen Vorbereitungen für sein griechisches Lexikon fest, das ihm einer seiner Angestellten Scapula in Form einer kürzeren Zusammenfassung stahl. Durch diesen Schurkenstreich kam Stephens in große Verlegenheit und starb in Armut, während Scapula ein Vermögen machte.

V. Robert, s. oben.

g. Jodocus Badius, ein gefeierter Gelehrter und Drucker.
v. Petronella, eine Frau von großem Talent und literarischer
   Bildung.
B. Robert (2) s. oben.
Ös. Nicole, s. oben.

Isaac Casaubon, dessen Namen in dem nebenstehenden
Stammbaum auftaucht, war ein gelehrter Schweizer
Geistlicher und Kritiker; mit 23 Jahren Professor für
griechische Philologie in Genf und später in Paris. Seine
letzten Lebensjahre verbrachte er in England, wo er sehr
geschätzt wurde und Stiftsherr von Westminster wurde.
Er bekam eine hohe Pension von Jakob I.

e. Méric Casaubon war in gleicher Weise hervorragend,
   scheint aber vor dem Staatsdienst zurückgeschreckt zu
   haben. Er war vergebens von Cromwell aufgefordert
   worden, die Geschichte des Krieges zu schreiben, und
   ebenso sträubte er sich gegen die Aufforderung der
   Königin Christine von Schweden, die Oberaufsicht über
   die Universitäten ihres Königreichs zu übernehmen.

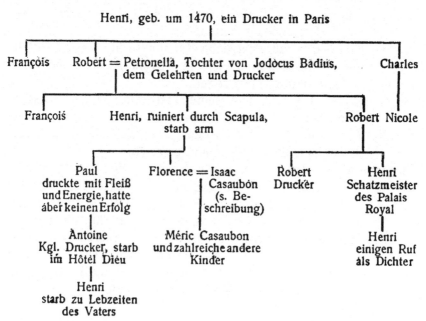

Henri, geb. um 1470, ein Drucker in Paris

François   Robert = Petronella, Tochter von Jodocus Badius,            Charles
                     dem Gelehrten und Drucker

François       Henri, ruiniert durch Scapula,              Robert Nicole
               starb arm

Paul                 Florence = Isaac      Robert        Henri
druckte mit Fleiß               Casaubon   Drucker       Schatzmeister
und Energie, hatte              (s. Be-                  des Palais
aber keinen Erfolg              schreibung)              Royal

Antoine              Méric Casaubon                      Henri
Kgl. Drucker, starb  und zahlreiche andere              einigen Ruf
im Hôtel Dieu        Kinder                             als Dichter

Henri
starb zu Lebzeiten
des Vaters

Swift, Jonathan, Dr. der Theologie; Dekan von St. Patrick, Satiriker, Politiker. War groß, muskulös und gut gebaut, litt sein Leben lang an Schwindelanfällen. Wurde mit Hilfe seiner Onkel im Trinity College in Dublin erzogen, wo er träge war. Dann wurde er Sekretär bei Sir Wm. Temple, der eine Verwandte seiner Mutter geheiratet hatte, und begann mit 21 Jahren ernsthaft zu arbeiten. Verlor mit 69 Jahren seinen Verstand und starb mit 78 Jahren an Gehirnwassersucht.

Verschiedene Mitglieder der Familie Swift haben Befähigung in verschiedenen Graden besessen. So

GN. Dryden, der Dichter.

OE. Deane Swift, Biograph des Dekans Swift.

OES. Theophilus Swift, Sohn des obigen, politischer Schriftsteller.

Taylors von Norwich. Diese Familie umfaßt eine große Anzahl wohlbekannter Namen; unter den verstorbenen Mitgliedern war Mrs. Austen am hervorragendsten. Auch die Martineau-Gruppe enthält einen großen Anteil verstreuter Fähigkeiten, und zwar weit mehr als sich aus den dürftigen Angaben des nachfolgenden Diagramms schließen läßt. Viele Mitglieder dieser Familien haben sich in der Jurisprudenz, in der Kunst und bei Militär ausgezeichnet. Das nonkonformistische Element war in dem Blut der Martineaus und Taylors mächtig.

(1) (s. nachfolgenden Stammbaum.) Die fünf Söhne waren John und Philip Taylor, beides Männer der Wissenschaft. Richard, Herausgeber der „Unterhaltungen in Purley" und des „Philosophischen Magazins".

Edward, Professor für Musik am Gresham-College.

Arthur, Mitglied der Gesellschaft für Altertümlichkeiten, Autor von „Die Glorie der Königswürde".

(2) Die drei Enkel sind:

Edgar Taylor, ein gebildeter Schriftsteller über Gesetzesmaterien und Übersetzer von Grimms „Volksmärchen".

Emilye, eine liebliche Dichterin.

Richard, Geologe, Autor der „Kohlenstatistiken".

(3) Colonel Meadows Taylor, schrieb über indische Angelegenheiten.

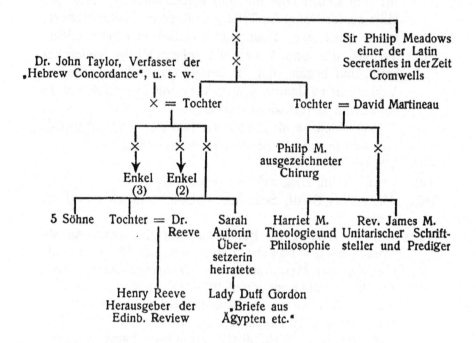

Taylors von Ongar. Diese Familie ist wegen der Allgemeinheit
bemerkenswert, mit der ihre Mitglieder von einem rast-
losen literarischen Talent, einer evangelischen Gemütsart und künstlerischem Geschmack durchdrungen waren.
Der Typus scheint ein sehr ausgesprochener zu sein und
scheint auch von Körperkraft begleitet; so starb Mrs.
Gilbert kurze Zeit nach ihrem vollendeten 84sten Jahr.
Kein Mitglied der Familie ist in die höchste Reihe der
Schriftsteller hinaufgekommen, doch viele von ihnen
stehen beträchtlich über dem Durchschnitt. Der bei-
folgende Stammbaum, der „Familienfeder" von Rev.
J. Taylor entnommen, erklärt die Verwandtschafts-
schaftsbeziehungen.

Ich füge noch hinzu, daß Mr. Tom Taylor dramatischer Autor usw. mit keiner der Familien verwandt ist.

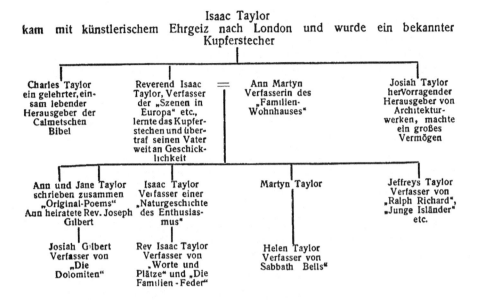

Isaac Taylor
kam mit künstlerischem Ehrgeiz nach London und wurde ein bekannter Kupferstecher

| Charles Taylor ein gelehrter, einsam lebender Herausgeber der Calmetschen Bibel | Reverend Isaac Taylor, Verfasser der „Szenen in Europa" etc., lernte das Kupferstechen und übertraf seinen Vater weit an Geschicklichkeit | = | Ann Martyn Verfasserin des „Familien-Wohnhauses" | Josiah Taylor herVorragender Herausgeber von Architekturwerken, machte ein großes Vermögen |

| Ann und Jane Taylor schrieben zusammen „Original-Poems" Ann heiratete Rev. Joseph Gilbert | Isaac Taylor Verfasser einer „Naturgeschichte des Enthusiasmus" | Martyn Taylor | Jeffreys Taylor Verfasser von „Ralph Richard", „Junge Isländer" etc. |

| Josiah Gilbert Verfasser von „Die Dolomiten" | Rev Isaac Taylor Verfasser von „Worte und Plätze" und „Die Familien-Feder" | Helen Taylor Verfasser von Sabbath Bells" |

Trollope, Mrs. Frances; Romanschriftstellerin von beträchtlichen Gaben.

(V.) Rev. - Milton, ein befähigter Mann.

S. Anton Trollope, ein hervorragender Novellist.

S. Thomas Adolphe Trollope, Miszellenschreiber.

# Naturwissenschaftler und Mathematiker.

Meine Auswahl von Naturwissenschaftlern und Mathematikern kann ebenso wie meine Auswahl von Literaten launenhaft erscheinen. Sie sind beide bis zu einem gewissen Grade aus den gleichen Betrachtungen entstanden, und so ist auch die Vorrede zu dem vorhergehende Kapitel zum großen Teil auch auf dieses anwendbar. Doch besteht bei der Auswahl einer befriedigenden erstklassigen Gruppe von Männern der Wissenschaft noch eine andere spezielle Schwierigkeit.

Die Tatsache, daß der Name eines Menschen mit irgend einer auffallenden wissenschaftlichen Entdeckung verknüpft ist, hilft ungeheuer, aber oft unbilligerweise, seinen Ruf künftigen Jahrhunderten zu erhalten. Es ist bekannt, daß die gleiche Entdeckung oft gleichzeitig und völlig unabhängig von verschiedenen Personen gemacht wird. So gibt es, um nur einige Fälle aus den letzten Jahren hervorzuheben, verschiedene rivalisierende Prätendenten, was die Entdeckung der Photographie, der elektrischen Telegraphie und des Planeten Neptun durch die theoretischen Berechnungen anbelangt. Es scheint fast, daß Entdeckungen gemacht werden, wenn die Zeit für sie reif ist, mit anderen Worten, wenn die Gedanken, aus denen sie natürlicherweise entspringen, in den Köpfen vieler Menschen gären. Wenn die Äpfel reif sind, genügt ein unbedeutender Anlaß, um zu entscheiden, welcher von ihnen als erster von seinem Stiel fällt; so bestimmt auch oft ein geringfügiges Ereignis, daß ein Wissenschaftler als erster eine neue Entdeckung macht und publiziert. Es gibt viele Personen, die eine große Anzahl origineller Abhandlungen geliefert haben, die alle von einer gewissen, viele sogar von großer Bedeutung sind, ohne daß eine von ihnen von außerordentlicher Wichtigkeit sei. Diese Menschen haben das Talent, auffallende Entdeckungen zu machen, aber sie hatten nicht das Glück dazu. Ihr Werk ist wertvoll und bleibt, aber der es geschaffen hat, wird vergessen. Einige hervorragende Naturwissenschaftler und Mathematiker haben sogar ihre originellen Talente in wenig mehr als einem kontinuierlichen Strom von nützlichen Anregungen und Kritiken gezeigt, die jede für sich genommen zu wenig bedeutend ist, um in die Geschichte der Wissenschaft aufgenommen zu werden, die aber alle zusammen genommen eine ansehnliche Unterstützung des Fortschritts der Wissenschaft bilden. In der knappen Geschichte der einst wohlbekannten „Lunar Society" der Mittelenglischen Grafschaften, zu deren wichtigsten Mitgliedern Watt, Boulton und Darwin zählen, wird häufig auf einen Mann angespielt, von dem heute nichts mehr übrig ist als der Name, der aber offenbar einen sehr großen Einfluß auf das Denken seiner Zeitgenossen hatte, ich meine Dr. Small. Oder, um an einen jüngeren Fall anzuknüpfen, ich nehme an, daß Dr. Whewell im allgemeinen in die Klasse G. der natürlichen Befähigung eingereiht werden wird. Seine intellektuelle Energie war wunderbar, er schrieb unaufhörlich, und sein Diskutiertalent war außerordentlich. Auch wird niemand bezweifeln, daß, obgleich der Umkreis seiner Arbeiten überaus weit und verstreut war, Wissenschaft in der einen oder anderen Weise sein Hauptberuf war. Sein Einfluß auf den Fortschritt der Wissenschaft war, glaube ich, in der ersten Zeit seines Lebens beträchtlich, doch ist es unmöglich, die Einzelheiten dieses Einflusses zu charakterisieren oder unsere Meinung zu begründen, daß die Nachwelt diesen Einfluß wahrscheinlich anerkennen wird. Biographen werden vergebens nach wichtigen Entdeckungen forschen, mit denen der Name Dr. Whewells künftig identifiziert werden könnte.

Diesen Betrachtungen zufolge ist das Gebiet für meine Auswahl stark beschränkt. Ich kann nur jene Männer der Wissenschaft aufnehmen, die einen andauernden Ruf erlangt haben oder die dem gegenwärtigen Geschlecht in anderer Weise bekannt sind. Ich ging bei meiner Auswahl genau so wie bei den Literaten vor, indem ich aus den gewöhnlichen biographischen Lexika die bedeutendsten Namen auswählte.

Ich bringe jetzt meine gewöhnlichen Tafeln.

### Tafel I.

Übersicht über die Verwandten von 65 Naturwissenschaftlern und Mathematikern in 43 Familien.

#### Ein Verwandter (oder zwei in der Familie).

| | | | |
|---|---|---|---|
| Ampère | S. | 2. Hooker | S. |
| Buckland | S. | Humboldt | B. |
| Cavendish | gB. | Linnaeus | S. |
| 2. Cuvier | B. | Plinius | n. |
| Davy | B. | Porta | B. |
| Galilei | V. | 2. Stephenson | S. |
| Harvey | Oe. | Watt | S. |

#### Zwei oder drei Verwandte (oder drei oder vier in der Familie).

| | | | |
|---|---|---|---|
| Aristoteles | V. E. OE. | Haller | g. S. |
| Buffon | ƒ. S. | 2. Herschel | b. S. |
| 2. Celsius | S. E. | 2. Hunter | B. n. n. |
| Condorcet | O. 2? | Huyghens | V. B. |
| 2. Darwin | 2 S. E. | Leibniz | g V. c |
| 2. De Candolle | V. S. | Napier | V. S. |
| Euler | 3 S. | 3. Newton und Huttons | 2 o. Ee. |
| Forbes | ƒ. B. | Oersted | B. N. |
| Franklin | 2 ES. | 2. Saussure | V. S. |
| Geoffroy | B. S. | | |

#### Vier oder mehr Verwandte (oder fünf oder mehr in der Familie).

| | |
|---|---|
| Arago | 3 B. 2 S. |
| Bacon | V. v. g. oS. 2 B. N. |
| 4. Bernoulli | B. 3 N. 3 NS. 2 ? |
| Boyle | V. v. g. 2 OS. OE. 4 B. 2 NS. 2 NE. |

| | |
|---|---|
| 2. Brodie | $o$S. $o$E. S. |
| 3. Cassini | G. V. S. E. |
| D'Alembert | $v$. $o$. 2 $o$. S. |
| 4. Gmelin | V. O. OS. S. |
| Gregory | g. $v$. g B. B. 3 N. NS. $N$S. S. 2 E. ES. 2 Ee. |
| 3. Jussieu | 3 O. S. |

Tafel II[1])

| Verwandtschaftsgrade | | | | | | | A. | B. | C. | D. |
|---|---|---|---|---|---|---|---|---|---|---|
| Bezeichnung des Grades | | Korrespondierende Buchstaben | | | | | | | | |
| ein Grad { | Vater | 11 V | — | — | — | | 11 | 26 | 100 | 26 |
| | Bruder | 20 B | — | — | — | | 20 | 47 | 150 | 31 |
| | Sohn | 26 S | — | — | — | | 26 | 60 | 100 | 60 |
| zwei Grade { | Großvater | 1 G | 5 g | — | — | | 6 | 14 | 200 | 7 |
| | Onkel | 5 O | 2 o | — | — | | 7 | 16 | 400 | 4 |
| | Neffe | 8 N | 2 n | — | — | | 10 | 23 | 400 | 6 |
| | Enkel | 6 E | 0 e | — | — | | 6 | 14 | 200 | 7 |
| drei Grade { | Urgroßvater | 0 GV | 0 gV | 0 $G$V | 0 $g$V | | 0 | 0 | 400 | 0 |
| | Großonkel | 0 GB | 2 gB | 0 $G$B | 0 $g$B | | 2 | 5 | 800 | 0 6 |
| | Cousin | 3 OS | 0 oS | 0 $O$S | 4 $o$S | | 7 | 16 | 800 | 2.0 |
| | Großneffe | 6 NS | 0 nS | 1 $N$S | 0 $n$S | | 7 | 16 | 800 | 2 0 |
| | Urenkel | 3 ES | 0 eS | 0 $E$S | 0 $e$S | | 3 | 7 | 400 | 2.7 |
| alle entfernteren Verwandten | | — | — | — | — | | 10 | 23 | — | 0.0 |

Tafel I bestätigt alles, was schon aus den entsprechenden Tafeln anderer Gruppen deduziert wurde, aber die Ziffern in Tafel II bilden eine Ausnahme. Wir finden eine bemerkenswerte Abnahme bei V. und G., während S. und E. sich gleich geblieben sind. Wir finden auch, obgleich der weibliche Einfluß im großen Ganzen wenig von den vorhergehenden Gruppen abweicht, so weit es sich um Verwandtschaft ersten Grades handelt.

1 G + 5 O + 8 N + 6 E = 20 Verwandte durch die männliche Linie
5 g + 2 o + 2 n + 0 e — 9 Verwandte durch die weibliche Linie

---

[1]) s. Tabelle S. 61.

und bei Verwandtschaft zweiten Grades

0 GV + 0 GB + 3 OS + 6 NS + 3 ES = 12 Verwandte durch die männliche Linie

0 $g$V + 0 $g$B + 4 $o$S + 0 $n$S + 0 $e$S = 4 Verwandte durch die weibliche Linie.

Im Ganzen 32 Individuen durch die männliche und 13 durch die weibliche Linie.

Untersuchen wir jedoch die Liste der engeren Verwandten, so kommen wir zu anderen Schlüssen und werden finden, daß der mütterliche Einfluß ungewöhnlich stark ist. So finden wir 5 g. gegen 1 G., und in acht Fällen von den dreiundvierzig war von beiden Eltern die Mutter befähigter. So war es bei der Mutter Bacons (man erinnere sich auch seiner vier Tanten väterlicherseits), so bei der Mutter Buffons, Condorcets, Cuviers, d'Alemberts, Forbes, Gregorys und Watts. Sowohl Brodie als Jussieu hatten bemerkenswerte Großmütter. Die hervorragenden Verwandten Newtons hingen durch die weibliche Linie mit ihm zusammen.

Es scheint daher in den exakten Wissenschaften für einen Menschen sehr wichtig zu sein, eine befähigte Mutter zu haben. Ich glaube, der Grund ist der, daß ein Kind unter diesen Umständen das Glück hat, von den gewöhnlich verengenden parteiischen Einflüssen der häuslichen Erziehung befreit zu sein. Unsere Rasse ist außerordentlich sklavisch; es liegt in unserer aller Natur, eher blind an das zu glauben, was wir lieben, als an das, was uns weiser dünkt. Wir sind geneigt, eine ehrliche, unverzagte Erstrebung der Wahrheit als etwas Unehrerbietiges zu betrachten. Wir sind empört, wenn andere unsere Ideale unter die Lupe nehmen und sie straflos kritisieren, genau so wie ein Wilder zu den Waffen stürzt, wenn ein Missionär seinen Fetisch in Stücke schlägt. Die Frauen sind durch diese Gefühle noch mehr beeinflußt als die Männer, sie sind noch blindere Anhänger, sie sind auch noch sklavischere Diener der Gewohnheit. Glücklich die Menschen, deren sklavische Neigungen nicht in der Kindheit von der Mutter durch die gewöhnlichen Phrasen verstärkt werden: „Frage nicht nach diesem oder jenem, denn es ist Unrecht, zu zweifeln." Glücklich die Menschen, denen die Mutter durch Beispiel und Belehrung zeigt, daß die Untersuchung vollkommen frei sein kann, ohne unehrerbietig zu sein, daß Ehrfurcht vor der Wahrheit die Mutter der freien Untersuchung ist und daß Gleichgültigkeit oder Unaufrichtigkeit im Streben nach der Wahrheit eine der niedrigsten Sünden ist. Es ist klar, daß ein Kind, das unter den letztbeschriebenen Umständen erzogen wird, viel geeigneter ist, in der Wissenschaft Erfolg zu haben, als eines, das unter der Last dogmatischer Autoritäten heranwächst. Von zwei gleichbefähigten Männern wird derjenige, der eine wahrheitsliebende Mutter, hat, geeigneter sein, den Weg der Wissenschaft zu gehen, während der andere, wenn er unter außerordentlich verengenden Umständen erzogen wird, wie die begabten Kinder in China, nichts Besseres werden wird als ein Student oder ein Professor irgend einer toten Literatur.

Es ist, glaube ich, eine Folge der günstigen Bedingungen, ihrer frühen Erziehung, daß ein so ungewöhnlich großer Teil der Söhne der begabtesten Männer der Wissenschaft, sich in dem gleichen Zweige der Wissenschaft auszeichnen. Sie sind auferzogen in einer Atmosphäre der freien Untersuchung. Und da sie, einmal größer geworden, merken, daß Myriaden von Problemen vor ihnen liegen, die nur darauf warten, daß ein mäßig begabter Mensch die Mühe auf sich nimmt, an ihre Lösung zu gehen, so werfen sie sich mit Eifer auf ein Arbeitsfeld, das so besonders lockend ist. Tatsächlich ist und war es merkwürdig vernachlässigt. Auf hundert, die Bücher befragen, kommt einer, der sich direkt an die Natur wendet, auf hundert Kommentatoren ein origineller Kopf, der selbständig untersucht. Das Feld der wahren Wissenschaft leidet unter einem schmerzlichen Mangel an Arbeitern. Die Masse der Menschheit schleppt sich mühselig dahin, die Augen auf die Fußspuren der Generationen geheftet, die ihnen vorangingen, zu gleichgültig oder zu furchtsam, ihren Blick zu erheben, um selbst zu beurteilen, ob der Weg, auf dem sie ziehen, der beste ist, oder um die Bedingungen zu studieren, von denen sie umringt und beeinflußt sind. Wenn wir unter diesem Gesichtspunkt die hervorragenden Söhne von Naturwissenschaftlern und Mathematikern betrachten, so finden wir unter sechsundzwanzig nur vier, deren hervorragende Bedeutung auf einem anderen Gebiete als dem der Naturwissenschaft lag. Es sind dies die beiden Politik treibenden Söhne Aragos (er selbst war Politiker), der Sohn von Haller und der Sohn von Napier.

Wie ich schon vorher sagte, waren die Väter der befähigsten Männer der exakten Wissenschaften selbst nicht in ihnen tätig. Die Väter von Cassini und Gmelin trieben selbst exakte Wissenschaften, in einem geringeren Grade taten es auch die von Huyghens, Napier und de Saussure, aber die übrigen, nämlich die Väter von Bacon, Boyle, de Candolle, Galilei und Leibniz waren entweder Politiker oder Literaten.

Was die Mathematiker anlangt, so hätte man eine noch größere Zahl von hervorragenden Verwandten bei ihnen erwarten können, da unter ihnen selbst eine Reihe von Individuen vorhanden ist, die außerordentliche natürliche Gaben aufweisen. In meinem Anhang finden sich verschiedene Mathematiker, besonders die Familie Bernoulli, aber die Namen von Pascal, Laplace, Gauss und anderer aus der Klasse G oder selbst X fehlen. Wir hätten in gleicher Weise erwarten können, daß die „Senior wranglers" von Cambridge viele beachtenswerte Beispiele vererbter Fähigkeiten in verschiedenen Berufen darbieten würden, aber allgemein gesprochen, scheint es nicht der Fall zu sein. Ich kenne verschiedene Beispiele, wo der senior wrangler selbst ein hervorragender Mann von mathematischer Begabung ist, wie Sir William Thomson und Mr. Archibald Smith, die mit anderen Mathematikern oder Naturwissenschaftlern verwandt sind, aber ich kenne nur wenig „senior wranglers", deren Verwandte hervorragende Bedeutung auf anderen Gebieten hatten. Unter diesen Ausnahmen ist Sir John Lefevre, dessen Brüder der Ex-Vorsitzende, Viscount Eversley und dessen Sohn der gegenwärtige Vize - Präsident des Handelsministeriums ist und Sir F. Pollock, den ex - Chief Baron, dessen Verwandte unter den „Judges" beschrieben sind. Die Seltenheit solcher Verwandtschaftsbeziehungen erkläre ich mir folgendermaßen. Ein Mensch, der abstrakten Ideen nachhängt, wird wahrscheinlich keinen Erfolg in der Welt erringen, es sei denn, er sei ganz besonders hervorragend auf seinem speziellen Gebiet intellektueller Anstrengung. Können die mehr mäßig begabten Verwandten eines großen Mathematikers Gesetze entdecken, dann ist es gut und recht; verbringt er aber seine Tage damit, sich den Kopf über Problemen zu zerbrechen, die zu unbedeutend sind, um praktische oder theoretische Wichtigkeit zu erlangen, oder geht er an Probleme, deren Lösung ihm zu schwer ist, oder liest er einfach nur, was andere Leute geschrieben haben, so macht er seinen Weg überhaupt nicht und hinterläßt keinen Namen. Für die Menschen, die sich mit der reinen Abstraktion befassen, gibt es weniger jener zahlreichen Zwischenstadien zwischen hervorragender Bedeutung und mäßiger Begabung als für jene, deren Interessen sozialer Art sind.

## Anhang
### zu dem Kapitel Naturwissenschaftler und Mathematiker.

Wie in dem vorhergehenden Kapitel, so habe ich mich auch hier auf die Namen beschränkt, die in biographischen Kollektaneen am meisten hervorstechen oder die mir auf irgend eine andere Weise von selber über den Weg kamen. Ich füge noch die Namen jener hinzu, deren Biographien ich gleichfalls untersucht habe, die aber keine Verwandten von auffallenden Fähigkeiten gehabt zu haben scheinen. Es sind ihrer achtzehn, und zwar die folgenden: Bacon, Roger; Berzelius; Blumenbach, Brahe, Tycho; Bramah; Brewster; Brown, Robert; Copernicus; Galen; Galvani; Guericke; Hooke; Kepler; Priestley; Réaumur; Graf Rumford; Whewell; Dr. Young.

Ampère, André Marie (1775—1836, starb mit 61 Jahren), ein hervorragender Forscher in den exakten Wissenschaften; war tätig auf dem Gebiete der Mathematik, der Elektrizitätslehre und der Philologie. Er war ein völliger Autodidakt, denn seine Eltern waren in dürftigen Verhältnissen. Schon in früher Knabenzeit las er gierig und zeigte ein treues Gedächtnis. Er war mit großer Geisteskraft ausgestattet, die von einem sehr scheuen und sensitiven Charakter begleitet war. So wurde er, obgleich sein Talent ein universales war, in seinem späteren Leben äußerst sonderbar, und seine Schüler trieben ihren Spaß mit ihm. Es mangelte ihm nach jeder Richtung an Beharrlichkeit, er ging immer wieder auf Neues los. Arago meinte, die Disziplin einer öffentlichen Schule würde einen sehr heilsamen Einfluß auf seinen Charakter gehabt haben.

S.  Jean Jacques, Historiker und Literat von beträchtlich hervorragender Bedeutung und Originalität. Wurde von

seinem Vater erzogen, der ihm völlige Freiheit ließ, dem
Zug seines Talents zu folgen. Er reiste viel und stets mit
literarischen und wissenschaftlichen Resultaten. War
Professor der modernen französischen Geschichte am
Collège de France.

Arago, Dominique François; Mathematiker und Astronom. Schrieb
über viele wissenschaftliche Materien; war auch
Politiker, und zwar strenger Republikaner. Als Knabe
machte er große Fortschritte in der Mathematik, wobei
ihn fast niemand unterwies. Mit 23 Jahren war er Mitglied der Akademie. Er hatte ein gut Teil von Schroff-
heit in seinem Wesen und viel Anmaßung. Seine drei
Brüder zeichneten sich in ihren verschiedenen Berufen
folgendermaßen aus:

B. Jean, wegen einer ungerechten Anklage aus Frankreich
vertrieben, wurde ein bekannter General in mexikani-
schen Diensten, und leistete diesem Lande große Dienste
während seines Befreiungskrieges.

B. Jacques, Reisender, Künstler und Schriftsteller. Er führte
ein rastloses Wanderleben und war ein Mensch von
großer Energie, literarischem Talent und Produktivität.

B. Etienne, dramatischer Autor von beträchtlichem Ruf und
ein äußerst fruchtbarer Schriftsteller, war ein lustiger Republikaner. Er bekleidete ein Amt unter der provisorischen Regierung von 1848, wurde unter Napoleon III.
verbannt.

S. Emanuel, Advokat, wurde in dem frühen Alter von
34 Jahren zum „membre du conseil de l'ordre" gewählt;
Politiker und heftiger Republikaner. Er nahm an der Revolution von 1848 hervorragenden Anteil, wurde aber
nach dem Staatsstreich zum Schweigen gezwungen.

S. Alfred, ein Maler, General-Inspektor der schönen Künste.

Aristoteles, Begründer der peripatetischen Schule, von den hervorragendsten Fähigkeiten in den Naturwissenschaften und
der Philosophie, Lehrer Alexanders des Großen. Er schloß
sich Platos Akademie an, der ihn mit 17 Jahren „den Intellekt der Schule" nannte. Er hatte eine schwache Gesundheit, aber einen wunderbaren Fleiß. Er war rastlos, er

lehrte im Gehen, daher der Name Peripatetische Schule.
War in seiner Kleidung wählerisch. War begütert, verlor
seine Eltern in frühem Alter.

V. Nicomachus, Freund und Arzt des Königs Amyntas II.
von Mazedonien; schrieb seither verlorene Werke über
Medizin und Naturwissenschaften.

E. Nicomachus. Nach Cicero wurde er von einigen Personen für den Autor der „Nicomachischen Ethik" gehalten, die im allgemeinen Aristoteles zugeschrieben wird.

Oe. (? über das O herrschen Zweifel.) Callisthenes, der
Philosoph, der Alexander den Großen nach dem Osten
begleitete, ein unbedachtsamer Mann, dem es an Takt
fehlte, aber im übrigen befähigt. Seine Mutter, Hero,
war Aristoteles Kousine.

Bacon, Francis, ernannt zum Lord Bacon, Lord Chancellor. „Der
weiseste, glänzendste, niederträchtigste unter den Menschen" lautet eine zu harte Sentenz über diesen überaus
berühmten Philosophen und Staatsmann. Seine natürlichen Gaben ergeben sich durch eine einfache Addition
derjenigen seiner Mutter und derjenigen seines Vaters.
Es ist zweifelhaft, ob er sehr frühreif war oder nicht,
doch ist es Tatsache, da die Königin Elisabeth sich an seinem knabenhaften Witz, seinem Ernst und seinem Urteil
ergötzte.

V. Sir Nicholas Bacon, Lord Siegelbewahrer. Er war der
erste Siegelbewahrer, der im Rang einem Lord Chancellor gleichstand. Er war ein ernster, stattlicher Mann,
liebte die Wissenschaft, die Gärtnerei und den Hausbau.
In all diesen Dingen glich sein Sohn ihm vollkommen,
er heiratete zweimal.

v. Anne Cooke, Mitglied einer ungemein begabten Familie
und sie selbst eine Gelehrte von nicht gewöhnlichem
Ruf. Hervorragend durch Frömmigkeit, Tugend und
Gelahrtheit. In Griechisch und Latein außerordentlich bewandert.

(4 o.) Die vier Schwestern seiner Mutter, von denen stets in
den Ausdrücken des höchsten Lobes gesprochen wird.

g. Sir Anthony Cooke wird von Camden beschrieben als

„vir antiqua serenitate". Lloyd (State Worthies) sagt:
„Die Contemplation war seine Seele, Abgeschiedenheit
sein Leben und gelehrte Unterredung sein Element."
Lord Seymour, der dabei war, als er seinen Sohn tadelte,
bemerkte: „Manche Männer beherrschen ihre Familie
mit mehr Kunst, als andere Königreiche" und empfahl ihn
hierauf Eduard VI. zur Erziehung seines jungen Neffen.
„So eindrucksvoll war die Majestät seines Blicks und
seines Ganges, daß sie seiner Familie Scheu einflößten,
derart sein Verstand und seine Liebenswürdigkeit, daß
seine ganze Familie zur Liebe gezwungen war; eine
Familie, die gleich ängstlich war, einem so guten Verstand
zu mißfallen, und einen so großen zu beleidigen." Er
lehrte seine Töchter alles Wissen seiner Zeit. Es tut
mir sehr leid, daß es mir nicht gelungen ist, irgend etwas
über Sir Anthonys Ahnen oder seiner Seitenverwandten zu
erfahren.

oS. Cecil, erster Earl von Salisbury, hervorragender Minister
unter Elisabeth und Jakob I. Sein Vater war der große
Lord Burleigh.

B. Anthony, hatte eine schwächliche Gesundheit, doch einen
beträchtlichen Teil des intellektuellen Talents, das diese
bemerkenswerte Familie auszeichnete.

B. (aber von einer andern Mutter.) Sir Nathaniel, Baronet,
ein Mann von seltenen Anlagen und einem edlen Charakter. Er war ein sehr guter Maler. Walpole sagt von
ihm, er habe „wirklich die Vollkommenheit eines Mei-
sters erlangt." Peacham in seiner „Graphicae" sagt:
„Niemand gebührt meiner Ansicht nach mehr Respekt
und Bewunderung wegen seiner Geschicklichkeit und
seiner Erfahrung im Malen, als Meister Nathaniel Bacon
von Brome in Suffolk, der meinem Urteil nach nicht
hinter unseren geschicktesten Meistern zurücksteht."

B. (Von den gleichen Eltern wie oben.) Sir Nathaniel von
Stivekey. Als er 22 Jahre alt war (Lord Bacon zählte
damals 7), sagte sein Vater von ihm: „In der Tat, von
all' meinen Kindern, gibt er beim Studium die besten
Hoffnungen."

**N.** (Sohn eines andern Bruders.) Nathaniel, Altertums-
forscher, Archivar von Bury und Admiralty Judge. War
Parlamentsmitglied für Cambridge und ein standhafter
Republikaner.

Bernoulli, Jakob. Der erste, der den Ruhm in eine Schweizer
Familie brachte, die später eine außerordentliche Anzahl
hervorragender Mathematiker und Naturwissenschaftler
umschloß. Sie waren meist zänkisch und unliebens-
würdig. Viele von ihnen waren langlebig. Drei von
ihnen überschritten ihr achtzigstes Lebensjahr. Jakob
war für die Kirche bestimmt, widmete sich aber früh
der Mathematik, in welche er zufällig eingeführt worden
war. Er hatte ein galliges melancholisches Temperament. War sicher, aber langsam. Er unterrichtete seinen Bruder Johann, behielt ihm gegenüber aber zu lange
einen Ton der Überlegenheit, woraus Streit und Rivalität
erfolgte. Jakob war, was seine Originalität und sein
Talent anlangt, ein Mathematiker der höchsten Art. Mitglied der Französischen Akademie.

**B.** Johann, für den Handel bestimmt, wandte sich aber der
Physik und Chemie zu. Mitglieder der Französischen
Akademie. („Eloge von d'Alembert.") Er war der Ahn-
herr der fünf folgenden:

**N.** Nikolaus, starb mit 31 Jahren, war gleichfalls ein großes
mathematisches Genie. Starb in Petersburg, wo er eine
der Hauptzierden der damals noch jungen Akademie war.

**N.** Daniel, Physiker, Botaniker und Anatom, schrieb über
Hydrodynamik; sehr frühreif. Erhielt zehn Preise, um
einen hatte sich auch sein Vater beworben. Dieser vergab
ihm nie diesen Erfolg. Mitglied der Französischen
Akademie. (Condorcet's „Eloge".).

**N.** Johann, Rechtsgelehrter, Mathematiker und Physiker. Erhielt drei Preise der Akademie, deren Mitglied er war.
Professor der Rhetorik und Redner. Wäre ein großer
Mathematiker geworden, wenn er die Redekunst nicht
mehr geliebt hätte. Er war für den Handel bestimmt,
haßte ihn aber. (D'Alembert „Eloge".)

NS.   Johann, Astronom, Mathematiker und Philosoph. Schrieb
      viele Werke und reiste ein wenig.

NS.   Jakob, Physiker und Mathematiker, ertrank mit 30
      Jahren beim Baden.

NS.   Nikolaus (Sohn eines dritten Bruders), Mathematiker,
      Mitglied der Französischen Akademie.

      Es gibt noch zwei andere Nachkommen dieser Fa-
      milie, doch ist mir der genaue Grad der Verwandtschafts-
      beziehung unbekannt.

(?)   Christoph (1782—1863), Professor der Naturgeschichte an
      der Universität Basel, Autor vieler Werke aus dem Ge-
      biete der Naturwissenschaften und der Statistik.

(?)   Jerome (1745—1829), trieb einen Apothekerhandel, hatte
      aber eine Leidenschaft für die Naturgeschichte und hatte
      schon mit 20 Jahren eine beträchtliche mineralogische
      Sammlung zusammengestellt, die er immer mehr ver-
      größerte, bis sie eine der vollständigsten der Schweiz
      wurde.

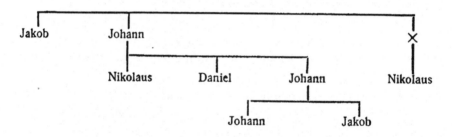

Boyle, Hon. Robert, „Der christliche Philosoph". Hervorragend
      in Naturwissenschaften, namentlich in Chemie; ein Ge-
      lehrter und Theologe. Er hat auch als religiöser Staats-
      mann Bedeutung, infolge seiner Bemühungen das Christen-
      tum unter den Eingeborenen Indiens und Nordamerikas
      zu verbreiten. Er war der siebente Sohn und das vier-
      zehnte Kind seiner Eltern. War scheu und zerstreut und
      wies standhaft die zahlreichen Anerbietungen auf Beför-
      derung zurück, die ihm aufgedrängt wurden. Er ge-
      hörte einer sehr ehrenwerten Familie an, deren Stamm-
      baum ich gebe (s. Seite 221).

# Familie Boyle; Earls von Cork, Orrery, Burl ngton und Shannon und andere r ohne Titel.

Sir Geoffrey Fenton, erster Staatssekretär für Irland

Catherine = Richard Boyle 1 (der große) Earl von Cork Lord-Schatzkanzler von Irland

Michael Boyle

Michael Bischof von Waterford

Richard Erzbischof von Tuam

Michael Erzbischof von Armagh und Lord Chancellor von Irland

Sohn rnnnt zum Viscount B ess ngton

×

starb ne Nachkommen

Lewis ernannt zum Viscount Boy e

starb ohne Nachkommen Roger

Roger ernannt zum Earl v. Orrery und Lord Präsident von Munster

Henry

Francis ernannt zum Viscount Shannon

×

starb ohne Nachkommen

Robert der the Philosoph

Richard 2. Earl v. Cork ernannt z. Earl o Burlington

×

Char es 3. Earl v. Cork und 2. Earl von Burlington

Richard, 4. Earl v. Cork, 3. Earl von Burlington d. Freund Popes st. ohne Nachk.

Lionel 3. Earl von Orrery

Charles ernannt z Baron Boyle 4. Earl v. Orrery, „Orrery" nach ihm ge- nannt

Henry Vorsitzender des Hauses der Gem. und Schatzkanzler von Irland ern zum Ear Shannon

John, 5. Earl v. Orrery und 5. Ear v.Cork, d.FreundSw fts

V. Richard, erster Earl von Cork, gewöhnlich der große
    Earl genannt, Lord-Schatzkanzler von Irland. Zeichnete
    sich während der großen Revolution durch seine Energie
    und militärischen Eifer aus. Er machte ein großes Ver-
    mögen, indem er seine irischen Besitzungen meliorierte.

v. Catherine. „Die Krone all meines (des Earls) Glücks
    Religiös, tugendhaft, liebreich, die glückliche Mutter all
    meiner hoffnungsvollen Kinder."

g. Sir Geoffrey Fenton, Erster Staatssekretär für Irland.

OS. Michael Boyle, Bischof von Waterford.

OS. Richard Boyle, Erzbischof von Tuam.

OE. Michael Boyle, Erzbischof von Armagh und Lord Chan-
    cellor von Irland.

4 B. machten alle ihre Sache gut, heirateten alle günstig.
    Einer erbte den Titel, die andern wurden zu Pairs ernannt.
    Der hervorragendste unter ihnen ist Roger, erster Earl
    von Orrery, militärischer Kommandant unter Cromwell
    in Irland, später im Dienst der Restauration unter Karl II.,
    der ihn adelte. Die Chancellorwürde wurde ihm ange-
    boten, doch lehnte er sie ab.

(? b.) Auch sieben Schwestern heirateten Pairs, und nach den
    allgemeinen Berichten über die Familie nehme ich an,
    daß einige von ihnen beträchtliche Verdienste gehabt
    haben müssen. Die Details fehlen.

NS. Chas. Boyle, vierter Earl Orrery; Gelehrter („Episteln
    von Phalaris", Relig. Streitschr.), Diplomat. Das astrono-
    mische Instrument „Orrery" wurde von seinem dank-
    baren Entdecker nach ihm genannt.

NS. Henry Boyle, erster Earl von Shannon, Vorsitzender
    des Hauses der Gemeinen in Irland und Schatzkanzler
    daselbst.

NE. Richard Boyle, vierter Earl von Cork, förderte die schö-
    nen Künste, ein Freund Popes.

NE. (aber von einem andern Bruder des Philosophen ab-
    stammend.) John Boyle, fünfter Earl von Cork, der
    Freund Swifts.

Brodie, Sir Benjamin, Baronet; hervorragender Chirurg, Prä-
    sident der Royal Society. Die folgenden Verwandten
    sind seiner Autobiographie entnommen.

*(G)* „Hatte den Ruf, eine Person von sehr beträchtlichen Fähigkeiten zu sein und habe ich früher einige ihrer Manuskripte gesehen, die zu beweisen schienen, daß dies tatsächlich der Fall war."

(F) „War durchaus bemerkenswert wegen seiner Talente und Kenntnisse. Kannte die allgemeine Literatur gut und war ein ausgezeichneter Kenner des Griechischen und Lateinischen ... Er besaß sehr viel Energie und Emsigkeit aber ... Ich kann nicht daran zweifeln, daß er ein enttäuschter Mensch war." (Auf dem Gebiet der Politik.) Er widmete sich Gemeindeangelegenheiten und gewann einen beträchtlichen lokalen Einfluß.

(B.) „Mein ältester Bruder wurde Jurist und hat in seinem Beruf den höchsten Platz als ‚Conveyancing-Barrister' erreicht."

oS. Lord Denman, der Lord Chief Justice (s. unter Judges.). (Sein Vater war ein hervorragender Arzt.)

oE. George Denman, Q. C. Parlamentsmitglied, war 1842 der erste in klassischen Studien in Cambridge.

s. Sir Benjamin Brodie, zweiter Baronet, Professor der Chemie in Oxford.

Buckland, William, Dr. der Theologie, Dekan von Westminster, hervorragender Geologe.

S. Frank Buckland, Naturforscher. Wohlbekannter populärer Schriftsteller der Naturgeschichte, namentlich auf dem Gebiet der Fischzucht.

Buffon, G. L. Graf von, Naturforscher. „Majestate naturae par ingenium". Die Natur gab ihm jeden Vorteil an Gestalt, Haltung, Gesichtszügen, Kraft und allgemeiner Energie. Voltaire sagte von ihm „le corps d'un athlète et l'âme d'un sage." Er sollte zuerst Jurist werden, hatte aber einen unwiderstehlichen Hang zu den Naturwissenschaften, erst zur Physik und Mathematik und schließlich zur Zoologie.

*f.* Er sagte, daß er seine Eigenschaften von ihr habe. Er sprach stets mit großer Liebe von seiner Mutter.

s. Seine Fähigkeiten waren beträchtlich und seine Liebe zum Vater außerordentlich. Er wurde als Aristokrat guillotiniert.

Cassini, Jean Dominique. (1625—1712, starb mit 87 Jahren.) Gefeierter italienischer Astronom, dessen Name hauptsächlich mit der Entdeckung der Satelliten des Saturn, den Rotationen der Planeten um ihre Achsen und dem Zodiakallicht verknüpft ist. Er hatte zu seiner Zeit einen ungeheuren Ruf. Durch das Anerbieten einer Pension veranlaßte ihn Colbert, sich in Frankreich niederzulassen und sich als Franzose zu naturalisieren. Er gründete das Observatorium von Paris. Er war von starker Konstitution, hatte ein ruhiges Temperament und war religiös. War der erste einer Familie von einer bemerkenswerten Reihe langlebiger Astronomen.

S. Jacques Cassini (1677—1756, starb mit 79 Jahren). Verfasser der „Theorien über die Gestalt der Erde", folgte seinem Vater in der Französischen Akademie.

E. César F. Cassini de Thury ⎫
ES. ⎫                          ⎬ s. unten.
EE. ⎭ Seine Nachkommen         ⎭

Cassini de Thury, César François (1714—1784), starb mit 70 Jahren), zeigte frühe Fähigkeiten für die Astronomie. Wurde mit 22 Jahren in die Akademie aufgenommen. War der Urheber der Regierungsvermessungen in Frankreich, veröffentlichte viele wissenschaftliche Schriften.

G. Jean Dominique Cassini ⎫ s. oben.
V. Jacques  Cassini        ⎭

S. Jacques Dominique (1747—1845, starb mit 98 Jahren) folgte seinem Vater als Direktor des Observatoriums und vollendete die „Carte Topographique de la France".

E. Alex. Henri Gabriel (1781—1832, starb mit 51 Jahren) liebte leidenschaftlich Naturgeschichte, hatte keinen Geschmack für Astronomie; schrieb „Opuscules Philologiques", war Mitglied der Akademie. Er war Jurist, Präsident des Cour Royale in Paris und Pair von Frankreich; starb frühzeitig an der Cholera.

Cavendish, Hon. Henry (1731—1810, starb mit 79 Jahren), gefeierter Chemiker. Begründer der Chemie der Luft.

gB. William Lord Russell; Patriot wurde 1683 hingerichtet.

Celsius, Olaus, ein schwedischer Botaniker, Theologe und Orientalist. Er wird als der Begründer des Studiums der Naturgeschichte in Schweden betrachtet, war der Lehrer und Gönner von Linné. Er schrieb über die Pflanzen, die in der Schrift erwähnt werden, war Professor der Theologie und der orientalischen Sprachen in Upsala, starb mit 86 Jahren.

S. Magnus Nikolaus Celsius, Mathematiker und Botaniker, Professor in Upsala.

E. Anders Celsius, Astronom. Er war der erste, der die hundertteilige Skala des Thermometers einführte. Professor in Upsala, starb mit 43 Jahren.

Condorcet, Jean Caritat, Marquis de; Sekretär der Französischen Akademie. Schrieb über Moral und Politik. In mathematischen Studien war er frühzeitig entwickelt und hatte eine unersättliche und universelle Wißbegierde. Er war Ideen gegenüber sehr rezeptiv, aber nicht in gleichem Maße originell. Machte äußerlich nicht den Eindruck eines stolzen Menschen, einfach weil er ein großartiges Vertrauen in seine eigene Meinung hatte. Brillieren war nicht seine Sache. Seine hauptsächliche Fähigkeit bestand in Kombinieren und Organisieren. Verschiedene Leute beurteilten seinen Charakter sehr verschieden. St. Beuve fand ihn bösartig und verbittert mit einem provozierenden äußeren Wohlwollen. Er vergiftete sich mit 51 Jahren, um der Guillotine zu entgehen.

(f.) Seine Mutter war sehr fromm. Als er noch ein Kind war, gelobte sie der heiligen Jungfrau, ihn acht Jahre lang weiß zu kleiden wie ein junges Mädchen.

O. Ein ausgezeichneter Bischof (Aragos „Eloge").

(? 2.) Er war auch eng mit dem Erzbischof von Vienne und dem Kardinal von Bernis verwandt, doch weiß ich nicht in welchem Grade.

Cuvier Georges, Baron von. Einer der berühmtesten Naturforscher. Er war schon mit 26 Jahren wohlbekannt, starb mit 63. War als Knabe von zarter Gesundheit.

(f.) Seine Mutter war eine gebildete Frau, die seine erste Erziehung sorgsam überwachte.

B. Frédéric, der sich frühzeitig selbst der Naturgeschichte widmete und in Untersuchungen wenig hinter seinem Bruder Georges zurückstand, obgleich er nie etwas vollbrachte, was sich an wissenschaftlichem Wert mit den Werken seines Bruders messen kann, ausgenommen sein Werk „Die Zähne der Tiere."

D'Alembert, Jean le Rond. Mathematiker und Philosoph der höchsten Art. War ein illegitimes Kind. Seine Mutter ließ ihn im Stiche und ließ ihn auf einem öffentlichen Platze in der Nähe der Kirche Jean le Rond legen, woher sein Taufname stammt; der Ursprung seines Familiennamens ist unbekannt. Er zeigte als Kind eine außerordentliche Lernbegier, wurde aber bei jedem Schritt entmutigt. Die Frau eines Glasers, zu der er von der Behörde als Findling in Pflege gegeben wurde, machte sich über seine Bestrebungen lustig, in der Schule wurde ihm von seiner geliebten Mathematik abgeraten. So oft er selbst überzeugt war, daß er etwas Originelles gemacht habe, fand er unbedingt, daß andere die gleiche Sache vor ihm gefunden hatten, aber seine Neigung zur Wissenschaft trieb ihn vorwärts. Er wurde mit 24 Jahren Mitglied der Akademie, und von da ab wurde seine Karriere eine ehrenvolle. Er war völlig frei von Neid und sehr mildtätig. Heiratete nie, hatte aber sehr merkwürdige platonische Beziehungen zu Mlle. de Espinasse.

Sein Vater soll M. Destouches gewesen sein, ein Artilleriekommissionär.

(ƒ.) Mlle. de Tencin, Novellistin von hohen Fähigkeiten, ursprünglich eine Nonne, trat aber aus dem Kloster aus. Sie und ihre beiden Schwestern waren bekannte Abenteuerinnen. Sie schloß sich eng an ihren Bruder, den Kardinal de Tencin an, liebte ihn leidenschaftlich und widmete sich seinem Avancement. Sie führte sein Haus, das ein bekanntes Zentrum hervorragender Männer wurde. Sie war nichts weniger als tugendhaft. Fontenelle, der Sekretär der Französischen Akademie (s. unter „Dichtern" unter Corneille), war einer ihrer Bewunderer vor der Geburt d'Alemberts. Mit 34 Jahren warf sie sich auf politische Intriguen. Erst als d'Alembert berühmt geworden war, soll sie sich ihm zum ersten Male als seine Mutter genähert haben, worauf er ihr erwidert haben soll: „Sie sind nur meine Stiefmutter, die Frau des Glasers ist meine wirkliche Mutter."

Die Verwandten d'Alemberts mütterlicherseits bilden eine seltsame Gruppe. Es sind

(o). Madame Feriol, die Mutter von Pont de Veyle und d'Argental und

(o.) Comtesse de Grolée und die folgenden Brüder

o. Cardinal de Tencin, Staatsminister und fast Premierminister.

oS. Pont de Veyle, Liederdichter und Dramatiker, voller Geist, aber ein selbstsüchtiger Mensch. Er wurde von einem Pedanten erzogen, der in ihm Haß gegen das Studium erweckte.

oS. Argental, Charles Aug. Feriol, Comte de. Der Vertraute und große Bewunderer Voltaires, der ihn zum Verwahrer seiner Schriften machte. Er war ein eleganter literarischer Kritiker.

Darwin, Dr. Erasmus, Arzt, Physiologe und Dichter. Sein „Botanischer Garten" hatte in der Zeit, wo er geschrieben wurde, einen ungeheuren Ruf, denn neben seinen eigentlichen Verdiensten war er im Einklang mit den Gefühlen und der Ausdrucksweise jener Zeit. Der Scharfsinn in Dr. Darwins zahlreichen Schriften und Theorien ist wirklich bemerkenswert. Er war ein Mensch von großer Körperkraft, Humor und Frohsinn.

(F.) Es wird erzählt, daß Dr. Darwin „aus einer gebildeten und intellektuellen Familie hervorging, sein Vater soll einer der ersten Mitglieder des Spalding Klub gewesen sein."

S. Charles, Student der Medizin, starb jung an einer Wunde, die er sich beim Sezieren gemacht hatte. Er hatte zu der besten Hoffnung Anlaß gegeben. Er hatte die goldene Medaille der Edinburger Universität für eine medizinische Arbeit erhalten.

S. Dr. Robert Darwin von Shrewsbury, war ein Arzt mit

15*

sehr großer Praxis und auch in anderer Hinsicht noch
von Bedeutung.

E.  Charles Darwin, der berühmte moderne Naturforscher,
Verfasser der „Theorie der natürlichen Auslese".

(2 ES.) Einer der Söhne des Obigen war 1868 zweiter wrangler
in Cambridge und ein anderer zweiter bei der Woolwich-
prüfung (Kriegsschule) des gleichen Jahres.

Die Anzahl der Individuen in der Familie Darwin, die
irgend einen Zweig der Naturwissenschaften erwählt
haben, ist sehr bemerkenswert, namentlich weil die Neigung dazu mehr dem persönlichen Geschmack des Jeweiligen als der Familientradition entsprach (ich berichte
nach privaten Quellen).  Die verschiedenen Mitglieder
der Familie haben ein scharfes individualistisches Element, das dem traditionellen Einfluß entgegenarbeitet.

(S.)  Sir Francis Darwin, ein Arzt, hatte eine besondere Liebe
zu den Tieren.  Sein Wohnsitz in Derbyshire war voll
seltsamen Getiers, halbwilde Schweine rannten im Ge-
hölz umher und ähnliches.

(E.)  Einer seiner Söhne ist ein wohlbekannter Schriftsteller
— wenn auch unter Pseudonym — über naturgeschicht-
liche Materien und Sport.

Ich könnte noch mehr Namen von Familienmitgliedern
aufzählen, die zwar in geringerer, aber doch ausgesprochener Weise Sinn für Gegenstände der Natur
geschichte gezeigt haben.

Davy, Sir Humphry; Chemiker und Philosoph.  War als Kind
nicht frühreif, zeichnete sich aber als Jüngling aus.  Seine
ersten Essays veröffentlichte er mit 21 Jahren, war Professor der Chemie am Royal Institution mit 23 Jahren.

B.  Dr. John Davy, Verfasser vieler Arbeiten über Physio-
logie.  General-Inspektor der Armeespitäler.

de Candolle, Augustin Pyrame, hervorragender schweizer Bota-
niker.  Seine Kindheit glich der von Cuvier; beide hatten
Mütter, die intelligent und liebevoll waren; beide hatten
eine zarte Gesundheit und ein sehr glückliches Naturell.
Er hatte einen Wasserkopf und starb fast daran mit 7
Jahren.  Da er nicht imstande war, den Spielen der an-

deren Knaben zu folgen, wurde er fleißig, liebte es, Verse zu machen und hatte eine große Vorliebe für Literatur, aber keinerlei Interesse für Naturwissenschaften. Er sammelte Pflanzen, rein als Gegenstände, die man zusammenschleppt, doch interessierte er sich allmählich in hohem Maße für sie. Als er 15 Jahre alt war, hörte seine Schwächlichkeit auf. Er ist fast das einzige Beispiel einer vollständigen Wiederherstellung bei Wasserkopf. Nachher wurde er sehr kräftig. Er schrieb mit 20 Jahren eine Abhandlung, die ihn einigermaßen bekannt machte. Ein Essay, das er mit 26 Jahren verfaßte, um Doktor der Medizin zu werden, war meisterhaft. Er starb mit 63 Jahren.

V. Zweimal erster Syndikus von Genf.

S. Alphonse, gleichfalls ein Schweizer Botaniker, Professor und Direktor des Botanischen Gartens in Genf.

Euler, Leonhard, schweizer Mathematiker. Sein Vater lehrte ihn Mathematik, bestimmte ihn aber für die Kirche; jedoch entdeckte der jüngere Bernoulli sein Talent, worauf der Vater ihn seinen Neigungen folgen ließ. Er schrieb mit 20 Jahren eine wichtige Abhandlung. Verlor mit 23 Jahren ein Auge und wurde mit 63 Jahren ganz blind. Starb mit 76 Jahren. War von frommer und glücklicher Gemütsart. Hatte drei Söhne. Sechsundzwanzig Enkelkinder überlebten ihn.

(V.) Paul; ein kalvinistischer Geistlicher von guten mathematischen Fähigkeiten.

S. Johann Albert, war mit 20 Jahren Direktor des Observatoriums in Berlin.

S. Karl, Arzt und Mathematiker.

S. Christoph, Astronom. Er diente in Rußland.

Forbes, Edward. Naturforscher von hoher Vollendung, der noch mehr erhoffen ließ; Professor der Naturgeschichte in Edinburg, starb aber jung mit 39 Jahren an einer Nierenkrankheit. Er war ein wirkliches Genie und ein Mann von seltenen gesellschaftlichen Talenten. In früher Kindheit schon zeigte er bemerkenswerte moralische und intellektuelle Gaben. Noch als junger Student in Edinburg

reiste er und schrieb über die Naturgeschichte von Nor-
wegen. Er war beständig in Bewegung, Seefischer und
ähnliches. Verheiratet, hatte aber keine Kinder. Das
folgende ist Geikies Biographie über ihn entnommen:
„Die meisten seiner unmittelbaren väterlichen Ahnen besaßen sehr viel Energie und Tätigkeitsdrang. Diese
Männer liebten es zu reisen, waren gern in Gesellschaft
und liebten gesellschaftliche Vergnügungen; sie waren
freigebig und verstanden es besser Geld auszugeben als
es zu sparen."

f. Sanft und fromm, eine leidenschaftliche Blumen-
freundin, eine Neigung, die sie auf ihren Sohn, den künftigen Professor der Botanik, übertrug.

(3 o.) Einer starb in Demerara, ein anderer in Surinam, ein
dritter ging nach Afrika und blieb verschollen.

(2 B.) Einer ertrank in Australien, ein anderer wurde zufällig
in Amerika getötet.

B. Der andere Bruder, ein ausgezeichneter Mineraloge, war
zuerst in den südamerikanischen Minen angestellt.

In dem Blut der Forbes war sicherlich eine beträcht
liche Lust am Umherschweifen, und sie war bei keinem
wohl stärker als bei dem großen Naturforscher.

Franklin, Benjamin, schrieb über Philosophie und Politik und
daneben Miscellen. Ein Mann von großer Kraft und
Originalität des Charakters. Amerikanischer Patriot
und Staatsmann.

eS. Alexander Dallas Bache, Oberaufseher der Küstenver-
messung der Vereinigten Staaten, war Professor der
Philosophie, ebenso der Chemie und Mathematik.

eS. Franklin Bache, Dr. med., Autor vieler medizinischer
Werke, Professor der Chemie.

(E.) W. T. Franklin, Herausgeber der Werke seines Großvaters.

Galilei Galileo, berühmter Physiker. Als Kind hatte er die Gewohnheit, mechanisches Spielzeug zu konstruieren. Als
Knabe, ehe er noch etwas von Mathematik wußte, machte
er die Entdeckung, daß die Schläge der Pendeluhr iso-
chron sind. Er war für die Medizin bestimmt, machte

sich aber frei und ging zur Mathematik über. Wurde
blind. Starb mit 82 Jahren.

V. Vincenzo war ein Mann von beträchtlichem Talent und
Wissen. Er schrieb über die Theorie der Musik.

(B.) Ein Bruder scheint sich der Naturgeschichte hingegeben
zu haben.

(S.) Sein Sohn, Vincenzo Galilei, war der erste, der an einem
Uhrwerk seines Vaters Erfindung des Pendels anbrachte.

Geoffroy St.-Hilaire (Etienne), gefeierter französischer Naturforscher. Er war einer der Gelehrten, die Napoleon nach
Ägypten begleiteten.

B. Château, ein ausgezeichneter Genieoffizier, Napoleon
schätzte ihn sehr. Starb nach Austerlitz an den Anstrengungen des Feldzugs. Napoleon adoptierte seine
beiden Söhne, die beide Schriftsteller wurden, aber
keine besondere Bedeutung hatten.

S. Auguste, Zoologe.

Gmelin, Johann Friedrich, hervorragender deutscher Chemiker,
Naturforscher und Physiker. Das hervorragendste Mitglied einer Familie, die der Wissenschaft wenigstens
fünf Namen schenkte:

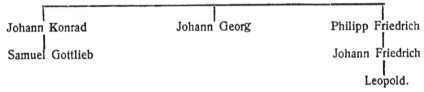

```
Johann Konrad        Johann Georg        Philipp Friedrich
      |                                          |
Samuel Gottlieb                           Johann Friedrich
                                                 |
                                            Leopold.
```

V. Philipp Friedrich, Botaniker und Arzt, machte wissenschaftliche Reisen durch Europa und schrieb zahlreiche
Monographien.

O. Johann Georg, Botaniker und Arzt, Mitglied der St.
Petersburger Akademie, sibirischer Reisender, Verfasser
der „Flora Sibirica".

(O.) Johann Konrad; ein bekannter Arzt.

OS. Samuel Gottlieb, wissenschaftlicher Reisender, war in
Astrachan und am Kaspischen Meer, wo er von den
Tartaren festgenommen wurde und mit 29 Jahren in der
Gefangenschaft starb.

S. Leopold, Chemiker.

Gregory, James, Mathematiker, Erfinder des Spiegel-Teloskops;
ein Mann von sehr scharfsinnigem und eindringlichem
Geist. Er war das bedeutendste Mitglied einer sehr bedeutenden Familie, aus der hervorragende Mathematiker
und sehr viele hervorragende Ärzte hervorgingen. Der
beiliegende Stammbaum ist nötig, um ihre Familienbeziehungen zu erklären, doch weiß ich, daß er der Familie
nicht völlig gerecht wird. Das Talent kam von den
Andersons her, von denen ich wünschen würde, mehr
zu wissen. Wir können wenigstens die folgenden Buchstaben für diese Notiz in Anspruch nehmen: *f.*, *g.*, gB.,
B., 3 N., NS., *NS.*, S., *2* E., ES. und *2* Ee.

Haller, Albrecht von (1708—1777), starb mit 69 Jahren. Ein
Schweizer Arzt, wird als Vater der modernen Physio-
logie betrachtet. Er war außerordentlich frühreif; die
Berichte über sein frühes Talent sind ebenso erstaunlich,
als nur irgend ein Bericht über frühreifes Talent sein
kann. Als Kind war er gebrechlich, schwach und zart.
War außerordentlich fleißig und schrieb über 200 Abhandlungen, darunter einige gute Gedichte. Er litt an
der Gicht und nahm maßlos Opium.

(V.) Sein Vater gehörte einer Familie an, deren Mitglieder
seit jeher fromm waren und hatte den Ruf eines fähigen
Rechtsgelehrten.

g. Eines der Mitglieder des Obersten Rats der Schweiz.

S. Gottlieb Emanuel, schrieb verschiedene Werke über die
Geschichte und Literatur der Schweiz.

Harvey, William, Dr. med. hervorragender Arzt; Entdecker der
Blutzirkulation, ein guter Kenner der Antike. Er war
ein kleiner Mann mit einem runden Gesicht, oliven-
farbenem Teint, und kleinen schwarzen, sehr lebendigen
Augen. Er wurde gichtisch und bekam schrullenhafte
Gewohnheiten. Er dachte nachts im Bett zu viel nach
und schlief deswegen schlecht. Er und alle seine
Brüder waren jähzornig. War verheiratet, hatte aber
keine Kinder. Seine Verwandten zeigten vollgiltige
Fähigkeiten.

(5 B.) Fünf seiner Brüder waren Kaufleute von Ansehen und Vermögen, die hauptsächlich Geschäfte nach der Levante machten und von denen die meisten ein großes Ver mögen erwarben. „The Merchants' Map of Commerce" ist allen Brüdern gemeinsam gewidmet, die ihr Lebenlang sehr aneinander hingen. Ebenso liebten sie alle zärtlich ihre Mutter, was aus der sehr rührenden Grabschrift auf ihrem Leichensteine hervorgeht.

(N? wie viele.) Seine Neffen waren wohlhabende Kaufleute; einige von ihnen errangen Vermögen und erhielten Titel.

(So der Bericht in der biographischen Einleitung zu seinen Werken, die von der Sydenham-Gesellschaft herausgegeben wurden.)

Oe. (ich glaube) Heneage Finch, ernannt zum ersten Earl von Nottingham, Lord Chancellor. Auch sein Vater war hervorragend (s. Finch unter „Judges"). William Harvey nannte Heneage Finch in seinem Testament seinen „lieben Kousin" und hinterließ ihm ein Legat dafür, daß er ihm bei der Abfassung seines letzten Willens behilflich war. Das genaue Verwandtschaftsverhältnis kenne ich nicht. Earl Nottinghams Mutter war die Tochter eines William Harvey und sie war n i c h t die Schwester des Mediziners. Zwischen dem Arzt und dem Earl ist ein Altersunterschied von 43 Jahren. Es ist wahrscheinlich, daß der Earl Harvey's Großkousin war, nämlich der Sohn einer Tochter des Bruders seines Vaters.

Herschel, Sir William, hervorragender Astronom; Präsident der Royal Society. Wurde zum Musiker ausgebildet, kam nach England mit der Musikkapelle der Hannoverschen Garde, wurde später Organist in Bath. Mit 41 Jahren erwarb er einige mathematische Kenntnisse. Baute sich selber Teleskope und war mit 43 Jahren ein berühmter Astronom. Starb mit 83 Jahren.

(V.) Isaac; Sohn eines Gütermaklers, liebte aber die Musik so, daß er sich der Musikkapelle der Hannoverschen Fuß - Garden anschloß; die Kapelle bestand aus ausge-

# Stammbaum der Familie Gregory

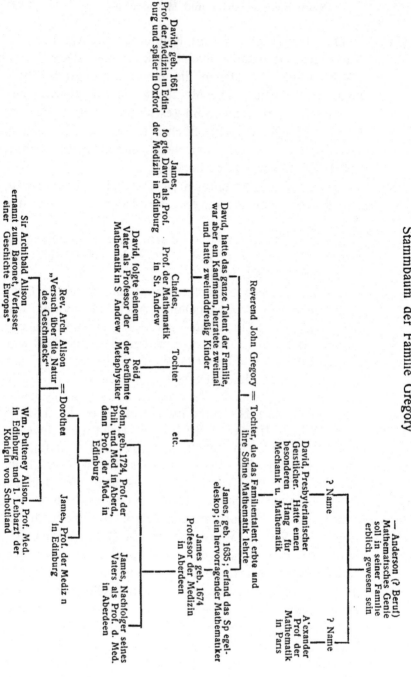

— Anderson (? Beruf)
Mathematisches Genie
soll in seiner Familie
erblich gewesen sein

? Name

David, Presbyterianischer
Geistlicher. Hatte einen
besonderen Hang für
Mechanik u. Mathematik

? Name

A'exander
Prof der
Mathematik
in Paris

James, geb. 1635; erfand das Spiegel-
eleskop; ein hervorragender Mathematiker

James geb. 1674
Professor der Medizin
in Aberdeen

James, Nachfolger seines
Vaters als Prof. d. Med.
in Aberdeen

Reverend John Gregory == Tochter, die das Familientalent erbte und
ihre Söhne Mathematik lehrte

David, hatte das ganze Talent der Familie,
war aber ein Kaufmann, heiratete zweimal
und hatte zweiunddreißig Kinder

David, geb. 1661
Prof. der Medizin in Edinburg und später in Oxford
der Medizin in Edinburg

James,
fo gte David als Prof.
der Medizin in Edinburg

Charles,
Prof. der Mathematik
in St. Andrew

David, folgte seinem
Vater als Professor der
Mathematik in S Andrew

Tochter

etc.

Reid,
der berühmte
Metaphysiker

John, geb. 1724, Prof. der
Phil. und Med in Aberd.,
dann Prof. der Med. in
Edinburg

James, Prof. der Mediz n
in Edinburg

Rev. Arch. Alison == Dorothea
„Versuch über die Natur
des Geschmacks“

Sir Archibald Alison
ernannt zum Baronet, Verfasser
einer Geschichte Europas“

Wm. Pulteney Alison, Prof. Med.
in Edinburg und 1. Leibarzt der
Königin von Schottland

wählten Künstlern. Er wurde ein einigermaßen bekannter Musiker, namentlich auf der Violine und Oboe.

(B.) Alexander; guter Violoncellist; hatte auch einen starken
Hang zur Mechanik.

  *b.* Miss Caroline Herschel, arbeitete mit ihrem Bruder zu
sammen in der nützlichsten Weise an all' seinen astro-
nomischen Werken. Sie erhielt die goldene Medaille der
Royal Society. Starb mit 98 Jahren.

  S. Sir John Herschel, ebenfalls als Astronom berühmt und
einer der ersten Philosophen seiner Zeit.

(3 E.) Zwei seiner Enkel haben sich bereits einen Namen in
der wissenschaftlichen Welt gemacht, Professor Alexander Herschel, der über Meteoriten schreibt und Leutn.
John Herschel, der erste seines Jahrgangs in Addis-
combe, der 1868 die Führung der Expedition übernahm,
die die Royal Society nach Indien zur Beobachtung der
totalen Sonnenfinsternis sandte. Der andere Sohn William, ein höherer Verwaltungsbeamter in Bengalen war
der erste seines Jahrgangs in Haileybury. Musikalische
Gaben sind in der Familie Herschel stark erblich.

Hooker, Sir William, Botaniker, zuletzt Direktor und Gönner des
Kgl. Gartens in Kew. Verfasser zahlreicher Werke über
systematische Botanik.

  S. Dr. Joseph Dalton Hooker, Botaniker und Physiker,
Direktor des Kgl. Gartens in Kew; zuerst Naturforscher,
nahm als solcher teil an der antarktischen Expedition
von Sir J. Ross und bereiste später die Himalaya-
Gegend von Sikkim. Der Vater seiner Mutter, g, war
Dawson Turner, der Botaniker und seine Kousins sind
2 oS., Giffard Palgrave, ein Arabien - Forscher und
Autor eines Buches über Arabien, und Francis Pal-
grave, ein wohlbekannter Schriftsteller. Schrieb über
Literatur, Poesie und Kunst.

Humboldt, Alexander, Freiherr von; wissenschaftlicher Reisender und Philosoph und ein Mensch von ungeheuren
wissenschaftlichen Kenntnissen. Er hatte eine außerordentlich kräftige Konstitution und brauchte sehr wenig
Schlaf. Sein erstes naturgeschichtliches Werk ver-

öffentlichte er mit 21 Jahren, starb mit 90 und arbeitete
bis zuletzt. Er beschloß seinen „Kosmos" mit 82 Jahren.

B.  Wilhelm von Humboldt, Philologe von höchstem Range,
beschäftigte sich kritisch mit der klassischen Literatur und
war Diplomat. Die verschiedenen Neigungen der beiden
Brüder waren schon an der Universität sichtbar, wo sie
zusammen studierten, Alexander Naturwissenschaften,
Wilhelm Philologie.

Hunter, John; der hervorragendste unter den englischen Ana-
tomen; General-Stabsarzt der Armee, außerordentlicher Chirurg des Königs. In seiner Jugend wurde
seine Bildung fast ganz vernachlässigt. Zwischen 17
und 20 Jahren war er Kunsttischler. Dann bot er sich
selbst als Gehilfe für den Sezier-Saal seines älteren
Bruders William an (s. unten). Er zeichnete sich sehr
bald aus und gründete zuletzt das Hunterian Museum.

B.  William Hunter, Präsident des Ärzte-Kollegiums und
außerordentlicher Arzt der Königin. Sein Ruf als Anatom und Chirurg, namentlich als Geburtshelfer war überaus groß. Er war seit seiner Jugend von gelassener und
fleißiger Gemütsart; war zuerst für die Kirche bestimmt,
aber er ging statt dessen zur Medizin über. Er gründete ein großartiges anatomisches Museum. Er heiratete
nie.

n.  Matthaw Baillie, Dr. med., ein hervorragender Arzt,
Anatom und Patholog.

n.  Johanna Baillie, dramatische Schriftstellerin, starb mit
89 Jahren.

Huygens, Christian; dänischer Astronom und Physiker; einer der
hervorragenden Fremden, die Colbert nach Paris ein-
lud und denen er Pension zahlte. Er war sehr frühreif,
machte schon als Knabe starke Fortschritte in der Mathematik; veröffentlichte mit 22 Jahren eine mathematische Arbeit; starb mit 68 Jahren an Überanstrengung. Heiratete nie.

V.  Constantyn, ein Mathematiker und Gelehrter; Verfasser
der „Monumenta Desultoria". Hintereinander Sekretär

dreier Prinzen von Oranien und bekannte sich, obgleich er ein Politiker war, tapfer als Freund Descartes.

B. Constantyn folgte seinem Vater als königlicher Sekretär und begleitete Wilhelm III. nach England.

Jussieu, Antoine Laurent de, einer der größten Botaniker. Verfasser des „Système naturel" und das hervorragendste Mitglied einer sehr hervorragenden Botanikerfamilie. Wurde mit 22 Jahren Professor im Königlichen Garten und dort Vorgesetzer seines Onkels Bernard (s. unten), der damals 71 Jahre alt war und der den Posten zurückgewiesen hatte, da er sich als das, was er war, glücklicher und freier dünkte. Es herrschen einige Zweifel darüber, wie weit er der Interpret von Ideen Bernards und wie weit er selbst originell war. Mit 25 Jahren wurde er in die Akademie aufgenommen. Hatte eine kräftige Konstituion, war groß; er sah aus wie ein nachdenklicher Mensch, der immer seiner selbst Herr ist. Wurde blind, alle Botaniker in seiner Familie waren sehr kurzsichtig. Er war einfach in seinem Geschmack und hatte ein langes und glückliches Alter; er starb mit 88 Jahren. Er stammte von einer Familie ab, die Generation um Generation Notare waren. Sein Großvater durchbrach die Tradition und wurde Chemiker in Lyon.

(G.) Seine Großmutter hatte einen starken Einfluß auf ihre zahlreichen Kinder, zu deren Wohl, indem sie sie zusammenhielt und sie gewöhnte, einander zu unterstützen.

Sein Vater stammte aus einer Familie von sechzehn Kindern und war das einzige von ihnen, das sich verheiratete.

O. Antoine Jussieu. Hatte schon als Kind eine Vorliebe, Pflanzen zu beobachten; in seiner Jünglingszeit wurde sie zur Leidenschaft und trieb ihn in die entgegengesetzte Richtung von jenem Lebensweg, den sein Vater für ihn erwählt hatte. Er wurde Student in Montpellier, hatte rasch Erfolg und wurde mit 23 Jahren als Nachfolger von Tournefort Professor der Botanik in Paris.

O. Bernard Jussieu, ein großes botanisches Talent, manche behaupten, das größte in der Familie. Er hatte anfangs keine Neigung zur Botanik, selbst dann noch nicht, als er als Jüngling an einer botanischen Exkursion teilnahm. Dann übernahm er die Pflichten eines Gehilfen und Demonstrators der Botanik bei seinem Bruder Antoine, der ihn überredete, diese Wissenschaft als seinen Beruf zu ergreifen. Er blieb sein Leben lang auf diesem untergeordneten Posten, den er selbst vorzog. Er hing außerordentlich an seinem Bruder. Er wurde ein äußerst geduldiger Beobachter. Er war ein ruhiger, gelassener Mensch, sehr ordnungsliebend, sehr gemäßigt und einfach in seinen Gewohnheiten. Er war tugendhaft, befähigt und gütig. Er hatte eine gute Gesundheit, erblindete aber, genau wie sein Neffe später. Er starb mit 78 Jahren.

O. Joseph Jussieu. Ihm mangelte die Beständigkeit seiner hervorragenden Brüder, doch war er voller Befähigung. Er war hintereinander oder besser nebeneinander Botaniker, Ingenieur, Arzt und Reisender. Als Botaniker machte er die Expedition unter Condamine nach Peru mit, von welcher er mit zerrütteter Gesundheit nach Europa zurückkehrte; nichtsdestoweniger lebte er bis zu seinem 75 Jahre.

S. Adrien Jussieu, der einzige männliche Erbe der Familie, folgte seinem Vater als Professor der Botanik. Heiratete; hatte nur zwei Töchter, starb mit 56 Jahren 1853.

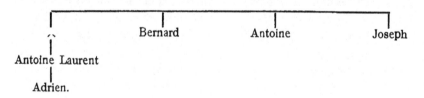

Jussieu, Bernard, s. oben.
  2 B., N., NS.
Leibniz, Gottfried Wilhelm; genialer Mathematiker und Philosoph. Er war sehr frühreif und las alles, was er erlangen konnte. War ein ausgezeichneter Gelehrter und

wurde hervorragend fruchtbar in Rechtswissenschaft, Philosophie, Geschichte, Politik und Mathematik, ehe er 22 Jahre zählte. Hatte einen großen Hang zur Poesie und konnte sehr viel auswendig; noch im hohen Alter konnte er den ganzen Virgil wiederholen. Er war kräftig und selten verdrießlich, außer im späteren Leben; hatte starken Appetit, trank aber wenig; war von einem wunderbaren Tätigkeitsdrang, alles interessierte ihn in gleicher Weise, litt ein wenig an Schwindel und Gicht. Starb mit 68 Jahren an der Gicht. Man sagt von ihm, er sei eitel und geizig gewesen. War nie verheiratet.

(g.) Wilhelm Schmuck, Professor der Jurisprudenz in Leipzig.

V. Professor der Moralwissenschaft (? Kasuistik) in Leipzig und berühmter Rechtsgelehrter.

o. ein Rechtsgelehrter von Ruf.

Linnaeus (von Linné), Karl, der große schwedische Botaniker, der Begründer des Linnéschen Klassifikationssystems der Pflanzen. Erhielt eine ungenügende Ausbildung. Er hatte die ausgesprochenste Vorliebe für Botanik, aber seine intellektuelle Entwicklung in seiner Knabenzeit war langsam. Mit 24 Jahren begann er einen großen Ruf zu bekommen. Es fehlte ihm merkwürdigerweise jedes Talent zur Erlernung fremder Sprachen, er konnte nicht französisch sprechen und mußte daher mit Fremden immer Lateinisch korrespondieren. Er war ein Mensch von hitzigem Charakter, hatte eine sehr kräftige Gesundheit, bis auf etwas Gicht, schlief aber wenig. War von Natur ein Dichter, obgleich er nie Verse machte. Er heiratete, „doch sein häusliches Leben erträgt keine Prüfung, denn es ist wohlbekannt, daß er gemeinsam mit seiner Frau, einem verworfenen Weibe, den ältesten Sohn, einen liebenswürdigen jungen Mann, grausam verfolgte. Der Sohn folgte ihm später auf seinem botanischen Lehrstuhl." (Engl. Cycl.)

S. Karl, ein ausgezeichneter Botaniker, wenn auch weit entfernt von der Bedeutung seines Vaters.

Napier, John, Baron von Merchiston, Erfinder der Logarithmen.

V.  Obermünzmeister in Schottland. War erst 16 Jahre alt, als sein Sohn geboren wurde.

S.  Archibald, Geheimer Staatsrat unter Jakob VI., ernannt zum Lord Napier.

Die Napier sind eine außerordentlich befähigte Familie. Sie umfaßt die Generäle und Admiräle der letzten Generation (s. Feldherren) und in der jetzigen Kapt. Moncrieff (Moncrieff's Batterie) und Mr. Clerk Maxwell, zweiten wrangler 1854 und hervorragend in Naturphilosophie.

Newton Sir Isaac, der berühmteste englische Mathematiker und Philosoph. War als Kind außerordentlich schwächlich; man verzweifelte damals an seinem Leben, aber er wurde mit der Zeit kräftig und gesund. „Die drei großen Entdeckungen, die den Ruhm seines Lebens bilden, waren in seinem Geist konzipiert, ehe er 24 Jahre zählte." (Libr. Univ. Knowl.) Womit gemeint sind: Die Theorien der Gravitation, der Differentialrechnung und des Lichts. Starb mit 84 Jahren.

Newtons Ahnen scheinen in keiner Weise wegen ihrer intellektuellen Fähigkeiten bemerkenswert gewesen zu sein, und ebenso finde ich unter seinen Nachkommen nichts, was der Beachtung wert wäre, ausgenommen die Tatsache, die hier angeführt werden soll, daß die beiden Huttons in einer unbekannten Weise durch die weibliche Linie mit ihm verwandt gewesen sind. Der folgende Absatz ist dem Porträtkatalog, im Besitze der Royal Society entnommen, er wurde gefunden unter der Beschreibung eines Bildes von Sir Isaac Newton, das von Mr. Charles Vignolles, dem hervorragenden Ingenieur, geschenkt wurde. „Die Mutter von James Hutton und die Mutter von Dr. Charles Hutton waren Schwestern, und seine Großmutter und die Mutter von Sir Isaac Newton waren ebenfalls Schwestern." Mr. Vignolles, der ein Enkel von Dr. Charles Hutton ist, hat mir gütigst die Geschichte dieser Stelle auseinandergesetzt. Er scheint auf einen jener kleinen Papierfetzen geschrieben zu sein, die er von Dr. C. Hutton

erbte. Er war in der Handschrift seiner Tante Miss
Isabella Hutton geschrieben und schien von ihrem Vater
diktiert, Dr. C. Hutton. Eine andere Auskunft ist nicht
zu erhalten. Nun ist das Wort „seine" in dem Abschnitt ungrammatikalisch, seine Interpretation ist
daher schwierig. Man könnte annehmen, daß es sich
auf Dr. C. Hutton bezieht, aber ein Vergleich der Daten
läßt mich dies bezweifeln. Sir Isaac war 1642 geboren
und Dr. C. Hutton 1737, wodurch eine Differenz von
95 Jahren entsteht, die durch eine einzige Generation ausgefüllt werden soll. Das ist nicht absolut
unmöglich, aber es ist außerordentlich unglaublich, es
wäre nur bei einer so extravaganten Hypothese wie die
folgende möglich, daß nämlich Newtons Mutter nur 20
Jahre alt war, als ihr Sohn geboren wurde; auch, was
noch gerade möglich ist, daß ihre Schwester um 35
Jahre jünger war als sie. Ebenso, daß diese Schwester
40 Jahre alt war, als ihre Tochter geboren wurde, und
daß auch diese Tochter 40 Jahre alt war, als sie Dr.
C. Hutton gebar. Also $40 + 40 + 35 - 20 = 95$, diese
Hypothese würde den Daten gerecht werden. Doch
argwöhne ich sehr, daß Miss Hutton, als sie unter dem
in seinem hohen Alter (er starb mit 83 Jahren) nicht
mehr sehr klaren Diktat ihres Vaters schrieb, einen
Satz ausließ, den ich unter Anführungszeichen bringe,
wodurch sie ein oder selbst zwei verbindende Generationen ausgelassen hat, so daß der Satz dann lauten
würde: „Die Mutter von Dr. James Hutton und die
Mutter von Dr. Charles Hutton waren Schwestern (sie
waren Kinder [oder Enkel?] von Mr. Hutton), und ihre
Großmutter und die Mutter von Dr. Isaac Newton waren
auch Schwestern." Diese Lesart würde das besitz-
anzeigende Fürwort „sein" erklären, ebenso die Daten,
und sie würde auch die exakte Natur der Verwandt-
schaftsbeziehung erklären, die nicht der Gegenstand
deutlicher Familientradition geworden ist. Wenn nach
der anderen Hypothese die Mütter der Huttons die leib-
lichen Cousinen von Sir Isaac gewesen wären, so hätten

die Huttons diese Tatsache sicherlich oft erwähnt, es
wäre eine einfache Verwandtschaftsform, die leicht zu
behalten ist, und die den Zeitgenossen wohlbekannt
geworden wäre, namentlich den Mitgliedern der Royal
Society, deren Sekretär Dr. Charles Hutton war, und
sie wäre von den Biographen Sir Isaacs oder der
Huttons nicht übersehen worden. In den Biographien
der Huttons wird Newton einfach als ihr Vorfahre
mütterlicherseits erwähnt.

o*E*e. Charles Hutton, Dr. der Rechte, war der wohlbekannte
Mathematiker, Sekretär der Royal Society und Professor
in Woolwich.

o*E*e. James Hutton war der Geologe und Chemiker und Begründer der modernen Geologie. Ein Mensch, dessen
Ruf in seiner Zeit sehr groß war und dessen Schriften
einige unserer modernen führenden Geologen als außerordentlich gut und weit entfernt davon veraltet zu sein,
erachten.

(n)  John Conduit, folgte Sir Isaac als Münzmeister.

Oersted, Hans Christian. Dänischer Physiker und Chemiker.
Entdecker des Elektro-Magnetismus, starb mit 74 Jahren.

B.  Anders Sandoë Oersted, Premierminister von Dänemark
und Schriftsteller, starb mit 82 Jahren.

N.  Anders Sandoë (ebenso) S., amerikanischer Reisender und
Naturforscher.

Plinius der Ältere, Naturforscher. Ein sehr fleißiger Kompilator,
studierte mit außerordentlicher Hingabe, doch fehlte es
ihm ganz sonderbar an kritischer Befähigung. Er war
knauserig mit seiner Zeit, schlief wenig, war ernst und
edel. Kam um, als er den Vesuv während eines Aus-
bruchs besuchte.

n.  Plinius der Jüngere (er trug den Namen der Familie
seiner Mutter). Verfasser der „Episteln", sehr frühreif,
ein Mann von großer Bildung, ein großer Redner, ein
Gönner gelehrter Männer und ein befähigter Staatsmann.

Porta, Giovanni Battista; ein italienischer Philosoph seiner Zeit
von höchstem Ruf, 1550—1615, Erfinder der Camera obscu-

ra. Er war ein Wunderkind und machte sich eine universelle Bildung zu eigen. Außer über naturwissenschaftliche, schrieb er auch über andere Gegenstände gut. Er
gründete Gesellschaften und gab einen bemerkenswerten
Anstoß zum Studium der Naturwissenschaften. Unverheiratet.

B. Ein jüngerer Bruder, teilte seinen Studieneifer.

Saussure, H. B. de, Schweizer Geologe und Physiker. Sorgfältig
erzogen, wurde mit 22 Jahren zum Professor in Genf ernannt. Seine Konstitution litt unter den Folgen von
alpinen Expeditionen, auch durch Sorgen in Geldsachen.
Starb mit 59 Jahren.

V. wissenschaftlich gebildeter Landwirt und Verfasser verschiedener Werke über Agrikultur und Statistik.

S. Nicolas Théodore, Naturforscher und Chemiker. Starb mit
78 Jahren. Er arbeitete zuerst mit dem Vater zusammen
an dessen Untersuchungen, ging aber dann einen unabhängigen Forschungsweg.

Stephenson, George, hervorragender Ingenieur. Der Vater der
Eisenbahnen. Ein großer derbknochiger Junge, der sich
selbst erzog. Durch fortschreitendes aber langsames
Avancement wurde er mit 41 Jahren Ingenieur in einem
Kohlenbergwerk, mit 100 Pfund jährlich. Seine erste
Dampfmaschine baute er mit 43 Jahren. Er gewann
den Preis für den besten Entwurf einer Lokomotive mit
49 Jahren, und seither war sein Weg zum Glück ein
kurzer. Er erfand das ganze System des Eisenbahn-
betriebs, die Signale, Erd-Ausgrabungsmaschinen, Schienen, Stationen und Lokomotiven und errang seinen Erfolg im Kampf mit jeder Art von Opposition und ab-
surden Einwürfen.

S. Robert, frühreif und fleißig. Wurde der erste Ingenieur
seiner Zeit.

Volta, Alessandro, ein italienischer Physiker der höchsten Art,
bestbekannt durch seine elektrischen (Voltaischen) Untersuchungen. Napoleon wollte ihn zum Repräsentanten
der italienischen Naturwissenschaft machen und stieß
ihn auf mannigfache Weise vorwärts, doch hatte Volta

16*

keinerlei Ehrgeiz dieser Art. Er war ein Mann von edlem Äußern, von scharfer und rascher Intelligenz, weiten und gerechten Ideen, ein liebevoller und aufrichtiger Charakter. Seine Schüler vergötterten ihn. Er zeichnete sich früh im College aus. Begann mit 24 Jahren über Elektrizität zu schreiben. Die letzten sechs Jahre seines Lebens lebte er nur für seine Familie. Starb mit 82 Jahren.

(S)   Einer seiner beiden Söhne, voller Verheißungen, starb mit 18 Jahren.

Watt, James. Erfinder der Dampfmaschine und vieler anderer Dinge. Er hat Anteil an der Entdeckung der Zusammensetzung des Wassers. War als Kind sehr zart, war frühreif, liebte Experimente, las gierig und unterschiedslos. Mit 21 Jahren zog er die Aufmerksamkeit der Autoritäten an der Universität Glasgow auf sich, als ein erfinderischer und philosophischer Arbeiter. Sein Weg zum Reichtum war langsam, er verdankte ihn hauptsächlich seiner glücklichen Vereinigung mit Foulton, der Energie, Konzentration auf den Zweck, Mut, administrative Geschicklichkeit und Kapital hinzubrachte. Watt war beständig kränklich und unschlüssig bis an sein nahendes Alter, als seine Kraft mehr und mehr hervortrat. Wenige Männer haben so viel gelesen als Watt, oder haben das Gelesene mit einer solchen Genauigkeit behalten. Er hatte ein wunderbares und wohlgeordnetes Gedächtnis und eine merkwürdige Klarheit im Erklären. Als erfinderisches Genie ist er nicht übertroffen worden.

(G)   ein einfacher Lehrer der Mathematik und etwas seltsam. Mr. Muirhead erzählt von ihm in seiner Biographie Watts: „Es ist sonderbar zu sehen, welch ein entschiedener Hang für wissenschaftliche Untersuchungen wenigstens bis zu einem gewissen Grade jedem männlichen Mitglied dieser Familie eigen war, so daß er fast schon das Geburtsrecht bei den Enkeln von Thomas Watt ‚dem alten Matematiker‘ wurde. Und man kann hinzufügen, daß die gleiche Neigung fortfuhr ‚in ihren Adern zu rollen‘ bis die direkte männliche Linie beider

Söhne des berühmten Erfinders der Dampfmaschine ohne Nachkommenschaft erlosch." (S. 17.)

(V.) Ein Mann von Fleiß und Intelligenz, war zwanzig Jahre, Stadtrat, Schatzmeister und baillie von Glasgow.

(f.) Agnes Muirhead war eine vortreffliche Frau von gutem Verstand, feinem weiblichen Aussehen, ordnungsliebend und ladylike. Eine alte Frau beschrieb sie aus der Erinnerung: „als eine brave, brave Frau, die ihresgleichen nicht mehr findet."

(o) John Muirhead scheint Watts Vater sehr gern gehabt zu haben, die beiden waren in vielen Abenteuern eng verknüpft.

(B) starb mit 21 Jahren auf der See. (s. oben die Anspielung auf die beiden Enkel.)

S. Gregory, starb mit 21 Jahren. War ein Mensch von großen Verheißungen in der Naturwissenschaft und eng befreundet mit Sir Humphry Davy. Er ist den Geologen wohlbekannt durch seine Experimente Steine zu schmelzen und künstlichen Basalt zu erzeugen.

(S) James, starb unverheiratet mit 79 Jahren. Hatte große natürliche Fähigkeiten, war aber verschlossen und etwas eigentümlich in seinen Gewohnheiten.

Wollaston William Hyde, Dr. der Medizin, Naturwissenschaftler und Experimentator, hauptsächlich bekannt durch seine Erfindung des Goniometers, die der Wissenschaft der Kristallographie und so der der Camera lucida eine sichere Basis gab. Ebenso durch seine Endeckung des Metalls Palladium.

„Ein besonderer Sinn für intellektuelle Untersuchungen der allerexaktesten Art scheint in der Familie erblich gewesen zu sein."

# Dichter.

Dichter und Künstler sind im allgemeinen Menschen von
hohen Bestrebungen, nichtsdestoweniger aber sind sie genuß-
süchtig, sinnlich und führen einen außerordentlich unregel-
mäßigen Lebenswandel. Selbst über den finsteren und tugend-
predigenden Dante spricht sich Boccaccio[1]) in äußerst strengen
Worten aus. Ihre Talente sind gewöhnlich schon in früher
Jugend entwickelt, wenn sie zum erstenmal von den stürmischen
Leidenschaften der Liebe erschüttert werden. Von allen, die in
dem Anhang zu diesem Kapitel aufgezählt werden, ist Cowper
der einzige, der erst in reifen Jahren zu schreiben begann; und
keiner von den anderen, die in der Überschrift des Anhangs aufgezählt sind, mit Ausnahme vielleicht von Camoens und Spenser,
verschoben ihre Laufbahn als Schriftsteller über die dreißig
hinaus. Es ist lehrreich und vielleicht von Interesse, einige Tatsachen bezüglich ihrer frühreifen Talente zu erwähnen.

Béranger, ein Schriftsetzer, war Autodidakt und begann mit
16 Jahren zu publizieren. Burns war mit 16 Jahren in seinem
Dorf berühmt und begann bald darauf zu schreiben. Calderon
tat es bereits mit 14 Jahren. Campbells „Vergnügungen der Hoffnung" wurden veröffentlicht, als der Autor 20 Jahre alt war.
Goldoni schuf mit 8 Jahren eine im Manuskript gebliebene Komödie, die alle amüsierte, die sie sahen. Ben Jonson, ein Ziegel-
bauerjunge, fuhr ruhig seines Weges durch Westminster und
Cambridge hindurch und wurde mit 24 Jahren durch sein „Jedermann hat seinen Humor" berühmt. Keats, der Gehilfe eines
Chirurgen, publizierte seine ersten Sachen mit 21 Jahren und
starb mit 25. Metastasio improvisierte öffentlich als Kind und

---

[1]) Vorwort zu Rossettis Übersetzung von „Inferas".

schrieb mit 15 Jahren. Tom Moore publizierte unter dem Pseudonym Thomas Little und war mit 23 Jahren berühmt. Ovid schrieb
von seiner Knabenzeit an Verse. Pope veröffentlichte seine
„Schäfergedichte" mit 16 Jahren und übersetzte die Ilias zwischen
25 und 30. Shakespeare muß sehr früh begonnen haben, denn
er hatte mit 34 Jahren schon fast alle seine historischen Schauspiele geschrieben. Schiller, ein verheißungsvoller Knabe, war
mit 23 Jahren durch seine Räuber berühmt. Sophokles schlug
mit 27 Jahren Äschylos in dem Wettkampf um den Theater-
preis.

Ich füge jetzt meine gewöhnliche Tafel bei:

## Tafel I.

Übersicht über die Verwandtschaftsbeziehungen von 24
Dichtern, gruppiert in 20 Familien.

### Ein Verwandter (oder zwei in der Familie).

| | | | |
|---|---|---|---|
| Byron | s. | Milman | V. |
| Chaucer | S. | Racine | S. |
| 2. Chenier | B. | 2. Tasso | V. |
| Goethe | v. | Vega | S. |
| Heine | O. | | |

### Zwei oder drei Verwandte (oder drei oder vier in der Familie).

| | | | |
|---|---|---|---|
| Äschylos | 2 B | Dibdin | S. N. |
| 2. Ariosto | B. N. | Dryden | S O E. |
| Aristophanes | 3 S. | Hook | V. B. N. |
| 2. Corneille | B. n. | Milton | V. B. |
| Cowper | G. GB. | | |

### Vier oder mehr Verwandte (oder fünf oder mehr in der Familie).

| | |
|---|---|
| Coleridge | S. s. 3 N. E. 2 NS. |
| Wordsworth | B. 3 N. |

Die Resultate von Tafel II sind überraschend. Es scheint,
daß mit Ausnahme der Angehörigen von Coleridge und Wordsworth, die verschiedene Arten von Befähigung gezeigt haben,
fast alle Verwandte ersten Grades sind. Dichter sind offenbar
keine Familienbegründer. Der Grund ist, denke ich, einfach und
läßt sich auf Künstler im allgemeinen anwenden. Um ein großer

Tafel II[1])

| Verwandtschaftsgrade. | | | | | A. | B. | C. | D. |
|---|---|---|---|---|---|---|---|---|
| Bezeichnung des Grades | Korrespondierende Buchstaben | | | | | | | |
| **1. Grad** Vater | 4 V | — | — | — | 4 | 20 | 100 | 20 |
| Bruder | 8 B | — | — | — | 8 | 40 | 150 | 26 |
| Sohn | 9 S | — | — | — | 9 | 45 | 100 | 45 |
| **2. Grad** Großvater | 1 G | 0 g | — | — | 1 | 5 | 200 | 2.5 |
| Onkel | 1 O | 0 o | — | — | 1 | 5 | 400 | 1.25 |
| Neffe | 9 N | 1 n | — | — | 10 | 50 | 400 | 12.5 |
| Enkel | 1 E | 0 e | — | — | 1 | 5 | 200 | 2.5 |
| **3. Grad** Urgroßvater | 0 GV | 0 gV | 0 GV | 0 gV | 0 | 0 | 400 | 0 |
| Großonkel | 1 GB | 0 gB | 0 GB | 0 gB | 1 | 5 | 800 | 6 |
| Cousin | 0 OS | 0 oS | 0 OS | 0 oS | 0 | 0 | 800 | 0 |
| Großneffe | 2 NS | 0 nS | 0 NS | 0 nS | 2 | 10 | 800 | 1 |
| Urenkel | 0 ES | 0 eS | 0 ES | 0 eS | 0 | 0 | 400 | 0 |
| alle entfernter Verwandten | 1 | — | — | — | 1 | 5 | — | — |

Künstler zu sein, bedarf es einer selteren und sozusagen unnatür-
lichen Wechselbeziehung von Eigenschaften. Ein Dichter muß
neben seinem Genius die Strenge und den standhaften Eifer jener
haben, deren Neigungen den Versuchungen von Vergnügen widerstehen, und doch muß er gleichzeitig den höchsten Genuß an der
Übung seiner Sinne und Leidenschaften haben. Ein solcher
Charakter ist selten, und er kann nur durch einen glücklichen Zufall gebildet werden, er ist daher in der Vererbung
unbeständig. Gewöhnlich begehen die Menschen, die ausgesprochen genußsüchtige Neigungen haben, einen Fehltritt
im Leben und verirren sich. Diese Tendenz geht klar aus
zahlreichen Beispielen des folgenden Anhangs hervor, wo
sich der gefährliche Teil eines poetischen Charakters, ohne die
anderen Eigenschaften, die ihn mildern und kontrollieren, vererbt hatte.

---

[1]) S. 61.

Anhang zu dem Kapitel „D i c h t e r".

Ich habe die Verwandtschaftsbeziehungen der folgenden 56 Dichter untersucht. Über einige von ihnen, so über Ferdusi, Terenz und Sappho, scheinen überhaupt keine Aufzeichnungen zu existieren, und bei vielen von den übrigen ist meine Kenntnis sehr beschränkt. Nichtsdestoweniger finde ich, daß 20 Dichter, deren Namen nachstehend durch Sperrdruck deutlich gemacht sind, hervorragende Verwandte besaßen, und daß einige der übrigen geringe Beweise vererbter Befähigung darbringen, so waren der Vater von Burns und die Mutter Schillers nichts weniger als mittelmäßig; Southey's Tante, Miss Tyler, liebte das Theater leidenschaftlich. Wir können ruhig den Schluß ziehen, daß mindestens 40% der Dichter hervorragend begabte Verwandte haben.

Liste der Dichter·

Ä s c h y l o s, Alfieri, Anakreon, A r i o s t o, A r i s t o - p h a n e s, Béranger, Burns, B y r o n, Calderon, Campbell, Camoens, C h a u c e r, C h é n i e r, C o l e r i d g e, C o r n e i l l e, C o w p e r, Dante, D i b d i n, D r y d e n, Euripides, Ferdusi, La Fontaine, G o e t h e, Goldoni, Gray, H e i n e, H o o k, Horaz, Ben Jonson, Juvenalis, Keats, Lukrez, Metastasio, M i l m a n, M i l t o n, Molière, Moore, Öhlenschläger, Ovid, Petrarca, Plautus, Pope, Praed (s. a. den Anhang), R a c i n e, Sappho, Schiller, Shakespeare, Shelley, Sophokles, Southey, Spenser, T a s s o, Terenz, V e g a, Virgil, Wieland, W o r d s w o r t h.

Ä s c h y l o s, großer griechischer Tragiker, auch als Krieger hochberühmt, seine ganze Familie zeichnete sich durch Tapferkeit aus. Er begann früh zu schreiben, war aber 41 Jahre alt, ehe er seinen ersten Preis für ein Drama gewann. Nachher errang er sechzehn. Starb mit 69 Jahren.

B. Cynaegirus zeichnete sich zusammen mit Äschylos, so hoch bei Marathon aus, daß ihre Taten durch ein beschreibendes Gemälde gefeiert wurden.

B. Ameinas ist bekannt als Erster, der den Angriff auf die persischen Schiffe bei Salamis begann.

(n) Philocles siegte über den „König Oedipus" des Sophokles, wahrscheinlich mit einer posthumen Tragödie des Äschylos.

t(2 S.) Euphorion und Bion sollen vier Siege mit posthumen

Werken des Äschylos errungen haben. Was vielleicht
ihr Anteil und ebenso der des Philocles an der Vollendung dieser Stücke war, ist unbekannt, aber auf jeden
Fall entstand aus diesen Menschen und durch ihre Hilfe
das, was wir die tragische Schule des Äschylos nennen,
die noch 125 Jahre fortdauerte.

A r i o s t o , **L u d o v i c o** , Autor des Epos „Der rasende Roland"
und vieler ausgezeichneter Satiren. Er schrieb als
Knabe Dramen und zeigte frühe Neigungen für die Dichtkunst, wurde aber zum Jus angehalten, das er unter
einem überwältigenden Drang zur Literatur verließ. Heiratete nie, hatte zwei illegitime Söhne.

B. Gabriele, ein Dichter von einiger Bedeutung. Er vollendete die Komödie „La Scolastica", die nach dem Tode
seines Bruders unvollendet geblieben war. Er schrieb
verschiedene Gedichte und hinterließ einen Manuskript-
band lateinischer Verse, die nach seinem Tode veröffentlicht wurden.

N. Orazio, war ein intimer Freund von Tasso. Er schrieb
die „Argomenti" und andere Werke.

A r i s t o p h a n e s , griechischer Komödiendichter der höchsten
Art. Verfasser der 54 Komödien, von denen nur 11 auf
uns gekommen sind. Sein Genius zeigte sich so frühzeitig, daß sein erstes Stück — und er gewann den zweiten
Preis damit — zu einer Zeit geschrieben war, als er die
gesetzlich festgelegte Altersgrenze für die Wettbeteili-
gung noch nicht erreicht hatte. Es wurde daher unter
einem angenommenen Namen vorgelegt.

3 S Seine drei Söhne — Philippus, Araros und Nicostratus
waren alle Dichter mittelmäßiger Komödien.

B y r o n , Lord. Wurde zu Hause sehr schlecht erzogen. Zeigte
noch in Harrow kein Talent. Seine „Stunden der Muße"
wurden veröffentlicht, als er 19 Jahre alt war, „Englische
Barden und Schottische Rezensenten", die ihn berühmt
machten, erschienen, als er 21 Jahre alt war, starb mit
36 Jahren.

(G) Hon. Admiral Byron, Weltumsegler, Verfasser von „Erzählungen".

(V) Kapitän Byron, unbedachtsam und lasterhaft.

(f) war seltsam, hochmütig, leidenschaftlich und halb-
verrückt. „Wenn es je einen Fall gab, wo vererbte

Einflüsse, die aus impulsiven Leidenschaften und Lebensgewohnheiten aufsteigen, Exzentrizitäten des Charakters und das Äußerste an Benehmen entschuldigen, so muß er für Byron in Anspruch genommen werden, da er mütterlicherseits, wie väterlicherseits von einer Reihe von Ahnen abstammt, bei denen alles darauf abgesehen schien, jede Harmonie des Charakters, jede soziale Übereinstimmung und jedes individuelle Glück zu zerstören." (Mrs. Ellis.)

**s.** Ada, Gräfin von Lovelace, hatte eine bemerkenswerte mathematische Begabung.

Chaucer, Geoffrey, schrieb mit 18 Jahren den „Hof der Liebe". Berühmter Dichter, Vater der englischen Dichtung und in einem gewissen Sinne auch der englischen Sprache.

S. Sir Thomas. War Vorsitzender des Hauses der Gemeinen und Gesandter in Frankreich.

Chénier, André Marie, hervorragender französischer Dichter. Seine Mutter war Griechin und weckte in ihm eine leidenschaftliche Liebe für griechische Literatur. Er starb mit 32 Jahren auf der Guillotine. Er war es, der vor der Hinrichtung auf dem Schafott seine Stirn berührte und bedauernd sagte: „Pourtant j'avais quelque chose là."

B. Marie Joseph, gleichfalls ein Dichter. Er schrieb Dramen und Gedichte, unter den letzteren war das „Abschiedslied", das fast mit der „Marseillaise" rivalisierte. Unter der Republik und dem ersten Königreich war er ein führender Politiker. Sein erstes Stück wurde gespielt, als er 20 Jahre alt war, und wurde ausgezischt.

Coleridge, Samuel Taylor, Dichter und Philosoph. War schon mit 15 Jahren ganz von Poesie und Philosophie erfüllt, immer unbedachtsam und träge. War in der Freundschaft warm, aber seltsam pflichtvergessen in bezug auf Schulden und etwas zänkisch; von einer spezifisch zögernden Gemütsart, Opiumesser. Volle acht Mitglieder seiner Familie — in der Tat, fast alle männlichen Repräsentanten — waren mit seltener Befähigung ausgestattet.

S. Hartley, Dichter, ein frühreifes Kind, hatte als Knabe

Visionen. Seine Phantasie und seine Unterhaltungsgabe waren außerordentlich. Er war krankhaft ausschweifend.

s. Sara; besaß in bemerkenswertem Grade den intellektuellen Charakter ihres Vaters. Sie war Schriftstellerin und hauptsächlichster Herausgeber der Werke ihres Vaters. Sie heiratete ihren Cousin H. Nelson Coleridge und war die Mutter Herberts. (s. unten.)

S. Rev. Derwent, Coleridge, Schriftsteller. Leiter des St. Mark's College, Chelsea, das letzte Kind des Dichters.

S. Sir John Taylor Coleridge, judge, in frühem Alter schon hervorragend als gebildeter Kenner des Altertums und Schriftsteller.

N. Edward Coleridge, Leiter von Eton,

N. Henry Nelson Coleridge, guter Kenner des Altertums, ein wohlbekannter Autor vieler Artikel in Zeitschriften, heiratete seine Cousine Sara. (s. oben.)

E. auch B. E. Herbert Coleridge, Philologe.

(NS.) Henry, vorher fellow des Oriel College, jetzt Katholik.

NS. Sir John Duke Coleridge, Solicitor-General.

C o r n e i l l e , Pierre, französischer Dramatiker. Begründer der dramatischen Kunst in Frankreich; wurde für das Barreau bestimmt, vertauschte es aber infolge eines übermächtigen Impulses mit der Poesie. Seine erste Publikation war eine Komödie mit 23 Jahren. Starb mit 78.

B. Thomas, auch ein Dichter, der mit Pierre, seinem älteren und einzigen Bruder, zusammen arbeitete. Ihre Charaktere und ihre Lebensweise waren von einem merkwürdig engen Einklang. So betrug der Altersunterschied zwischen ihnen neunzehn Jahre, und sie heirateten Schwestern, zwischen denen der gleiche Unterschied bestand. Die beiden Familien lebten in dem gleichen Hause. Sie schrieben beide die gleiche Anzahl von Stücken, und ihre Werke waren von gleicher Art. Thomas hatte eine größere Leichtigkeit im Schreiben, aber sein Stil stand an Energie dem seines Bruders nach. Er war Pierres Nachfolger in der Akademie, starb mit 84 Jahren.

r. Fontenelle, Sohn der einzigen Schwester der Obigen. Fast vierzig Jahre lang der gefeierte Sekretär der französischen Akademie. Sein wirklicher Name war Bovier, Er pflegte zu sagen: „Mon père était une bête, mais ma mère avait de l'esprit; elle était quiétiste.“ Sein Charakter zeigte eine seltsame Mischung, er war teilweise ein Mann der Gesellschaft des damaligen frivolen und konventionellen Typus und teilweise ein origineller Mann der Wissenschaft und Freidenker. Fontenelle . in der Oper und Fontenelle in der Académie des Sciences schienen zwei verschiedene Menschen zu sein. Einige Biographen sagen, er habe mehr Kopf als Herz gehabt; andere bewundern sein Gemüt. Er starb kurz vor seinem hundertsten Geburtstage an Altersschwäche. Er war ein frühreifes Kind. Im College hieß es bei seinem Namen „Adolescens omnibus partibus absolutus“, ein nach jeder Hinsicht vollendeter Jüngling. Er trat mit Schauspielen ins öffentliche Leben, um es seinen Onkeln gleichzutun, doch wurden seine Werke ausgezischt. Dann wandte er sich den Naturwissenschaften zu und wurde mit 34 Jahren Mitglied der Akademie. Er erreichte ein außerordentlich hohes Alter, wurde taub und verlor sein Gedächtnis stark, doch war er bis zuletzt „aussi spirituel que jamais“. Starb einen Monat, ehe er volle 100 Jahre alt wurde. s. d'Alembert unter „Naturwissenschaftler und Mathematiker“.

(BEE.) (?) Charlotte Corday, die heldenhafte Mörderin Marats. Wurde 150 Jahre oder wahrscheinlich fünf Generationen später als die Familie Corneille geboren: sie stammte direkt von der Mutter Fontenelles ab.

C o w p e r , William. Ein Dichter, dessen Schriften von einem seltsam stillen Reiz sind und voller gütiger und zarter Gefühle. Er hatte das mittlere Alter überschritten, als er zu publizieren begann, seinen ersten Erfolg erreichte er mit 54 Jahren. In seiner Jugend war er von einer krankhaften Schüchternheit, und Wahnsinn verbunden mit religiösem Grausen bedrohten sein späteres Leben. Er kämpfte tapfer dagegen an, aber sie überwältigten ihn schließlich.

G. Judge, Sir Spencer Cowper.

GB. Lord Chancellor, Earl Cowper.

D i b d i n , Charles. Verfasser von mehr als 900 Seeballaden. Er war für die Kirche bestimmt, aber die Liebe zur

Musik war so stark in ihm, daß er sich mit der Bühne
verband. Seine erste Oper wurde im Covent Garden
gegeben, als er erst 16 Jahre alt war. Er wurde später
Theaterleiter, war aber unvorsichtig und infolgedessen
in seinem späteren Leben oft in Verlegenheit.

(V.) war ein ansehnlicher Kaufmann.

(v.) war fünfzig Jahre, als ihr achtzehntes Kind geboren
wurde.

S. Thomas; war Gehilfe bei einem Tapezierer, doch schloß
er sich einer Gruppe umherziehender Schauspieler an
und ging zur Bühne. Er schrieb eine ganze Reihe von
Stücken und änderte auch viele Stücke um; doch hatte
keines seiner Stücke viel originellen Wert.

N. Rev. Thomas F. Dibdin, berühmter Bibliograph; gründete den Roxburghe Club, der den Zweck hat, seltene
Bücher neu herauszugeben.

D r y d e n , John; Dramatiker, Satiriker und Kritiker. Er gehörte zu den ersten Geistern seiner Zeit. Mit 17 Jahren
schrieb er gute Verse; „Astraea Redux" veröffentlichte
er mit 29 Jahren, als erstklassiger Schriftsteller wurde
er aber erst mit 50 Jahren anerkannt.

S. John, schrieb eine Komödie.

UE. Jonathan Swift. Dr. der Theologie, Dekan von St.
Patrick; Satiriker und Politiker, s. unter „Literaten".

G o e t h e , Johann Wolfgang; Dichter und Philosoph. Eines der
größten Genies, die die Welt hervorgebracht hat. Seine
Anlagen scheinen ähnlich wie die von Lord Bacon aus
einer einfachen Addition derjenigen seiner Vorfahren
entstanden zu sein. Er war ein außerordentlich frühreifes Kind, denn er schrieb als Kind von 6—8 Jahren
Dialoge und andere Stücke, die sowohl originell als gut
waren. Er war in seiner Knabenzeit und Jugend ein
eifriger Schüler, obgleich planlos in seiner Lektüre. Sein
Charakter war damals stolz und phantastisch. Goethe
beschrieb selbst seine vererbten Eigentümlichkeiten in
einem hübschen Gedicht.*) Um mehr Einzelheiten zu

---

*) Vom Vater hab' ich die Natur
Des Lebens ernstes Führen
Von Mütterchen die Frohnatur,
Und Lust zu fabulieren.

geben, bringe ich das Wesentliche der beiden folgenden Absätze aus Lewes Goethebiographie.

*v.* Eine der erfreulichsten Gestalten aus der deutschen Literatur, bei größerer Lebhaftigkeit hielt sie mehr aus als irgend eine andere. Sie war das Entzücken der Kinder, der Liebling von Dichter und Fürsten. Nach einem langen Gespräch rief ein enthusiastischer Reisender aus: „Jetzt verstehe ich, wie Goethe der Mann wurde, der er ist." Die Herzogin Amalie korrespondierte mit ihr wie mit einer intimen Freundin; ein Brief von ihr war ein kleines Fest am Hofe von Weimar. Sie wurde mit 17 Jahren an einen Mann verheiratet, den sie nicht liebte, und war erst 18 Jahre alt, als der Dichter geboren wurde.

(V.) war ein kalter, finsterer, förmlicher, etwas pedantischer, aber wahrheitsliebender, rechtschaffen gesinnter Mann. Von ihm erbte der Dichter die wohlgebaute Gestalt, die aufrechte Körperhaltung und die gemessenen Bewegungen, die in vorgerücktem Alter etwas Steifes bekamen, was als diplomatisch oder hochmütig ausgelegt wurde; von ihm rührte auch die Ordnungsliebe und der Stoizismus her, Eigenschaften, die jene peinigten, die sich das Genie nicht anders als mit landstreicherischen Gewohnheiten vorstellen können. Die Lust am Wissen, das Vergnügen, es mitzuteilen, die fast pedantische Aufmerksamkeit für Einzelheiten, lauter Eigenschaften, die an dem Dichter bemerkbar sind, lassen sich schon beim Vater nachweisen.

Goethe heiratete unangemessen und hatte einen Sohn ohne jegliche Bedeutung, der vor ihm starb.

H e i n e , Heinrich; deutscher Dichter, Essayist und Satiriker der höchsten Art. War für den Handel bestimmt, hatte aber Ekel davor und ging zur Literatur über, als Schüler und

---

Urahnherr war der Schönsten hold,
Das spukt so hin und wieder;
Urahnfrau liebte Schmuck und Gold
Das zuckt wohl durch die Glieder.

Sind nun die Elemente nicht
Aus dem Komplex zu trennen,
Was ist denn an dem ganzen Wicht
Original zu nennen.

Freund von A. W. Schlegel. Er publizierte zum erstenmal mit 25 Jahren, doch das Publikum anerkannte seine
Schriften erst, als er 28 Jahre alt war. Mit 47 Jahren
begann er an partiellen Lähmungen zu leiden und starb
mit 56 Jahren. War jüdischer Abkunft.

O. Salomon Heine, ein deutscher Philantrop; ursprünglich
arm, erwarb er ein Vermögen von nahezu zwei Millionen
Sterling und gab riesige Summen für öffentliche Institute
aus.

(OS.) Der Sohn Salomons; folgte seinem Vater in der Führung seiner Geschäfte.

Hook, Theodore. War ein bemerkenswerter geschickter
Junge, der gut sang und Lieder komponierte. Er hatte
mit 17 Jahren große Erfolge. Seine Konstitution war von
Natur ausgezeichnet, aber er ruinierte sie durch ein ausschweifendes Leben; starb mit 53 Jahren an zerrütteter
Gesundheit. War unverheiratet, hatte aber sechs illegitime Kinder.

V. James Hook, ein Komponist von außerordentlicher
Fruchtbarkeit und seinerzeit von beträchtlichem Ruf.

B. Dr. James Hook, Dekan von Worcester, gebildeter
Kenner des Altertums, hervorragend als politischer
Pamphletist.

N. Dr. Walter Farquhar Hook, Dekan von Chichester, Theologe, Schriftsteller und Prediger.

Milman, Henry Hart; Dekan von St. Paul; guter Kenner des
Altertums, Kritiker, Dichter, Historiker und Geistlicher,
„Der Fall Jerusalems", „Geschichte der Juden" usw.
Sehr erfolgreich in Oxford. Auffallend schön. Starb
mit 77 Jahren.

V. Hervorragender Physiker. Präsident des College der
Physiker.

Milton, John; berühmtester englischer Dichter, guter Kenner
des Altertums und republikanischer Schriftsteller. War
schmuck und als Jüngling von mädchenhafter Schönheit.
Schrieb „Arcades", „Comus", „L'Allegro" und „Il Pense-
roso", ehe er 31 Jahre alt war. Erblindete mit 40 Jahren.
Zwanzig Jahre lang kümmerte er sich nicht um die Dichtung, da er in das politische Leben verwickelt war. „Das
verlorene Paradies" und das „Wiedergewonnene" entstanden erst nach dieser Periode. „Das verlorene Para-

dies" wurde erst lange nach dem Tode seines Verfassers berühmt.

V. Ein Mann von hervorragendem musikalischen Talent, dessen Melodien noch nicht vergessen sind.

B. Ein Judge, dessen Glaube, politische Überzeugung und Charakter den Gegensatz des Dichters bildeten. Seine Befähigung war bei weitem geringer.

P r a e d , Mackworth; ein Mann von durchdringender poetischer Begabung, doch von mehr Eleganz als Kraft.

(3 n.) Sir George Joung, Baronet und seine Brüder, eine befähigte Familie von guten Altertumskennern.

R a c i n e , Jean, französischer Dramatiker und Verfasser anderer Schriften. Seit seinem 4. Jahre verwaist; wurde mit 16 Jahren in eine Schule aufgenommen, die zu Port Royal gehörte, machte staunenerregende Fortschritte, doch brach er bald völlig mit den Ideen und Studien, die dort gepflegt wurden und widmete sich Werken der Phantasie und schrieb Verse, wofür er streng gestraft wurde.

S. Louis, war ein Dichter seiner Natur nach, betrieb jedoch infolge von Ermahnungen nie die Dichtung nach seinem vollen Wunsch. Er war hochbegabt; starb mit 70 Jahren.

T a s s o , Torquato; italienischer Dichter; war außerordentlich frühreif. Als er 16 Jahre alt war, sagte sein Vater von ihm, er sei seiner Mutter wert. Mit 17 Jahren schrieb er „Rinaldo", starb mit 51 Jahren, als er gerade aus einer grausamen siebenjährigen Gefangenschaft entlassen war am Vorabend seiner geplanten Krönung auf dem Kapitol zum Dichterfürsten.

(V.) Porzia di Rossi, war eine nach jeder Hinsicht begabte Frau.

V. Bernardo Tasso, Dichter, Verfasser von „L'Amadigi" usw. Redner. Er war in seiner Jugend in schlechten Verhältnissen und führte lange ein dürftiges Wanderleben.

V e g a , Lope de; spanischer Dichter von außerordentlicher Fruchtbarkeit. Er schrieb 497 Schauspiele und außerdem noch viele andere Sachen. War sehr frühreif. Er lief von zu Hause fort und trat in die Armee ein. Er erwarb sich durch seine Feder ein beträchtliches Vermögen. Starb mit 73 Jahren.

S. Ein natürlicher Sohn, den er von Marcela hatte. Spielte mit 14 Jahren eine gewisse Rolle als Dichter, trat aber in die Marine ein und verlor noch ganz jung sein Leben in einer Schlacht.

Wordsworth, William, Dichter. Seine Grabschrift **von** Keble ist so groß und zutreffend, daß ich einen Teil hier abdrucke: „Ein wahrer Philosoph und Dichter, der durch die spezielle Gabe und Berufung des Allmächtigen Gottes, nicht verfehlte das Herz zu heiligen Dingen zu erheben, ob er nun über den Menschen oder die Natur sprach; er ermüdete nicht, die Sache der Armen und Einfältigen zu verfechten und war so in gefährlichen Zeiten auserkoren, der erste Meister nicht nur der edelsten Poesie, sondern der höchsten und heiligsten Wahrheit zu sein."

Er scheint als Knabe nicht frühreif gewesen zu sein. In seiner Jugend war er ein heißer Republikaner; einen Rang als Dichter erreichte er erst in seiner Manneszeit, mit 40 Jahren. Er war eines der wichtigsten Mitglieder der „Lake" Dichterschule. Starb mit 82 Jahren.

B.  Rev. Dr. Christopher Wordsworth, Vorsteher des Trinity College in Cambridge; Verfasser der „Eccleiastischen Biographie" etc. Er hatte die drei folgenden Söhne, Neffen des Dichters.

N.  John. Ausgezeichneter Kenner des Altertums. Cambridge, 1827, starb jung.

N.  Rev. Christopher, Bischof von Lincoln, 1830 erster in klassischen Studien in Cambridge; vorher öffentlicher Redner in Cambridge und Erster Direktor von Harrow. Verfasser umfangreicher Werke.

N.  Charles, Bischof von Dunkeld; gleichfalls ein ausgezeichneter Kenner des Altertums.

## Musiker.

Die allgemeinen Bemerkungen, die ich in den letzten Kapiteln über die Künstler gemacht habe, lassen sich ganz besonders
auf die Musiker anwenden. Die Unregelmäßigkeit ihrer Lebens-
führung ist im allgemeinen außerordentlich groß; die Vereinigung
einer arbeitsamen Veranlagung mit dem Temperament, das zu
einem guten Musiker nötig ist, ist ebenso selten, als bei den Dichtern, und die Zerstreuungen, die mit dem öffentlichen Leben eines
großen Tonkünstlers zusammenhängen, sind bei weitem größer.
Obgleich also die Vererbung des musikalischen Sinns notorisch
und unleugbar ist, stoße ich auf außerordentliche Schwierigkeiten,
wenn ich über seine Verteilung in Familien sprechen soll. Es ist
mir ebenso unmöglich, eine Liste erstklassiger allgemein aner-
kannter Musiker zu finden, die lang genug wäre, meinen
Zwecken zu dienen. In der Welt der Musiker herrscht ein
ungewöhnlicher Neid, der zweifellos von der Abhängigkeit
der Musiker von der öffentlichen Laune in Bezug auf ihr
Vorwärtskommen genährt wird. Die Folge ist, daß jede
Schule die andere herabsetzt, die Individuen tun das gleiche. Die
meisten Biographen sind ihren Helden gegenüber ungewöhnlich
schmeichlerisch und ungerecht gegenüber denjenigen, mit welchen
sie sie vergleichen. Es gibt keine festbegründete öffentliche
Meinung über die Verdienste von Musikern, wie sie in gleicher
Weise für Dichter und Maler existiert, und es ist sogar schwer,
Privatpersonen von gutem musikalischem Geschmack zu finden,
die imstande sind, eine wohlüberlegte, leidenschaftslose Auslese
der bedeutendsten Musiker aufzustellen. Wie ich zu Beginn des
Anhangs zu diesem Kapitel bemerke, verdanke ich einem
literarischen und künstlerischen Freund, zu dessen Urteil ich Vertrauen hege, die Auswahl, die ich bearbeitet habe.

Die Frühreife großer Musiker ist außerordentlich. Es gibt keinen Beruf, wo hervorragene Bedeutung so früh im Leben erreicht wird, als bei den Musikern.

Ich gebe jetzt meine gewöhnlichen Tafeln.

### Tafel I.

Übersicht der Verwandten von 26 Musikern gruppiert in 14 Familien.

**Ein Verwandter (oder zwei in der Familie).**

| | | | | | |
|---|---|---|---|---|---|
| 2. Gabrielli | | N. | Hiller | | S. |
| 2. Haydn | | B. | | | |

**Zwei oder drei Verwandte (oder drei oder vier in der Familie).**

| | | | |
|---|---|---|---|
| Bononcini | BS. | Keiser | V. *s.* |
| Dussek | V. B. *s.* | Mendelssohn | G. V. *b.* |
| Eichhorn | 2 S. | Meyerbeer | 2 B. |

**Vier oder mehr Verwandte (oder fünf oder mehr in der Familie).**

| | |
|---|---|
| 2. Amati, Andrea | 2 S. B. E. |
| 9. Bach | G. V. O. GN. 2 GB. 3 S. |
| 2. Benda Georg | 3 B. 4 N. S. |
| Mozart | V. *b.* 2 S. |
| Palestrina | 4 S. |

### Tafel II.

**14 Familien**

| | |
|---|---|
| Im ersten Grade | 5 V. 9 B. 16 S. |
| Im zweiten Grade | 2 G. 1 O. 5 N. 1 E. |
| Im dritten Grade | 2 GB. |
| Alle weiter entfernten Grade | 1. |

Die Nähe des Verwandtschaftsgrades hervorragender Verwandten ist genau so bemerkenswert, wie es bei den Dichtern der Fall war, und ebenso wie bei diesen ist das Fehlen hervorragender Verwandter durch die weibliche Linie bemerkenswert. Mendelssohn und Meyerbeer sind die einzigen Musiker in meiner Liste, deren hervorragende Verwandte ihre Erfolge in anderen Berufen als in der Musik erreicht haben.

Anhang zu dem Kapitel Musiker.

Ich verdanke einem Freund eine Liste von 120 Musikern, die ihm die originellsten und hervorragendsten in der Geschichte der Musik scheinen. Sie wurden für einen andern Zweck als meine Arbeit zusammengestellt, und ich bin daher um so eher geneigt, mich auf die Gerechtigkeit der Auswahl meines Freundes zu verlassen. 26 von ihnen, oder etwa einer zu 5, haben hervorragende Verwandte gehabt, wie aus der folgenden Aufstellung hervorgeht. Von berühmten Musikern zähle ich nur 7, nämlich Sebastian Bach, Beethoven, Händel, Haydn, Mendelssohn, Mozart und Spohr. Die viere, deren Namen in Sperrdruck gedruckt sind, sind Beispiele vererbten Talentes.

Allegri, Gregorio. (1580—1652, starb mit 72 Jahren.) Komponist des Miserere, das zur Fastenzeit in der Sixtinischen Kapelle in Rom gesungen wird; ein Mann von gütiger und mildtätiger Gemütsart, der die Gewohnheit hatte, täglich die Gefängnisse zu besuchen und den Gefangenen gab, was er konnte.

? Genaue Verwandtschaft. Correggio Allegri und seine Familie. (s. Maler.)

Amati, eine Familie von hervorragenden Violinbauern, die in Cremona lebten und dieses Instrument zuerst in Italien einführten. Sie waren sechs an der Zahl; in Wahrheit ist noch ein siebenter da — Joseph von Bologna, der 1786 lebte, dessen verwandtschaftliche Beziehungen zu den andern jedoch unbekannt sind.

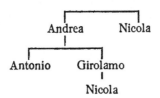

Am meisten originelles Talent wiesen in dieser Familie Andrea (B. 2 S. E) und Antonio (V. O. B. N.) auf.

Bach, Sebastian, ein überlegenes musikalisches Talent (1685—1750, starb mit 65 Jahren). Er war sehr frühreif und erreichte mit 22 Jahren die volle Reife seiner Fähigkeiten. Sein häusliches Leben war einfach und ruhig. Er war ein guter Gatte, Vater, Freund und Bürger. Er war sehr arbeitsam und wurde infolge Überarbeitung blind.

Die Bachs waren eine musikalische Familie, die eine
große Anzahl von Individuen umfaßte und sich auf acht
Generationen erstreckte. Sie begann 1550, hatte ihren
Höhepunkt in Sebastian (Nr. 6 in der Stammtafel, das
letzte bekannte Mitglied war Regina Susanna, die 1800
noch lebte, aber in schlechten Verhältnissen war.)
Unter den Bachs sind weit über zwanzig h e r v o r -
r a g e n d e Musiker; Sammlungen von Musiker-Bio-
graphien enthalten Notizen über nicht weniger als 57
von ihnen. (S. Fétis „Musiker-Diktionnaire.") Es war
Sitte in der Familie jährlich Zusammenkünfte abzuhalten,
wobei die Unterhaltungen rein musikalisch waren. Im
Jahre 1750 oder um dieses Jahr herum kamen nicht
weniger als 120 Bachs bei einer solchen Familien-
zusammenkunft zusammen. Ein vollständiger Stammbaum der Familie findet sich in Korabinskys „Beschreibung der Königlichen Ungarischen Haupt-, Frey- und
Krönungsstadt Preßburg" S. 3, ebenso ein Zweig des
Stammbaums in Nr. 12 der Leipziger Musiker-Zeitung
von 1823. Ich gebe eine modifizierte Abschrift dieses
letzteren, da es sonst nicht möglich ist, die Abstammungslinien in genügender klarer Weise auseinanderzulegen.
Jede Person, die in der Liste genannt ist, rangiert unter
die bewährten Musiker, ausgenommen, wo das Gegenteil klar hervorgehoben ist.

V.    J. Ambrosius, ein ausgezeichneter Organist.
O. J.    Christoph, ein Zwillingsbruder des Ambrosius. Die
beiden waren einander in Gesichtszügen, in ihrem
Benehmen und ihrer Ausdrucksweise so gleich, daß es
allen, die sie sahen und hörten, wie ein Wunder schien.
Es wird erzählt, daß ihre Frauen sie nur an ihren Kleidern
unterscheiden konnten.
G.    Christoph (3).
2 GB.    Heinrich (2) und Johann (4).
(GG)    Veit Bach (1), der Begründer der Familie, war ein
Bäcker in Preßburg, der zur Guitarre sang. War als
Protestant gezwungen, seine Vaterstadt zu verlassen.
Er zog nach Sachsen-Gotha.
GN.    J. Christoph (5), einer der größten Musiker Deutsch-
lands, ein fleißiger Student.
S.    Wilhelm Friedemann (7), genannt „Bach von Halle", ein

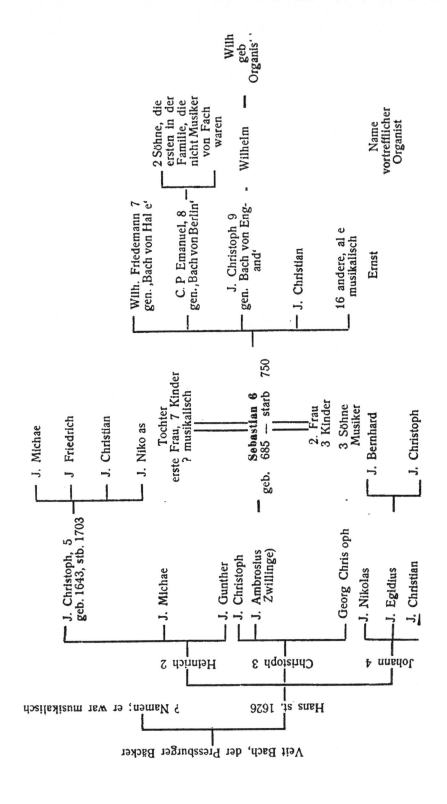

Veit Bach, der Pressburger Bäcker

Hans st. 1626    ? Namen; er war musikalisch

Heinrich 2    Christoph 3    Johann 4

J. Christoph, 5
geb. 1643, stb. 1703

J. Michae    J Friedrich    J. Christian    J. Niko as

J. Michae    J. Gunther    Georg Chris oph    J. Nikolas    J. Egidius
              J. Christoph                                   J. Christian
              J. Ambrosius
              (Zwillinge)

Tochter
erste Frau, 7 Kinder
? musikalisch

Sebastian 6 — starb    750
geb. 685

2. Frau
3 Kinder

3 Söhne
Musiker

J. Bernhard    J. Christoph

Wilh. Friedemann 7
gen. „Bach von Hal e'

C. P Emanuel, 8
gen. „Bach von Berlin'

J. Christoph 9
gen. Bach von Eng-
and'                    - Wilhelm

J. Christian

16 andere, al e
musikalisch

Ernst

2 Söhne, die
ersten in der
Familie, die
nicht Musiker
von Fach
waren

Wilhelm

Wilh
geb
Organis''

Name
vortrefflicher
Organist

Mann von großem Talent und sehr gelehrt, starb in kümmerlichen Verhältnissen.

S. C. P. Emanuel (8), genannt „Bach von Berlin", der Be
gründer unserer Pianofortemusik, den Haydn und in
gleicher Weise Mozart als ihren direkten Vorgänger und
Lehrer betrachten. (Lady Wallace „Briefe von
Musikern.")

S. J. Christoph (9), genannt „Bach von England", ein ent-
zückender Komponist.

Mir ist keinerlei Notiz begegnet, daß das Bach'sche
musikalische Talent durch eine weibliche Linie übermittelt wurde.

Beethoven, Ludwig van. Ich füge den Namen dieses großen
Komponisten ein, in Anbetracht dessen, daß er früher
oft als der illegitime Sohn Friedrichs des Großen bezeichnet wurde, obgleich ich, da neuerliche Biographien
diese Angaben als absolut unbegründet erachten, die
Nachricht nur erwähne, ohne sie als wahr anzunehmen.
Der Gatte seiner Mutter war ein Tenorsänger in der
Kurfürstlichen Kapelle zu Köln. Seine beiden Brüder
zeichneten sich nicht aus. Er hatte einen Neffen von
einigem Talent, der aber zu Beethovens großem Schmerz
nicht gut endete. Beethoven begann mit 13 Jahren seine
eigenen musikalischen Kompositionen zu veröffentlichen.

Benda, Franz (1709—1786, starb mit 77 Jahren), war
das ältere Mitglied einer sehr bemerkenswerten Familie
von Geigern. Sein Vater war ein armer Weber, aber
musikalisch und lehrte seinen Sohn Geige spielen. Die
folgende Tafel zeigt wir die acht wichtigsten Mitglieder
untereinander verwandt waren.

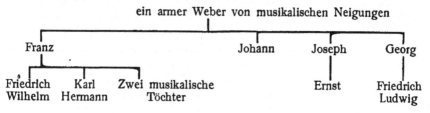

Franz war der Begründer einer Schule von
Geigern und war selbst der befähigste Tonkünstler auf
diesem Instrument zu seiner Zeit.

B. Johann, Schüler von Franz, starb mit 38 Jahren.

B. Joseph, folgte Franz als Konzertmeister des Königs von Preußen, starb mit 80 Jahren.

B. Georg, das hervorragendste Mitglied dieser interessanten Familie. Er hatte bedeutende musikalische Fähigkeiten, war aber phantastisch und vergeudete seine Zeit in Träumereien. Es wird von ihm erzählt, daß er ans Klavier eilte, um seinen Schmerz auszudrücken, nachdem seine Frau in seinen Armen gestorben war; bald aber interessierten ihn die Weisen, die er bildete, so, daß er seinen Schmerz und dessen Veranlassung völlig vergaß. Als sein Diener ihn unterbrach, um ihn zu fragen, ob er das Ereignis den Nachbarn mitteilen solle, sprang Georg in Verwirrung auf und ging in das Zimmer seiner Frau, um sich mit ihr zu beraten.

N. Friedrich Ludwig (Sohn von Georg). Musiker, Gatte von Madame Benda, Konzertdirigentin.

S. Friedrich Wilhelm, ein würdiger Schüler seines Vaters und Komponist.

S. Karl Hermann, der seinem Vater als Violinspieler nahe kam.

(2 s.) zwei musikalische Töchter.

N. Ernst Friedr., Sohn von Joseph. Schien ein erstklassiger Künstler zu werden, starb aber mit 31 Jahren am Fieber.

B o n o n c i n i , Giovanni Maria (1640—?). Komponist und Musikschriftsteller.

(B) Doch ist die Verwandtschaft nicht festgestellt. Domenichino, ein Musiker am portugiesischen Hofe, der bis zu ungefähr 85 Jahren lebte.

B. Antonio, Komponist für Kirchenmusik.

S. Giovanni, komponierte mit 18 Jahren eine sehr erfolgreiche Oper „Camilla", die großen Erfolg hatte. War in England ein Rivale Handels, unterlag aber.

D u s s e k , Ladislaus (1761—1812, starb mit 51 Jahren), spielte mit 5 Jahren Klavier, ein sehr liebenswürdiger und edler Charakter, außerordentlich sorglos mit seinem eignen Gelde. Als Tonkünstler ebenso gefeiert denn als Komponist. Heiratete Miss Corri (? Currie), eine Musikerin.

V. Giovanni, ein ausgezeichneter Organist.

B. Francesco, ein sehr guter Violinspieler.

s. Olivia, erbte das Talent ihrer Eltern, spielte Klavier und Harfe.

E i c h h o r n , Johann Paul (1787) und seine beiden Söhne. Johann Paul war von einfacher Herkunft. Er zeigte eine bemerkenswerte musikalische Befähigung und wurde ohne jede regelmäßige Unterweisung ein guter Musiker. Er heiratete zweimal. Sein Sohn aus erster Ehe war Ernst, der andere von seiner zweiten Frau, die er sehr bald heiratete, nachdem die erste im Wochenbett gestorben war, war Eduard.

2 S. Diese Kinder waren bekannt als „die Brüder Eichhorn". Sie hatten beide von ihrer frühesten Jugend an ein wunderbares musikalisches Talent und spielten instinktiv. Von der Zeit ab nützte ihr Vater sie grausam aus, um soviel Geld als möglich aus ihnen zu schlagen, und zwang sie fortwährend, öffentlich aufzutreten. So verloren sie jede Gelegenheit zum Studium und die Muße, die zur Entwicklung der höchsten künstlerischen Fähigkeiten nötig sind.

Eduard hatte nicht die gleiche musikalische Befähigung wie sein Bruder.

G a b r i e l i , Andrea. (Um 1520 herum bis 1586, starb mit etwa 66 Jahren.) Ein geachteter Komponist.

N. Giovanni Gabrieli, ein großer und origineller Künstler, der sich ganz musikalischen Arbeiten widmete, wurde von seinen Zeitgenossen und Schülern in den höchsten Ausdrücken gepriesen.

H a y d n , Franz Joseph. Seine musikalische Veranlagung war von seiner frühesten Kindheit an kenntlich. Er wurde in niedrigen Verhältnissen geboren und kämpfte sich allmählich hinauf. Sein Vater war ein Dorforganist und Wagner. Er heiratete, war aber in seiner Ehe nicht glücklich und trennte sich bald von seiner Frau, die keine Kinder von ihm hatte.

B. Johann Michel. Joseph Haydn betrachtete ihn als den besten Komponisten seiner Zeit für Kirchenmusik. Er war ein ausgezeichneter Organist.

H i l l e r , Johann Adam (Hüller) (1728—?), ein äußerst eifriger Musikgelehrter, lebte in seiner ersten Manneszeit in einem erbärmlichen hypochondrischen ungesunden Zustand, der sich in seinem späteren Leben etwas besserte.

Er hatte einen guten Ruf ebenso als Komponist, wie als Musikschriftsteller.

S. Friedrich Adam Hiller (1768—1812, starb mit 44 Jahren), ein Geiger erster Güte. Er starb, als er zu großem Ruhm gekommen war.

K e i s e r , Reinhard (1673—1739, starb mit 66 Jahren), einer der berühmtesten deutschen Komponisten. Schon in seinen frühesten musikalischen Versuchen war er originell. Er war ein sehr fruchtbarer Schriftsteller. Im Verlauf von 40 Jahren schrieb er 116 Opern und vieles andere nebenher, doch wurden von seinen Werken selten Kopien gemacht, so daß sie außerordentlich selten sind.

V. Ein ausgezeichneter Musiker und Komponist für Kirchenmusik.

s. Seine Tochter war eine ausgezeichnete Sängerin.

M e n d e l s s o h n - B a r t h o l d y , Felix, hatte eine frühe und starke Begabung für Musik, publizierte zum erstenmal mit 15 Jahren.

G. Moses Mendelssohn, ein gefeierter jüdischer Philosoph, der unter anderen Dingen auch über die Ästhetik der Musik schrieb. Er war frühreif.

V. Abraham Mendelssohn, ein reicher Bankier in Berlin. Sein Sohn sagte zu ihm, „ich kann oft nicht begreifen, wie es möglich ist, ein so feines Urteil in Musik zu haben, ohne selbst technisch informiert zu sein." (Briefe S. 80.)

(2 O.) Seine Onkel waren wohlunterrichtete Männer, einer von ihnen war der Compagnon Abrahams. Er schrieb über Dante und auch über Geld. Der andere war ein gründlicher Gelehrter.

b. sehr musikalisch, als Pianistin kam sie Mendelssohn gleich. Hatte viel Talent. Sie war auch sehr gütig.

M e y e r b e e r , Giacomo (sein wirklicher Name war Beer), war außerordentlich frühreif. Er spielte mit 6 Jahren glänzend und gehörte mit 9 Jahren zu den besten Klavierspielern Berlins. Er begann mit 19 Jahren seine Kompositionen zu veröffentlichen und starb mit 70 Jahren.

B. Wilhelm Meyerbeer, der Astronom. Mondkarte.

B. Michael Beer, ein vielversprechender Dichter, der jung starb.

M o z a r t , J. C. Wolfgang. War als Kind außerordentlich frühreif, ein richtiges musikalisches Wunderkind. Er spielte

mit 4 Jahren schön und komponierte zwischen 4 und
6 Jahren viel und wirklich gut. Er überarbeitete sich
und starb mit 35 Jahren.

V. Leopold Mozart; ein berühmter Geiger. Seine Methode,
die er publizierte, wurde fünfzig Jahre lang als die beste
Arbeit dieser Art betrachtet. Er komponierte viel.

*b.* war als Kind eine hoffnungsvolle Musikerin, eine ausgezeichnete Pianistin, doch hatte sie im späteren Leben
keinen Erfolg.

S. Karl Mozart, pflegte Musik als Dilettant und spielte mit
vorzüglichem Talent, doch ist nichts mehr über ihn erhalten.

S. Wolfgang Amadée. Wurde vier Monate nach dem Tode
seines Vaters geboren, war ein vorzüglicher Tonkünstler
und hat viel komponiert, erreichte aber als Komponist
keine besondere Bedeutung.

Palestrina, Giovanni Pierluigi de (geb. ?, starb 1594), Komponist für Kirchenmusik. Einer der berühmtesten Namen
in der Geschichte der Musik, doch ist nichts über seine
Eltern oder über seine Familie bekannt, und selbst die
Daten über seine Geburt und seinen Tod sind zweifelhaft. Er heiratete jung.

4 S. Seine drei ältesten Söhne, Ange, Rodolpho und Sylla,
starben in ihrer Jugend. Sie scheinen, nach ihren Kompositionen zu urteilen, die unter Palestrinas Werken erhalten sind, die Befähigung ihres Vaters gehabt zu haben.
Der vierte Sohn, Hygin, gab die musikalischen Kompositionen seines Vaters heraus.

## Maler.

Ich glaube, niemand kann bezweifeln, daß das künstlerische Talent bei Malern ebenso wie bei Musikern in einem gewissen Grade erblich ist. Die Frage lautet eher, ob seine Verteilung auf Familien, gleichzeitig mit den nötigen Eigenschaften, um einen hervorragenden Maler entstehen zu lassen, das gleiche Gesetz befolgen, welches für andere Arten von Befähigung besteht. Es wäre ein Leichtes, eine große Anzahl moderner Namen aufzuzählen, um zu zeigen, wie häufig künstlerische hervorragende Bedeutung von Verwandten geteilt wird. So besteht die gegenwärtige Generation der Landseers aus zwei Mitgliedern der Akademie und einem korrespondierenden Mitglied der Königlichen Akademie, die alle Söhne eines korrespondierenden Mitglieds der Akademie snd. Die Familie Bonheur besteht aus vier Malern: Rosa, Juliette, Jules und Auguste, und sie sind Kinder eines Künstlers von einigem Verdienst. Viele andere Beispiele können leicht gebracht werden. Aber ich wünsche den Beweis für Verwandtschaftsbeziehungen unter Künstlern weit höherer Art zu erbringen, und ich begrenzte daher meine Untersuchung auf die berühmten alten Maler, namentlich die italienischen und die niederländischen. Diese sind nicht zahlreich; soweit ich übersehen kann, gibt es nur etwa zweiundvierzig, deren natürliche Begabung unfraglich mehr als „hervorragend" ist, und die Tatsache, daß ungefähr die Hälfte von ihnen hervorragende Verwandte haben und daß einige von ihnen, wie die Carocci und die van Eycks in der Tat miteinander verwandt sind, ist für meine Theorie wichtiger als seitenlange Aufzählungen über die Verwandten von Menschen aus der Klasse F oder e in Bezug auf künstlerische Begabung. Es wäre interessant, die Anzahl der Kunstübenden in Europa während der letzten drei oder mehr Jahrhunderte zu kennen, aus denen die zweiundvierzig Namen, die ich ausgewählt habe, die berühmtesten sind. Diese Anzahl ist sicherlich **sehr** groß, aber es würde kaum der Mühe verlohnen, die Untersuchung anzustellen, denn das Resultat wäre ein Minimum und nicht eine genaue Angabe der künstlerischen Superiorität jener zweiundvierzig über alle Übrigen, da die Kunstbeflissenen selber schon eine ausgewählte Klasse bilden. Jünglinge ergreifen die Malerei als Beruf, weil sie sich instinktiv zu ihr hingezogen fühlen, nicht weil sie durch zufällige Umstände zu diesem Beruf gebracht werden. Ich schätze den Durchschnitt der zweiundvierzig Maler, was die natürliche für einen großen Erfolg in der Kunst notwendige Begabung anlangt, weit höher als den Durchschnitt der Klasse F.

Ich habe in den Anhang zehn Individuen aufgenommen, die keinen Platz in der Liste der zweiundvierzig haben, nämlich Isack Ostade, Jacopo und Gentile Bollini, Badille, Agostino Caracci, Willem Mieris, David Teniers, W. van der Velde, den älteren und Francesco da Ponte, sowohl den älteren als den jüngeren. Der Durchschnittsrang dieser Männer ist weit über dem eines modernen Akademikers, obgleich ich nicht gewagt habe, sie in die berühmteste Klasse einzustellen. Ich habe Claude in diese letztere eingestellt, ungeachtet neuerlicher Kritiken, und zwar in Anbetracht seines früheren langjährigen Rufes.

### Tafel I.

Übersicht über die Verwandten von 26 großen Malern, gruppiert in 14 Familien.

**Ein Verwandter (oder zwei in der Familie).**

| | | | |
|---|---|---|---|
| Allegri | S. | 2. Ostade | **B.** |
| (Correggio s. Allegri) | | Potter | V. |

**Zwei oder drei Verwandte (oder drei oder vier in der Familie).**

| | | | |
|---|---|---|---|
| 3. Bellini | V. B. | Robusti | S. s. |
| 2. Cagliari (und Badille) | o. S. | 2. Teniers | V. B. |
| 3. Caracci | 2 OS. OE. | (Tintoretto s. Robusti.) | |
| 2. Eyck | B. b. | 2. Velde (van der) | V. S. |
| 2. Mieris | 2 S. | (Veronese s. Cagliari.) | |
| Murillo | 2 o. oS. | | |

Vier oder mehr Verwandte (oder fünf oder mehr in der Familie).

(Bassano s. Ponte.)

| | |
|---|---|
| 3. Ponte | S. 4 E. |

(Tizian s. Vecellio.)

| | |
|---|---|
| Vecellio | B. 2 S. OE. 2 OES. |

### Tafel II.

#### 14 Familien.

| | |
|---|---|
| Im ersten Grade | 4 V. 5 B. 9 S. |
| im zweiten Grade | 3 o. 4 E. |
| im dritten Grade | 2 OS. 1 oS. |
| alle weiter entfernten | 4. |

Die Seltenheit, mit welcher künstlerische hervorragende Bedeutung sich selten über mehr als zwei Verwandtschaftsgrade erstreckt, ist hier ebenso auffallend als bei den Musikern und Dichtern.

### Anhang
#### zu dem Kapitel Maler.

Ich habe eine Liste von 42 alten Malern der italienischen, spanischen, niederländischen und deutschen Schule zusammengesetzt, die, glaube ich, alle enthält, die in der allgemeinen Meinung als berühmt gelten. 18 von ihnen haben hervorragende Verwandte, und drei von den übrigen, nämlich Claude, Parmegiano und Raphael haben Verwandte, die einer Notiz wert sind. Die Namen dieser sind im Folgenden in Sperrdruck aufgeführt, die übrigen Namen in gewöhnlichem Druck.

Italienische Schulen: A l l e g r i , „C o r r e g g i o"; (Andrea del Sarto **s.** Vannucchi); (B a s s a n o s. P o n t e); B e l l i n i; Buonarroti, Michelangelo; C a g l i a r i , „P a o l o V e r o n e s e"; C a r a c c i, Annibale; C a r a c c i, Ludovico; Cimabue; (C l a u d e s. G e l é e); (C o r r e g g i o, s. A l l e g r i); (Domenichino, **s.** Zampieri); (Francia s. Raibollini); G e l é e, C l a u d e „L o r r a i n"; Giorgione; Giotto; (Guido s. Reni); Maratti, Carlo; M a z z u o l i , „P a r m e g i a n o"; (Michelangelo s. Buonarroti); (P a r m e g i a n o s. M a z z u o l i); (Perugino s. Vanucci); Piombo, Sebastiano del; P o n t e , „B a s s a n o"; Poussin; (R a f f a e l s. S a n z i o); Raibollini, Francia; Reni, Guido; R o b u s t i , „T i n t o r e t t o"; Rosa, Salvator; S a n z i o,

Raffael; (Tizian s. Vecellio; Vannucchi, Andrea „del
Sarto"; Vanucci, Perugino; Vecellio Tizian; (Veronese
s. Cagliari); Vinci, Leonardo da.

Spanische Schulen: Murillo; Ribera, Spagnoletto;
Velasquez.

Deutsche und niederländische Schulen: Dow, Gérard; Dürer,
Albrecht; Eyck, H. v.; Eyck, J. v.; Holbein; Mieris;
Ostade; Potter, Paul; Rembrandt; Rubens; Ruysdael;
Teniers; Van Dyck; Velde, van de.

Allegri, Antonio da Correggio (1494—1534, starb mit vierzig
    Jahren), eines jener seltenen Beispiele eines Menschen
    von angeborenem und unerschrockenem Genie, der ohne
    Vorläufer und ohne technische Ausbildung ein großer
    Maler wurde. Über seine Verwandtschaft ist sehr wenig
    bekannt.

S.  Pomponeo Allegri, einziger Sohn. Sein Vater starb, als
    er erst 12 Jahre alt war, doch malte er in der Art seines
    Vaters. Sein Fresco - Gemälde in der Kathedrale von
    Parma ist voller Correggioschen Ausdrucks.

(e.)  Antonio Pelegrino, genannt „Il Pittore"

?  (Das verwandtschaftliche Verhältnis kenne ich nicht.)
    Gregorio Allegri, der Musiker, s.

Bassano, s. Ponte.

Bellini, Giovanni (1422—1512, starb mit 90 Jahren) war der
    erste venezianische Maler, der in Öl malte und der Lehrer
    der beiden größten Maler Venedigs — Giorgiones und
    Tizians. In seiner Blütezeit war er selbst der erste Maler
    Venedigs.

V.  Jacopo Bellini, einer der bekanntesten Maler in der
    frühen Zeit, in welcher er lebte. In Porträts war er
    hervorragend.

B.  Gentile Cav. Bellini, Maler von sehr hohem Ruf. Die
    großen Bilder im Saale des großen Rats von Venedig
    sind von ihm. Der Senat erwies ihm Ehren und gab ihm
    eine lebenslängliche Pension.

Cagliari, Paolo, genannt „Paolo Veronese" (1532—1588, starb
    mit 56 Jahren). Sein Genie zeigte sich frühzeitig. Es
    wird von ihm gesagt, daß er die besten Früchte im Früh-
    ling seines Lebens trug. Er war der erfolgreichste unter

den Malern, was Prunk und kostbare und prächtige Schaustellungen anlangt.

(V) Gabriele Cagliari, Bildhauer.

o. Antonio Badile, der erste venezianische Maler, der sich völlig vom gotischen Stil emanzipierte.

S. Carletto Cagliari, erbte das erfinderische Talent seines Vaters und gab die glänzendsten Hoffnungen zukünftiger Größe, starb jedoch mit 26 Jahren.

(S) Gabriele Cagliari, ein Maler, aber kein erfolgreicher, verließ später den Beruf und wurde Kaufmann.

C a r a c c i , Lodovico (1550—1619), starb mit 64 Jahren, der hauptsächlichste Begründer der Schule, die den Namen seiner Familie trägt. Sein Genie entwickelte sich langsam. Sein erster Lehrer empfahl ihm, sich von der Kunst abzuwenden, und seine Mitschüler gaben ihm den Spitznamen „der Ochse". Doch war seine Langsamkeit mehr scheinbar als wirklich, sie entsprang einer tiefen Nachdenklichkeit, zum Unterschied von der Lebhaftigkeit der andern. Sein Talent war außerordentlich.

OS. Agostino Caracci (1558—1601, starb mit 43 Jahren), ein vortrefflicher Maler, aber am bedeutendsten als Kupferstecher. Seine Talente zeigten sich schon in seiner Knabenzeit. Er war ein gebildeter Schriftsteller und Gelehrter und hatte auch dichterische Begabung.

OS. Annibale Caracci (1560—1609, starb mit 49 Jahren). Dieser große Künstler war der jüngere Bruder Agostinos. Er hatte von der Natur die Gaben eines großen Künstlers erhalten und sie wurden von Lodovico sorgsam gepflegt. Annibale hatte mehr Energie als Agostino, aber er war viel weniger gebildet. Er war der Literatur sogar direkt abgeneigt.

(OS) Francesco Caracci, ein dritter Bruder, der als Maler von großem Dünkel aber nicht entsprechenden Verdiensten war.

OE. Antonio Caracci, ein natürlicher Sohn von Annibale. Hatte viel von seines Vaters Talent und wurde ein befähigter Zeichner und Maler. Seine Gesundheit war schwach, und er starb mit 36 Jahren.

(B) Paolo Caracci, ein Maler, doch ohne originelles Talent.

C l a u d e s. Gelée.

Correggio, s. Allegri.

Eyck, Jan van (1370—1441), der Erfinder der Ölmalerei. Seine Bilder wurden in der Zeit, wo er lebte, sehr geschätzt.

B.   Hubert van Eyck, als Maler von der gleichen hervor ragenden Bedeutung. Tatsächlich arbeiteten die beiden Brüder so viel gemeinsam, daß ihre Werke nicht zu trennen sind.

(V)   ein unbedeutender Maler.

b.   Margarethe. Sie liebte Malerei leidenschaftlich.

Gelée, Claude (genannt Lorrain), 1600—1682, starb mit 82 Jahren). Dieser hervorragende Landschaftsmaler begann sein Leben als Gehilfe eines Pastetenbäckers, reiste dann mit einem Herrn als Kammerdiener und wurde nachher der Koch eines Künstlers. Seine Fortschritte beim Malen waren langsam, aber er hatte eine unbezwingbare Beharrlichkeit. Er stand mit 30 Jahren auf der Höhe seines Ruhmes. Er heiratete nie, weil er zu sehr an seinem Beruf hing.

(B)   ein Holzschnitzer.

Mazzuoli, Francesco, genannt „Il Parmegiano" (1504—1541, starb mit 37 Jahren). Dieser große Kolorist und graziöse Maler machte in seiner Studienzeit so große Fortschritte, daß seine Bilder, als er 16 Jahre alt war, das Erstaunen der zeitgenössischen Künstler erregten, obgleich er schlechten Unterricht genossen hatte. Nach Vasari hieß es in Rom: „Die Seele Raffaels sei in die Person Parmegianos übergegangen." Es steht fest, daß ihn auf dem Höhepunkt seines Ruhms die Manie packte, Alchemie zu treiben, und daß er seine Gesundheit und sein Vermögen bei dem Suchen nach dem Stein der Weisen verlor.

V   und 2 O. Filippo Mazzuoli und Michele und Pier Ilario, waren alle drei Künstler, wenn auch unbedeutend.

(? OS)   Girolamo, Sohn des Michele und Schüler von Parmegiano. Er heiratete eine Cousine, die Tochter des Pier Ilario. Er war ein Maler von einigem Erfolg. Das Fragezeichen vor seinem Namen besagt, daß er nach einer Version mit den vorher genannten überhaupt nicht verwandt gewesen sein soll. Es ist merkwürdig, auf wieviel Widersprüche man bezüglich der Familiengeschichte der Maler stößt. Mit Ausnahme der Musiker sind wir bei keiner Gruppe hervorragender Menschen weniger über die häuslichen Verhältnisse orientiert.

(oE, und auch ? OE) Alessandro, Sohn des Girolamo und sein Schüler. Er war aber, ein unbedeutender Künstler.

M i e r i s , Frans van (der Ältere), (1635—1681, starb mit 46 Jahren). „Bei all seinen Verdiensten wäre es zu viel zu behaupten, daß er Gérard Dow überlegen oder auch nur gleichwertig gewesen ist; seine Bewunderer werden sich begnügen, ihn an die Spitze der nachfolgenden Gruppe zu stellen."

S. Jan van Mieris, verzweifelte daran, seinem Vater an Genauigkeit und Zartheit gleichzukommen, und ging so zu historischen Gemälden und Porträts über. Starb mit 30 Jahren.

S. Willem van Mieris. War mit 18 Jahren ein befähigter Künstler und stand in der außerordentlich feinen Ausführung seiner Bilder kaum seinem Vater nach.

(E) Frans van Mieris (der Jüngere), Sohn von Willem. Ein Maler in der gleichen Art wie sein Vater, stand aber entschieden hinter diesem zurück.

M u r i l l o , Bartholomé Estéban (1613—1685, starb mit 72 Jahren). Wenige haben einen gerechteren Anspruch auf Originalität, als dieser bewunderungswürdige spanische Maler. Er zeigte frühzeitig Neigungen zur Kunst. Er war von Natur aus demütig und zurückgezogen und so auffallend gut und hilfreich, daß er vor der eigenen Verarmung nicht zurückscheute.

o. Juan del Castillo, ein Maler von beträchtlichen Verdiensten und der Lehrer von einigen der größten spanischen Maler, nämlich Murillo, Alonzo Cano und Pedro de Moya.

o. Augustin Castillo, ein guter Maler.

oS. Antonio del Castillo y Salvedra, hervorragend, was Komposition und Zeichnung anlangt, aber in Farbe unbedeutend. Nach einem Versuch in Sevilla, wo er zum erstenmal eine Sammlung von Murillos Bildern sah, die den seinigen so weit überlegen waren, versank er in Verzweiflung und starb daran.

O s t a d e , Adriaen van (1610—1685), starb mit 75 Jahren. Hervorragender Maler niederländischer häuslicher Szenen und grotesker Motive.

18*

B. Isack van Ostade. Begann damit den Stil seines Bruders nachzuahmen, womit er wenig Erfolg erlangte, fand aber dann seine eigne Art und wurde ein wohlbekannter Maler. Er starb in der Blütezeit seines Lebens.

Parmegiano s. Mazzuoli.

Ponte, Francesco da (der Ältere), (1475—1530, starb mit 55 Jahren). Das Haupt der Familie Bassano und Begründer der Schule, die ihren Namen trägt.

S. Giacomo da Ponte (gen. Il Bassano, 1510—1592), starb mit 82 Jahren, ein hervorragender Künstler, hatte eine außerordentliche Erfindungskraft und Leichtigkeit der Ausführung. Er hatte vier Söhne, lauter wohlbekannte Maler.

E. Francesco da Ponte (der Jüngere), hatte ein hervorragendes Talent. Er litt an melancholischen Anfällen und beging mit 49 Jahren Selbstmord.

E. Giovanni Battista da Ponte, bemerkenswert als sehr genauer Kopist der Werke seines Vaters Giacomo.

E. Leandro da Ponta, gefeierter Porträtmaler.

E. Girolamo da, ausgezeichneter Kopist der Werke seines Vaters.

Potter, Paul, bewunderungswürdiger niederländischer Tiermaler, seine Werke erfreuten sich der höchsten Schätzung, ehe er 15 Jahre alt war.

V. Peter Potter, Landschaftsmaler, dessen Werke jetzt selten sind, die aber nach den Stichen, die P. Nolpe nach ihnen machte, von beträchtlichem Wert sein mußten.

Raffael s. Sanzio.

Robusti, Giacomo (genannt Il Tintoretto). Dieser vortreffliche venetianische Maler zeigte von Kindheit an einen künstlerischen Hang und überflügelte seine Studiengenossen weit. Er war ein Mensch von ungestümem Talent und rascher Ausführung.

s. Marietta Robusti (Tintoretto), erwarb als Porträtmalerin beträchtlichen Ruf. Ihr Ruhm beschränkte sich nicht auf ihr Vaterland allein.

S. Domenico Robusti (Tintoretto), folgte den Bahnen seines Vaters, hatte aber nicht die gleiche Kraft. Er war gleichfalls ein guter Porträtist und malte viele historische Persönlichkeiten seiner Zeit.

Ruysdael, Jakob van (geb. um 1636). Niederländischer Landschaftsmaler. Er zeigte mit 14 Jahren eine außerordentliche künstlerische Befähigung, ergriff aber die Malerei nicht gleich als ersten Beruf. Er begann als Chirurg.

(B) Salomon van Ruysdael, der ältere Bruder, um zwanzig Jahre älter als Jakob, war ein Landschaftsmaler von geringem Talent.

S a n z i o , Raffael di Urbino. Dieser berühmte Künstler wurde von dem allgemeinen Urteil der Menschheit als der Fürst aller Maler anerkannt.

(V) Giovanni Sanzio, ein Maler, dessen Talent mäßig war, der aber sicherlich über dem Durchschnitt stand.

T e n i e r s , David (der Jüngere), 1610—1694, starb mit 84 Jahren). Dieser gefeierte niederländische Maler folgte der Art seines Vaters und nahm auch die gleichen Motive auf, so Dorffestlichkeiten und dergleichen, doch zeigen seine Kompositionen weit mehr Varianten und sind erfinderischer, sodaß er in jeder Hinsicht überlegen ist.

V. David Teniers (der Ältere), (1582—1649, starb mit 67 Jahren). Seine Bilder waren in ihrer Art sehr originell und wurden allgemein bewundert. Sie würden als die erfolgreichsten Versuche dieser Art betrachtet werden, wenn sie nicht durch die unnachahmlichen Werke seines Sohnes übertroffen worden wären.

B. Abraham Teniers. Er malte in der Art von Bruder und Vater, aber wenn auch ein tüchtiger Künstler, reichte er doch an diese beiden nicht heran.

T i z i a n s. Vecellio.

V a n  D y c k , Antonis (1599—1641). Bewunderungswürdiger Porträtmaler, steht nur hinter Tizian zurück.

(V) Ein Glasmaler, ein Mann von einiger Eigenheit.

(f) Seine Mutter war in Stickereien gewandt, die sie mit beträchtlichem Geschmack nach landschaftlichen und Figurenzeichnungen arbeitete.

V e c e l l i o , Tiziano da Cadore (Tizian), (1477—1576). Der große Begründer der wahren Prinzipien der Farbe. Zeigte im Alter von 18 Jahren beträchtliche Fähigkeiten, er malte bis zu seinem Tode. Starb mit 99 Jahren an der Pest.

Diese bemerkenswerte Familie enthält acht oder neun gute Maler. Bryan nennt sechs von ihnen in seinem Diktionnaire, aber er scheint über ihre verwandtschaftlichen Beziehungen nicht genau informiert zu sein. Der

nachfolgende Stammbaum ist den Beschreibungen von
Northcote entnommen. Alle, deren Namen nachstehend
verzeichnet sind, waren Maler. Die Bindeglieder, die
durch Kreuzchen angedeutet sind, bedeuten seltsamer-
weise je einen Rechtsgelehrten.

**B.** und 2 S. Tizians Bruder, Francesco und zwei Söhne,
Pomponio und Horatio, hatten alle große Fähigkeiten.
Der Bruder gab sich in erster Reihe militärischen
Pflichten hin und konnte aus der Malerei nicht seinen
Beruf machen. Den Söhnen fehlte der Stimulus der
Armut, doch besaßen sie ohne Zweifel große natürliche
Anlagen für Malerei.

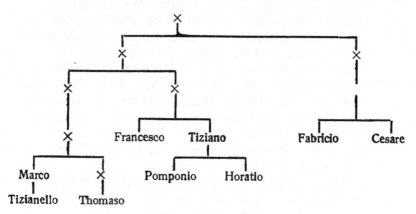

*(v)* war eine sehr befähigte Frau.

**OE.** 2 OES. Die anderen, wenn auch entfernten Verwandten,
sind insofern interessant, als sie die beharrliche künstlerische Eigenart der Familie Vecellio zeigen.

**Velde,** Willem van de (der Jüngere), (1633—1707). Wird als
der beste Maler von Seestücken betrachtet, der je gelebt
hat. Walpole sagt von ihm „er sei der größte Mann, der
in dieser Art der Malerei je auftauchte, die Palme wird
Raphael für historische Gemälde ebensowenig bestritten,
als van de Velde für Seestücke." Er war in Amsterdam
geboren.

**V.** Willem van de Velde (der Ältere), (1610—1693, starb
mit 83 Jahren). Bewunderungswürdiger Maler von Seestücken, geboren in Leyden. Er unterrichtete seinen
Sohn, der ihn überflügelte.

S. gleichfalls mit Namen Willem und gleichfalls ein Maler.
Behandelt dieselben Motive wie sein Vater und Großvater. Es gibt noch drei andere hervorragende Maler
des gleichen Namens, aus den gleichen Städten und aus
der gleichen Zeit, aber ich finde nichts über ihre Verwandtschaft. Es sind dies die beiden Brüder Esaias und
Jan van der Velde, die zwischen 1592 und 1595 in
Leiden geboren wurden, und Adriaen van der Velde, der
1639 in Amsterdam geboren wurde.

Veronese, Paolo. (s. Cagliari.)

## Theologen.

Ich bin jetzt auf dem Sprunge, mit meiner statistischen Übersicht in Regionen einzutreten, wohin genaue Untersuchungen
selten dringen und wo sie nicht sehr allgemein willkommen ge-
heißen werden. Die Sprache der theologischen Schriftsteller
ist gewöhnlich so unbestimmt, daß ich nicht imstande bin zu
bestimmen, was sie wirklich meinen, wenn sie auf Gegenstände
zu sprechen kommen, die direkt meine gegenwärtige Untersuchung berühren. Ich kann nicht erraten, wie weit ihre Ausdrucksweise metaphorisch verstanden sein will oder in welch
anderer Weise als die durch die grammatikalischen Regeln und
den allgemeinen Sprachgebrauch gebotenen, sich hier die Gedanken in Worte kleiden. Ich meine die Redewendungen, welche
die Fruchtbarkeit der Ehen und die Gründung von Familien in
starke Abhängigkeit von der Frömmigkeit der betreffenden Personen folgen.*) Ich kann meinen Kreis noch weiter ziehen und
auch jene anderen Redewendungen einbeziehen, die behaupten,
das materielle Wohlergehen sei im allgemeinen von den gleichen
Gründen beeinflußt.**)

Es ist nicht meine Absicht, mich mit der Kritik der Interpretation dieser oder ähnlicher Stellen zu beschäftigen oder den
Versuch zu machen zu zeigen, wie und ob sie mit den Tatsachen
übereinstimmen. Diese Dinge sind die Angelegenheit der Theologen. Was ich unternehme, ist einfach eine Untersuchung, ob
die Behauptungen, die sie, ihrer prima facie Interpretation entsprechend, enthalten, mit den statistischen Deduktionen überein-

---

*) Z. B. was Fruchtbarkeit anlangt Ps. XXVIII 1, 3, 5, CXIII 8 und
was die Gründung von Familien anlangt XXIV 11, 12.
**) Z. B. was das allgemeine Wohlergehen anlangt Ps. I, 4. Was Lang-
lebigkeit betrifft XXXIV 12—14, und in Bezug auf Gesundheit XCI 3, 6, 10.

stimmen oder nicht. Wenn eine außerordentliche Vorsehung die Familien frommer Männer beschirmt, so müssen wir mit dieser Tatsache rechnen. Natürliche Gaben müssen dann als in einem hohen und wahrscheinlich meßbaren Grade von der Frömmigkeit der Ahnen herrührend betrachtet werden, ebenso müßten diese Gaben in einem weit geringeren Grade, als ich andererseits geneigt war anzunehmen, auf natürliche Eigentümlichkeiten der Vorfahren zurückgeführt werden.

Wir alle sind mit einer andern und gerade entgegengesetzten Ansicht vertraut. Die volkstümliche Meinung geht dahin, daß die Kinder frommer Eltern oft schlecht geraten, und zahlreiche Beispiele werden angeführt, um diese Behauptung zu belegen. Wenn eine weitere Induktion und eine sorgfältige Analyse die Richtigkeit dieser Anschauung bewiese, würde sie der Vererbungstheorie stark entgegenwirken.

Aus diesen beiden Erwägungen ist es für eine gerechte Behandlung meines Gegenstandes absolut nötig, die Geschichte religiöser Menschen zu untersuchen und die Ausdehnung ihrer erblichen Eigentümlichkeiten kennen zu lernen, um weiter zu sehen, ob ihr Leben von außerordentlichem Glück begleitet ist oder ob dies nicht der Fall war.

Ich habe mir beträchtliche Mühe genommen, mir eine entsprechende Auswahl von Geistlichen für meine Untersuchungen zu verschaffen. Die römisch-katholische Kirche ist an geistlichen Biographien reich, aber sie enthalten keine Daten für meine Statistiken. Der Grund ist einleuchtend genug. Die heiligen Personen beider Geschlechter leben im Zölibat und sind daher unfähig, Familien zu gründen. Eine Sammlung von Bischöfen unserer Kirche wäre gleichfalls nicht entsprechend, da sie viele Generationen hindurch in erster Reihe als Administratoren, gelehrte Philologen, polemische Schriftsteller oder Höflinge bemerkenswert waren, es wäre also nicht richtig, aus der Tatsache, daß sie zur Bischofswürde erhoben wurden, zu schließen, daß sie Männer von außerordentlicher Frömmigkeit gewesen seien. Ich dachte an viele andere Gruppen von Theologen, die ich aber auf Grund der obigen Betrachtungen wieder verwarf. Endlich wurde ich glücklich auf eine Sammlung gelenkt, die vollkommen meinen Bedürfnissen entspricht.

Middletons „Biographia Evangelica", 4 Bände 1786, ist durchaus das Werk, das meinen Untersuchungen angemessen ist. Die Biographien, die es enthält, sind nicht allzu zahlreich, denn es sind

im ganzen nur 196, von der Reformation bis zur Zeit der Publikation. Deutlicher gesprochen, die Sammlung enthält die Biographien
von 196 protestantischen verdienstvollen Männern, die mit Ausnahme der vier ersten, nämlich Wyckliffe, Huß, Hieronymus von
Prag und Johann von Wesalia zwischen 1527 und 1785 starben.
Diese übrigbleibenden 192 Männer in einer Periode von 258 Jahren
oder drei Männer in je 4 Jahren sind eine Auswahl, die für meine
Zwecke streng genug, aber nicht zu streng ist. Die Biographen
sind in einem ausgezeichneten Englisch geschrieben und mit wohl-
abgewogenen Beiworten versehen, und obgleich die Sammlung
bis zu einem gewissen Grade eine Kompilation aus den Schriften
anderer ist, kann sie doch gerechterweise als ein einheitliches
Werk und nicht als eine Kombination einzelner Abhandlungen,
die ohne Zusammenhang miteinander geschrieben sind, betrachtet werden, indem die Biographien der Männer von größerer
Bedeutung einen entsprechend wichtigeren Platz einnehmen.
Middleton versichert in seiner Vorrede den Leser, daß sich in
seiner Sammlung keinerlei bigotte Parteilichkeit für Sekten findet,
sondern daß seine ganze Aufmerksamkeit sich wirklich großen
und gottseligen Charaktern aller jener Glaubensrichtungen zuwandte, welche die entscheidenden Prinzipien der Evangelien
anerkennen. Er definiert nicht, welches seiner Meinung nach
diese Prinzipien sind, aber es ist leicht ersichtlich, daß seine
Neigungen sich scharf den Kalvinisten zuwenden, und daß er die
Baptisten durchaus verwirft.

Ich muß noch weiter sagen, daß ich nach der Lektüre seines
Werkes vor der Gesamtheit der Theologen einen weit größeren
Respekt bekam, als ich vorher hatte. Man ist so häufig über die
Kleinlichkeit, die Gehässigkeit und den Fanatismus, die in
theologischen Streitigkeiten zutage treten, empört, daß man mit
gutem Grund eine Neigung zu diesen Fehlern bei Menschen von
stark religiösem Bekenntnis voraussetzen kann. Aber ich kann
meine Leser versichern, daß Middletons Biographien sich nach
meinem besten Wissen und Gewissen zum weitaus größten Teil
auf außerordentlich edle Charaktere beziehen. Wir stoßen hier
sicherlich auch auf einige Persönlichkeiten von sehr zweifel-
haftem Ruf, namentlich in dem ersten Teil des Werkes, welches
die stürmische Zeit der Reformation behandelt, so etwa Cranmer
„heilig in seinem Bekenntnis, skrupellos in seinen Handlungs-
weisen, setzte sich für nichts wahrhaft ein; kühn in seinen theologischen Spekulationen, ein Feigling und Heuchler im Handeln,

ein versöhnlicher Feind und ein lauer Freund" (Macaulay). Nichtsdestoweniger bin ich sicher, daß Middletons Sammlung im allgemeinen außerordentlich gerecht und zuverlässig ist.

Die 196 Personen, von denen Middletons Biographien handeln, können folgendermaßen klassifiziert werden. 22 von ihnen
waren Märtyrer, die meistens durch Feuer umkamen. Der Letzte
von ihnen, Homel, ein Pastor in den Cevennen zur Zeit Ludwigs XIV., wurde 1683 unter Umständen so merkwürdiger Grau-
samkeit hingerichtet, daß ich nicht unterlassen kann zu zitieren,
was Middleton hierüber sagt, obgleich diese Sache nicht zu
meinem Thema gehört. Homel wurde zum Rad verurteilt, wo
„jedes Glied und jeder Knochen seines Körpers von dem eisernen
Ansatz gebrochen wurden, vierzig Stunden, ehe dem Henker gestattet war, ihm die Brust mit einem Schlag zu durchstoßen, den
sie „le coup de grâce", den Gnadenstoß heißen, einem Todeshieb,
der all seinen Qualen ein Ende bereitete." Andere von diesen
196 Männern, die Märtyrer inklusive, waren aktive Führer der
Reformation, so Wyckliffe, Zwingli, Luther, Ridley, Calvin, Beza;
andere waren äußerst hervorragende Administratoren, wie die
Erzbischöfe Parker, Grindal und Usher, einige waren vollendete
Puritaner, wie die Bischöfe Potter, Knox, Welch, die beiden Ers-
kines und Dr. J. Edwards; eine große Anzahl waren Männer von
außerordentlicher, aber angenehmer Form von Frömmigkeit, so
Bunyan, Baxter, Watts und George Herbert. Der Rest und zwar
die Majorität der Gruppe können als fromme und gelehrte Männer bezeichnet werden.

Als allgemeine Regel gilt von den Männern, die in Middletons
Sammlung angeführt sind, daß sie eine beträchtliche intellektuelle
Befähigung und eine natürliche Lernbegier hatten, zwei Eigenschaften, die sich gewöhnlich in der Knabenzeit zeigen. Die
meisten von ihnen schrieben dickleibige Bücher und waren fortwährend mit Predigen und anderen religiösen Diensten beschäftigt. Sie hatten sichtlich ein starkes Bedürfnis sich auszusprechen. Sie waren gewöhnlich aber durchaus nicht alle von frommen Eltern, wenn wir nach den letzten 100 Biographien aus Middletons Sammlung schließen, da der erste Teil des Werkes
zu unvollkommene Angaben enthält über die Ahnen, als daß wir
ihre Analyse benützen könnten. Es scheint, daß von diesen 100
Männern nur 41 Eltern haben, wo Vater oder Mutter oder beide
hervorragend fromm waren, ohne zu berücksichtigen, was über

die Herkunft der anderen 59 gesagt werden kann. Diese 41 Fälle
verteilen sich folgendermaßen: *) in 17 Fällen war der Vater ein
Geistlicher,[1]) in 16 Fällen war der Vater nicht Geistlicher, doch
beide Eltern religiös,[2]) in 5 Fällen wird die Mutter allein als fromm
bezeichnet,[3]) in 2 Fällen sind die nahen Verwandten der Mutter
als religiös bekannt[4]), und in einem Falle wird nur der Vater allein
fromm genannt,[5])

Es gibt keinen Fall, in welchem beide Eltern oder Vater oder
Mutter allein als sündhaft beschrieben werden, obgleich 2 Fälle
von Knauserigkeit[6]) und 1 von Verschwendung[7]) vorkommen.

Die Lebensbedingungen der Eltern sind in 66 Fällen, also bei
mehr als einem Drittel der Fälle, angeführt. Sie zerfallen in folgende Gruppen:

4 mit hohen verwandtschaftlichen Beziehungen: Hamilton,
Georg Prinz von Anhalt, John a Lasco, Herbert.

8 aus alter Familie (nicht notwendig reich): Jewell, Deering,
Gilpin, Hildersham, Ames, Bedell, Lewis de Dieu, Palmer.

15 mit guten verwandtschaftlichen Beziehungen: Oecolam-
padius, Zwingli, Capito, Farel, Jones Bugenhagius, Bullinger,
Sandys, Featley, Dod, Fulke, Pool, Baxter, Griffith Jones, Davies.

23 in liberalen Berufen: Melanchthon und Toplady, Offiziere
in der Armee; Gataker, Usher und Saurin, Rechtsgelehrte; siebzehn waren Kirchenmänner (s. die folgende Liste). Davenant
war Kaufmann.

6 waren Gewerbsleute. Die beiden Abbot waren Weber,
Twiss Tuchwalker; Bunyan ein Kesselflicker, Watts hatte eine
Erziehungsanstalt; Doddridge war ein Ölhändler.

4 waren arm: Huß, Ball, Grynaeus, Fagins, Latimer.

6 waren sehr arm: Luther, Pellican, Musculus, Cox, Andreas
Prideaux.

In der Verwandtschaft der Geistlichen findet sich also nichts

---

*1) Lewis de Dieu, Alting, Manton, T. Gouge, Owen, Leighton, Claude
Hopkins, Fleming, Burkitt, Halyburton, M. Henry, Clarke, Mather, Evans,
Edwards, Hervey.
    2) Donne, Downe, Taylor, Whately, W. Gouge, Janeway, Winter, Flavel,
Spener, Witsius, Shower, Doddrige, G. Jones, Davies, Guyse, Gill.
    3) G. Herbert, Hall, P. Henry, Baily, Whitefield.
    4) Wilkins (Vater der Mutter J. Dod), Toplady (zwei mütterliche Onkel
waren Geistliche.
    5) Hale.
    6) v. Bullinger, Fulke.
    7) Baxter.

Abnormes, es sind Lebensbedingungen, wie wir sie auch bei den weltlichen gelehrten Philologen in der gleichen Periode unserer Geschichte gefunden haben.

Die Theologen sind nicht Begründer von einflußreichen Familien. Armut war nicht immer der Grund hierfür, da wir auch von solchen lesen, die beträchtliche Mittel besaßen. W. Gouge hinterließ seinem Sohn T. Gouge ein ansehnliches Vermögen, mit welchem er Liebeswerke in Wales und anderwärts unterstützte. Evans hatte ein beträchtliches Vermögen, das er völlig durch Spekulationen im Südseeschwindel verlor, und andere werden genannt, die hohe verwandtschaftliche Beziehungen haben und daher mehr oder weniger gut daran sind. Die einzigen Familien, die Männer von Bedeutung hervorgebracht haben, sind die Saurin, deren Nachkomme der berühmte Kron-Anwalt von Irland war, die Familie des Erzbischofs Sandys, dessen Nachkomme nach einigen Generationen der erste Lord Sandys wurde und die Familie Hookers, der der Vorfahr der hervorragenden Botaniker, des verstorbenen und gegenwärtigen Direktors des Botanischen Gartens in Kew war. Als Ganzes genommen haben die Theologen kaum einen merklichen Einfluß auf die Bildung der herrschenden Familien in England oder in der Hervorbringung unserer Judges, Politiker, Feldherren, Männer der Literatur und Naturwissenschaften oder Mathematik, Dichter oder Künstler.

Die Theologen sind von mäßiger Fruchtbarkeit. Nach den späteren Biographien zu urteilen, ist ungefähr die Hälfte von ihnen unverheiratet, und es kommen gegen 5, vielleicht auch 6 Kinder auf eine Ehe. Das heißt, die wirklich angegebene Anzahl ergibt eine Rate von 4½, hierzu kommt noch, daß je einmal in 6 oder 7 Fällen die Phrase gebraucht wird, „viele Kinder". Die Einreihung dieser zufällig unbekannten, aber gewiß großen Zahlen würde den Durchschnitt noch um ein Kleines erhöhen. Andererseits ist es mitunter nicht klar, ob die Anzahl der Kinder, die die erste Kindheit überlebt haben, nicht irrtümlicherweise als die Anzahl der Geburten angegeben wurde, so daß wir diesem Zweifel Rechnung tragend den geschätzten Durchschnitt wieder erhöhen müssen. Damit die Bevölkerung nicht zurückgehe, müssen je 4 Erwachsene, 2 Frauen und 2 Männer, schließlich 4 Kinder hinterlassen, die gleichfalls ein reifes Alter erreichen. Wir haben gesehen, daß von den Theologen nur die Hälfte verheiratet ist, daher muß jeder Theologe 4 Erwachsene hinterlassen, damit seine Familie nicht abnimmt. Dieser Umstand erfordert eine

Durchschnittsfamilie von mehr als 6 Kindern oder eine tatsächlich größere Familie, als die Theologen gehabt zu haben scheinen.
Diejenigen unter ihnen, die heiraten, tun dies oft mehr als
einmal. Wir wissen im ganzen von 81 verheirateten Männern;
3 von ihnen, nämlich Junius, Gataker und Flavel hatten jeder 4
Frauen hintereinander; Bucer und Mather 3, und 12 andere waren
je zweimal verheiratet. Die Häufigkeit, mit welcher Theologen
Witwer wurden, ist bemerkenswert, umsomehr, als sie gewöhnlich nicht in jungen Jahren heirateten. Ich führe den frühzeitigen
Tod ihrer Ehefrauen auf die Hypothese zurück, daß ihre Konstitution schwächlich war, und ich habe dafür zwei Anhaltspunkte.
Einmal starb eine große Anzahl von ihnen im Wochenbett, denn
sieben solcher Fälle werden angeführt, und es ist kein Grund anzunehmen, daß Middleton alle oder fast alle derartigen Fälle verzeichnet. Zweitens scheinen die Frauen der Theologen sehr
fromm gewesen zu sein, und es wird sich etwas weiter unten
zeigen, daß eine häufige Verbindung zwischen einer ungewöhnlich frommen Gemütsart und einer schwachen Konstitution besteht.

Die Theologen scheinen in ihrem häuslichen Leben sehr glücklich gewesen zu sein. Ich weiß nur von wenig Ausnahmen von
dieser Regel. Die Frau von P. Cooper war treulos, und die des
armen Hooker war ein Zankteufel. Doch hatten in vielen Fällen
diese naiven verdienstvollen Männer ihre Ehen aus Überlegung
und nicht aus Liebe geschlossen. Calvin heiratete auf Bucers
Ratschlag, und der Bischof Hall mag hier seine eigene Geschichte
erzählen, da sie typisch genug ist. Nachdem er sein Haus gebaut
hatte, erzählt er in seiner Autobiographie: „Die unheimliche Einsamkeit meines Lebens und die außerordentliche Unbequemlich-
keit meines ledigen Haushalts führten nach zwei Jahren meine
Gedanken dazu, die Notwendigkeit des Ehestandes einzusehen,
die Gott nicht weniger wunderbar für mich vorgesehen hatte,
denn als ich am Pfingstmontag die Kirche mit einem ernsthaften
und verehrungswürdigen Geistlichen Mr. Grandidge verließ, sah
ich in der Tür des Hauses, wo wir zu einem Hochzeitsmahl eingeladen waren, eine anmutige und bescheidene Dame stehen und
fragte den würdigen Freund, ob er sie kenne. „Jawohl,“ sagte
er, „ich kenne sie und habe sie zu Ihrer Frau bestimmt.“ Als ich
weiter eine Erklärung dieser Antwort verlangte, sagte er mir,
sie sei die Tochter eines gentleman, den er sehr achte, Mr.
George Winniffe von Bretenham; und daß er in der Meinung, dieser

Ehebund würde mir wohl anstehen, bereits mit ihrem Vater darüber gesprochen habe, der der Sache sehr geneigt sei. Er riet mir, die Gelegenheit nicht vorübergehen zu lassen und verhehlte mir nicht die gerechten Lobsprüche über die Bescheidenheit, Frömmigkeit, gute Gemütsart und andere Tugenden, die in dieser schicklichen Gestalt vereinigt waren. Ich hörte seinen Vorschlag als von Gott gesandt an und erfreute mich nach der gehörigen Verfolgung des Planes, der glücklich verlief, in einer Zeit von neunundvierzig Jahren der Gesellschaft dieser passenden Gefährtin."

Die Sterblichkeit der Theologen richtet sich nach genau der gleichen Regel, ob es sich nun um die in den ersten oder die in den letzten Bänden von Middletons Sammlung genannten Persönlichkeiten handelt, obgleich die Lebensbedingungen in den verschiedenen Perioden, denen sie angehören, sich verändert haben müssen. Von den 196 herangezogenen Menschen stirbt etwa die Hälfte zwischen 55 und 75 Jahren; ein Viertel stirbt vor dem 55sten Jahr und ein zweites Viertel nach dem 75sten Jahr. 62 oder 63 ist das durchschnittliche Todesalter, in dem Sinne, daß ebenso viel sterben, ehe sie dieses Alter erreicht haben, als später. Das ist eher eine geringere Lebensdauer, als ich aus den anderen Gruppen hervorragender Männer deduziert habe. Dod, der älteste der hier zitierten Theologen, lebte bis zu einem 98sten Jahr. Nowell und du Moulin starben zwischen 90 und 95 und Zanchius, Beza und Conant zwischen 85 und 90. Die Krankheiten, die sie hinrafften, sind hauptsächlich die einer sitzenden Lebensweise der zitierten Männer an Steinkrankheit oder Harnzwang, zwischen welchen beiden Krankheiten die Ärzte damals noch keinen genügenden Unterschied machten. In der Tat töteten sie Bischof Wilkins, indem sie die eine Krankheit mit der anderen verwechselten. Wir finden weiter fünf Fälle von Pest, der Rest besteht aus folgenden Gruppen, die ziemlich gleiche Proportionen aufweisen, nämlich: Fieber und Wechselfieber, Lungenerkrankungen, Gehirnschlag und nicht klassifizierte Krankheiten.

Was die Gesundheit anbelangt, so ist die Konstitution der meisten Theologen bemerkenswert schlecht. Ich habe gefunden, daß gelehrte Philologen in der Jugendzeit sehr häufig krank sind, teilweise weil die Unfähigkeit sich an den Unterhaltungen anderer Knaben zu beteiligen sie zum Studium drängt, teilweise weil eine ungesunde Gehirntätigkeit sie frühzeitig nach den

Büchern greifen läßt. Allgemein gesprochen, gibt es drei Mög-
lichkeiten für diese jungen Gelehrten. Sie sterben entweder jung,
oder sie werden kräftiger, wenn sie heranwachsen, behalten
ihre Neigungen und sind fähig, sich ihnen mit gut erhaltener
Energie zu widmen oder sie leben kränklich weiter. Die Theologen rekrutieren sich stark aus der kränklichen Gruppe dieser
Jünglinge. In den meisten religiösen Biographien findet man eine
Art von Invalidität, die mir auch bis zu einem gewissen Grade
in den Lebensbeschreibungen in Middletons Sammlung häufig auf-
zutauchen scheint.

Er notiert speziell die folgenden vierzehn oder fünfzehn Fälle
schwächlicher Konstitution.

1. Melanchthon, er starb mit 63 Jahren, seine Gesundheit er-
forderte fortwährende Aufmerksamkeit. 2. Calvin, starb mit 55
Jahren. Er war schwach, schmächtig und schwindsüchtig, leistete
aber nichtsdestoweniger eine ungeheure Arbeit. Vielleicht können
wir als 3. Junius nennen, der als Kind sehr krank und schwächlich
war. Man erwartete nicht, daß er das Mannesalter erreichen
würde, aber er wurde kräftig, als er heranwuchs, und wenn er
auch jung starb, so war es doch eine Seuche, die ihn dahingerafft
hatte, er überlebte vier Frauen. 4. Downe, ein Vikar in Somerset-
shire, starb mit 61 Jahren, der sein Lebenlang „an Gesundheit und
Kraft ein wahrer Pilger und Fremdling" in der Welt war. 5. Georg
Herbert, starb mit 42 Jahren, er war schwindsüchtig und häufig
Fiebern und anderen Krankheiten unterworfen, er scheint seine
Geistesrichtung sehr stark seiner schlechten Konstitution zu verdanken, denn er wurde frömmer, je mehr körperliche Übel ihn
trafen, und wir können noch einen tapferen ritterlichen Typus in
ihm finden, der sich bei seinen Vorfahren und Brüdern, die meist
stattliche Soldaten waren, in einer robusten Weise entwickelte.
Ein Bruder war ein bekannter Seemann, ein anderer hatte 24
Wunden an seinem Leibe bekommen. 6. Bischof Potter, starb mit
64 Jahren, war von schwächlicher Konstitution, melancholisch,
mager und puritanisch. 7. Janeway, starb mit 24 Jahren, „hartes
Studium und Arbeit überwältigten ihn". 8. Baxter, starb mit 76
Jahren, war stets von elender Gesundheit, ihn quälte ein Stein in
der Niere (von dem es nebenbei bemerkt heißt, er sei im College
der Chirurgen aufbewahrt). 9. Philipp Henry, starb mit 65 Jahren,
als junger Geistlicher, der „göttliche Heinrich" genannt. Er war
ein schwächliches Kind, er wurde als Jüngling kräftiger, doch

ruinierte er seine verbesserte Gesundheit durch die sitzende Lebensweise eines Gelehrtenlebens, die mit den Übungen auf der Kanzel abwechselte, wo er „stark schwitzte, da er inbrünstig predigte." Er starb am Schlagfluß. 10. Harvey, starb mit 30 Jahren, war so schwächlich und klein, daß sein Vater ihn nicht Geistlicher werden lassen wollte, „aus Furcht, seine Gestalt würde ihn verächtlich machen." 11. Moth, starb mit ? Jahren, scheint ein anderes Beispiel zu sein. Es existiert kaum eine persönliche Anekdote über ihn als „Gott gefiel es, ihn auf mancherlei Weise zu prüfen", eine Phrase, die ich mit ungesunder Konstitution interpretiere. 12. Brainerd, starb mit 29 Jahren, war von Natur gebrechlich und starb an einer Komplikation von hartnäckigen Übeln. 13. Hervey, starb mit 55 Jahren, obgleich ein Frühaufsteher, war er von Natur schwach, er war vor seinem Tode furchtbar abgemagert. 14. Guise, starb mit 81 Jahren, ein hohes Alter für jene Zeit. Nichtsdestoweniger war er kränklich, in frühen Jahren war er hektisch und überarbeitet, später krank und lahm und zuletzt blind. 15. Toplady, starb mit 38 Jahren, kämpfte umsonst um Gesundheit und ein längeres Leben. Er wechselte sogar seinen Aufenthaltsort und mußte damit seine Hoffnungen, zu Vermögen zu gelangen, aufgeben.

Zu diesen fünfzehn Fällen, wo es feststeht, daß es sich um eine von Natur aus schwache Konstitution handelt, können wir schließlich noch zwölf Fälle nehmen, wo die Gesundheit der Betreffenden unter dem Druck der Arbeit zusammenbrach. Selbst wenn die Arbeit, die ihre Gesundheit ruinierte, unvernünftig groß war, so kann doch der Eifer, der sie anspornte über ihre Kräfte zu arbeiten, bis zu einem gewissen Grade als ein Sympton einer mangelhaften Konstitution betrachtet werden. Jeder Fall möge nach seinen eigenen Umständen betrachtet werden. Es sind die folgenden:

1. Whitaker starb mit 48 Jahren, holte sich den Todeskeim durch seinen unglaublichen Fleiß. 2. Rollock, starb mit 43 Jahren, als der erste Rektor der Universität Edinburg; er starb infolge Überarbeitung, obgleich der wirkliche Grund seines Todes die Steinkrankheit war. 3. Dr. Rainolds, starb mit 48 Jahren, genannt „der Schatz alles Wissens, des menschlichen und göttlichen", der ganz bewußt seinen Instinkt zur Übertreibung folgte, indem er sagte, er wolle nicht „propter vitam vivendi perdere causas", er wolle nicht um des Leben willen den Zweck des Lebens verlieren. 4. Stock, starb mit ? Jahren, „verbrauchte

sich selbst wie eine Wachskerze, indem er sich selbst für das Wohl der anderen aufrieb." 5. Preston starb mit 41 Jahren, opferte sein Leben einem außerordentlichen Fleiß; er wird als Beispiel dafür zitiert, „daß Männer von großen Eigenschaften keine Mäßigung kennen." Er starb als „alter" Mann mit 41 Jahren. 6. Herbert Palmer starb mit 46 Jahren nach einer kurzen Krankheit, „denn, da er viel von seiner natürlichen Kraft im Dienste Gottes verbraucht hatte, hatte die Krankheit wenig mehr an ihm zu tun." 7. Baily, starb mit 54 Jahren, er war so heilig und gewissenhaft, „daß, wenn er einige Zeit in der Gesellschaft seiner Freunde unschuldig vergnügt war, es ihn später einige trübselige Gedanken kostete" (hüte mich vor dem Vorrecht solcher Gefährten); er verlor seine Gesundheit in frühen Jahren. 8. Clarke, starb mit 62 Jahren, war zu fleißig und bekam infolgedessen mit 43 Jahren ein Fieber, das seine Konstitution außerordentlich schwächte. 9. Ulrich starb mit 48 Jahren, hatte eine „üble Körperbeschaffenheit, die verschlimmert wurde durch eine sitzende Lebensweise und die Überanstrengung seiner Stimme beim Predigen." 10. Isaac Watts, starb mit 74 Jahren, als Kind gewandt, aber nicht kräftig, erkrankte schwer mit 24 Jahren, dann wieder mit 38 und erholte sich dann nicht mehr; er verbrachte den Rest des Lebens in einer ihm zusagenden Zurückgezogenheit, als Hausgenosse von Sir T. Abney und später von dessen Witwe. 11. Davies starb mit 37 Jahren; als Knabe geistreich und ein kühner Reiter, entwickelte er sich zu einem religiösen Menschen mit so sitzender Lebensweise, daß er, nachdem er Präsident des Yale College in Amerika geworden war, kaum noch irgend eine Leibesübung vornahm. Er starb an einer einfachen Erkältung, die ihn als Folge einer Unvorsichtigkeit beim Abfassen einer Predigt befiel, da seine Körperkräfte zu schwach waren, um irgend eine physische Anstrengung auszuhalten. 12. T. Jones, starb mit 32 Jahren; „ehe es dem Herrn gefiel, ihn zu rufen, wandelte er auf Irrwegen", dann ward er betroffen „von seiner Krankheit, die ihm stark darniederdrückte und ihn der Pforte des Todes nahe brachte, während welcher Zeit er aber bedeutsam an Gnade zunahm."

Hiermit schließe ich meine Liste jener 26 Theologen, die bei Middleton speziell als kränklich bezeichnet wurden. Es scheint, daß etwa die Hälfte von ihnen von Haus aus schwächlich waren, während die andere Hälfte frühzeitig im Leben ihre Gesundheit verloren. Wir müssen nicht annehmen, daß der Rest der 196

Männer ausnahmslos gesund war. Diese Biographien verweilen
wenig bei persönlichen Charakteristiken, und das Stillschweigen
über die Gesundheitsverhältnisse muß nicht notwendig dahin erklärt werden, daß die Gesundheit eben gut war. Wie ich schon
vorher erwähnte, weht in der ganzen Sammlung eine Art von
Krankenzimmerluft, wenn auch in einem geringeren Grade als
sonst in religiösen Biographien, die ich anderswo gelesen habe.
Evangelische Theologen sind sehr geneigt, ihr Leben in sanfter
Unpäßlichkeit und ermüdeter Geistesverfassung zu verbringen.

Es ist merkwürdig, ein wie großer Abschnitt der religiösen
Biographien sich gewöhnlich mit den Ereignissen eines Kranken-
zimmers beschäftigt. Wir können leicht begreifen, daß diesen
Dingen viel Platz eingeräumt wird, da die Aufrichtigkeit des
Gläubigen sich auf dem Totenbett am sichersten manifestiert;
aber dies allein genügt nicht, um alles zu erklären, was wir hierüber bei Middleton und anderweitig finden. Ich glaube, evangelische Schriftsteller empfinden ein wahres Vergnügen daran,
bei Umständen zu verweilen, die die meisten Menschen anekeln.
Rivet, ein französischer Theologe, hatte eine Einschnürung der
Eingeweide, die nach zwölftägigem Leiden seinen Tod herbei-
führte. Jedes versuchte Heilmittel, jede neue Qual und jedes
korrespondierende religiöse Stoßgebet wird verzeichnet und so
füllt die Geschichte der Erkrankung seiner Eingeweide 45 Seiten,
das heißt gerade so viel Raum, als den ganzen Biographien von
vier durchschnittlichen Theologen in der Sammlung gewidmet
ist. Mede's Tod und seine Veranlassung wird mit der gleichen
Genauigkeit und mit noch widrigeren Details beschrieben, aber
in einer weniger weitschweifigen Form.

Ich habe gezeigt, daß von den 196 Theologen 26 oder ein
Neuntel bestimmt schwächlich waren, und ich lege der Hypothese,
daß das Stillschweigen des Biographen über den Gesundheits-
zustand nicht kräftige Gesundheit bedeutet, viel Wert bei; jedoch
kann ich auch noch andere Gründe anführen, die meinen sehr
lebhaften Eindruck, daß Theologen im allgemeinen kränkliche Menschen sind, bestätigen. Ich kann nachweisen, daß die
Anzahl der Personen, die kräftig genannt werden, unverhältnismäßig gering ist, und ich würde eher einen Vergleich zwischen der
Anzahl der bekannt schwächlichen und den bekannt kräftigen unter
ihnen vorschlagen, als einen zwischen den bekannt schwächlichen
und dem Rest der 196. In Berufen, wo die Menschen viel öffentlich sprechen müssen, ist gewöhnlich die Körperkraft derjenigen,

19*

die ihn ergreifen, außerordentlich groß. Es wäre unmöglich eine,
Sammlung von Biographien hervorragender Redner, Juristen und
dergleichen zu lesen, ohne daß einem die große Anzahl derer
auffiele, die im Besitze einer eisernen Gesundheit sind. Bei den
Theologen dagegen ist dies nicht der Fall, denn Middleton spricht
nur von 12 oder vielleicht 13 Männern, deren Körperbeschaffenheit
bemerkenswert ist.

Bei diesen kräftigen Theologen stoßen wir auf zwei sehr
lehrreiche Tatsachen. Wir finden einerseits, daß von diesen 12
oder 13, die entschieden kräftig waren, 5 wenn nicht 6 in ihrer
Jugend anstößig und zügellos lebten, und andererseits finden wir,
bei den übrigen Theologen nur bei 3 oder 4 die Bemerkung, sie
hätten in ihrer Jugend anstößig gelebt, ohne gleichzeitig Männer
von bekannt kräftiger Konstitution zu sein. Wir sind daher zu
dem Schluß genötigt, daß eine kräftige Konstitution in einem sehr
deutlichen Grade einer außerordentlich frommen Gemütsart entgegengesetzt ist.

Wenden wir uns erst jenen zu, die sowohl in ihrer Jugend
wild gelebt haben, als im Besitze einer kräftigen Konstitution
sind. Es sind 5 oder 6 an Zahl. 1. Beza, starb mit 86 Jahren,
„war ein kräftiger Mann von sehr gesunder Konstitution, der nie
an Kopfschmerzen litt, was bei geistig hart arbeitenden Menschen
ungewöhnlich ist." Als Jüngling gab er sich den Lockungen der
Weltsünden hin und schrieb Gedichte von sehr ausschweifender
Art. 2. Welch, starb mit 53 Jahren; hatte eine sehr kräftige Konstitution und ertrug große Strapazen, in seiner Jugend war er
ein Schmuggler. 3. Rothwell, starb mit 64 Jahren, war schön,
gut gewachsen von großer Körperkraft und Lebhaftigkeit, er spielte
Kegel, jagte zu Pferd und mit der Flinte, er wilderte sogar ein
wenig. Obgleich er Geistlicher war, änderte er sich erst spät,
und auch dann noch „setzte ihm der Teufel zu, oft und lange."
Er kam mit seinen Pfarrkindern in einem wilden Teil Nord-
englands besonders gut aus. 4. Grimshaw, starb mit 55 Jahren,
war im Verlaufe von sechzehn Jahren nur einmal krank, obgleich er „seinen Körper mit weniger Aufmerksamkeit behandelte,
als ein mitleidiger Mensch sein Vieh." Er wurde religiös erzogen, lief aber mit 18 Jahren aus Cambridge davon. Mit 26
Jahren wurde er als fluchender trunkener Pfaff teilweise bekehrt, mit 34 Jahren „begann seine Predigt nutzreich zu werden,"
worauf 21 Jahre einer hervorragend nützlichen Tätigkeit folgten.
5. Whitefield, starb mit 56 Jahren, war außerordentlich lebhaft,

predigte beständig und war beständig auf Reisen. Er hatte große Körperkraft, obgleich er nach 40 Jahren „infolge Krankheit", dick wurde. Er war in seiner Jugend äußerst unbändig, trank und verübte kleine Diebereien (Stephen „Geistl. Biographien."). (6.) Es ist wahrscheinlich, daß auch Trosse zu dieser Gruppe gehört. Es soll aber erst in der übernächsten Abteilung von ihm die Rede sein.

Wir haben weitere sieben, die große Körperkraft besaßen, ohne in ihrer Jugend anstößig gelebt zu haben:

1. Peter Martyr, starb mit 62 Jahren, ein großer gesunder Mann mit ernsten, ruhigen und gutgebildeten Gesichtszügen. Seine Anlagen und ebenso seine Gelehrsamkeit waren ungewöhnlich. 2. Mede, starb mit 52 Jahren, war ein schöner, feiner, würdiger Mann. Middleton bemerkt, daß seine Lebenskraft groß war, daß er die Kälte nicht spürte und daß er eine gesunde Seele in einem gesunden Körper hatte. Er war als Student im College skeptisch, aber nicht wild. 3. Bedell, starb mit 72 Jahren, ein großer, hübscher, würdiger Mann, war selbst bei den Katholiken beliebt; erlitt bis zu seinem Tode keine Abnahme seiner natürlichen Kräfte. 4. Leighton, starb mit 70 Jahren an einem plötzlichen Anfall von Brustfellentzündung. Er sah bis dahin so frisch aus, daß das Alter bei ihm stille zu stehen schien. 5. Burkitt, starb mit 53 Jahren an einem bösartigen Fieber, „doch war seine Körperkraft so groß, daß man von ihm hätte erwarten können, er würde 80 Jahre alt werden." Er wandte sich als Knabe bei einem Anfall von Pocken der Religion zu. 6. Alix, starb mit 76 Jahren, hatte eine ungewöhnliche Gesundheit und war ungewöhnlich geistvoll. Er war ein besonders liebenswürdiger, talentvoller und populärer Mann. 7. Harrison, starb mit ? Jahren, ein starker robuster Mann, strotzend von Fleisch und Blut; demütig, fromm und von großen natürlichen Talenten. Damit ist die Liste geschlossen. Ich war überrascht, unter ihnen keinen Typus von Cromwells „Eisenmännern" zu finden.

Wenden wir uns schließlich noch jenen zu, die in ihrer Jugend unbändig gelebt haben, ohne daß etwas über ihre besondere Körperkraft bekannt sei. Es sind drei oder vier an Zahl, je nachdem ob man Trosse einschließt oder ausschließt:

1. William Perkyns, starb mit 43 Jahren, ein „munterer vergnügter Mann", war in Cambridge wild und verschwenderisch und besserte sich erst mit 24 Jahren. 2. Bunyan, war in seiner Jugend lasterhaft. Wurde auf eine ganz seltsame Weise bekehrt und

hatte viele Rückfälle während seiner Karriere, 3. Trosse, starb
mit 82 Jahren. Seine Biographie ist in bezug auf Einzelheiten,
über die man orientiert sein möchte, mangelhaft, aber sein
langes Leben, das auf einen schlechten Anfang folgte, scheint
ein Zeichen einer ungewöhnlich kräftigen Konstitution zu sein,
die ihn eher für die erste Kategorie qualifizieren würde. Er
wurde nach Frankreich geschickt, um die Sprache zu erlernen
und lernte auch mancherlei französische Schurkenstreiche. Der
gleiche Prozeß wiederholte sich in Portugal. Die Reihenfolge der
bemerkenswerten Veränderungen seines Charakters sind nicht
genannt, ebensowenig seine persönlichen Charakterzüge. (4.) T.
Jones, starb mit 32 Jahren, ist schon einmal unter den kränklichen Theologen angeführt, da er nach einer wilden Jugend
durch eine ernste und lange Krankheit fromm wurde.

Ich gehe jetzt zu den Verwandten der Theologen über. Wenn
wir in Betracht ziehen, daß es im Ganzen nur 196 Männer sind,
daß sie aus dem ganzen protestantischen Europa ausgewählt sind
und daß die Durchschnittsrate 2 Menschen in 3 Jahren beträgt,
so sind die folgenden Resultate ebenso bemerkenswert, wie diejenigen, die wir in den anderen Gruppen antrafen.

17 von den 196 sind untereinander verwandt. So ist Simon
Grynaeus der Onkel von Thomas, der der Vater von Johann Jakob
ist, und ebenso gibt es noch andere bekannte Männer in dieser
bemerkenswerten Familie, die bäuerlichen Ursprungs ist. With-
akers mütterlicher Onkel ist Dr. Nowell. Robert Abbot, Bischof
von Salisbury, ist der Bruder des Erzbischofs Abbot. Downes
mütterlicher Onkel war der Bischof Jewell. Dods Enkel (der
Sohn seiner Tochter) war der Bischof Wilkins. William Gouge
war der Vater von Thomas Gouge. Philipp Henry war der Vater von Matthew Henry. Ebenezer Erskine war der Bruder von
Ralph Erskine.

8 andere hatten bemerkenswerte Verwandte, meist unter
religiösen Menschen, nämlich: Knoxs Enkel (der Sohn einer Tochter, die John Welch heiratete) war Josiah Welch, „der Wächter
des Gewissens". F. Junius hatte einen Sohn, gleichfalls mit
Namen Francis, ein gelehrtes Mitglied der Oxforder Universität;
von seiner Tochter, die J. G. Vossius heiratete, hatte er Dionysius und Isaac Vossius als Enkel, die wegen ihres Wissens berühmt
waren. Donne stammte durch seine Mutter vom Lord Chancellor
Sir John More und von Judge Rastall ab. Herbert war der
Bruder des Lord Herbert von Cherbury und hatte andere und

hervorragende und interessante Verwandte. Ushers Verwandte sind äußerst bemerkenswert, denn der Vater, der Bruder seines Vaters, der Vater der Mutter, der Bruder der Mutter und sein eigner Bruder waren in ihrer Zeit lauter hervorragende Männer. Der Bruder der Mutter von Lewis de Dieu war Professor in Leyden. Der Vater und der Großvater von Mather waren hervorragende Geistliche. Der Vater und drei Brüder von Saurin waren von hervorragender Beredsamkeit.

Man kann nach all dem nicht daran zweifeln, daß religiöse Gaben im großen ganzen erblich sind; aber es gibt auch merkwürdige Abweichungen von dieser Regel. Middletons Werk muß, was diese Ausnahmefälle anbelangt, nicht als frei von Irrtümern betrachtet werden, denn weder er, noch irgend ein anderer Biograph betrachtete es als Pflicht, über die Gruppe jener Tatsachen zu berichten, die uns interessieren; nämlich über jene Fälle, wo die Söhne religiöser Eltern schlecht geraten. Ich habe nur ein einziges Beispiel dieser sichtlichen Umkehrung des Vererbungsgesetzes bei Middleton gefunden, aber es wird oft behauptet, daß solche Fälle nicht ungewöhnlich sind. Mein Glaube an diese Tatsachen stützt sich in erster Reihe auf soziale Erfahrungen neuesten Datums, die nicht veröffentlicht werden können, ohne unschuldige Personen zu kränken. Die mir bekannten Fälle sind nicht zahlreich, aber sie genügen doch, um mich zu überzeugen, daß die populäre Anschauung eine reale Grundlage hat. Die unleugbare Gewißheit einiger neuerlicher Fälle wird dem Leser hoffentlich genügen, so daß ich mir gestatten kann, nicht auf die Details einzugehen.

Die Zusammenfassung der Resultate, zu denen ich bezüglich der Theologen gekommen bin, sind die folgenden: daß sie nicht Begründer von Familien sind, die einen beträchtlichen Einfluß auf unsere Geschichte gehabt haben, ob dieser Einfluß nun von den Fähigkeiten, dem Wohlstand oder der sozialen Position eines ihrer Mitglieder abgeleitet wird. Daß sie eine mäßig fruchtbare Gruppe bilden, die eher unter, als über dem Durchschnitt steht. Daß ihre durchschnittliche Lebensdauer ein wenig unter dem anderer hervorragender Männer in meinen anderen Gruppen ist. Daß sie gemeinhin unter Überanstrengung leiden. Daß sie gewöhnlich schwächliche Menschen sind. Daß diejenigen, die eine kräftige Konstitution haben, meist in ihrer Jugend wild waren, und daß umgekehrt die meisten derjenigen, die in ihrer Jugend wild waren und erst später fromm wurden, Männer von kräftiger Konstitution waren. Daß eine fromme Gemütsart entschieden erblich ist. Daß aber auch die Fälle häufig sind, wo die Söhne frommer Eltern sehr mißrieten; aber ich werde noch einiges über den Grund zu sagen haben, der mir hierfür maßgebend scheint.

Ich habe daher keinen Grund zu glauben, die Theologen seien in irgend einer Hinsicht eine außerordentlich begünstigte Gruppe; es scheint eher, daß sie weniger glücklich sind, als andere Menschen.

Ich gehe jetzt zu meinen gewöhnlichen Tabellen über.

## Tafel I.

Übersicht über die Verwandten von 33 Theologen aus Middletons „Biographia Evangelica", gruppiert in 25 Familien.

### Ein Verwandter (oder zwei in der Familie).

| | | | |
|---|---|---|---|
| Clarke | V. | Knox | e. |
| 2. Dod (und Wilkins) | e. | Leighton | V. |
| (Downe s. Jewell.) | | (Nowell, s. Whitaker) | |
| 2. Erskine | B. | Welch | S. |
| Guise | S. | Whitaker (und Nowell) | o. |
| Hildersham | S. | (Wilkins, s. Dod.) | |
| Hospinian | o. | Witsius | o. |
| 2. Jewell (und Downe) | n. | | |

### Zwei oder drei Verwandte (oder drei oder vier in der Familie).

| | | | |
|---|---|---|---|
| 2. Abbot | 2 B. | 2. Henry, H. (und M.) | S. *v.* |
| Dieu de | V. o. | Lasco, A. | B. O. |
| Donne | g. g. V. | Mather | V. G. g. |
| Gilpin | gB., NE., NEES. | Saurin | 3 B. |

### Vier oder mehr Verwandte (oder fünf oder mehr in der Familie).

| | |
|---|---|
| 2. Gouge, W. (und T.) | *v.* 2 o. S. |
| 3. Grynaeus, T. (auch S. u. J.) | O. OS. 4 S. |
| Herbert | V. *v.* g. B. OS. 2 OE. |
| Junius | V. S. 2 e. |
| Usher | V. O. g. o. B. |

Tabelle II*)

| Bescheinigung des Grades | Verwandtschaftsgrade | | | | A. | B. |
|---|---|---|---|---|---|---|
| | Korrespondierende Buchstaben | | | | | |
| **erster Grad** Vater | 7 V | — | — | — | 7 | 28 |
| Bruder | 9 B | — | — | — | 9 | 36 |
| Sohn | 10 S | — | — | — | 10 | 40 |
| **zweiter Grad** Großvater | 1 G | 4 g | — | — | 5 | 20 |
| Onkel | 3 O | 7 v | — | — | 10 | 40 |
| Neffe | 0 N | 1 r | — | — | 1 | 4 |
| Enkel | 0 E | 4 e | — | — | 4 | 16 |
| **dritter Grad** Urgroßvater | 0 GV | 1 gV | 0 $G$V | 0 $g$V | 1 | 4 |
| Großonkel | 0 GB | 1 gB | 0 $G$B | 0 $g$B | 1 | 4 |
| Cousin | 2 OS | 0 vS | 0 $O$S | 0 $v$S | 2 | 8 |
| Großneffe | 0 NS | 0 nS | 0 $N$S | 0 $n$S | 0 | 0 |
| Urenkel | 0 ES | 0 eS | 0 $E$S | 0 $e$S | 0 | 0 |
| alle weiter entfernt Verwandten | — | — | — | | 4 | 16 |

Einen Vergleich des verwandtschaftlichen Einflusses durch die männliche und weibliche Linie gibt die folgende Tafel:

Im zweiten Grade:

$1\,G + 3\,O + 0\,N + 0\,E = 4$ Verwandte durch die männliche Linie.

$4\,g + 7\,o + 1\,n + 4\,e = 16$ Verwandte durch die weibliche Linie.

Im dritten Grade:

$0\,GV. + 0\,G.B. + 2\,OS. + 0\,NS. + 0\,ES = 2$ Verwandte durch die männliche Linie

$1_gV + 1_gB + 0_oS + 0_nS + 0_eS = 2$ Verwandte durch die weibliche Linie.

*) Zur Erklärung siehe S. 61.

Diese Tabelle zeigt, daß der Einfluß der weiblichen Linie
ein ungewöhnlich starkes Ergebnis in der Richtung hat, einen
Menschen in der religiösen Welt zu hervorragender Bedeutung
gelangen zu lassen. Die einzige andere Gruppe, wo der Einfluß
der weiblichen Linie sich mit dem weiblichen Einfluß bei den Theologen vergleichen läßt, ist die Gruppe der Mathematiker und Naturwissenschaftler. Ich glaube, daß die Gründe, die ich dort dargelegt habe, sich mutatis mutandis auch auf die Theologen anwenden lassen. Es bedarf ungewöhnlicher Eigenschaften von teilweise weiblicher Art, um ein führender Theologe zu werden. Ein
Mann muß nicht nur angemessene Fähigkeiten, Eifer und Arbeitskraft haben, sondern die Postulate des Glaubens, dem er anhängt,
müssen auch so fest in seinem Geist wurzeln, daß sie Axiomen
gleichkommen. Die Verschiedenheiten des Glaubens, wie wir sie
bei ernsten, guten und gewissenhaften Männern finden, zeigen einem
unparteiischen Beobachter, daß es über einen Punkt, über den so
viele Männer differieren, keine Gewißheit geben kann. Aber ein
Theologe darf diese Ansicht nicht teilen, er muß von der absoluten
Sicherheit des Fundaments seines speziellen Glaubensbekenntnisses
überzeugt sein, er muß jene blinde Überzeugung besitzen, die man
am besten in der Kindheit durch mütterliche Lehren erhält.

Ich will jetzt versuchen, die Tatsache zu erklären, die ich gezwungen bin, einzuräumen, daß nämlich die Kinder sehr religiöser
Eltern gelegentlich sehr schlecht geraten. Diese Tatsache hat
allen Anschein einer ernsten Verletzung des Gesetzes über Vererbung, und als solche hat sie mir mehr Schwierigkeiten bereitet
und mich mehr Zweifel gekostet, als ich bei irgend einem Teil
meiner Untersuchungen durchgemacht habe. Jedoch bin ich völlig
dadurch zufriedengestellt, daß diese scheinbare Anomalie sich
vollkommen durch die Erklärung aufhebt, die ich dem Leser gleich
vorlegen werde, wobei ich aber vorausschicke, daß ich gezwungen
bin, in eine freiere und gründlichere Analyse des religiösen Charakters einzugehen, als sie sonst an dieser Stelle am Platze wäre.

Die Gemütsart, die einen Menschen qualifiziert, einen Platz
in einer Sammlung in der Art der „Biographia Evangelica" zu erhalten, kann am besten durch einen Vergleich mit einem Naturell
studiert werden, das in wichtigen Punkten den Gegensatz zu der
ersteren Art bildet, ihr aber in allen unwichtigen Beziehungen
ähnelt. Wir können von unserem Vergleich alle außer jenen ausschließen, deren durchschnittliche moralische Anlagen um einige
Grade höher sind als die der Menschen im allgemeinen, und wir

können ebenso alle ausschließen, mit Ausnahme derer, die sehr ernst, gewissenhaft und mit Verehrung über religiöse Dinge denken. Die übrigen lassen sich, was ihre Ansichten und zum größten Teil auch was ihre natürliche Veranlagung betrifft, die sie dazu bringt, jene Ansichten anzunehmen, in einer Reihe anordnen, die von der äußersten Frömmigkeit zum äußersten Skeptizismus führt. Die „Biographia Evangelica" bietet viele Beispiele, die sich dem ersteren Ideal nähern, und wir können leicht in der Geschichte Männer finden, die sich dem letzteren nähern. Um den Kontrast und so die Natur der Verschiedenheit zwischen den beiden idealen Extremen zu verstehen, müssen wir unsere eigenen religiösen Sympathien — welcher Art immer sie sein mögen — für eine Weile beiseite lassen und uns resolut auf einen Standpunkt stellen, der von beiden Gegensätzen gleich entfernt ist, damit wir sie abwechselnd mit dem gleichen Maßstab messen können. Machen wir uns vor allem klar, daß wir sowohl den skeptischen als den religiösen Menschen als gleich ernsthaft, tugendhaft, gelassen und liebevoll annehmen. Wir setzen voraus, daß beide völlig von der Wahrheit ihrer respektiven Lehrsätze überzeugt sind und daß beide moralische Befriedigung in den Schlüssen finden, die jene Lehrsätze umfassen.

Der religiöse Mensch versichert, daß er sich eines innerlichen Geistes der Gnade bewußt ist, der ihn tröstet, leitet und ihm Befehle erteilt. Er könne nicht bestehen, sagt er, wenn jener Geist ihn verließe. Er macht ihm die Prüfungen, denen sein Leben unterworfen ist, leicht und lindert das Grauen, das ihn sonst bei der Erwartung des Todes überfallen würde. Dieser Geist gibt ihm die Richtung im Leben und inspiriert ihm Motive. Er spricht zu ihm als Orakel durch die Stimme des Gewissens und sagt ihm, was gut und was böse ist. Der religiöse Mensch wird hinzufügen, daß die Gegenwart dieses Geistes der Gnade eine Sache ist, die kein Argument und keine Theorie wegerklären kann, da die Überzeugung von der Gegenwart dieses Geistes in seiner Natur begründet sei. Die Zeichen der Tätigkeit dieses Geistes sind für ihn ebenso unverkennbar als jene irgend welcher anderer Tätigkeiten, die wir durch das Medium der Sinne wahrnehmen. Der religiöse Mensch wird ferner in der moralischen Doktrin des Glaubens beharren, dem er Gewicht beilegt; doch müssen wir diesen Punkt aus der Betrachtung ausschalten, da die moralischen Doktrinen der verschiedenen Glaubensbekenntnisse außerordentlich verschieden sind, indem einige zur Vervollkommnung des

eigenen Selbst und zur Asketik neigen, andere dagegen zu
einem tätigen Wohlwollen; während wir bestrebt sind, die Natur
einer religiösen Gemütsverfassung zu finden, wie sie allen
Glaubensbekenntnissen gemeinsam ist.

Der Skeptiker nimmt eine Stellung ein, die jener, die ich als
dem religiösen Menschen zugehörig beschrieben habe, entgegengesetzt ist. Er anerkennt das Gefühl eines innewohnenden Geistes,
er versichert vielleicht selbst, dieses Gefühl in voller Inten-
sität ererbt zu haben, aber er leugnet die Objektivität dieses
Geistes. Er argumentiert folgendermaßen: Da man es überall als
eine angemessene Aufgabe des Intellekts anerkennt, darüber zu
entscheiden, ob andere, noch so fundamentale Überzeugungen wirklich wahr sind, oder ob man sich auf die Evidenz der Sinne in
einem gegebenen Falle verlassen soll, so ist es vollkommen berechtigt, die religiösen Überzeugungen einer gleichen Analyse zu
unterwerfen. Er wird sagen, daß ein treibender Fleck im Gesichts-
feld und ein Ohrensausen durch den Intellekt von den Resultaten
der äußeren Einflüsse unterschieden werden können; daß in Ländern,
wo Luftspiegelungen häufig sind, der erfahrene Reisende über
die Wahrheit der Wassererscheinung nach den Umständen eines
jeden besonderen Falles zu entscheiden hat. Was aber die fundamentalen Überzeugungen anlangt, wird er hinzufügen, so ist es
wohlbekannt, daß der Intellekt erfolgreich mit ihnen ringen kann,
denn Kant und seine Nachfolger haben Gründe erbracht — denen
alle Philosophen Gewicht beilegen —, daß Zeit und Raum durchaus
nicht objektive Realitäten sind, sondern nur Formen, unter welchen
unser Verstand, infolge seiner eigenen Beschaffenheit, gezwungen
ist zu funktionieren. Der Skeptiker hat daher durch die Forde-
rung, die Frage nach der objektiven Existenz des Geistes der
Gnade vom Intellekt prüfen zu lassen, entschieden, daß dieser
Geist subjektiv und nicht objektiv ist. Ob diese Entscheidung
richtig oder falsch ist, hat mit unserer Untersuchung nichts zu
tun. Er argumentiert, daß dieser Geist in seinen Handlungen
nicht konsequent ist, da er sich bei verschiedenen Menschen verschieden äußert und bei der gleichen Person zu verschiedenen
Zeiten verschieden; daß es keine bestimmte Grenze gibt zwischen
den Antrieben, die eingestandenermaßen natürlich sind und jenen,
die als übernatürlich erachtet werden, endlich daß Überzeugungen
über gut und schlecht irreführend sind, da ein Mensch, der ihnen
anhängt, ohne sie durch den Verstand zu kontrollieren, ein blinder
Parteigänger wird, und daß die Anhänger zweier feindlicher

Parteien in gleichem Maße starker Gefühle fähig sind. Was den Trost anbelangt, den eine so liebevolle Vorstellung dem Menschen bieten kann, so wird er auf die Erscheinungen der Kinderstube hinweisen, wo das kleine Mädchen der Puppe all seinen Kummer erzählt, sich mit ihr unterhält und beratet und dadurch getröstet wird, indem es unbewußt der Puppe seine eigenen Worte in den Mund legt. Aus diesen und ähnlichen Gründen, die ich hier nur anzuführen und nicht zu prüfen habe, zerschmettert der gründliche ideale Skeptiker bedachtsam jene Gefühle und Überzeugungen, die der religiöse Mensch über alle Maßen preist. Er erklärt sie als Götzen, die die Einbildung erschaffen hat und die ebenso verabscheut werden müssen, wie jene Götzen, die aus gröberem Material mit den Händen gemacht werden.

Bisher haben wir nur eine intellektuelle Verschiedenheit im Auge gehabt, womit uns bei unserer Fragestellung nicht direkt gedient ist, doch hat dieser Umstand sofort die größte Wichtigkeit, wenn wir uns den religiösen Menschen und den Skeptiker als mit ihren verschiedenen Schlußfolgerungen befriedigt vorstellen. Damit ein Mensch ein zufriedener Skeptiker der extremsten Art sei, muß er das Selbstvertrauen haben, daß er imstande ist, den strengsten Prüfungen des Lebens und ebenso den Schrecknissen des bevorstehenden Todes absolut allein Stand zu halten. Seine Natur muß genügend Selbstbehauptung und Stoizismus haben, um ihn glauben zu machen, daß er sein ganzes Erdendasein ohne Hilfe bestehen kann. Dieses Ideal eines extremsten Skeptizismus mag nur von Wenigen erreicht werden, es ist selbst fraglich, ob es je ganz erreicht wurde. Andererseits sind die Stütze eines starken Arms und einer tröstenden Stimme für einen Menschen von religiöser Gemütsart absolute Notwendigkeiten. Er ist sich einer Inkongruenz seiner Natur und einer Unbeständigkeit seines Gemütes bewußt, und er weiß, daß er unfähig ist, sich selbst zu helfen. Doch sind alle Menschen diesen Gefühlen mehr oder weniger unterworfen, namentlich während Krankheiten, in der Jugend und in hohem Alter, und Frauen unterliegen ihnen eher als Männer. Die stärksten Menschen sind sich geheimer Schwächen und Mängel bewußt, die bei ihnen oft, in direkter Proportion zu ihrem intellektuellen Stoizismus, zu einem quälenden Mißtrauen gegen sich selbst werden. In der idealen und extremen Form jedoch, die wir einnehmen, würden auch die Inkongruenz und Unbeständigkeit extrem sein, ein solcher Mensch könnte gar kein Freidenker sein, denn er könnte nicht ohne Beichtvater und

Herrn existieren. Hier ist also ein gewaltiger Unterschied
zwischen der natürlichen Veranlagung dieser beiden Gruppen
von Menschen. Der Mensch von religiöser Gemütsart betrachtet
den zufriedenen Skeptiker als einen tollkühnen Kerl, der elend
umkommen wird; der Skeptiker betrachtet den Menschen von
extrem frommer Gemütsart als eine sklavische Natur, die zu Aber-
glauben neigt.

Man sagt mitunter, die Überzeugung von der Sündhaftigkeit
sei ein Charakteristikum einer religiösen Gemütsart. Ich denke
jedoch, daß das starke Bewußtsein der eigenen Sündhaftigkeit bei
einem Christen teilweise mit den Doktrinen seines intellektuellen
Glaubens zusammenhängt. Der Skeptiker wird ebenso wie der
religiöse Mensch Ekel und Scham über seine elende Schwäche
empfinden, wenn er gestern in der Hitze irgend eines Impulses
Dinge getan hat, die er heute in einem ruhigen Augenblick miß-
billigt. Er ist sich bewußt, daß er einen andern Menschen, der so
gehandelt hätte, verabscheuen würde, und so verabscheut er jetzt
die Betrachtung seines eigenen Selbst. Er fühlt, daß er etwas
getan hat, was ihn der Gesellschaft reingesinnter Menschen un-
würdig macht, daß er ein verkleideter Paria ist, der es verdienen
würde, mit Verachtung verstoßen zu werden, wenn seine letzten
Handlungen und sein wahrer Charakter plötzlich entdeckt würden.
Der Christ fühlt das alles auch und noch etwas mehr. Er fühlt,
daß er seine Fehler im Angesicht eines reinen Gottes begangen
hat, daß er undankbar und grausam gegen ein Wesen voller Liebe
und Erbarmen gehandelt hat, das als Opfer für die Sünden gleich
denen, die er gerade begangen hat, gestorben ist. Diese Betrachtungen müssen das Gewissen außerordentlich verschärfen, aber
man muß im Auge behalten, daß sie nicht von einer Verschiedenheit der Charaktere herrühren. Wenn der Skeptiker den gleichen
intellektuellen Glauben hätte, würde er diese Betrachtungen genau
so anstellen, wie der religiös veranlagte Mensch. Es ist nicht unbedingt Stumpfheit des Herzens, die ihn abhält.

Es wird auch manchmal geglaubt, puritanische Eigentümlichkeiten seien mit streng religiösem Bekenntnis verknüpft: aber
eine puritanische Tendenz ist durchaus kein wichtiger Bestand-
teil einer religiösen Gemütsanlage. Der puritanische Charakter
ist freudlos und mürrisch: er ist am glücklichsten, oder um
weniger paradox zu sprechen, am zufriedensten mit sich, wenn
er niedergeschlagen ist. Es ist eine geistige Bedingung, die mit
den wohlbekannten puritanischen Gesichtszügen in Wechsel-

beziehung steht, mit den schwarzen glatten Haaren, den hohlen
Wangen und der bleichen Gesichtsfarbe. Ein strahlender, blau-
äugiger, lockiger Jüngling wäre in einer puritanischen Gesellschaft fast eine Anomalie. Aber bei Middleton werden auch viele
Theologen aufgezählt, deren Charakter sonnig und fröhlich war
und deren Gesellschaft hoch geschätzt wurde, woraus klar hervorgeht, daß der puritanische Charakter eine besondere Eigentümlichkeit, durchaus kein unveränderliches Ingredienz in der Gemütsart
der Menschen ist, die von Natur aus zur Frömmigkeit neigen.

Das Resultat aller dieser Betrachtungen ist, zu zeigen, daß
die Haupteigentümlichkeit in der moralischen Natur des frommen
Menschen seine bewußte Unbeständigkeit ist. Er ist Extremen
unterworfen, jetzt schwingt er sich in die Regionen des Enthusiasmus, der Bewunderung und Selbstaufopferung auf, dann taucht
er wieder unter in jenen der Sinnlichkeit und Selbstsucht. Sehr
fromme Menschen neigen dazu, sich die elendesten Sünder zu
nennen, und ich denke, sie können in einem beträchtlichen Umfange beim Worte genommen werden. Es scheint, daß ihre Natur
dahin neigt, häufiger zu sündigen und inbrünstiger zu bereuen als
jene, die von Natur aus stoisch sind und daher einen gleich-
mäßigeren und ruhigeren Charakter haben. Die Amplitude der
moralischen Oszillationen ist bei religiösen Menschen größer als
bei jenen, deren durchschnittliche moralische Stellung die
gleiche ist.

Die Tafel (S. 33) über die Verteilung natürlicher Gaben ist
notwendig ebenso wahr in Beziehung auf Moral als in Beziehung
auf Intellekt oder Muskelkraft. Wenn wir eine große Anzahl von
Menschen in vierzehn Klassen einteilen, die in Bezug auf ihre
natürliche Veranlagung durch gleiche Grade der Moralität getrennt sind, so wird sich die Anzahl der Menschen per Million in
den verschiedenen Klassen verhalten, wie in der Tafel gezeigt.
Ich zweifle nicht, daß viele von Middletons Theologen, was ihre
tätige Güte, ihre Selbstlosigkeit und andere liebenswerte Eigenschaften anlangt, zur Klasse G. gehören. Aber Menschen des
niedrigsten moralischen Grades können gleichfalls fromme
Neigungen haben; so kommt es unter Gefangenen vor, daß die
schlimmsten Verbrecher die eifrigsten in religiöser Verehrung
sind. Ich glaube nicht, daß es stets ein Akt bewußter Heuchelei
ist, wenn schlechte Menschen fromm sind; sie sind sich eher der
Unbeständigkeit ihrer Charakter tief bewußt und fliehen zu An-
dachtsübungen als einer Quelle von Tröstungen.

Diese Erörterungen erklären, denke ich, die scheinbare Anomalie, daß Kinder außerordentlich frommer Eltern gelegentlich
sehr mißraten. Die Eltern besitzen als natürliche Gaben eine hohe
Moralität, die mit einer unbeständigen Anlage kombiniert ist, doch
müssen diese Eigentümlichkeiten nicht immer verknüpft sein. Es
muß daher häufig vorkommen, daß das Kind die eine, nicht aber
die andere Eigenschaft erbt. Wenn seine Erbschaft in den
moralischen Gaben ohne große Unbeständigkeit besteht, wird es
nicht das Bedürfnis nach einer außerordentlichen Frömmigkeit
haben; wenn es große Unbeständigkeit ohne Moral erbt, wird es
leicht seinem Namen Schande machen.

## Anhang
### zu dem Kapitel Theologen (Biographia Evangelica).

Ausgewählt aus den 196 Namen, enthalten in Middletons Biographia Evangelica. Ein * bezeichnet, daß der entsprechende
Name auch in der alphabetischen Liste enthalten ist, daß er, kurz
gesagt, gleichfalls zu den 196 von Middletons Auswahl gehört.

A b b o t , George, Erzbischof von Canterbury (1562—1633, starb
  mit 71 Jahren), wurde erzogen in der Guilforder Latein-
  Schule, später im Balliol College, wurde ein gefeierter
  Prediger. Mit 35 Jahren wurde er zum Rektor des Uni-
  versity College gewählt, als die ersten Streitigkeiten
  zwischen ihm und Laud einsetzten. Diese währten, so-
  lange beide lebten, da Abbot Calvinist war und Laud zur
  Hochkirche*) gehörte. Mit 45 Jahren wurde er zum
  Bischof von Lichfield ernannt, dann zum Bischof von
  London, mit 49 Jahren war er Erzbischof von Canterbury.
  Er hatte großen Einfluß auf die Angelegenheiten seiner
  Zeit, war aber zu unbeugsam und zu liberal, um als Hofmann Erfolg zu haben; außerdem war Lauds Einfluß
  immer gegen ihn. Er hatte große natürliche Talente, be-
  trächtliches Wissen, Güte und sozialen Sinn. Seine
  Eltern waren fromm; sein Vater war ein Weber.

B. Robert Abbot,*) Bischof von Salisbury, s. unten.
B. Maurice, Lord Mayor von London und Parlaments-
  mitglied.
(N.) George, Sohn von Maurice, schrieb über das Buch Hiob.

---

*) Orthodoxe Richtung der Anglikanischen Kirche. D. Üb.

A b b o t , Robert, Bischof von Salisbury (1560—1617, starb mit
57 Jahren). Seine Beförderung entsprach in bemerkenswerter Weise seinen Verdiensten, namentlich im Pre
digen. König Jakob I. schätzte ihn sehr wegen seiner
Schriften. Mit 49 Jahren wurde er zum Rektor des
Balliol College ernannt, das unter seiner Leitung einen
großen Aufschwung bekam. Drei Jahre später wurde er
zum Professor der Theologie gemacht, und mit 55 Jahren
war er Bischof von Salisbury. Zwei Jahre später starb
er infolge von Gicht und Steinkrankheit, die er sich durch
seine sitzende Lebensweise zugezogen hatte. Bei einem
Vergleich seines Charakters mit dem seines jüngeren
Bruders, des Erzbischofs, wurde gesagt: „George war
der einnehmendere Prediger, Robert der größere Gelehrte; Georges' Ernst war finster, der von Robert
lächelnd.“

B. George Abbot*, Erzbischof von Canterbury, s. oben.

B. Maurice, Lord Mayor von London und Parlamentsmitglied.

(N.) George, Sohn von Maurice, schrieb über das Buch Hiob.

C l a r k e , Matthew (1664—1726, starb mit 62 Jahren), ein hervorragender Geistlicher der Dissidenters. Ein außerordentlich arbeitsamer Mensch, der seine Kräfte über-
bürdete.

V. gleichfalls Matthew Clarke, ein gelehrter Mann. Er
sprach italienisch und französisch mit seltener Vollkommenheit. Wurde durch die Uniformity Act*) aus der
Priesterschaft ausgestoßen. Dr. Watts verfaßte die
Grabinschrift von Matthew Clarke jr., die folgendermaßen
beginnt: „Ein Sohn, der den Namen eines verehrungswürdigen Vaters trug und selbst nicht weniger ver
ehrungswürdig war.“

D i e u , Lewis de (1590—?). „In Liebeswerken, im theologischen
Wissen, in Wissenschaften aller Art und in Sprachen
war er ein Stern erster Größe“. War verheiratet und
hatte elf Kinder.

V. Daniel de Dieu, Geistlicher von Flushing, ein Mann von
großen Verdiensten, in den orientalischen Sprachen war
er ungewöhnlich bewandert „und konnte mit Erfolg

---

*) Gesetz von 1662. D. Üb.

deutsch, italienisch, französisch und englisch predigen."

o. David Colonius, Professor in Leyden.

D o d , John (1547—1645, starb mit 98 Jahren). Dieser mit Recht berühmte und verehrte Mann war das jüngste von siebzehn Kindern. Wurde in Cambridge ausgebildet. Er war ein großer und ausdauernder Prediger, bedeutend durch die Häufigkeit, Begabung, den Freimut und die Liberalität seiner guten Reden; war sehr weltabgewandt und gastfreundschaftlich. Er war zweimal verheiratet, jedesmal mit einer frommen Frau.

e. John Wilkins,* Dr. der Theologie, Bischof von Chester (1614—1672, starb mit 58 Jahren), ein gelehrter und geistvoller Prälat. Wurde in Oxford ausgebildet, wo er sich sehr bewährte und wo er mit 34 Jahren vom Parlamentskomitee zur Reformierung der Universitäten zum Vorsteher des Wadham College gemacht wurde. Heiratete Robina, die Witwe von P. French und Schwester von Oliver Cromwell, durch sie wurde er Rektor des Trinity College in Cambridge, von wo er durch Karl II. verjagt wurde. Mit 54 Jahren wurde er Bischof von Chester. Er war unermüdlich im Studium und tolerant gegen die Meinungen anderer. Er war ein Astronom und Experimentator von beträchtlichem Verdienst und hatte tätigen Anteil an der Gründung der Royal Society.

Ich weiß nichts über seine Nachkommen, nicht einmal, ob er welche hatte. Das Cromwell - Blut hatte weniger Einfluß, als man hätte erwarten können (s. Cromwell). Eine Tochter von Robina Cromwell, aus erster Ehe, heiratete den Erzbischof Tillotson und hinterließ Nachkommen, die aber unbedeutend waren.

D o n n e , John, Dr. der Theologie, Dekan an der St. Paulskirche (1573—1631, starb mit 58 Jahren). „Er war eher weise geboren, als durch Studium so geworden." Eine von Isaac Waltons Biographien beschäftigt sich mit ihm. Die Erholung seiner Jünglingszeit bildete die Poesie; der spätere Teil seines Lebens war ein beständiges Studium. Er hatte sich frühzeitig seine eigene Religion gebildet, da er sich mit 20 Jahren durch seine eigenen Untersuchungen vom Papsttum bekehrte. Sein Geist war liberal und un-

ermüdlich im Suchen nach Wissen. Sein Leben **war**
heilig und sein Tod nachahmungswürdig.

(gO) ? Sir Thomas More, der Lord Chancellor, von dessen
Familie er durch seine Mutter abstammte. Da Sir
Thomas 93 Jahre vor ihm geboren wurde, nehme ich an,
daß er sein Urgroßvater oder sein Groß-Großonkel war.

g ? William Rastall, der verdienstvolle und fleißige Judge.
Rastall war um eine Generation jünger als Sir Thomas
More und war daher wahrscheinlich der Großvater oder
der Großonkel von Dr. Donne.

gh. ? John Rastall, Vater des Judge, Buchdrucker und Schriftsteller.

D o w n e , John, Baccalaureus der Theologie. (s. unter Jewell.).

o. John Jewell,* Bischof von Salisbury.

E r s k i n e , Ebenezer (um 1680—1754, starb mit 74 Jahren). Begründer der schottischen Kirchenspaltung. Dieser fromme
Geistliche predigte frei gegen das Vorgehen der Synode
von Perth, wofür er getadelt wurde. Da er in seiner
Widerspenstigkeit fortfuhr, wurde er aus der schottischen Kirche verstoßen. Hieraus entstand die berühmte
Kirchenspaltung.

B. Ralph Erskine* (s. unten.)

E r s k i n e , Ralph (1685—1752, starb mit 67 Jahren), wurde
gleichfalls Anhänger der vereinigten presbyterianischen
Kirche. Er folgte nicht einfach seinem Bruder, sondern
war selbst wieder Veranlassung eines gesonderten religiösen Ansturms. Er schrieb Streitschriften, war ein
strenger Calvinist und veröffentlichte Sonette, „die von
einem warmen Geist der Frömmigkeit durchdrungen
sind, obgleich sie nicht vollendete poetische Werke genannt werden können." Er arbeitete, fortwährend
schreibend und predigend, fast bis zu seinem Tode. Er
ließ eine große Familie zurück (sein Vater hatte 32 Geschwister), von denen drei Söhne Geistliche der Vereinigten presbyterianischen Kirche waren, aber in der
Blüte ihres Lebens starben.

B. Ebenezer Erskine.* (s. oben.)

E v a n s , John, Doktor der Theologie (1680—1730, starb mit 50
Jahren). Seine Lebhaftigkeit, war mit großem Scharfsinn gepaart, was eine sehr ungewöhnliche Mischung ergab. Sein Fleiß war unermüdlich. Er entstammte einer

**20***

Familie von Geistlichen und zwar seit vier Generationen,
die mit einer Unterbrechung bis zur Reformation noch
hinaufgingen, sechs Generationen im Ganzen.

Gilpin, Bernard (1517—1583, starb mit 66 Jahren). „Der
Apostel des Nordens." Hatte zahlreiche Geschwister.
Er zeigte als Kind außerordentliches Talent und eine
frühzeitige Neigung zu einem ernsten, kontemplativen
Leben; doch wurde er allmählich praktisch und energisch und blieb deswegen nicht weniger fromm. Er war
sehr beliebt. Zu Beginn seiner Laufbahn litt er unter
religiösen Verfolgungen und wenn die Königin Maria
etwas länger gelebt hätte, hätte er wohl das Martyrium
erlitten. Er blieb während seines ganzen späteren
Lebens Rektor von Houghton und wies einen Bischofs-
sitz zurück. Er gründete eine Schule, sammelte intelligente Knaben um sich, unterrichtete sie und wurde
ihr Freund und Beschützer im späteren Leben. Er hatte
einen außerordentlichen Einfluß auf das wilde Grenz-
volk in seiner Nachbarschaft, in dessen Mitte er sich
furchtlos begab. Er war wohlhabend und freigebig.
Er haßte Klatsch und legte Streitigkeiten bei. Er war
groß und mager, kümmerte sich nicht um Unterhaltungen
und war eher enthaltsam. Er war unverheiratet. Seine
Verwandtschaftsbeziehungen sind gut, aber weitläufig.

gB. Bischof Tonstall, einer der aufgeklärtesten Kirchenmänner seiner Zeit.

NE. Richard Gilpin, Dr. der Theologie von Greystock wurde
durch die Uniformity Act vertrieben.

NEES. William Gilpin („Waldszenen"), ein ausgezeichneter
Pfarrer und guter Schulmeister, war ein (ES) von
Richard und der Biograph von Bernard Gilpin. Ich weiß
nichts über die Zwischenglieder in der Familie; ich
würde gern etwas darüber wissen, denn ich nehme an,
daß das Gilpin-Blut noch andere bemerkenswerte Resultate gezeitigt hat.

Gouge, Thomas (1605—1681, starb mit 76 Jahren), lernte in Eton
und in King's College in Cambridge; 22 Jahre lang Geistlicher an der St. Sepulchre-Kirche in London. Er entwarf
den Plan, den er eine zeitlang mit seinen eigenen Mitteln
durchführte, den Armen Beschäftigung durch Spinnen zu
verschaffen, statt ihnen Almosen als Bettlern zu geben. An-

dere entwickelten dann diesen Gedanken. Er hatte selbst
ein beträchtliches Vermögen, das er schließlich ganz für
Wohltätigkeit in Wales ausgab, da seiner Ansicht nach
dort mehr Gelegenheit zu Hilfeleistungen vorhanden
war, als sonstwo. Er brachte es zustande, mit der
weiteren Hilfe von Subskriptionen jährlich 800 bis 1000
arme wallisische Kinder zu erziehen und eine Übersetzung der Bibel ins Wallisische zu veranlassen und sie
zu drucken. Auch mit dem Christ Spital in London gab
er sich viel Mühe. Er war demütig und sanft, frei von
affektiertem Ernst und Grämlichkeit. Im Gespräch war
er umgänglich und munter; er hatte eine wundervolle
Klarheit des Geistes und Ausgeglichenheit des Temperaments, was schon in seinen Zügen sichtbar war; er war
fast immer munter, aber nie melancholisch oder traurig.
Er schien immer der gleiche zu sein, immer zuvor-
kommend und stets tolerant gegen andere Meinungen.

V. William Gouge.* (s. unten.)

(e) Mrs. Meliora Prestley von Wild Hall, Hertford, ein Name,
der die Fortdauer einer frommen Gemütsart in dieser
Familie zeigt. Sie errichtete den Gouges ein Denkmal in
der Blackfriars Kirche, nach dem Brande.

Es gibt noch einen andern hervorragenden Geistlichen namens Gouge unter den Dissidenten der 1700
starb und dem zu Ehren Dr. Watts ein Gedicht verfaßte.
Ich weiß nicht, ob er verwandt war.

G o u g e , William, Dr. der Theologie (1575—1653, starb mit 78
Jahren), war von seiner Knabenzeit an sehr religiös und
ein fleißiger Student in Eton und Cambridge, der bis spät
in die Nacht aufblieb und früh aufstand. Er war in
seinen Gewohnheiten merkwürdig methodisch; wurde
Geistlicher in Blackfriars, einem Stadtteil von London.
Er predigte und lehrte beständig, sehr gewissenhaft in
seiner Zeiteinteilung, mäßig, von freundlicher und
frischer Gemütsart und ein großer Friedensstifter. An-
dächtige Menschen aller Stände bemühten sich um seine
Bekanntschaft. Nach seinem Porträt zu urteilen, war
sein Kopf massiv und quadratisch, der Gesichtsausdruck
wohlwollend und entschlossen. War verheiratet, hatte
sieben Söhne und sechs Töchter; sechs Söhne waren
verheiratet.

S. Thomas Gouge* s. oben.

(V.) Thomas, ein frommer Edelmann, der in London lebte.

ʃ. Seine Mutter war „die religiöse Tochter" eines Mr. Nicholas Culverel, Kaufmann in London; ihre Brüder waren:

2o. Die Reverends Samuel und Ezekiel Culverel, beide berühmte Prediger,

(2o.) Ihre beiden Schwestern waren an zwei berühmte Theologen verheiratet, Dr. Chadderton, Rektor des Emmanuel College und Dr. Whitaker*, den gelehrten und andächtigen Professor der Theologie in Chambridge.

G r y n a e u s , Simon (1493—1541, starb mit 48 Jahren), ein sehr befähigter und gelehrter Mann; war der Sohn eines schwäbischen Bauern, dessen Name mir unbekannt ist. Der Name Grynaeus ist selbstverständlich ein angenommener. Er war ein Freund und Studienkollege Melanchthons von der Knabenzeit an. Er wurde Professor für Griechisch in Wien und ging dann zum Protestantismus über. Sein Glaubenswechsel verwickelte ihn in Sorgen und zwang ihn, Wien zu verlassen; wurde eingeladen, den Lehrstuhl für Griechisch in Heidelberg zu übernehmen und ging hin, später kam er nach Basel. Mit 38 Jahren kam er nach England in erster Reihe, um die Bibliotheken zu besichtigen, von Erasmus aufs Wärmste empfohlen. Er wurde hier vom Lord Chancellor Sir Thomas More sehr gut aufgenommen. Starb in Basel an der Pest. Sein Anspruch auf einen Platz in der „Biographica Evangelica" war seine Güte, seine Liebe zur Reformation und das Vertrauen, das die Reformatoren zu ihm hatten.

S. Samuel (1539—1599, starb mit 60 Jahren), erbte die Fähigkeiten seines Vaters und seine Neigungen zum Studium, denn er war mit 25 Jahren Professor der Beredsamkeit in Basel und später Professor des Zivilrechts.

N. Thomas Grynaeus* s. unten.

4 N. S. Theophilus, Simon, Johann Jakob* und Tobias. Wegen all dieser s. unter Grynaeus.

G r y n a e u s , Thomas (1512—1564, starb mit 52 Jahren). Dieser außerordentliche Mann besaß in hervoragendem Maße die Zierde eines sanften und ruhigen Geistes. Er wurde

von seinem Onkel Simon erzogen und machte solche
Fortschritte, daß er als Jüngling noch öffentlicher Lehrer
in Bern wurde; von hier ging er, ermattet von den theologischen Streitigkeiten des Tages und einen ruhigen
zurückgezogenen Ort zum Studieren suchend, nach Rontela bei Basel als Geistlicher, wo er „seine Pflicht mit
so viel Pflichttreue, so viel feierlichem Ernst und Güte
erfüllte, daß er seiner Herde außerordentlich teuer
wurde und alle ihn liebten, die für die Wahrheit und die
Wissenschaft etwas übrig haben." Er starb an der Pest.
Es scheint nicht, daß er irgend welche Schriften veröffentlicht hat, aber er hinterließ der Kirche einen edlen
Schatz in seinen vier Söhnen:

4 S. Theophilus, Simon, Johann Jakob* und Tobias; alle hervorragend durch Wissen und Frömmigkeit; doch war
Johann Jakob (s. unten) der bedeutendste von ihnen.
„Er war in der Tat ein brennendes und leuchtendes
Licht. Solch ein Vater und solche Söhne werden nicht
häufig in der Geschichte der Welt angetroffen. Gepriesen sei Gott für sie."

O. Simon Grynaeus* s. oben.

OS. Thomas s. oben.

Grynaeus, Johannes Jakob (1540—1617, starb mit 77 Jahren),
folgte seinem Vater als Pfarrer von Rontela, wo er von
den Lutheranern zu den Zwinglianern überging. Wurde
als Professor der Theologie nach Basel berufen, wo er
in der Beilegung der Differenzen zwischen den beiden
Sekten eine glückliche Rolle spielte. Viele Edelleute
und Herren kamen aus anderen Ländern und hausten
mit ihm, um seine angenehme und nutzreiche Konversation zu genießen. Er war dann Professor in Heidelberg und zog sich zuletzt als Pfarrer nach Basel zurück.
Er hatte die Gewohnheit, seine Studien Winter und
Sommer vor Sonnenaufgang zu beginnen und den Tag
mit Beten, Schreiben, Lesen und Krankenbesuchen zu
verbringen. Er war bei Unbill von bemerkenswerter
Geduld, war ein äußerst liebender Freund und Verwandter für seine Familie und alle guten Menschen und
von der strengsten Mäßigkeit gegen seine eigene Person. Er hatte viel Witz, der von Ernst gemäßigt war.
Sein bemerkenswertes Wissen und sein Wert wurden

von seinen Zeitgenossen geschätzt, und Reisende aus allen Gegenden, die sich für Religion und Wissenschaft interessierten, besuchten ihn beständig. Er wurde fast blind. Er heiratete und hatte sieben Kinder, die bis auf eine Tochter alle vor ihm starben. Ich weiß nichts weiteres über diese interessante Familie.

GB. Simon Grynaeus.*

V. Thomas Grynaeus,* auch ƒ., war eine fromme Frau.

3 B. s. unter Thomas Grynaeus.

So finden wir drei Männer, die in ebenso viel Generationen von einem einfachen Landmann abstammen und die durch ihr eigenes Verdienst einen Platz unter den 196 wertvollen Männern gefunden haben, die Middleton aus zweieinhalb Jahrhunderten als die Besten ausgewählt hat; und schließlich noch drei andere aus der gleichen Familie, die von demselben Schriftsteller mit Ausdrücken sehr hohen Lobes genannt werden.

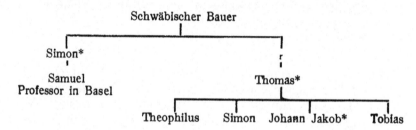

Guyse, John (1680—1761, starb mit 81 Jahren), ein hervorragender und vortrefflicher Theologe; Pfarrer von Hertford. Seine Gesundheit war schwach, und er war überarbeitet und hektisch, aber seine Lebenskraft war bis kurz vor seinem Tode wenig niedergedrückt. Es war seine dauernde Beschäftigung, alle um sich herum glücklich zu machen. Er war durchaus liebenswürdig und hatte viele vorzügliche Eigenschaften eines Pfarrers.

(V u. v.) Die Eltern waren fromme und edle Menschen.

S. Rev. William; hatte vortreffliche Fähigkeiten und Talente als Pfarrer, war einige Zeit der Gehilfe seines Vaters, starb jedoch zwei Jahre vor diesem.

Henry, Philip (1631—1696, starb mit 65 Jahren), wurde in

Westminster und Oxford ausgebildet. Als junger Geistlicher war er unter dem Namen des „himmlischen Heinrich" bekannt. Er weihte seinem Kirchenamt seine ganze Kraft. Seine Konstitution war aber schwach, obgleich er durch große Sorgfalt in der Ernährung und Bewegung einen ziemlichen Zuschuß an Gesundheit erlangte. Er heiratete eine wallisische Dame von einigem Vermögen und hatte einen Sohn und vier Töchter.

Sein Vater hieß John Henry, der selbst wieder der Sohn Henry Williams war, indem der Taufname des Vaters nach alter wallisischer Sitte der Familienname des Sohnes wurde.

*f.* Seine Mutter war eine sehr fromme Frau, die sich mit ihm und ihren anderen Kindern sehr viel Mühe gab.

S. Matthew Henry* s. unten.

H e n r y , Matthew (1662—1714, sarb mit 52 Jahren), war ein Kind von außerordentlichem Scharfsinn und Frühreife. Sein Vater sagte von ihm „Praeterque aetatem nil puerile fuit," nichts war kindlich an ihm, als seine Jahre; war als Jüngling schwach, aber seine Konstitution kräftigte sich, als er heranwuchs. Er konnte mit drei Jahren ein Kapitel aus der Bibel sehr deutlich lesen und einige Bemerkungen über das, was er gelesen hatte, machen. Er war sehr andächtig veranlagt. Sein Vater scheute keine Mühe bei seiner Erziehung. Seine kirchlichen Arbeiten waren mannigfaltig und groß, erst in Chester, dann in Hackney. Er schädigte eine von Natur aus kräftige Konstitution durch häufiges und inbrünstiges Predigen und durch übermäßiges Sitzen über seinem Studium. Er heiratete zweimal und hinterließ viele Kinder. Solange er lebte, war die Ordnung in seiner Familie nachahmenswert. Ich weiß nichts weiteres über sie.

V. Philip Henry* s. oben.

H e r b e r t , Hon. George (1593—1635, starb mit 42 Jahren), wurde bis zu seinem zwölften Jahre von seiner Mutter erzogen, kam dann nach Westminster und erwarb sich hier die Zuneigung aller. Ging später nach Cambridge, wo er sich sehr auszeichnete und ein Redner an der Universität wurde. Er war als religiöser Dichter hervorragend; er war auch ein vortrefflicher Musiker und komponierte viele Hymnen und Wechselgesänge zwischen Priester und Gemeinde. Er erwählte eine kleine kirchliche Stelle, wo er die letzten Jahre seines Lebens in äußerster Frömmigkeit zubrachte. Seine Gestalt war lang und sehr schlank, aber seine Haltung gut. Er hatte die Manieren und das Aussehen eines vollkommenen Gentleman. Er war schwindsüchtig und häufigen Fiebern und Krankheiten unterworfen. War verheiratet, hatte aber keine Kinder, seine Nichten lebten bei ihm.

V. Ein Mann von großem Mut und großer Kraft, entstammte einer sehr hohen und sehr ritterlichen Familie. Er war eine gewichtige Persönlichkeit in Nordwales und war ein Freund von weitausgebreiteter Gastfreundschaft.

*v.* Seine Mutter war eine Dame von außerordentlicher Frömmigkeit und von mehr als weiblichem Verstand.

g. Sir T. Bromley, geheimer Staatsrat unter Heinrich VIII.

B. Der erste Lord Herbert von Cherbury; Politiker, Redner, Kavalier und skeptischer Philosoph.

(2 B.) Seine beiden Brüder waren bemerkenswerte Männer, beide besaßen viel Mut. Der eine war wegen seiner zahlreichen Duelle renommiert, der andere war ein Seeoffizier, der einigen Ruf erlangte und von dem gesagt wird, daß er noch mehr verdient hätte.

OS. Sir Edward Herbert, Siegelbewahrer unter Karl II. (s. unter Judges.)

2 OE. Die beiden Söhne der beiden obigen zeichneten sich aus, der eine wurde ein Präsident des Hauptzivilgerichtshofs, der andere war Admiral und wurde zum Lord Torrington ernannt.

Hiddersham, Arthur (1563 — 1632, starb mit 69 Jahren). Wurde als Baptist erzogen, verließ aber diesen Glauben. Wurde wegen des Schisma mit 2000 l. Strafe belegt. Er hielt sich bei vielen Familien auf und gewann überall Achtung und Liebe. Er schwächte seine Konstitution stark durch die Anstrengungen beim Predigen.

S. Samuel, ein vortrefflicher Mann, den Mr. Matthew Henry in der Biographie seines Vaters Mr. Philip Henry ehrenvoll erwähnt. Samuel schrieb die Lebensgeschichte von Arthur Hildersham. Er starb mit 80 Jahren.

H o o p e r , John, Bischof von Gloucester (1495—1554, erlitt das
Märtyrium mit 59 Jahren), ursprünglich ein Mönch; bekehrte sich während eines Aufenthaltes in Deutschland
zur Reformation. Er bedeutete eine große Errungen-
schaft für sie, denn sein Wissen, seine Frömmigkeit
und sein Charakter hätten jedem Beruf Ehre und Kraft
verliehen. Wurde in Gloucester verbrannt.

(O.) J. Hooper, Vorsteher von St. Alban Hall.

H o s p i n i a n , Ralph (1547—1626, starb mit 79 Jahren), ein gelehrter schweizer Schriftsteller.

o. Johann Wolphius, Professor in Zürich.

J e w e l l , John, Bischof von Salisbury (1522—1571, starb mit 49
Jahren). Dieser große Mann, „der Liebling und das
Wunder seiner Zeit, das Muster an Heiligkeit, Frömmig-
keit und Theologie" eines der jüngeren von zehn Ge-
schwistern. Er war ein Junge von vielversprechenden
Anlagen, von sanfter und fleißiger Natur und ebensolchem
Temperament. Er wurde in Oxford ausgebildet, wo seine
Erfolge groß waren. Beim Regierungsantritt der Königin
Marie mußte er mit 31 Jahren auf den Kontinent fliehen
und entging nur knapp der Verfolgung. Er kehrte erst
nach ihrem Tode wieder, worauf er von der Königin
Elisabeth zum Bischof ernannt wurde. Er war ein ausgezeichneter Gelehrter und hatte sein Wissen während seiner Verbannung noch vergrößert; er war ein
sehr fleißiger Prediger. Als Bischof war er außerordentlich liberal und gastfreundlich. Er hatte die Gewohnheit, ein halbes Dutzend oder mehr intelligenter armer
Jungen in seinem Hause zu haben, die er ausbildete, und
er unterhielt noch andere auf seine Kosten an der Universität. Unter diesen war Richard Hooker. Er war
ein fröhlicher und unterhaltender Gastgeber; er hatte
von Natur aus ein sehr gutes Gedächtnis. Sein Körper
war mager und schwach, und er überlastete ihn durch
Lesen, Schreiben, Predigen und Reisen. Seine Schriften
sind berühmt; seine „Apologia" wurde von der Mutter
des Lord Bacon ins Englische übersetzt. Seine Eltern
waren aus alter Familie, aber nicht reich.

n. John Downe* (1576—1633, starb mit 57 Jahren), ausgebildet im Emmanuel College in Cambridge. Er
nahm eine kleine College - Pfarre in Devonshire an.

„Wären seine Mittel seinem Wert entsprechend gewesen, er wäre nicht in der Dunkelheit geblieben, in der er lebte, sondern hätte sich ohne Zweifel in einer viel höheren und extensiveren Sphäre bewegt und dort geleuchtet. . Die Schärfe seines Geistes, die Sicherheit seines Gedächtnisses" (diese Gabe scheint erblich gewesen zu sein, wie das „Porson" Gedächtnis, das sich gleichfalls durch die weibliche Linie vererbte), „und die Richtigkeit seines Urteils verbanden sich in ihm zu einer seltenen Mischung. Wenige Menschen weisen eine von diesen drei Eigenschaften im einzelnen in einem so starken Grade auf, als er sie alle hatte. Seine Sprachenkenntnisse waren außerordentlich." Er war sehr gelassen und ruhig, aber gesellig und höflich und ein vollkommen guter Mensch und Theologe. Seine Konstitution war aber gebrechlich. Er war glücklich verheiratet und hatte mehrere Kinder, die gut gediehen, nach den Worten zu urteilen: „Sein weltlicher Verstand zeigte sich . . . in der Erziehung seiner Familie . . . in seiner Heirat und den Heiraten seiner Töchter."

J u n i u s , Francis (1545—1602, starb mit 57 Jahren). Dieser außerordentliche Mann war als Kind sehr schwach und kränklich, wurde aber kräftiger, als er heranwuchs. Er war merkwürdig schüchtern. Er las gierig, kam als Student nach der Schweiz, wo er sich zur Reformation bekehrte und darauf verfolgt wurde. Er war ein ausgezeichneter und sehr befähigter Mensch. Viele Lobschriften wurden über ihn verfaßt; er starb an der Pest. Heiratete viermal und überlebte alle seine Frauen, hatte von allen zusammen nur zwei Söhne und eine Tochter. ein gelehrter und gütiger Mann.

K: Francis, ein sehr liebenswürdiger und gelehrter Mann, der den größten Teil seines Lebens in England, namentlich in Oxford zubrachte.

2 e. Dionysius Vossius, der Orientalist und Isaac Vossius, der gelehrte Stiftsherr von Windsor. Sie waren die Söhne einer Tochter von Junius, die den gelehrten Johann Gerard Vossius heiratete.

K n o x , John (1505—1572, starb mit 67 Jahren), ein populärer Typus puritanischer Bigotterie. In seiner Jugend studierte er mit Erfolg scholastische Theologie. Wurde als Mann verfolgt und verbannt; heiratete zweimal, hatte zwei Söhne und drei Töchter.

(2 S) Seine beiden Söhne waren Graduierte des St. John College in Oxford, der Jüngere war Universitätsprediger.

    e. Josiah Welch, „der Hüter des Gewissens." Über ihn und seine Brüder s. unter dem Namen seines Vaters, John Welch.

L a s c o , Jan a (?—1684), der polnische Reformator. Als die religiösen Verfolgungen auf dem Kontinent 380 Verbannte nach England brachten, hatten sie ihre eignen Gesetze, ihren eignen Kultus und ihren Superintendenten. Diese Funktion übte a Lasco aus.

    B. Ein Diplomat und ein Mensch von beträchtlichen Fähigkeiten.

    O. Jan a Lasco, Erzbischof von Gnesen. Er war es, dem Erasmus seine Ausgabe der Werke des heil. Ambrosius widmete.

L e i g h t o n , Robert, Dr. der Theologie. Erzbischof von Glasgow (1614—1684, starb mit 70 Jahren), wurde in der größten Aversion gegen die englische Kirche auferzogen; wurde Rektor des College in Edinburg, dann Erzbischof. Mit 70 Jahren sah er so frisch und wohl aus, daß das Alter bei ihm stehen geblieben zu sein schien. Sein Haar war schwarz und all seine Bewegungen lebhaft, aber er wurde von einer Rippenfellentzündung befallen und starb plötzlich.

    V. Alexander Leighton, ein schottischer Arzt, der religiöse und politische Traktate schrieb, weswegen er vor die „Star Chamber"*) gebracht wurde. Seine Nase ·wurde aufgeschlitzt, seine Augen ausgerissen, er wurde öffentlich ausgepeitscht und 11 Jahre gefangen gehalten. Starb im Wahnsinn.

M a t h e r , Cotton, Dr. der Theologie (1663—1727, starb mit 64 Jahren), wurde in Boston, in Amerika, geboren. War ein lebhaftes Kind und stets von andächtigen Neigungen; begann mit 18 Jahren zu predigen. Sein Fleiß und die Arbeiten, die er ausführte, sind fast unglaublich; so schrieb er allein 382 verschiedene Abhandlungen.

---

*) Ehemaliges Gericht zu Westminster, das nach eigenem Ermessen statt nach dem common law urteilte.     D. Üb.

V  und G.  Dr. Increase Mather, sein Vater und Mr. Richard
      Mather, sein Großvater, waren hervorragende Geistliche.

g.   John Cotton war ein frommer und gelehrter Mann.

(S)  Samuel; schrieb seine Biographie.

Matthew, Tobie, Dr. der Theologie, Erzbischof von York
      (1546—1628, starb mit 82 Jahren). Dieser wirklich große
      Mann war eine Zierde seines Zeitalters. In Oxford „er-
      langte er seine Grade mit so reifem Wissen und so jung
      an Jahren, daß es halb ein Wunder schien." Er war „ein
      ganz ausgezeichneter Theologe, in dem Frömmigkeit und
      Gelehrsamkeit, Kunst und Natur miteinander wett-
      eiferten."

(S)  Sir Tobie Matthew „hatte seines Vaters Namen und viele
      von dessen natürlichen Talenten, aber wenig von seinen
      moralischen Tugenden und noch weniger von der Gnade
      seines Geistes, denn er war ein eingefleischter Gegner
      der protestantischen Religion." Da Middleton sich so
      sehr um ihn kümmert, nehme ich an, daß er eine Persön-
      lichkeit von Gewicht und Charakter war.

Nowell, Alexander, Dr. der Theologie. Dekan der St. Pauls-
      kirche (1511 — 1601, starb mit 90 Jahren). Wurde im
      Brasenose College in Oxford ausgebildet, dessen Gra-
      duierter er war und „wo er sehr berühmt wurde infolge
      seiner Frömmigkeit und Gelehrsamkeit und wegen seines
      Eifers, mit dem er die Reformation förderte." Beim Re-
      gierungsantritt der Königin Marie, wurde er von der
      papistischen Gegenreformation bedroht, so daß er nach
      Frankfurt floh, von wo er nach ihrem Tode als der erste
      der englischen Verbannten zurückkehrte. In der Folge
      wurden ihm viele und beträchtliche Beförderungen zuteil,
      und mit 49 Jahren wurde er Dekan der St. Paulskirche;
      dann Rektor von Hadham in Yorkshire, wo er ein
      eifriger, unverdrossener Prediger und ein fleißiger Schrift-
      steller wurde. Mit 84 Jahren wurde er zum Vorstand
      des Brasenose College gewählt, starb sechs Jahre darauf,
      nachdem er sich bis zuletzt des völligen Gebrauchs seiner
      Sinne und Fähigkeiten erfreute. Er wird als sehr ge-
      lehrter Mann und als vortrefflicher Theologe betrachtet.
      Seine Barmherzigkeit gegen die Armen war groß, nament-
      lich, wenn sie etwas von einem Gelehrten an sich hatten,
      und ebenso groß war sein Trost für jene, die körperlich

oder psychisch litten. Er schrieb viele religiöse Werke, in erster Reihe seinen Katechismus, der sehr geschätzt wurde und den Cecil und andere große Männer der Nation ihn überredet hatten- zu schreiben, um den Vorwurf der römischen Katholiken, die Protestanten hätten keine Prinzipien, zunichte zu machen. Seine Streitschriften richteten sich alle gegen die Papisten. Er liebte den Fischfang so, daß er auf seinem Bildnis in Brasenose von Fischereigeräten umgeben, dargestellt ist.

n. **William Whitaker,** * Dr. der Theologie (1547—1595, starb mit 48 Jahren). Wurde von Dr. Nowell erzogen, bis er an das Trinity College in Cambridge kam, wo er sich sehr auszeichnete. Er wurde, als er noch ganz jung war, zum Professor der Philosophie erwählt und übte sein Lehramt mit der größten Anerkennung aus. Dann begann er, die religiösen Schriftsteller mit Eifer zu studieren und ging alle Kirchenväter in wenigen Jahren durch. Er arbeitete mit unglaublichem Fleiß, überanstrengte aber seine Kräfte und verlangte zu viel von seiner Konstitution. Mit 31 Jahren war er wegen seiner theologischen Kenntnisse sehr berühmt und wurde bald darauf zum Professor der Theologie und Leiter des Queen's College erwählt. Mit 38 Jahren trat er in eine Polemik mit den Papisten, namentlich mit Ballarmine ein. „Er verfuhr friedfertig, bescheiden und sanft, ohne Hohn, Hänselei, Grimm, Hinterlist oder heimtückische Sprache, sodaß man leicht sehen konnte, daß er kein verschmitzter und eigensinniger Parteigänger, sondern ein äußerst eifriger Sucher nach der göttlichen Wahrheit war." Er war mit einem sehr scharfsinnigen Geist, einem glücklichen Gedächtnis, einer großen Beredsamkeit, wie sie nur je ein Theologe gehabt hat und einem sehr gelehrten und feinem Urteil ausgestattet. Er war ein frommer, heiliger Mann, von gleichmäßiger und ernster Haltung und besonders bemerkenswert wegen seines geduldigen Ertragens von Unbill. Er war außerordentlich gütig und freigebig, namentlich gegen junge arme Studenten. Er war außerordentlich demütig. trotzdem er so hochbegabt und geschätzt war. Bischof Hall sagte von ihm: „Nie sah ihn ein Mensch, ohne Ehrerbietung zu empfinden, nie hörte ihn einer, ohne das Wunderbare seiner Rede zu fühlen." Er war es, der bei einer Bischofszusammenkunft die berühmten ultra Prädestinations-Glaubensartikel aufstellte, die sogenannten „Lambeth-Artikel". Er heiratete in erster Ehe die mütterliche Tante (o) von William Gouge (s.) und zum zweitenmal die Witwe des Gelehrten Dr. Fenner und hatte von diesen beiden Frauen acht Kinder. Es wäre äußerst interessant, mehr über diese Kinder zu wissen, namentlich über die von der ersten Frau, deren Erblichkeits-Chancen so hoch waren. Sie scheinen, nach Middletons Satz, „daß sie sorgfältig erzogen wurden in den Prinzipien der wahren Religion und Tugend", gut geraten zu sein,* doch weiß ich unglücklicherweise nichts weiter über sie.

S a u r i n, Jean (1677—1730, starb mit 53 Jahren). Diente in der Armee als Kadett, doch der Beruf wurde ihm widerwärtig, und er verließ ihn, um Philosophie und Theologie zu studieren. Er lebte fünf Jahre in England. Er war ein bewunderungswürdiger Altertumskenner und Prediger und lebte heilig und untadelig. Er heiratete und hatte nur einen Sohn, der ihn überlebte.

(V.) ein hervorragender Rechtsgelehrter in Nimes, der nach der Widerrufung des Edikts von Nantes Frankreich verlassen mußte.

3 B. Sie erhielten ebenso wie Jean von ihrem Vater eine gelehrte Erziehung und waren von einer so bemerkenswerten Beredsamkeit, „daß Beredsamkeit als erblich in der Familie galt."

Der Kronanwalt Irlands, der wegen seiner Beredsamkeit bekannt war, war ein Nachkomme dieser Familie.

U s h e r, James, Dr. der Theologie. Erzbischof von Armagh (1580—1656, starb mit 76 Jahren). Zeigte schon als Kind eine bemerkenswerte Anhänglichkeit für Bücher und wurde, als er heranwuchs, ein großer Gelehrter. Er wurde wegen seiner großen Erudition und wegen seines weisen und edlen Charakters allgemein bewundert. Er war ein erstklassiger Mann und spielte in vielen Angelegenheiten eine wichtige Rolle. Seine Konstitution war guterhalten und gesund.

V. Arnold Usher; war einer der sechs Kirchenbeamten in der Kanzlei des Lordkanzlers in Irland und ein Mann von Talent und Wissen.

O. Henry Usher, gleichfalls Erzbischof vor Armagh, war wegen seines Wissens und seiner Klugheit hoch gefeiert.

g. James Stanihurst; war dreimal Vorsitzender des Unterhauses in Irland, Archivar von Dublin und Referent in der Kanzlei des Lordkanzlers. Wurde wegen seiner Klugheit und seines Wissens hoch geschätzt.

o. James Stanihurst; war Philosoph, Historiker und Dichter.

B. Ambrose Usher, der in der Blüte seines Lebens starb, war ein Mann von außerordentlichen Talenten. Er hatte eine große Fertigkeit in orientalischen Sprachen erlangt.

(2 O.) Der Erzbischof wurde in seiner Kindheit von zwei blinden Tanten unterrichtet, die die Bibel auswendig wußten und es so zustande brachten, ihm daraus das Lesen zu lehren. Geistreiche, standhafte Frauen!

James Usher war daher ein bemerkenswertes Beispiel von vererbter Fähigkeit, die sich mit körperlicher Kraft vereinte, offenbar ein dauerhafter Typus. Unglücklicherweise heiratete er eine Erbin eine ⸰einzige Tochter — die gleich vielen anderen Erbinnen eine Unzulänglichkeit der Fruchtbarkeit geerbt zu haben schien, denn sie gebar ihm nur eine einzige Tochter.

W e l c h , John (1576—1623, starb mit 53 Jahren). Er war in seiner Jugend liederlich und schloß sich Schmugglern an, aber er bereute und wurde, als er heranwuchs, ein extremer Puritaner. Das Fleisch an seinen Knien wurde „schwielig und hart wie Horn," weil er so viel kniend betete. Er war sein ganzes Leben hindurch „schrecklich versucht" und betete und stöhnte des Nachts. Seine Konstitution war robust, und er ertrug große Anstrengungen. Er heiratete die Tochter von John Knox* (s. oben) und hatte drei Söhne von ihr. Der älteste wurde als Jüngling zufällig erschossen.

(S.) Der zweite Sohn erlitt einen Schiffbruch und schwamm zu einer wüsten Insel, wo er verhungerte und später tot aufgefunden wurde. Die Leiche war auf den Knien in einer betenden Stellung erstarrt, mit zum Himmel erhobenen Händen.

S. Josiah Welch, der dritte Sohn, war „ein Mann, den Gott hoch begnadet hatte . . . und den man gewöhnlich den

Hüter des Gewissens nannte, da er ein außerordentliches
Talent besaß, das Gewissen der Sünder zu wecken und
aufzuscheuchen." Er war außerordentlich von Zweifeln
über seine eigene Rettung gequält. Starb jung.

W h i t a k e r , William, Dr. der Theologie, s. unter Nowell.*

    o. Alexander Nowell,* Dr. der Theologie.

W i l k i n s , John, Dr. der Theologie, Bischof von Chester, s.
unter Dod.*

    g. John Dod.*

W i t s i u s , Hermann, Dr. der Theologie (1636 1708, starb mit
72 Jahren). Kam in Friesland als Frühgeburt zur Welt
und war immer von winziger Gestalt, hatte aber große
intellektuelle Fähigkeiten. War Professor der Theologie
in Utrecht. Sein Ruhm war in ganz Europa verbreitet.
Kurz bis zu seinem Tode konnte er leicht ein griechisches
Testament von kleinstem Druck bei Mondlicht lesen.

    (g.) Ein äußerst frommer Geistlicher.

    o. Der gelehrte Peter Gerhard.

(2s. 3s.) Seine Familie bestand aus zwei Söhnen, die jung starben,
und aus drei bemerkenswerten frommen und gebildeten
Töchtern.

## Die Seniors in klassischen Studien in Cambridge.

Die Stellung der Seniors in klassischen Studien ist, was ihre Vollendung in klassischen Studien anlangt, von der gleichen Rangstufe, wie die der Senior Wranglers in Mathematik; was ich also über die Strenge der Auswahl, den letzten Grad mit inbegriffen (S. 15 ff.) gesagt habe, ist hier genau anwendbar. Ich nehme in diesem Kapitel die Seniors in klassischen Studien vor und zwar aus Gründen, die ich S. 214 auseinandergesetzt habe.

Die Examina für klassische Studien wurden 1824 eingeführt. Von dieser Zeit ab bis zum Jahre 1869 entstanden also sechsundvierzig Listen, das Anfangs- und Endjahr eingeschlossen. In neun Fällen davon sind zwei oder mehr Namen an die Spitze der Liste als gleich an Verdiensten gestellt; es sind die sechsunddreißig Namen von jungen Leuten, die deutlich die ersten in klassischen Studien ihrer verschiedenen Jahrgänge waren. Diese Namen sind die folgenden: Malkin, Isaacson, Stratton, K e n n e d y , S e l w y n , Soames, W o r d s w o r t h , K e n n e d y , L u s h i n g - t o n , B u n b u r y , K e n n e d y , Goulburn, Osborne, Humphry, Freeman, Cope, D e n m a n , Maine, L u s h i n g t o n , Elwyn, Perowne, Lightfoot, Roby, H a w k i n s , B u t l e r , Brown, Clark, S i d g w i c k , Abbott, Jebb, Wilson, Moss, Whitelaw, Smith, Sandys, K e n n e d y .

Man wird bemerken, daß in diesen kurzen Reihen der Name Kennedy nicht weniger als viermal vorkommt und der von Lushington zweimal. Ich bringe die Stammbäume von diesen und noch einigen, über die ich Einzelheiten erfahren habe und deren Namen ich oben gesperrt bringe. Doch möchte ich gleichzeitig bitten, mich nicht dahin mißzuverstehen, als ob ich nicht wüßte, daß auch viele der übrigen durch bedeutende Verwandte ausgezeichnet sein mögen. Ich habe nicht Sorge getragen, weitläufige und peinlich genaue Untersuchungen anzustellen, da die folgende Liste für meine Zwecke völlig genügt. Es ist klar, daß

**21***

im allgemeinen Deszendenten als Verwandte fehlen müssen, da der älteste Senior seinen Grad 1824 erworben hat und daher erst etwa siebenundsechzig Jahre alt ist. Zum größten Teil ist die Stellung, die den Söhnen zukommt, noch nicht endgültig festgelegt, und die Enkel sind erst kürzlich geboren.

In meiner Liste ist kein einziger Fall mit nur einem bedeutenden Verwandten. In vier Fällen finden sich zwei oder drei, nämlich bei Denman, Goulburn, Selwyn und Sidgwick, in allen anderen Fällen finden sich vier und mehr Verwandte.

## Anhang
### zu dem Kapitel die Seniors in klassischen Studien in Cambridge.

Von den 36 Seniors in klassischen Studien (die cingeklammerten sind ausgeschlossen), die seit der Einführung der Prüfungen im Jahre 1834 diese Auszeichnung erhalten haben, finden 14 ihren Platz im nachfolgenden Verzeichnis. Die Familie Kennedy hat den neunten Teil der Gesamtzahl der Seniors beigestellt.

B u n b u r y , Edward H.; Senior 1833.

gV.   Henry, erster Lord Holland, Kriegssekretär.

gR.   Der Right Honorable Charles James Fox, berühmter Politiker.

gB.   Der zweite Lord Holland; Politiker und sozialer Führer. s. Fox unter Politikern wegen der anderen Verwandten, zu denen auch die Familie Napier gehört.

(V.)   General Sir H. E. Bunbury, Komthur des Bathordens.

B u t l e r , Rev. H. Montagu, Dr. der Theologie, Senior 1855; erster Lehrer in Harrow.

V.   Rev. Dr. George Butler, Dekan von Peterborough, vorher erster Lehrer von Harrow. Er war 1794 senior wrangler, in einer Zeit, wo es für hervorragende Bedeutung in klassischen Studien noch keine Zeugnisse gab. Jedoch war das Amt, das er bekleidete, Beweis genug für sein Talent auch nach dieser Richtung.

(G.)   Ein Mann von beträchtlichem Talent für klassische Studien und von literarischen Neigungen. War Vorsteher einer Schule in Chelsea.

B.   Der Rev. George Butler; erster Lehrer am Liverpool College, erster in klassischen Studien, Oxford.

B. Spencer P. Butler; barrister; wrangler und erster in klassischen Studien in Cambridge.

B. Der Rev. Arthur Butler; erster Lehrer im Haileybury College, erster in klassischen Studien in Oxford.

Denmann, Hon. George, Q. C. Parlamentsmitglied, Senior 1842.

V. Erster Lord Denmann; Chief Justice Queen's Bench (s. unter Judges).

G. Arzt, berühmter Accoucheur.

GN. Sir Benj. Brodie, Bartonet, hervorragender Chirurg (s. Brodie in Naturwiss. und Mathematiker).

Goulburn, Henry. Senior 1835. Er war es, der die außerordentliche Auszeichnung, die S. 21 beschrieben wird, erhalten hat. Er starb jung.

V. Right Hon. H. Goulburn, Chancellor of the Exchequer.

(B.) gleichfalls ein befähigter Gelehrter in klassischen Studien.

O. Edward Goulburn, Sergeant at Law (vornehmster Barrister des gemeinen Rechts). Ein Mensch von wohlbekannter hoher Bildung und Talent.

OS. Rev. E. M. Goulburn, Dr. der Theologie, Dekan von Norwich; vorher erster Lehrer in Rugby; hervorragender Prediger.

Hawkins, F. Vaughan; Senior 1854, einer der jüngsten zur Zeit seines Examens, ist aber bekannt dafür, daß er eine der größten Anzahl an Noteneinheiten nach dem Protokoll erhalten hat.

V. Francis Hawkins, Dr. der Medizin, Sekretär des College der Ärzte.

O. Edward Hawkins, Dr. der Theologie, Vorsteher des Oriel College, Oxford.

O. Caesar Hawkins, Leibchirurg der Königin. Diese Stellung (das blaue Ordensband) ist die höchste, die ein Chirurg erreichen kann.

GB. Charles Hawkins, Leibchirurg Georg III.

o. Halford Vaughan, Professor in Oxford.

g. Sir John Vaughan, Judge; Just C. P. (s. unter Judges).

gB. Rev. Edward Vaughan von Leicester; kalvinistischer Theologe.

gB. Peter Vaughan, Dekan von Chester; ·Vorsteher des Merton College Oxford.

gB. Sir Chas. Vaughan, Außerordentlicher Gesandter in den Vereinigten Staaten.

gB. Sir Henry Vaughan, nahm den Namen Halford an, erster Bart. der wohlbekannte Arzt Georgs III.

gN. Der Rev. Charles J. Vaughan, Dr. der Theologie, gleichzeitig mit anderen Senior von Cambridge 1838; hervorragender Gelehrter; Erster Lehrer von Harrow; Erster Geistlicher an der Temple Kirche; schlug zwei Bischofssitze ab; die strenge Regel, die ich mir auferlegt habe, nur diejenigen aufzuzählen, die einzige Seniors waren, hindert mich, Dr. Vaughan einen eigenen Absatz zu widmen.

Kennedy, Rev. Benjamin. Senior 1827. Viele Jahre hindurch Erster Lehrer der Shrewsbury Schule; Professor für Griechisch in Cambridge. In Shrewsbury erzogen, in welcher Schule er mit 15 Jahren Primus war; mit 18 Jahren errang er den Porson Preis in Cambridge, ehe er an die Universität kam, und mit 19 Jahren das Pitt Universitäts Stipendium.

B. Charles Rann Kennedy, barrister, Senior 1831.

B. Rev. George Kennedy, Senior 1834. Viele Jahre hindurch einer der befähigsten Privatlehrer in Cambridge.

B. Rev. William Kennedy, Schulinspektor. Errang 1835 den Porson-Preis, konnte sich aber nicht an den Prüfungen über klassische Studien beteiligen, da er nicht den vorhergehenden, damals wichtigen, mathematischen Grad erhalten hatte.

N. W. R. Kennedy, Sohn des Obigen. Senior 1868.

N. J. Kennedy, hat die Zeit für diesen Grad jetzt (1869) noch nicht erreicht.

V. Benjamin Rann Kennedy. Es wird behauptet, daß er ein vortrefflicher Gelehrter geworden wäre, wenn er die Gelegenheit dazu gehabt hätte. Hatte ein beträchtliches poetisches Talent (sein Gedicht auf den Tod der Prinzessin Charlotte in Washington in Irvings Skizzenbuch zitiert). War Vorsteher der König Eduard-Schule in Birmingham.

G. Ihr Mädchenname war Maddox, eine Dame von beträchtliehem intellektuellen und poetischen Talent.

g. Hall, Kupferstecher Georg III. Sein Porträt findet sich

in der Vernon Galerie; war ein nicht unbedeutender Mann in seinem Beruf.

*g.* Ihr Mädchenname war Giles; sie war die Tochter einer französischen Emigrantenfamilie; sie hatte vortreffliche Fähigkeiten, die noch von anderen Mitgliedern ihrer Familie geteilt wurden, und zwar:

o. Rev. Dr. Hall, Vorsteher des Pembroke College in Oxford; ein Mann von hohem Wissen in klassischen Studien.

S*o.* James Burchell. Unter Sheriff von Middlesex fünfundvierzig Jahre lang aktiver Judge am Sheriffs Gericht. Ein Mann von hervorragendem geschäftlichen Talent.

*o*S. William Burchell, äußerst erfolgreicher Geschäftsmann; Begründer der wichtigen Gesellschaften, wie der ersten Elektrischen Telegraphen - Gesellschaft und der Metropolitan - Eisenbahn - Gesellschaft.

L u s h i n g t o n , Edmund. Senior 1832. Professor in Glasgow.

*G*V. James Law, Bischof von Carlisle, Schriftsteller.

*G*B. Der erste Lord Ellenborough Chief Justice of the King's Bench (s. unter Judges).

B. Henry Lushington, vierter seines Jahrgangs in klassischen Studien, Staatssekretär auf Malta.

B. F r a n k l i n  L u s h i n g t o n , senior 1846.

B. Charles H. Lushington, Staatssekretär in Indien.

Die vier folgenden stammen aus einer zweiten Ehe, sie haben das Lushington Blut, aber nicht das der Familie Law.

O. Stephen Rumbold Lushington, Staatsrat, Gouverneur von Madras, Schatzsekretär.

(O) General Sir James Lushington, K. C. B.

(O) Charles, im Zivildienst auf Madras, Mitglied des Rats.

OS. Charles Hugh, Staatssekretär in Indien.

Der Zweig der Lushington Familie, von welcher Sir Lushington, Dr. des Civilrechts, der hervorragende ex-Judge der Admiralitätsbehörde, abstammt, spaltet sich von demjenigen, den wir eben betrachtet haben, von den beiden Seniors aus gerechnet in der fünften Generation nach oben ab. Auch dieser Zweig enthält eine beträchtliche Anzahl von Männern mit gehaltvollen Fähigkeiten und nur sehr wenig andere. Innerhalb dreier Verwandtschaftsgrade zu Sir Stephen Lushington finden sich elf ausgezeichnete Männer.

S e l w y n , Rev. Dr. William; Senior 1828, Professor der Theologie in Cambridge.

B. Der Bischof von Lichfield, vorher Bischof auf Neuseeland, 1831 zweiter in klassischen Studien.

B. Sir Jasper Selwyn, Judge, Lord Justice.

*b.* Miss Selwyn, hervorragend wegen philantropischer Arbeiten. (Krimkrieg, „Heim" in Birmingham.)

S i d g w i c k , H., Senior 1859.

B. zweiter in klassischen Studien.

B. Befähigter Kenner des Altertums.   Senior der Privatlehrer im Merton College in Oxford.

*G*nS. *G*OES. und *g*oES. Dr. Benson, erster Lehrer am Wellinton College ist, wenn auch entfernt, mit den Mr. Sidgwick, sowohl mütterlicherseits wie auch väterlicherseits, verwandt, da er der Cousin des ersteren sowohl im zweiten als dritten Grade ist und Cousin dritten Grades des zweiten.

W o r d s w o r t h , Rev. Christopher, Dr. der Theologie, Bischof von Lincoln, Senior 1830. Bezüglich seiner Verwandten s. unter Dichtern.

O. Der Dichter.

V. Der Vorsteher des Trinity College in Cambridge.

2 B. Vortreffliche Gelehrte, der eine Bischof von Dunkeld.

# Ruderer.

Ich möchte, was ich über Geisteseigenschaften geschrieben habe, durch zwei kurze Kapitel über Muskeleigenschaften vervollständigen. Niemand zweifelt, daß sich Muskelkraft bei Pferden und Hunden vererbt, doch ist die Menschheit so blind gegen Tatsachen und so von Vorurteilen beherrscht, daß ich häufig die Behauptung gehört habe, Muskelkraft sei bei Menschen nicht erblich. Ruderer und Ringkämpfer haben behauptet, ihre Helden entstünden zufällig, sodaß ich es ratsam fand, über diese Materie Untersuchungen anzustellen. Die Resultate, die ich gefunden habe, werden noch eine Zufluchtstätte derjenigen ins Wanken bringen, die darauf beharren, jeder Mensch sei nur eine unabhängige Schöpfung und nicht in physischer, moralischer und intellektueller Beziehung eine reine Funktion von Eigenschaften der Vorfahren und äußeren Einflüssen.

Was die Ruderer anbelangt, so möge der Leser versichert sein, daß sie kein unbedeutender Bruchteil der Gesamtheit sind, keine bloßen Vagabunden und Verirrten neben denjenigen, die zivilisiertere Wege gehen. Eine wahre Ruderpassion erstreckt sich über zahlreiche Klassen. Wenn in Newcastle ein großes Rudern stattfindet, stehen alle Geschäfte still, die Fabriken werden geschlossen, die Läden sind gesperrt und die Kontore leer. Die Anzahl der Menschen, auf die dieser Beruf eine gewaltige Anziehungskraft ausübt, ist sehr groß, und ohne Zweifel befindet sich unter ihnen ein großer Teil jener, die qualifiziert sind, in diesem Fach brillante Erfolge zu erringen, und der Anziehung nachgeben und ihr nachjagen.

Die Informationen zu diesem und dem folgenden Kapitel verdanke ich völlig Herrn Robert Spence Watson in Newcastle, dessen Lokalkenntnis sehr beträchtlich ist und der starke Sym-

pathien zu athletischen Vergnügungen hat. Herr Watson steht
selbst in kontinuierlicher Verbindung mit einer der ersten, ich
glaube fast der ersten Autorität in Bootssachen, einer Person, die
während des letzten Vierteljahrhunderts fast über jede Ruderer-
wettfahrt an die Zeitungen berichtet hat.

Die Liste im Anhang enthält die Namen von fast allen bekannten Ruderern, die sich während der letzten 26 Jahre pro-
duziert haben. Sie enthält auch einiges über die Ruderer auf der
Themse, doch sind die Informationen über diese nicht so sicher.
Die Namen sind nicht gesichtet und ausgesucht, sondern es wurden
die besten unter denjenigen gewählt, über die irgend welche gewisse Daten erhältlich waren.

Es ist nicht leicht, die Ruderer zu klassifizieren, da viele von
ihnen selten, wenn überhaupt an Skiff-Wettfahren*) teilgenommen
haben, sondern Mannschaften bei Ruder-Wettfahrten zu zweien,
zu vieren oder sechsen gebildet haben. Ihre Leistungen wurden
jedoch von Herrn Watson und seinem Beisitzer geprüft und
kritisiert und in vier Klassen geteilt.

Ich habe die Namen der schwächsten in ( ) gesetzt und habe
ihnen das Beiwort „mittelmäßig" erteilt. Es sind Männer, die
entweder die Erwartungen, die auf frühere Leistungen gesetzt
wurden, enttäuschten, oder nicht oft genug gerudert haben, um
zu zeigen, welcher Taten sie wirklich fähig sind. Nicht völliges
Versagen ist eingeschlossen. Wenig Dilettanten können, ungeachtet ihrer Fähigkeiten mit Männern dieser Gruppe wetteifern,
wenn sie von einem berufsmäßigen Mitglied beurteilt werden.

Der nächste aufsteigende Grad ist auch durch ( ) kenntlich
gemacht, doch ohne dem Namen eine qualifizierende Bemerkung
hinzuzufügen. Er besteht aus den regelmäßigen, zuverlässigen
Männern, die gute Ruderergruppen bilden.

Die beiden oberen Grade umfassen die Namen der Männer,
deren Namen ohne Klammern gedruckt sind, die ich also kurz gesagt als „hervorragend begabt" behandle. Um einen Unterschied
zwischen diesen beiden Graden zu machen, füge ich zu den Namen
der Männer, die zu dem oberen Grade gehören, die Wort „Sehr
vortrefflicher" Ruderer hinzu.

Es lassen sich nur rohe Andeutungen darüber machen, in
welche Klasse meiner Tafel der natürlichen Gaben S. 33 die vier
Grade fallen würden. Ich habe nur zwei Anhaltspunkte. Einmal

---

,*) Einzel-Ruderpartien. D. Üb.

weiß ich, daß in der ersten Hälfte des Jahres 1868 der Tyne Amateur Ruderer Klub, der die wichtigste Einrichtung dieser Art für den Norden Englands ist, seit 15 Jahren existierte und im ganzen 377 Mitglieder umfaßte, daß drei von ihnen, nach dem vergleichenden Urteil von Liebhabern als Skiff Ruderer das Ausgezeichnete noch übertroffen haben, und daß der beste der drei als ebensogut oder vielleicht noch etwas besser betrachtet wurde, als der letzte der Brüder Matfin, der offenbar als „vortrefflicher Ruderer" rangiert.

Der andere Anhaltspunkt ist die wohlerwogene Meinung der Autoritäten, denen ich das Material für dieses Kapitel verdanke, daß nicht 1 Mann unter 10 als Ruderer selbst zu dem niedrigeren der beiden Grade, die in meinem Anhang in Klammern gesetzt, gehören würde, und daß nicht 1 von 100 Ruderern Vortrefflichkeit erlangt. Unter 1000 besitzt also nur 1 Mann die Qualifikation zu einem vortrefflichen Ruderer.

Zwischen diesen beiden Anhaltspunkten besteht eine rohe Übereinstimmung. Ein Rudererklub besteht teilweise aus Männern, die bereits einer natürlichen Auslese unterworfen waren. Es sind keine Männer dabei, die in bezug auf ihre Kräfte als Ruderer zufällig aufgegriffen wurden. Ein großer Teil ist ohne Zweifel einfach aus der Gruppe derjenigen ausgehoben, die überhaupt geneigt oder fähig sind, einem Klub beizutreten, aber es muß auch immer eine beträchtliche Anzahl von solchen darunter sein, die sich dem Klub nicht anschließen würden, wenn sie nicht das Bewußtsein hätten, Neigungen und Gaben zu besitzen, die sie für den Erfolg beim Wassersport qualifizieren. Der beste Ruderer von 377 Männer zu sein, die einen Ruderer-Klub bilden, ist mehr als der beste von 377 zufällig zusammengerafften Männern sein. Es wäre der Wahrheit entsprechender, zu sagen, daß damit die besten von allen jenen gemeint sind, die einem Klub beitreten können, d. h. die geneigt sind, es zu tun und wünschenswerte Mitglieder sind. Aus diesen Gründen (s. auch meine Bemerkungen S. 13) ist es eine sehr mäßige Schätzung, wenn wir den Satz aufstellen, daß von 1000 Männern nur einer die Qualifikation eines Ruderers hat.

Der „sehr vortreffliche" Ruderer repräsentiert meiner Ansicht nach eine bedeutend engere Auslese, aber ich habe in der Tat keinerlei Daten, auf welche sich eine Schätzung stützen könnte. Viele Männer, die finden, daß sie keinen höheren Rang als „Vortrefflichkeit" erreichen können, würden das unprofitable

Betreiben von Ruderer-Wettfahrten unterlassen und sich regel-
mäßigeren und, wie manche sagen würden, ehrenvolleren Beschäftigungen zuwenden. Wir können uns nicht um mehr als einen
halben Grad irren, wenn wir die „vortrefflichen" Ruderer schließlich noch in bezug auf ihre Ruderer-Fähigkeit als in Klasse F der
natürlichen Gaben fallend betrachten, während die „sehr vortrefflichen" Ruderer gut hineinpassen.

Ich beabsichtige nicht irgend welche Bemühungen zu machen,
die Verwandten dieser Gruppe zu analysieren, denn die Daten sind
unadäquat. Der Rudersport wurde in früheren Zeiten vergleichsweise wenig betrieben, sodaß wir nicht erwarten können, unter
den Ruderern mit Sicherheit auf Eigentümlichkeiten der Vorfahren
zu stoßen. Anderseits sind die erfolgreichsten Ruderer meist
einzelne Männer, und einige der besten haben keine Kinder. In
dieser Hinsicht ist es wichtig, sich der häufigen Trainings zu erinnern, die sie durchmachen. Mr. Watson nannte mir einen wohlbekannten Mann, der sich für eine ungeheure Anzahl von Wettfahrten trainiert hat und der während jedes Training durchaus enthaltsam und von erstaunlicher Gesundheit war um dann, wenn die
Prüfung vorüber war, gewöhnlich zusammenzubrechen und, ohne
große Exzesse zu begehen, wochenlang in einen trunkenen Zustand zu geraten. Das ist nur zu oft die Geschichte dieser
Männer.

Im Anhang finden sich nur drei Familien, von denen jede mehr
als einen vortrefflichen Ruderer enthält; es sind die Familien
Clasper, Matfin und Taylor, während die Gesamtzahl der Verwandten des befähigsten Mitglieds jeder Familie 8 B. und 1 S.
beträgt.

Bei den Familien der Ruderer scheinen bis auf einen Fall, der
erwähnt ist, keine Wechselheiraten zu bestehen; in der Tat
herrscht viel Neid zwischen den rivalisierenden Familien.

### Anhang zu dem Kapitel Ruderer.

„Ich habe nicht ausgesucht und ausgewählt, sondern einfach
alle besten Männer genommen, über die ich etwas erfahren
konnte." Zitat aus dem Briefe von Mr. Watson.

18 Männer, deren Namen gesperrt gedruckt sind, werden als
Beispiele vererbter Begabung beschrieben. Bei den 3 übrigen
ist es nicht der Fall.

Candlish,    Chambers,    5 Clasper,    Coombes,

Cooper, Kelly, M a d d i s o n, 2 M a t f i n, R e n f o r t h, S a d l e r,
5 T a y l o r, W i n s h i p.

C a n d l i s h, James, ein Mann von der Tyne, heiratete die
Schwester von Henry Clasper; hatte keine Kinder.

(B) Thomas, ein guter aber kein großer Ruderer. Er fun-
gierte stets in einer Mannschaftsgruppe. Unverheiratet.

(B) Robert, mäßig gut, hat nicht sehr oft gerudert.

C l a s p e r, Henry, sehr vortrefflicher Ruderer. Ist das hervor-
stechendste Mitglied einer sehr großen und bemerkenswerten Familie von Ruderern. Er war viele Jahre An
führer einer vierköpfigen Ruderergruppe, und häufig bestand die ganze Besatzung, der Bootsführer mitinbe-
griffen, aus Mitgliedern der Familie Clasper. 8 Jahre
lang gewann die Besatzung die Meisterschaft auf der
Tyne. Sechsmal ruderte Henry Clasper als erster der
Gruppe und gewann die Meisterschaft auf der Themse.
Coombes erklärte ihn als den besten Gruppenführer, der
je gerudert hat. Bis zum Jahre 1859, wo er 47 Jahre alt
war, hatte er als Anführer bei Wettfahrten zu zwei oder
vier 78 mal gerudert, und seine Mannschaft hatte 54 mal
gesiegt. Er hatte sich auch 32 mal bei Skiff Wettfahrten
beteiligt und hatte 20 davon gewonnen, und war die
beiden einzigen Male, wo er sich an Wettfahrten in
Schottland beteiligt hatte, Sieger geblieben. Fast alle
diese Wettfahrten hatten eine Ausdehnung von vier bis
viereinhalb Meilen. Er erfand den Outrigger (langes
schmales Wettruderboot) und war ein sehr erfolgreicher
Wettbootsbauer.

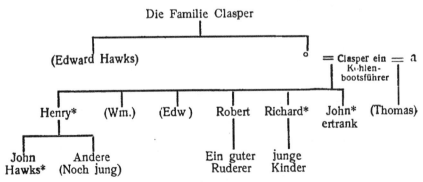

Die Familie Clasper

(Edward Hawks) ° = Clasper ein = a
Kohlen-
bootsführer

Henry* (Wm.) (Edw) Robert Richard* John* (Thomas)
ertrank

John Andere Ein guter junge
Hawks* (Noch jung) Ruderer Kinder

Die mit * bezeichneten Namen bedeuten sehr vortreffliche Ruderer, die
in () sind gleichfalls im Text angeführt.

S. John Hawks Clasper, sehr vortrefflicher Ruderer. **Hat** mehr Skiff Wettfahrten mitgemacht als irgend ein Mensch. Als er 76 solcher Wettfahrten hinter sich hatte, hatte **er** 50 davon gewonnen. Er hat Brüder, aber sie sind noch zu jung, um ihre Talente zu zeigen.

B. Richard Clasper, sehr vortrefflicher Ruderer, bekannt als „das kleine Wunder". War im Alter von 37 Jahren nur 5 Fuß 2 Zoll hoch und wog 8 Stein 6 Pfund. Trotzdem war er vorderster Mann in der Besatzung des Bruders und zwar ein selten guter. Er hat viele Skiff-Wettfahrten mit erstklassigen Männern gemacht und ist selten einmal geschlagen worden, doch ist er zu leicht, um sich um die Meisterschaft zu bewerben.

B. John Clasper, sehr vortrefflicher Ruderer, ertrank als er noch jung war (mit 19 Jahren). Er hat verschiedene kleine Wettfahrten gewonnen und einen wichtigen gegen einen Mann namens Graham und seine feine Art und Weise und die vortrefflichen Leistungen (in Anbetracht seines Alters) bewirkten, daß er als ein Ruderer von außerordentlichen Versprechungen betrachtet wurde.

B. Robert Clasper, befähigter Ruderer.

(N) Sohn des obigen, ist ein guter Ruderer.

(B) William, hat nie anders als in einer Besatzung gerudert, er ist kürzlich ertrunken.

(B) Edward, hat den Nachteil, ein Bein verloren zu haben.

(B) (Halbbruder) Thomas, mittelmäßig gut.

(o) Edward Hawks, ein guter Ruderer.

    Der Vater der Brüder Clasper war ein Kohlenbootführer.

C o o m b e s , Robert; sehr vortrefflicher Ruderer.

(S.) David, ein guter Wettruderer.

(B.) Thomas, hat immer in einer Besatzung gerudert.

C o o p e r , Robert.

(S.) Rudert gut, ist aber noch nicht alt genug, um sich an Wettfahrten zu beteiligen.

M a d d i s o n , Antony.

(B.) James, ein guter Ruderer.

M a t f i n , Thomas. Unverheiratet.

B. William, unverheiratet.

R e n f o r t h , James; Meisterruderer von England. Unverheiratet.

(B.) Stephen; ein guter Ruderer, unverheiratet.

S a d l e r , Joseph. Unverheiratet.

(B.) William. Unverheiratet.

T a y l o r , James. Sehr vorzüglicher Ruderer, der fähigste aus
einer bemerkenswerten Familie. Er hat 112 mal sich an
Wettfahrten beteiligt, allein und in Gruppen. 13 dieser
Fahrten waren Skiff - Wettfahrten, und er gewann 10
davon.

B. Matthew, ein guter Ruderer. (Er hat einen Sohn, der
ein gewandter Ruderer ist, aber noch zu jung für Wettfahrten.)

3 B. Thomas, William und John, alle gute Ruderer; haben
nur in Gruppen gerudert. Alle unverheiratet.

W i n s h i p , Edward; sehr vortrefflicher Ruderer. Ist kein
Skiff - Ruderer, sondern ruderte stets zu zweien oder
vieren. Er gehörte zu der Besatzung, die 1854, 1859,
1861 und 1862 bei der Themse National Regatta den
„Champion Fours" gewann und den Champion Pairs der
gleichen Regatta 1855, 1856, 1860, 1861 und 1862.

(B.) Thomas; ein guter Ruderer, gleichfalls in Gruppen.

## Ringkämpfer aus dem Norden.

Für die Informationen in diesem sowie im vorhergehenden Kapitel bin ich Mr. Robert Spence Watson völlig verpflichtet. Mit der Unterstützung eines gutinformierten Meisterringers hat dieser Herr die Geschichte jener von den 172 Mann untersucht, die entweder Erste oder Zweite in Carlisle oder Newcastle seit der Einrichtung des Meisterringens an diesen Orten waren und über die irgend etwas zu erfahren war. Das erste dieser Meister ringen fand 1809, das zweite 1839 statt.

Es ist außerordentlich schwer, die Leistungen der Vorfahren der jetzigen Generation zu schätzen, da es in früheren Zeiten kaum Preise gab. Die Wettkämpfe wurden einfach um der Ehre willen veranstaltet. Wir dürfen nicht erwarten, die Begabung der Vorfahren bei den Ringkämpfern besser beschreiben zu können, als bei den Ruderern.

Ich füge noch hinzu, daß ich verschiedene Versuche gemacht habe, Nachrichten über Ringkämpferfamilien in den Seedistrikten von Westmoreland und Cumberland zu erlangen, jedoch ohne jedweden Erfolg. Bei den jährlichen Zusammenkünften in Kewick und Bowness scheinen keinerlei Protokolle aufgenommen worden zu sein, und die Ringkampferfolge der früheren Jahre sind aus der Erinnerung gekommen.

Mein Anhang weist achtzehn Familien auf, die zusammen sechsundvierzig Ringkämpfer umfassen. Die Verwandten des befähigsten Ringkämpfers der Familie sind zusammengenommen 1 V., 21 P., 7 S. und 1 n.

### Anhang
### zu dem Kapitel Ringkämpfer aus dem Norden.

Blair, Matthew; gewann 1859 den Decies-Preis von Newcastle, 1862 Meister in Newcastle der Elf Stein-Männer

B. Robert; gewann 1857 den Decies - Preis in Newcastle.

B. Joseph; gewann 1861 den Decies - Preis; 1862 zweiter Elf Stein-Mann in Newcastle und 1863 in Carlisle.

D a l e y , Charles; Meister 10½ Stein, Newcastle 1839.

B. John, 2ter Zehn Stein-Mann Newcastle 1840 und 1842.

(B.) William; mäßig gut.

E w b a n k , Noble; 1858, 1859, 1860 Meister in allen Gewichten in Newcastle, 1859 Meister der Haumänner in Newcastle, 1858 Meister in allen Gewichten in Carlisle.

V. Joseph; Meister in allen Gewichten in Newcastle 1847.

(B.) Joseph; nur ein zweitklassiger Ringkämpfer.

G l a i s t e r , William; Meister Newcastle 11 Stein 1850, 1851 Newcastle 2ter in allen Gewichten, 1856 Carlisle 2ter in allen Gewichten.

B. George; sehr gut.

G o l i g h t l y , Frank; ein berühmter Ringkämpfer im letzten Jahrhundert.

B. Tom; Meister von Melmerby.

G o r d o n , Robert; 1836 und 1846 in Carlisle Meister in allen Ge wichten, 1837, 1839, 1840, 1845 und 1848 2ter, 1846 Meister in allen Gewichten in Newcastle.

B. William, ein guter Ringkämpfer.

(B.) Thomas; leidlich gut.

n. Robert Lowthian; Meister in leichten Gewichten Newcastle 1855 und 1860.

H a r r i n g t o n , Joseph; Meister in leichten Gewichten in Newcastle 1844, 1853 und 1854. Meister in 11 Steinen Newcastle 1855, 2ter in allen Gewichten 1845 Newcastle.

B. Charles; Meister in leichten Gewichten Newcastle 1848, 2ter 1849.

S. James Scott.

I r v i n g , George; Meister in allen Gewichten Carlisle 1827 und 1828.

S. George; sehr guter Leichtgewicht-Kämpfer.

I v i s o n , Henry; ein erstklassiger Mann, aber in früherer Zeit, als die Konkurrenz weniger streng war als heute.

S. John; 2ter in allen Gewichten in Newcastle 1842, Meister in 10½ Stein Newcastle 1844; 2ter 9½ Stein in Newcastle 1850.

S. Henry; 2ter leichte Gewichte Newcastle 1852, dito 2ter Elf Stein-Mann 1856.

(S.) James.

J a m i e s o n , James; Meister in Leichtgewichten Carlisle 1838. Zweimal Meister in allen Gewichten im gleichen Jahre; 2ter 11½ Stein Newcastle 1843 und 10½ Stein 1845.

3 B. Robert, William und George. Alle gute Ringkämpfer. Sie gewannen alle Preise in Brampton, so daß die Ringkämpfe hier aufgegeben wurden. Sie forderten in England nur vier Mann mit ihren Gewichten heraus.

L i t t l e , John; Meister in allen Gewichten Carlisle.

B. James, 2ter in allen Gewichten, Carlisle 1834.

L o n g , Rowland; 30 Jahre hindurch Ringkämpfer, gewann nahezu 100 Preise.

B. John; der beste Ringkämpfer in Carlisle.

L o w t h i a n s. Gordon.

N i c h o l , John; 2ter in allen Gewichten Carlisle 1832 und 1836.

(B.) James; ein guter, wenn auch kein erstklassiger Ringkämpfer.

P a l m e r , John; Meister in allen Gewichten in Carlisle 1851 und Meister in Leichtgewichten im gleichen Jahre, ein sehr ungewöhnlicher Erfolg.

2 B. Matthew und Walter; Zwillinge, beide sehr gut; keine Meister, aber häufig zweite bei großen Wettspielen.

R o b l e y , Joseph; ein sehr guter Ringer.

B. John, ebenfalls ein guter Ringer.

S. William; 2ter in allen Gewichten 1848 Newcastle; Meister Hochsteinwerfen 1852.

R o b s o n , Thomas; Meister in allen Gewichten 1857 Newcastle; Meister 11 Steine 1858.

B. William, gleich gut.

T i n i a n , John; Meister in Penrith. Als Ringer, Boxer, Läufer, Springer, Stockfechter und Fußballspieler hatte er nicht seinesgleichen. War der größte Held in athletischen Übungen, den England je hervorbrachte. „Wrestliana" von W. Litt (der selbst ein vorzüglicher Ringer war) Whitehaven 1823.

B. Job; kam fast seinem Bruder gleich; er besiegte William Richardson, der später 240 Gürtel gewann und Meister war.

S. John, ein bemerkenswert guter Ringkämpfer.

S. Joseph; ein kräftigerer Mann als sein Vater.

(2 S.) Die anderen Söhne waren gute Ringer, aber nicht so bemerkenswert.

Tweddell, Joseph; Meister 10 Steine Newcastle 1842; 2ter
dito 1841, Meister 11½ Steine Newcastle 1843.

B. Thomas; Meister 10 Steine Newcastle 1841.

B. Richard, 2ter 11½ Steine Newcastle 1841.

B. William; 2ter 10½ Steine Newcastle 1846.

Wearmouth, Launcelot; Meister in 11 Steinen Newcastle
1860.

B. Isaac; 2ter 9½ Steine in Newcastle 1859.

## Vergleich der Resultate.

Wir wollen jetzt unsere zerstreuten Resultate nebeneinander stellen, um sie zu vergleichen und um nach dem Grade, mit dem sie einander verstärken, zu beurteilen, wie weit sie die provisorischen Berechnungen, die in dem Kapitel über die Judges nach knapperen Daten aufgestellt wurden, bestätigen, und wo und warum sie einen Gegensatz zu diesen bilden.

Die Anzahl der Fälle von vererbtem Genie, die ich in den verschiedenen Kapiteln meiner Arbeit analysiert habe, ergeben eine große Anzahl. Ich habe mich mit nicht weniger als 300 Familien beschäftigt, die ungefähr 1000 hervorragende Männer umfaßten, von diesen wieder waren 415 berühmt, oder auf alle Fälle so bekannt, daß sie es verdienten, an die Spitze eines Paragraphen gestellt zu werden. Wenn es so etwas gibt, wie ein entschiedenes Verteilungsgesetz der Begabung in Familien, so muß es sich bei der statistischen Bearbeitung einer so großen Anzahl von Beispielen manifestieren.

Wollen wir die Resultate vergleichen, die wir aus den verschiedenen Gruppen hervorragender Männer gewonnen haben, so wird es am bequemsten sein, die Kolonnen B der verschiedenen Tafeln zu vergleichen. Die Kolonne B. gibt die Anzahl der bedeutenden Verwandten verschiedener Grade an, wobei stets die Voraussetzung gemacht wird, daß die Anzahl der Familien in der Gruppe, auf welche sie sich bezieht, 100 beträgt. Alle Eintragungen unter B. haben also den gleichen gemeinsamen Maßstab, sie sind alle p r o z e n t u a l und gestatten einen direkten Vergleich. Ich hoffe mich klar ausgedrückt zu haben: damit aber keinerlei Mißverständnis möglich sei, will ich lieber ein Beispiel bringen. So zählen wir nur 25 Familien von Theologen und in diesen 25 Familien 7 hervorragende Väter, 9 Brüder und 10 Söhne. Um nun diese Ziffern zu den Prozentsätzen 7, 9 und 10 zu erheben, müssen sie mit der Zahl multipliziert werden, die bei der Division von 25 in 100 herauskommt, nämlich mit 4. Sie verwandeln sich dann in die Ziffern 28, 36 und 40 und finden sich auch so in der Kolonne B. S. 297 eingetragen, die ursprünglichen Zahlen 7, 9, 10 erscheinen in der gleichen Tafel unter Kolonne A.

In der folgenden Tafel finden sich die Kolonnen B. der verschiedenen Gruppen nebeneinander abgedruckt. Ich habe jedoch

| | Getrennte Gruppen | | | | | | | | Alle Gruppen zusammen | | |
|---|---|---|---|---|---|---|---|---|---|---|---|
| Anzahl der Familien von denen jede mehr als einen hervorragenden Mann besitzt. | 85 | 39 | 27 | 33 | 43 | 20 | 28 | 25 | 300 | | |
| Totalanzahl der hervorragenden Männer in allen diesen Familien | 262 | 130 | 89 | 119 | 148 | 57 | 97 | 75 | 977 | | |
| | Judges | Politiker | Feldherren | Literaten | Mathematiker und Naturwissenschaftler | Dic her | Künstler | Theologen | Berühmte und hervorragende Männer aller Klassen | | |
| | B | B | B | B | B | B | B | B | B | C | D. |
| Vater | 26 | 33 | 47 | 48 | 26 | 20 | 32 | 28 | 31 | 100 | 31 |
| Bruder | 35 | 39 | 50 | 42 | 47 | 40 | 50 | 36 | 41 | 150 | 27 |
| Sohn | 36 | 49 | 31 | 51 | 60 | 45 | 89 | 40 | 48 | 100 | 48 |
| Großvater | 15 | 28 | 16 | 24 | 14 | 5 | 7 | 20 | 17 | 200 | 8 |
| Onkel | 18 | 18 | 8 | 24 | 16 | 5 | 14 | 40 | 18 | 400 | 5 |
| Neffe | 19 | 18 | 35 | 24 | 23 | 50 | 18 | 4 | 22 | 400 | 5 |
| Enkel | 19 | 10 | 12 | 9 | 14 | 5 | 18 | 16 | 14 | 200 | 7 |
| Urgroßvater | 2 | 8 | 8 | 3 | 0 | 0 | 0 | 4 | 3 | 400 | 1 |
| Großonkel | 4 | 5 | 8 | 6 | 5 | 5 | 7 | 4 | 5 | 800 | 1 |
| Cousin | 11 | 21 | 20 | 18 | 16 | 0 | 1 | 8 | 13 | 800 | 2 |
| Großneffe | 17 | 5 | 8 | 6 | 16 | 10 | 0 | 0 | 10 | 800 | 1 |
| Urenkel | 6 | 0 | 0 | 3 | 7 | 0 | 0 | 0 | 3 | 400 | 1 |
| alle weiter entfernt Verwandten | 14 | 37 | 44 | 15 | 23 | 5 | 18 | 16 | 31 | ? | — |

Maler und Musiker in eine gemeinsame Künstlergruppe gebracht, da ihre Anzahl zu klein ist, um die Mühe der einzelnen Betrachtung zu verlohnen. Diesen Kolonnen ist eine neuerliche Kolonne B. beigefügt, die aus der Gesamtzahl aller Familien zusammen gewonnen ist, mit der Absicht, einen allgemeinen Durchschnitt zu geben, und weiter habe ich dieser Kolonne, die ihr angemessenen Kolonnen C. und D. beigefügt, weniger zum speziellen Gebrauch in diesem Kapitel, als zur Bequemlichkeit des Lesers, der vielleicht nach den verschiedenen Gesichtspunkten, die D. ermöglicht, Vergleiche mit den anderen Tafeln anzustellen wünscht.

Die allgemeine Gleichförmigkeit der Befähigungsverteilung unter den Verwandten in den verschiedenen Gruppen manifestiert sich schlagend. Die hervorragenden Söhne sind fast unveränderlich zahlreicher als die hervorragenden Brüder, und diese wieder ein wenig zahlreicher als die hervorragenden Väter. Wenn wir die Tafel weiter abwärts verfolgen, kommen wir zu einer plötzlichen Abnahme der Zahlen im zweiten Verwandtschaftsgrad, nämlich an Großvätern, Onkeln, Neffen und Enkeln; diese Abnahme wird sichtbar beim Übergang zu Kolonne D., deren Bedeutung schon S. 83—85 beschrieben wurde. Nimmt man die Verwandten dritten Grades vor, so trifft man wieder auf eine plötzliche Zahlenabnahme, doch nehmen die direkten Cousins eine entschieden bessere Stellung ein als die anderen Verwandten innerhalb dieses Grades.

Wir bemerken ferner, daß ebenso wie die proportionale Anzahl der hervorragenden Verwandten verschiedener Grade in allen diesen Gruppen streng übereinstimmt, auch die Proportion der Gesamtanzahl der berühmten Männer (415 an Zahl) eine spezifisch allgemeine Übereinstimmung mit jenen Ziffern aufweist, die wir aus der großen Unterabteilung von 109 Judges erhalten haben. Es kann daher kein Zweifel darüber bestehen bleiben, daß ein Gesetz der Verteilung von Befähigung in Familien existiert, oder darüber, daß es ziemlich genau durch die Zahlen in Kolonne B. unter der Zusammenfassung „Hervorragende Männer aus allen Klassen" ausgedrückt ist. Ich halte es jedoch nicht der Mühe wert, ein Diagramm wie auf S. 84 aufzustellen, das aus der Kolonne D. der umstehenden Tabelle abzuleiten wäre, da wenig Zusammenhang zwischen den Eintragungen in C. besteht, mit deren Zuhilfenahme diese Kolonne kalkuliert worden ist. Als ich meine Untersuchungen begann, versuchte ich in der Tat, mir für C. reale und nicht geschätzte Daten zu verschaffen, indem ich die Totalanzahl von Verwandten jedes Grades jedes berühmten Mannes und ebenso jener, die hervorragende Bedeutung erlangt haben, untersuchte. Ich quälte mich lange Zeit mit dem Suchen nach Biographien, fand aber die Resultate zu der aufgewandten Mühe sehr unproportioniert. Da außerdem an den erhaltenen Resultaten immer Zweifel möglich waren, gab ich die Arbeit auf und begnügte mich mit der rohen, aber raschen Methode der geschätzten Durchschnitte.

Es wäre ernstlich zu wünschen, daß Tierzüchter Tafeln wie die meinigen über die Verteilung der verschiedenen hervortretenden physischen Eigenschaften in Familien aufstellten. Das Resultat würde weit mehr bieten, als die reine Befriedigung einer Neugier; sie würden K o n s t a n t e für Formeln ermöglichen, durch welche, wie ich im nächsten Kapitel kurz zeigen werde, die Gesetze der Vererbung, wie sie jetzt verstanden werden, ausgedrückt werden könnten.

Stellt man die Kolonnen B. der verschiedenen Gruppen einander gegenüber, so fällt einem als erste bemerkenswerte Eigentümlichkeit die geringe Anzahl von Söhnen bei den Feldherren in die Augen; es sind nur 31, während der Durchschnitt aller Gruppen 48 beträgt. Diese Unregelmäßigkeit ist keine Anomalie. Ich habe schon, als ich von den Feldherren sprach, darauf hingewiesen, daß sie gewöhnlich ihre aktive Karriere in der Jugend beginnen und, wenn sie überhaupt heiraten, meistens von ihren Frauen getrennt im Militärdienst sind. Es verlohnt auch der Mühe, einige spezielle Fälle herauszuheben, wo den Feldherren, die eine schlechte Nachkommenschaft hatten, außerordentliche Umstände im Wege standen, da die Totalziffer von 32, die ich in meiner Liste anführe, zu gering ist, um auf diese Weise Resultate von bestimmbarem Wert zu erhalten. So war Alexander der Große fortwährend in entfernte Kriege verwickelt und starb in frühem Mannesalter. Er hatte einen posthumen Sohn, aber dieser wurde als Knabe aus politischen Gründen ermordet. Julius Caesar, ein außerordentlich liederlicher Mann, hinterließ einen illegitimen Sohn von Cleopatra, doch dieser Sohn wurde als Knabe aus politischen Gründen ermordet. Nelson heiratete eine Witwe, die von ihrem ersten Gatten keine Kinder hatte und die wahrscheinlich von Natur aus mehr oder weniger unfruchtbar war. Napoleon I. lebte völlig von Marie Luise getrennt, nachdem sie ihm einen Sohn geboren hatte.

Obgleich also die großen Feldherren wenig unmittelbare

Nachkommen haben, ist doch die Anzahl ihrer hervorragenden Enkel ebenso groß, als die irgend einer anderen Gruppe. Ich schreibe diesen Umstand der Superiorität ihres Schlages zu, die einer ungewöhnlichen großen Proportion ihrer Verwandten hervorragende Bedeutung sichert.

Die nächste außerordentliche Eintragung in der Tafel ist die Anzahl der hervorragenden Väter der großen Naturwissenschaftler und Mathematiker im Vergleich mit deren Söhnen, da nur 26 der ersteren 60 der letzteren gegenüberstehen, während der Durchschnitt aller Gruppen 31 und 48 ergibt. Ich habe bereits versucht, diesem Umstande Rechnung zu tragen, indem ich einmal zeigte, daß Naturwissenschaftler und Mathematiker viel der Erziehung und dem Blut ihrer Mütter verdanken und daß zweitens der erste in der Familie, der wissenschaftliche Begabung hat, nicht annähernd so leicht hervorragende Bedeutung erlangen kann als der Nachkomme, dem gelehrt wird, Wissenschaft als Beruf zu ergreifen und nicht seine Kräfte in unfruchtbaren Spekulationen aufzureiben.

Die nächste Eigentümlichkeit in der Tafel ist die geringe Anzahl hervorragender Väter in der Gruppe der Dichter. Diese Gruppe ist jedoch zu wenig umfangreich, um dieser Abweichung viel Wichtigkeit beizulegen; es kann ein reiner Zufall sein.

Die Künstler bilden keine größere Gruppe als die Dichter, da sie nur aus 28 Familien bestehen, doch ist die Anzahl der hervorragenden Söhne hier enorm und ganz außerordentlich. Es sind 89, während der Durchschnitt aller Gruppen 48 beträgt. Was ich über die Nachkommen großer Mathematiker und Naturwissenschaftler sagte, daß sie nämlich in der Wissenschaft mehr erreichen als ihre Vorfahren, gilt in hervorragender Weise auch für die Künstler, denn der gutbegabte Sohn eines großen Malers oder Musikers hat es leichter, eine Berühmtheit seines Berufes zu werden als ein anderer Mensch, der die gleiche natürliche Begabung besitzt, aber nicht speziell für dieses Berufsleben ausgebildet wurde. Die große Anzahl von Künstlersöhnen, die hervorragend wurden, beweist den streng erblichen Charakter ihrer speziellen Befähigung, während der Leser, wenn er etwa den Bericht über die Familie Herschel vornimmt, leicht begreifen wird, daß viele Personen ausgesprochen künstlerische Gaben haben und doch irgend eine andere solidere, regelmäßigere oder lukrativere Beschäftigung ergreifen.

Ich habe nun die Ausnahmen erledigt, man wird bemerkt
haben, daß es bloß keine Abweichungen von dem Gesetz sind,
das durch den allgemeinen Durchschnitt aller Gruppen ausgedrückt wird; denn, wenn wir sagen, daß wir auf je zehn berühmter Männer, die ü b e r h a u p t  h e r v o r r a g e n d e  V e r -
w a n d t e  h a b e n, 3 oder 4 hervorragende Väter, 4
oder 5 hervorragende Brüder und 5 oder 6 hervorragende
Söhne finden, werden wir in 17 Fällen von 24 recht haben, während in den 7 Fällen, wo wir uns irren, der Irrtum in 2 Fällen in
weniger als 1 Einheit (die Väter der Feldherren und Literaten),
in 4 Fällen in 1 Einheit (die Väter der Dichter und die Söhne der
Judges, Feldherren und Theologen) und nur in dem einzigen Fall
der Söhne der Künstler in mehr als 1 Einheit besteht.

Die Abweichungen vom Durchschnitt sind natürlich im
zweiten und dritten Verwandtschaftsgrade größer, da die Anzahl
der Beispiele in den verschiedenen Gruppen im allgemeinen gering ist; da aber die Proportionen in der großen Unterabteilung
der Judges mit denjenigen des allgemeinen Durchschnitts außerordentlich übereinstimmen, sind wir völlig gerechtfertigt, wenn
wir diese großen Durchschnittszahlen mit Vertrauen akzeptieren.

Das letzte und wichtigste Resultat muß noch erst heraus-
gearbeitet werden; es ist folgende Frage: wenn wir nichts mehr
über eine Person wissen, als daß sie der Vater, Bruder, Sohn,
Enkel oder ein anderer Verwandter eines berühmten Mannes ist,
welche Chancen hat diese Person hervorragend zu werden?
Kolonne E. auf S. 61 gibt uns die Antwort für die Judges, es bleibt
uns noch übrig zu entdecken, wie sich dieses Verhältnis bei den
berühmten Männern überhaupt gestaltet. Ich habe in jedem
Kapitel jene Daten, die ich besessen habe und die zu einer Kombination mit den Resultaten in Kolonne D. geeignet sind, gegeben,
um diese nötige Berechnung durchführen zu können. Sie bestehen
in der Proportion der Männer, deren Verwandte hervorragende
Bedeutung erlangt haben, im Vergleich mit der Totalanzahl jener,
deren Verwandtschaftsverhältnis ich untersucht habe. Das allgemeine Resultat*) ist, daß genau die Hälfte der berühmten

---

*) Lord Chancellors, S. 65 24 von 30; Politiker unter Georg III. S. 116
33 von 53; Premierminister, S. 116 wenn nicht eingeschlossen in Politiker
8 von 16; Feldherren S. 158 32 von 59; Literaten S. 184 37 von 56; Naturwissenschaftler und Mathematiker S 210 und S. 215 65 von 83; Dichter S. 248
40 von 100 ; Musiker S. 269 18 von 42; Theologen S. 296 und S. 304 33
von 196; Philologen S. 324 14 von 36.

Männer einen oder mehrere hervorragende Verwandte haben.
Folglich erhalten wir die korrespondierende Kolonne E., wenn
wir die Eintragungen in Kolonne D. „hervorragende Männer aller
Klassen" durch 2 dividieren.

Der Leser mag vielleicht die Ehrlichkeit meiner Auswahl bezweifeln. Er erinnert sich vielleicht der Schwierigkeiten, die ich
in vielen Kapiteln besprochen habe und die darin bestehen,
passende Auswahlen zu finden, und er verdächtigt mich vielleicht
der Versuchung nachgegeben zu haben, mehr als den gebührenden
Anteil von günstigen Fällen aufgenommen zu haben. Ich kann den
Angriff nicht völlig in Abrede stellen, denn ich kann mich einiger
Namen entsinnen, die mir wahrscheinlich aufgestoßen sind, eben
weil sie durch die kumulierten Leistungen von zwei oder drei
Personen das doppelte oder dreifache Gewicht erhalten haben.
Ich finde es daher im Interesse der Wahrheit für nötig, mich auf
einige völlig unabhängige Auswahlen von Namen zu berufen; und
will zu diesem Zwecke die Heiligen oder welches immer die
richtige Bezeichnung für sie sein möge, des Comte-Kalender vornehmen. Viele meiner Leser werden wissen, was ich meine;
August Comte, der „eine Religion der Menschheit" gründen wollte,
stellte eine Liste der Namen derjenigen auf, denen die menschliche Entwicklung am meisten verdankt; er wies den wichtigsten
dieser Individuen die Monate zu, der nächsten Klasse die Wochen
und der dritten die Tage. Ich habe mich an dieser Stelle nicht
mit Comtes Doktrinen zu beschäftigen: seine Anhänger miß-
billigen den Darwinismus, und es ist daher nicht zu erwarten, daß
sie vielen Erörterungen dieser Arbeit freundlich gegenüberstehen,
die Unabhängigkeit des Zeugnisses, den sein Kalender für die
Wahrheit meiner Theorie bildet, gewährt mir also eine umso
größere Befriedigung. Andererseits kann niemand bezweifeln,
daß Comtes' Auswahl völlig originell ist; denn er war der letzte
Mann, sein ganzes Vertrauen in die öffentliche Meinung zu setzen,
welche er zu leiten bestrebt war. Jeder Name in seinem Kalender
wurde sicherlich mit skrupelhafter Sorgfalt gewogen, obgleich,
wie ich zu wagen behaupte, mit einer eigentlich etwas verrückten
Bilanz, ehe er an der Stelle eingetragen wurde, die ihm zuge-
wiesen war.

Der Kalender besteht aus 13 Monaten, von denen jeder 4
Wochen umfaßt. Die folgende Tafel bringt die Repräsentanten
der 13 Monate in Sperrschrift und die der 52 Wochen in gewöhnlichen. Ich fand es nicht der Mühe wert, auch noch die

Repräsentanten der verschiedenen Tage vorzunehmen. Die mit einem * bezeichneten Namen sind in meinen Listen enthalten, diejenigen, die ein † aufweisen, hätten darin figurieren sollen. Es gibt im Kalender an 10 bis 20 Personen, über deren Verwandtschaftsverhältnisse wir gar nichts oder nahezu gar nichts wissen und die daher aus den Listen ausgestrichen hätten werden müssen, so Numa, Buddha, Homer, Phidias, Thales, Pythagoras, Archimedes, Apollonius, Hipparchus, St. Paul. Unter den übrigen 55 oder 45 Personen haben nicht weniger als 27 oder die Hälfte hervorragende Verwandte.

| | |
|---|---|
| 1. Ursprüngliche Theokratie: | †Moses, Numa, Buddha. †Confucius, Mahomet. |
| 2. Antike Dichtung: | Homer, *Aeschylus, Phidias, *Aristophanes, Virgil. |
| 3. Antike Philosophie: | Aristoteles, Thales, Pythagoras, Sokrates, Plato. |
| 4. Antike Naturwissenschaft und Mathematik: | Archimedes, †Hippokrates, Apollonius, Hipparchus, *Plinius der Ältere. |
| 5. Militärische Zivilisation: | *Caesar, Themistokles, *Alexander, *Scipio, Trajan. |
| 6. Katholizismus: | St. Paulus, †St. Augustinus, Hildebrand, St. Bernhard, Bossuet. |
| 7. Feudale Kultur: | *Karl der Große, Alfred, Gottfried, Innocenz III, St. Ludwig. |
| 8. Modernes Epos: | Dante, *Ariosto, Raffael, *Tasso, *Milton. |
| 9. Moderne Industrie: | Guttenberg, Columbus, Vaucanson, *Watt, *Montgolfier. |
| 10. Modernes Drama: | Shakespeare, Calderon, *Corneille, Molière, *Mozart. |
| 11. Moderne Philosophie: | Descartes, *St. Thomas von Aquino, *Lord Bacon, *Leibniz, Hume. |
| 12. Moderne Politiker: | Friedrich der Große, Ludwig XI., *Wilhelm der Schweigsame, *Richelieu, *Cromwell. |

**13.** Moderne Naturwissenschaf-    Bichat, *Galilei, *Newton, La-
ten und Mathematik:           voisier, Gall.

Es ist recht interessant, zu beobachten, wie genau die Resultate, die sich aus Comtes Auslese ergeben, meinen eigenen entsprechen. Ich bin daher sicher, daß wir nicht übertreiben, wenn wir Kolonne D. der Tafel auf Seite 341 auf die hervorragenden Verwandten, nicht der großen Gruppe der berühmten und hervorragenden Männer, sondern der aus einer strengeren Auslese entstandenen Gruppe der berühmten Männer allein beziehen und dann unsere Kolonne E. berechnen, indem wir die Eintragungen unter D. durch 2 dividieren.

Ich nehme z. B. die Chancen von Verwandten berühmter Männer, hervorragende Bedeutung zu erreichen oder erreicht zu haben, mit 15½ zu 100 für die Väter, 13½ zu 100 für die Brüder und 24 zu 100 für die Söhne. Oder wir rechnen, um diese und die übrigen Proportionen in eine bequemere Form zu bringen, mit folgenden Resultaten. Im ersten Verwandtschaftsgrade die Chance des Vaters gleich 1 zu 6, die jedes Bruders 1 zu 7, die jedes Sohnes 1 zu 4. Im zweiten Grade ist die Chance jedes Großvaters 1 zu 25, jedes Onkels 1 zu 40, jedes Neffen 1 zu 40, jedes Enkels 1 zu 29. Im dritten Verwandtschaftsgrad verhält sich die Chance eines jeden Mitglieds wie 1 zu 200, mit Ausnahme des direkten Cousins, die sich wie 1 zu 100 verhalten.

Die große Anzahl hervorragender Nachkommen berühmter Männer, darf nicht als der Ausdruck des Resultats ihrer Ehe mit mittelmäßigen Frauen betrachtet werden, denn die durchschnittliche Befähigung der Ehefrauen dieser Männer ist über-mittelmäßig. Ich bin nach der Lektüre sehr vieler Biographien, von dieser Tatsache fest überzeugt, obgleich diese Überzeugung in Widerspruch zu der gewöhnlich gehörten Meinung steht, daß geistreiche Männer einfältige Frauen heiraten. Es ist nicht leicht, meine Behauptung ohne eine beträchtliche Masse von Belegen zu beweisen, die die Achtung zeigen, welche den Frauen einer großen Gruppe berühmter Männer von deren intimen Freunden erwiesen wurde; doch sind die beiden folgenden Argumente nicht bedeutungslos. Zum ersten trifft der Mann die Dame, die er heiraten wird, gewöhnlich in der Gesellschaft seiner eigenen Freunde an, und es ist daher nicht wahrscheinlich, daß sie eine einfältige Person ist. Sie ist auch gewöhnlich mit einem von ihnen verwandt und hat daher die Wahrscheinlichkeit für sich, eine erbliche Begabung zu besitzen. Zum zweiten ist es eine bekannte

Tatsache, daß eine große Anzahl hervorragender Männer hervorragende Frauen heiraten. Wenn der Leser die vorhergehenden Kapitel durchsieht, wird er viele derartige Beispiele finden. Philipp II. von Mazedonien und Olympias; Cäsars Liaison mit Kleopatra; Marlborough und seine sehr befähigte Gattin; Helvetius heiratete eine reizende Dame, deren Hand auch von Franklin und Turgot begehrt wurde; August von Schlegel widmete Herz und Seele Frau von Staël; Neckers Frau war ein Blaustrumpf reinsten Wassers; Robert Stephens, der gelehrte Buchdrucker, hatte Petronella zur Frau; der Lord Siegelbewahrer Sir Nicholas Bacon und der große Lord Burleigh heirateten zwei der höchst gebildeten Töchter von Sir Anthony Cooke. Jeder weiblicher Name, den ich in meinen Kapiteln über die Feldherren, Politiker und Literaten nenne, gehört einer entschieden hervorragenden Frau an. Sie stellen die Existenz einer Tendenz von „gleich zu gleich" zwischen intellektuellen Männern und Frauen fest und machen es sehr wahrscheinlich, daß Ehen berühmter Männer mit Frauen aus den Klassen E. und D. sehr allgemein sind. Andererseits spricht keinerlei Evidenz für einen scharf ausgeprägten antagonistischen Geschmack, der Art, daß geistreichen Männern wirklich alberne Frauen gefallen. Ein Mann kann sich ernster Mängel seines Charakter bewußt sein und eine Frau wählen, die ersetzt, was ihm fehlt, wie etwa ein scheuer Mann sich von einer Frau angezogen fühlen kann, die keine anderen Verdienste hat, als eine Plaudertasche und gute Hausfrau zu sein. Ebenso kann ein junger ungeschickter Philosoph dem ersten Mädchen, das Interesse für ihn zeigt, mehr Intelligenz zumuten als es wirklich besitzt. Aber dies sind Ausnahmen; daneben bleibt die große Tatsache bestehen, daß befähigte Männer Freude an der Gesellschaft intelligenter Frauen haben und lieber intelligente Frauen als mittelmäßige heiraten, wenn sie nur solche finden, die auch in anderer Hinsicht geeignet sind.

Ich denke daher, daß die Resultate, die sich in meinen Tafeln unter der Rubrik Söhne finden, Ehen von Männern der Klasse F und darüber mit Frauen zugeschrieben werden können, deren natürliche Begabung durchschnittlich nicht unter Klasse B. und vielleicht zwischen B. und C. liegen.

Ich will jetzt die Kraft der männlichen und weiblichen Verwandtschaftslinien in der Weitergabe von Befähigung betrachten und werden zu diesem Zwecke die tatsächlichen Ziffern in Prozente umsetzen.

Als ein Beispiel für dieses Vorgehen können wir die Judges nehmen. Wie man schon in der ersten Tafel bemerken kann, sind hier die tatsächlichen Ziffern, die den spezifizierten Verschiedenheiten des Verwandtschaftsgrades entsprechen 41, 16, 19, 1, was die Summe von 77 ergibt; ich bringe sie jetzt auf diejenigen Zif-

### Wirkliche Ziffern

| | Judges | Politiker | Feldherren | Literaten | Mathematiker u. Naturwissenschaftler | Dichter | Künstler | Theologen | zusammen |
|---|---|---|---|---|---|---|---|---|---|
| G + O + etc. | 41 | 19 | 12 | 18 | 20 | 12 | 13 | 4 | 139 |
| GV + GB + etc. | 16 | 4 | 5 | 7 | 12 | 3 | 4 | 2 | 53 |
| g + o + etc. | 19 | 10 | 6 | 9 | 9 | 1 | 3 | 16 | 73 |
| $g$V + $g$B + etc. | 1 | 3 | 2 | 0 | 4 | 0 | 0 | 0 | 10 |
| Gesamtziffern | 77 | 36 | 25 | 34 | 45 | 6 | 20 | 22 | 275 |

### Prozentsätze

| | Judges | Politiker | Feldherren | Literaten | Mathematiker u. Naturwissenschaftler | Dichter | Künstler | Theologen | zusammen |
|---|---|---|---|---|---|---|---|---|---|
| G+O+N+E | 53 | 53 | 48 | 53 | 44 | 75 | 65 | 18 | 51 |
| GV+GB+OS+NS +ES | 21 | 11 | 20 | 21 | 27 | 19 | 20 | 9 | 19 |
| Totalsumme durch die männliche Linie | 74 | 64 | 68 | 74 | 71 | 94 | 85 | 27 | 70 |
| g+o+n+e $g$V + $g$B + oS+nS +e⁷ | 25 / 1 | 28 / 8 | 24 / 8 | 26 / 0 | 20 / 9 | 6 / 0 | 15 / 0 | 73 / 0 | 26 / 4 |
| Totalsumme durch die weibliche Linie | 26 | 36 | 32 | 26 | 29 | 6 | 15 | 73 | 30 |
| Männliche und weibliche Linie | 100 | 100 | 100 | 100 | 100 | 100 | 100 | 100 | 100 |

fern, die sie ausmachen würden, wenn ihre Totalsumme 100 erreichte, d. h. ich multipliziere sie mit 100 und dividiere sie durch 77, wodurch sie sich in 53, 21, 25 und 1 verwandeln. Diese Ziffern nun sind in der zweiten der beiden folgenden Tafeln eingetragen.

Man wird bemerken, daß das Verhältnis der gesamten Verwandten durch die männlichen und weiblichen Linien in den ersten fünf Kolonnen, nämlich bei den Judges, Politikern, Feldherren, Literaten, Mathematikern und Naturwissenschaftlern fast das gleiche ist, nämlich 70 zu 30 oder 2 zu 1. Die Gleichmäßigkeit dieses Verhältnisses ist ein Beweis für die Existenz eines Gesetzes, doch ist es schwer zu sagen, wovon dieses Gesetz abhängt, da die Verhältnisse infolge verschiedener Variationen der Verwandtschaft verschieden sind. So finden wir, wenn wir uns auf die Verwandten zweiten Grades beschränken, die zahlreich genug sind, um Durchschnitte zu zeigen, aus denen sich Abhängigkeit ergeben kann, daß die Summe der Verhältnisse von G. O. N. E. zu jenen von g. o. n. e. gleichfalls ein wenig mehr als 2 zu 1 beträgt. Die tatsächlichen Ziffern sind:

21 G. 23 O. 40 N. 26 E. = 110 im Ganzen

21 g. 16 o. 10 n. 6 e. — 53 im Ganzen.

Man kommt zuerst auf den Gedanken, daß die relativ geringe Anzahl in der unteren Linie nur bei den Verwandten vorkommt, die infolge der weiblichen Linie schwer zu erforschen sind, und daß diese scheinbare Inferiorität in exaktem Verhältnis zu dieser Schwierigkeit steht. So sind die Eltern der Mutter eines Menschen ohne Ausnahme in seiner Biographie genannt; folglich ist ein hervorragender g. nicht weniger leicht zu übersehen, als ein G., aber ein o. läßt sich leichter übersehen, als ein O., und ein n. und e. viel leichter als ein N. und E. Die Lösung jedoch, die diese Tatsachen an die Hand geben, ist nicht völlig zufriedenstellend, da die Verschiedenheiten in den wohlbekannten Familien von Politikern und Feldherren ebenso groß zu sein scheinen, als in den unbekannten Familien von Literaten, Naturwissenschaftlern und Mathematikern. Hieraus und ebenso aus dem, was ich über die Theologen zu sagen habe, scheint der Schluß zulässig, daß ich die hervorragenden Verwandten in diesen Graden männlicher- und weiblicherseits mit ungefähr der gleichen Genauigkeit aufgestöbert habe.

Die einzig vernünftige Lösung, die ich zulassen kann, besteht darin, daß neben einer inhärenten Unfähigkeit der weiblichen

Linie spezielle Formen von Befähigung weiterzugeben, auch noch
die Tatsache besteht, daß die Tanten, Schwestern und Töchter
hervorragende Männer durchschnittlich nicht so häufig heiraten
als andere Frauen, weil sie in ihrem Familienkreis an eine höhere
Form der Kultur und an einen intellektuell und moralisch höheren
Ton gewöhnt sind als sie anderswo leicht finden, namentlich wenn
sie infolge ihrer geringen Mittel auf die Gesellschaft der Personen
in ihrer unmittelbaren Nachbarschaft angewiesen sind. Andererseits wird ein Teil von ihnen gewiß einen absprechenden, an-
maßenden Typus haben und daher für die Männer wenig an-
ziehend sein, während wieder andere infolge ihrer scheuen, sonderbaren Art und Weise, die sich oft bei jungen talentierten Personen findet und die für die Ehechancen junger Frauen ungünstig
ist, gleichfalls keine Anziehungskraft ausüben. Zur Bestätigung
dieser Theorie sei gleichfalls darauf hingewiesen, daß wir mit
ihr erklären können, warum die Gruppe g. die gleiche Anzahl aufweist wie G., da ein Mensch ebensoviel g. als G. haben muß,
während er nicht notwendig die gleiche Anzahl von o. n. e. und
O. N. E. hat. Da ich nun andere Informationen suchen muß, bin
ich gezwungen, diese Frage einigermaßen unbestimmt zu lassen.
Würde sich meine Kolonne C. auf Tatsachen statt auf Schätzungen
stützen, so würden mir diese Tatsachen die Informationen an die
Hand geben, die ich suche.

Bei den Dichtern und Künstlern ist der Einfluß der weiblichen
Linie ganz bedeutend geringer, als der der männlichen und hier
wird die Lösung, die ich angenommen habe, wohl noch angemessener sein, als bei den vorhergehenden Gruppen.

Bei den Theologen stoßen wir auf eine ganz neue Ordnung
der Dinge. Hier ist das Verhältnis einfach das umgekehrte, denn
der weibliche Einfluß verhält sich zu dem männlichen wie 73 zu
27, während die ersten fünf Kolonnen das durchschnittliche Verhältnis von 30 zu 70 aufweisen. Ich habe in dem Kapitel über die
Theologen schon ein so langes und breites über die Macht des
weiblichen Einflusses in bezug auf die Erziehung religiöser Anlagen gesprochen, daß ich nicht nötig habe, auf diese Frage wieder
zurückzukommen. Was die vorausgesetzte Abneigung der weiblichen Verwandten hervorragender Männer gegen die Ehe anlangt, so muß bei den Verwandten der Theologen sicherlich eine
Ausnahme gemacht werden. Intellektuelle Befähigung und ein
gebildeter Geist ist für sie im Vergleich mit einem frommen Bekenntnis von geringer Bedeutung, und da die religiöse Gesellschaft

infolge der Gewohnheit, sich zu religiösen Zwecken zu versammeln, besonders groß ist, bietet auch die Notwendigkeit, einen frommen Gatten zu wählen, für die nahe weibliche Verwandte eines hervorragenden Theologen kein materielles Ehehindernis.

Die allgemeine Anschauung geht dahin, daß große Männer bemerkenswerte Mütter haben. Ohne Zweifel verdanken sie dem mütterlichen Einfluß viel, doch schreibt ihnen die populäre Meinung einen Anteil zu, der ihnen nicht gebührt und der nicht glaubhaft ist. Meiner Ansicht nach hängt dieser Glaube mit der Tatsache zusammen, daß große Männer gewöhnlich auch eine hohe Sittlichkeit besitzen und liebevoll und ehrerbietig sind, da Gehirn allein ohne Herz nicht genügt, eine hervorragende Bedeutung zu erlangen. Solche Männer neigen von Natur zu außergewöhnlichen kindlichen Rücksichten und machen gern die guten Eigenschaften ihrer Mutter mit übertriebenen Lobsprüchen bekannt.

Es tut mir leid, daß ich nicht imstande bin, die einfache Frage zu lösen, ob und wie weit Männer und Frauen, die Wunder an Begabung sind, unfruchtbar sind. Ich habe jedoch gezeigt, daß Männer von hervorragender Bedeutung, wie die Judges, es durchaus nicht sind, und es ist für meine Anschauung über die Zukunft der menschlichen Rasse, die ich in einem folgenden Kapitel darlegen werde, wichtiger, die Fruchtbarkeit der hervorragenden Menschen, als die des Genies festzustellen. Eine Reihe von Schwierigkeiten besteht in bezug auf die Entdeckung, ob Genie und Unfruchtbarkeit in Wechselbeziehungen stehen. Eine dieser Schwierigkeiten und zwar eine sehr ernste besteht darin, daß die Menschen sich weder über die hervorragenden Genies, noch über eine Definition des Wortes Genie einig sind. Eine andere besteht darin, daß die Menschen, die als Beispiele gewählt werden, gewöhnlich der Antike angehören, oder doch vor so langer Zeit gelebt haben, daß es oft unmöglich und jedenfalls sehr schwierig ist, etwas über ihre Familie zu erfahren. Eine weitere Schwierigkeit liegt in der Tatsache, daß ein Mensch, der keine Kinder hat, für seinen Beruf mehr tun kann und sich mehr dem öffentlichen Wohl widmen kann, als wenn er welche hat. Ich glaube, daß ein sehr begabter Mensch stets hervorragende Bedeutung erlangt; wenn er aber im Kampf des Lebens durch die Bürde von Frau und Kindern gehemmt ist, so kann man nicht von ihm erwarten, daß er ebenso in der Front beharrt, als wenn er allein wäre. Er kann den Lieblingsgegenstand seiner Studien nicht mit der gleichen absorbierenden Leidenschaft verfolgen, wenn andere wichtige An-

sprüche an seine Aufmerksamkeit gestellt werden, wenn er häuslichen Kummer, Beängstigungen aller Art und kleinliche
Sorgen hat, wenn er jedes Jahr ein Kind bekommt, wenn periodisch
Kinderepidemien auftreten, wenn er die ständige Berufsplackerei
hat, die zur Erhaltung einer großen Familie nötig ist.

Noch andere Hindernisse stehen dem Hinterlassen von Nachkommenschaft in der zweiten Generation im Wege. Die Töchter
sind aus Gründen, die schon ein paar Seiten vorher angegeben
wurden, nicht so leicht zu verheiraten, wie andere Mädchen;
während die Gesundheit der Söhne durch Überarbeitung gefährdet
ist. Die Söhne begabter Menschen sind entschieden frühreifer
als ihre Eltern, was aus meinen vorhergehenden Kapiteln deutlich
hervorgeht; ich nehme mir nicht erst die Mühe, Fälle zu zitieren,
denn diese Frühreife ist eine normale Tatsache, analog der anderen, die bei Krankheiten und Fortschritten aller Art besteht und
die von Darwin nachgewiesen wurde. Das Resultat ist, daß das
frühreife Kind als ein Wunder angestaunt wird, das bedeutend
befähigter als Vater oder Mutter ist, da dessen oder deren Fähigkeiten im gleichen Alter geringer waren. Das Kind wird nun
durch häusliche Einflüsse auf jede mögliche Weise vorwärts getrieben, bis seine Konstitution ernsten Schaden genommen hat.

Soviel über die Schwierigkeiten, die sich in der Frage, die
uns beschäftigt, einem klaren Urteil in den Weg stellen. Es ist
sicherlich wahr, daß eine überraschende Anzahl der befähigsten
Menschen keine Nachkommenschaft hinterlassen zu haben scheinen; nach dem, was ich gesagt habe, sind wir jedoch gerechtfertigt, wenn wir einen sehr beträchtlichen Teil der angeführten
Beispiele auf andere Ursachen als eine inhärente Tendenz zur
Unfruchtbarkeit bei genialen Männern und Frauen zurückführen.
Ich glaube allerdings, daß ein großer Teil der Fälle diesem letztern
Umstand zuzuschreiben ist und stimme so weit mit Prosper Lucas
überein, daß ebenso wie Riesen und Zwerge selten fruchtbar sind,
auch Menschen von wunderbar viel oder wenig intellektueller
Kraft als von unzureichender Fruchtbarkeit angesehen werden
können. Andererseits stimme ich durchaus nicht dem Satz dieses
berühmten Autors über Vererbung ein, daß das wahre Genie unveränderlich isoliert ist.

Es gibt noch eine andere vorherrschende Meinung, die mit
dem im vorletzten Absatz dargelegten Gedanken einigermaßen
übereinstimmt und die besagt, daß geniale Menschen ungesunde,
winzige Wesen sind, ganz Gehirn und keine Muskeln — daß sie

schwache Augen und eine armselige Konstitution haben. Ich glaube viele meiner Leser wären über die Größe und die Gestalt der Heroen der Geschichte, von denen in diesem Buch die Rede ist, überrascht, wenn man sie alle in einer Halle versammeln könnte. Ich würde es unternehmen, aus irgend einer Gruppe von ihnen, selbst aus der der Theologen (s. S. 280) einen „Elfer"*) zusammenzustellen, der es physisch nach jeder Richtung gegen gleiche Auslesen aus zwei bis dreimal so großen Gruppen aufnähme, die zufällig und aus gleich wohlgenährten Klassen zusammengestellt wären. Ehe ich anfing dieses Buch zu schreiben, hatte ich begonnen, in meinen Notizen mir Bemerkungen über die physische Begabung meiner Helden zu sammeln, und es tut mir jetzt leid, daß ich diesen Plan nicht fortsetzte, doch findet sich auch jetzt schon in den diesbezüglichen Kapiteln genug, um meine Behauptung zu bestätigen. Ich leugne nicht, daß viele Menschen von außerordentlichen geistigen Gaben eine hinfällige Konstitution hatten, ich leugne nur, daß dies eine Begleiterscheinung essentieller Art, oder selbst der gewöhnliche Habitus außerordentlich begabter Menschen ist. Tatsachen aus dem Universitätsleben können uns so gut wie andere als Beispiel dienen, und so will ich denn erwähnen, daß die besten wranglers und die Besten in klassischen Studien häufig die besten Ruderer ihrer Jahrgänge gewesen sind. Der Hon. George Denman, der 1842 Senior in klassischen Studien war, war der Vormann der Universitäts-Ruderbesatzung. Sir William Thompson, der zweite wrangler 1845, siegte im Scull-Fahren.*) Bei der allerersten Ruder-Wettfahrt zwischen den beiden Universitäten, ruderten in einem der kämpfenden Boote drei Leute, die später Bischöfe wurden und ein vierter in einem anderen. Es sind die Studenten, die in zweiter und dritter Linie kommen, die gewöhnlich schwach sind. Eine Versammlung lebender Größen in den verschiedenen Zweigen intellektueller Vollendung ist jedesmal ein Fest für meine Augen, so große, kräftige, befähigt aussehende Wesen sind sie.

Ich nahm mir einige Mühe, das Sterblichkeitsgesetz in den verschiedenen Gruppen zu erforschen und illustrative Kurven zu formieren, um zu zeigen, ob an der Konstitution hervorragender Menschen irgend etwas Abnormes sei; das Resultat ergab klar, daß die begabten Menschen in zwei Kategorien zer-

---

*) Gruppe von elf Spielern beim Criquetspiel.
*) Kleines Boot für eine Person.

fallen, in die sehr schwachen und die sehr starken. Die Kurve
der Sterblichkeit macht nicht eine einfache Biegung, sondern sie
steigt zu einem niedrigeren Kulminationspunkt an, geht wieder
hinunter und steigt von neuem zu dem Hauptbogen auf. Es ist
kein Kontinuum in der Regelmäßigkeit ihrer Krümmungen. Ich
schließe daraus, daß es unter den begabten Menschen eine kleine
Gruppe gibt, die schwach ist und eine reizbare Konstitution hat,
die bestimmt ist, früh zu sterben, daß aber der Rest aus Menschen
besteht, die ein kräftiges hohes Alter genießen können.

Diese doppelte Kulmination zeigt sich scharf in der Gruppe
der Künstler und deutlich in derjenigen der Dichter, aber sie zeigt
sich mit einer überraschenden Genauigkeit, wenn ich die 92
Menschen von bemerkenswerter Frühreife, über die ich Notizen
gemacht habe, herausgreife. Ihr erster Kulminationspunkt fällt
in das 38ste Lebensjahr, dann sinkt die Todesrate bis zum 42sten
Jahr; mit 52 Jahren hat sie wieder die Höhe erreicht, die sie bei
38 hatte, und sie erreicht ihr Maximum mit 64 Jahren. Die Sterblichkeit der Menschen, die nicht hervorragend frühreif gewesen
zu sein scheinen, 180 Fälle im ganzen, beschreibt eine völlig normale Kurve, die stetig zu einem Maximum von 68 Jahren aufsteigt und dann ebenso stetig abfällt. Die Naturwissenschaftler
und Mathematiker leben am längsten, und die Häufigkeit früher
Todesfälle ist bei ihnen entschieden geringer als in den anderen
Gruppen.

Die letzte allgemeine Bemerkung, die ich zu machen habe, ist,
daß geistige Fähigkeiten und Gesichtszüge nicht in Wechselbeziehung zu stehen scheinen. Der Sohn kann seinem Vater ähnlich sein, indem er ein befähigter Mensch ist, aber daraus folgt
nicht, daß er ihm auch in den Gesichtszügen ähnelt. Ich weiß von
Familien, wo die Kinder, die nicht die Gesichtszüge ihrer Eltern
haben, deren Gemütsart und Fähigkeiten erbten, während die
übrigen Kinder gerade die umgekehrten Gaben besitzen. Als ich
die Porträts in der letzten National-Ausstellung betrachtete, war
ich außerordentlich über das Fehlen von Familienähnlichkeit betroffen, wo ich erwartet hatte, sie zu finden. Ich kann diesen
Punkt nicht ohne Illustrationen beweisen, der Leser muß mir
daher gestatten, seine Evidenz in einer eingestandenermaßen un-
vollendeten Form zu belassen.

Am Schluß dieses Kapitels möchte ich noch einige der Gruppen
herauszugreifen, die ich unterlassen habe zu besprechen. Die vornehmsten Ingenieure sind eine Gruppe von Menschen von be-

merkenswerten natürlichen Eigenschaften; sie sind nicht bloß befähigte Menschen, sie besitzen auch ein merkwürdiges Talent für physische Ausdauer und Kühnheit, die sich mit klarer Einsicht darüber verbindet, was ausgeführt werden kann und was nicht. Ich habe Watt und Stephenson unter den Naturwissenschaftlern aufgezählt, aber die Brunels und die merkwürdige Familie Mylne, die auf neun, wenn nicht zwölf Generationen zurückgeht — alle befähigt und viele in ihrem Beruf hervorragend — sowie verschiedene andere verdienen erwähnt zu werden. Ich sehe jedoch keinen Vorteil darin, eine Auslese hervorragend begabter Ingenieure zusammenzustellen, denn ihr Erfolg hängt in einem sehr starken Grade von vorhergehenden günstigen Gelegenheiten ab. Ist ein großes Ingenieur-Unternehmen einmal etabliert mit gutausgewählten Männern an der Spitze jedes Departements, so ist es leicht, den Namen und Kredit des begabten Begründers mehr als eine Generation nach seinem Tode noch aufrecht zu erhalten.

Die Schauspieler sind eng untereinander verbunden, so daß sie fast eine Kaste bilden, aber wie bei den Ingenieuren ist es sehr schwer, die hervorragend Begabten unter ihnen von denen zu trennen, deren Erfolg stark auf den Zufall der Ausbildung zurückzuführen ist. Ich möchte jedoch nicht weiter gehen, ohne eine Notiz über die Familie Kemble einzuschalten, die vor zwei Generationen einen so großen Raum in den Augen der britischen Welt eingenommen. Ihr Stammbaum zeigt die folgenden Personen:

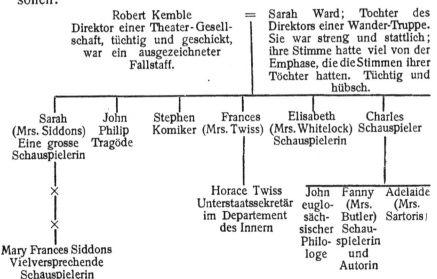

Robert Kemble
Direktor einer Theater-Gesellschaft, tüchtig und geschickt, war ein ausgezeichneter Fallstaff.

= Sarah Ward; Tochter des Direktors einer Wander-Truppe. Sie war streng und stattlich; ihre Stimme hatte viel von der Emphase, die die Stimmen ihrer Töchter hatten. Tüchtig und hübsch.

Sarah (Mrs. Siddons) Eine grosse Schauspielerin

John Philip Tragöde

Stephen Komiker

Frances (Mrs. Twiss)

Elisabeth (Mrs. Whitelock) Schauspielerin

Charles Schauspieler

Mary Frances Siddons Vielversprechende Schauspielerin

Horace Twiss Unterstaatssekretär im Departement des Innern

John euglo- sächsischer Philo- loge

Fanny (Mrs. Butler) Schauspielerin und Autorin

Adelaide (Mrs. Sartoris)

Es wäre wünschenswert gewesen, Tatsachen über Vererbung
aus China zu erfahren, wo das Prüfungssystem bekannt streng und
weitreichend ist, und hoffnungsvolle Knaben sicher sind, von Stufe
zu Stufe zu kommen, bis sie die höchste Höhe erreicht haben, deren
sie fähig sind. Die erste Würde des Jahres erhält der „Chuan-
Yuan"; er ist der Senior - wrangler und gleichzeitig Senior in
klassischen Studien und geht aus einer Bevölkerung von 400
Millionen hervor. Sind nun die Chuan-Yuans je miteinander verwandt? Das ist die Frage, die ich stellte und auf die mir ein
Freund, der eine hohe Stellung in China einnimmt, Antwort ver-
sprach, die mich aber bis zu dieser Stunde, wo ich diese Zeilen
schreibe, nicht erreicht hat. Ich rückte jedoch eine Frage über
diesen Gegenstand in der Hongkonger Zeitung „Notizen und
Fragen" (August 1868) und fand wenigstens einen Fall, wo eine
Frau, nachdem sie ein Kind geboren hatte, das ein Chuan-Yuan
geworden war, von ihrem Mann geschieden wurde und wieder
heiratete. Sie gebar ihrem zweiten Mann wieder einen Sohn,
der gleichfalls ein Chuan-Yuan wurde.

Ich hege das größte Vertrauen, daß wenn eine kompetente
Person die Frage nach der Vererbung von Anlagen sorgfältig in
China untersuchte, dieses Land Schätze von Tatsachen zutage
fördern würde. Doch stehen diesen Untersuchungen beträcht-
liche Schwierigkeiten im Wege, einmal die geringe Anzahl von
Geschlechtsnamen in China und weiter die Notwendigkeit, auf
Perioden zurückzugreifen (und es gibt ihrer viele), wo die Kor-
ruption in China viel weniger verbreitet war, als dies heute der
Fall ist.

Die Aufzeichnungen über die Olympischen Spiele in der
Blütezeit Griechenlands, die die Hellenen sorgsam führten, er-
gäben sicherlich ausgezeichnetes Material über Vererbung; aber
sie sind leider nicht vorhanden. Doch finde ich in ihrer Geschichte einen gelegentlichen Umstand, der wert ist, in Erinnerung gebracht zu werden. Es scheint, daß ein einziges Beispiel
einer verheirateten Frau bekannt ist, die es gewagt hat, während der Spiele zugegen zu sein, obgleich Todesstrafe darauf gesetzt war. Sie wurde aber entschuldigt, denn ihr Vater, ihre
Brüder und ihr Sohn waren alle Sieger.

## Der relative Wert verschiedener Rassen.

Ich bin jetzt mit dem, was ich über die Verwandtschaft des Individuums zu sagen hatte, zu Ende und gehe in diesem Kapitel zu dem Versuch über, mein Thema zu erweitern und noch Nationen und Rassen einer Betrachtung zu unterwerfen.

Jede langbestehende Rasse hat notwendig ihre spezielle Tauglichkeit für die Bedingungen, unter welchen sie gelebt hat, entsprechend der sicheren Wirksamkeit von Darwins Gesetz der natürlichen Auslese. Jedoch interessiert mich gegenwärtig nicht der größere Teil jener Tauglichkeiten, sondern lediglich diejenigen, die in der einen oder anderen Form für eine hohe Zivilisation vorteilhaft sind. Wir können mit dem Eintritt einer Zeit rechnen, wo die Kultur, die heute spärlich und schwach und noch weit oberflächlicher ist, als man ihr nachsagt, den Erdball überziehen wird. Und dieser Fall wird sicherlich eintreten, denn Kultur ist die notwendige Frucht einer hohen Intelligenz, wenn sie sich bei einem sozialen Tier findet, und es gibt keine deutlichere Lehre, die man der Natur vom Gesicht ablesen kann, als die, daß das Resultat der Wirksamkeit ihrer Gesetze dahin geht, Intelligenz in Verbindung mit Soziabilität hervorzurufen. Intelligenz ist für ein Tier ein ebensolcher Vorteil als physische Kraft oder irgend eine andere natürliche Gabe, und daher wird von zwei Spielarten irgend einer Tiergattung, die in anderer Beziehung völlig gleich sind, die intelligentere Spielart im Kampf ums Dasein sicherlich den Sieg davontragen. In gleicher Weise wird unter intelligenten Tieren die sozialste Rasse sicherlich den Sieg davongetragen, wenn die anderen Eigenschaften die gleichen sind.

Selbst unter einer sehr mäßigen Form materieller Kultur ist eine große Anzahl von Fähigkeiten, die „durch das Überleben der Tauglichsten" und die reichliche Zerstörung der Untauglich-

keit im Verlaufe von hunderten von Generationen erworben
wurden, ebenso obsolet geworden als seit der Einrichtung der
Eisenbahnen alte Postwagen-Gewohnheiten und Sitten; der ge
ringste Versuch, sie zu erhalten, ist nutzlos; sie sind Hinder
nisse und kein Gewinn für die Kultur. Ich werde etwas weiter
unten von diesen Fähigkeiten sprechen, jetzt will ich mich erst
den Eigenschaften zuwenden, die in einer kulturellen Gesellschaft nötig sind. Allgemein gesprochen sind es diejenigen, die
eine Rasse instand setzen, ein großes Kontingent zu den verschiedenen Gruppen hervorragender Menschen, von denen ich
in meinen verschiedenen Kapiteln gesprochen habe, zu stellen.
Ohne so weit zu gehen, zu sagen, daß dieser sehr passende Prüf-
stein völlig einwandfrei ist, sind wir doch auf alle Fälle gerechtfertigt, wenn wir einen beträchtlichen Gebrauch davon machen;
ich werde mich also bei den Schätzungen, die ich im Begriffe bin
zu geben, danach richten.

Bei einer Vergleichung des Wertes der verschiedenen Rassen
werde ich einen häufigen Gebrauch des Gesetzes der Abweichung
von einem Durchschnitt machen, dem ich für vieles dankbar sein
muß. Um nun die Zeit und die Geduld des Lesers nicht allzusehr
in Anspruch zu nehmen, schlage ich eine Voraussetzung vor, die
die Abgrenzung eines guten Teils der Erörterung fordern wird
und bei der der Leser erst verweilen soll, die aber in einer rohen
provisorischen Untersuchung zu keinerlei bedeutenden Fehlern
führen kann. Ich werde voraussetzen, daß die Intervalle
zwischen den Fähigkeitsgraden bei allen Rassen die gleichen
sind, d. h., daß wenn die Fähigkeit der Klasse A. einer Rasse der
Fähigkeit der Klasse C. einer anderen Rasse gleich ist, auch die
Fähigkeit der Klasse B. der ersteren derjenigen der Klasse D. der
letzteren gleich ist und so weiter. Ich weiß, daß dies nicht ganz
richtig sein kann, denn es wäre der Analogie zum Trotz, wenn die
Variabilität aller Rassen genau die gleiche wäre, andererseits haben wir aber guten Grund zu erwarten, daß der durch diese Voraussetzung eingeführte Irrtum die Resultate aus freier Hand, für
die ich ihn allein verwenden will, nicht empfindlich berühren wird,
überdies werden die rohen Daten; die ich anführe, sogar die Berechtigung dieser Methode zeigen.

Vergleichen wir denn die Negerrasse mit der Anglo-
sächsischen in Bezug auf jene Eigenschaften, die fähig sind Judges, Politiker, Feldherren, Literaten, Mathematiker, Naturwissenschaftler, Dichter, Künstler und Theologen hervorzubringen.

Wenn die amerikanische Negerrasse nicht von sozialen Unfähigkeiten beeinflußt wäre, würde ein Vergleich ihrer Werke mit denen der Weißen in ihren verschiedenen Zweigen intellektueller Bestrebungen, unter Bezugnahme auf die Gesamtzahl ihrer respektiven Bevölkerungen die notwendige Information gewährleisten. Wie die Dinge liegen, müssen wir uns mit roheren Daten begnügen

In erster Reihe müssen wir uns erinnern, daß die Negerrasse gelegentlich, aber sehr selten, Männer hervorgebracht hat, wie Toussaint l'Ouverture, die unserer Klasse F. entsprechen; damit ist gesagt, daß X. oder ihre Gesamtklassen über G. hinaus unserer Klasse F. zu korrespondieren scheinen, wobei sich eine Differenz von nicht weniger als zwei Graden und vielleicht sogar mehr zwischen den weißen und schwarzen Rassen zeigt.

Weiter müssen wir in Betracht ziehen, daß die Negerrassen durchaus nicht völlig Menschen entbehren, die imstande sind gute Geschäftsführer, gedeihliche Kaufleute und anderes zu werden, also Leute, die beträchtlich über dem Durchschnitt der Weißen stehen, d. h. diese Rasse ist imstande nicht selten Menschen zu stellen, die unserer Klasse C. oder selbst D. entsprechen. Man möge sich erinnern, daß C eine Auslese von 1 aus 16 darstellt, oder etwas mehr als die natürlichen Fähigkeiten, die ein durchschnittlicher Obmann eines Geschworenengerichts besitzt und daß D. gleich 1 zu 64 ist, also ein Grad von Fähigkeit, der einen Menschen sicherlich dazu bringt, im Leben erfolgreich zu sein. Kurz gesagt, die Klasse E. und F. der Neger können im großen ganzen als das Äquivalent unserer Klassen C. und D. betrachtet werden, ein Resultat, das zu dem weiteren Schluß führt, daß der durchschnittliche intellektuelle Zustand der Neger etwa um zwei Grade tiefer ist, als der unsere.

Drittens können wir, wenn auch mit großer Vorsicht, die relative Stellung der Neger in ihrem Heimatland mit derjenigen der Reisenden vergleichen, die sie besuchen. Die letzteren bringen ohne Zweifel das Wissen mit, das in einem zivilisierten Lande üblich ist, aber dies ist ein weniger wichtiger Vorteil, als wir geneigt sind anzunehmen. Ein eingeborener Häuptling hat eine so gute Ausbildung in der Regierungskunst erhalten, als nur immer wünschenswert sein kann; er übt sich konstant in persönlichem Herrschen und erhält sich in seiner Würde gewöhnlich durch die Überlegenheit seines Charakters, die er täglich seinen Untertanen und Rivalen gegenüber zeigt. Ein Reisender be-

kleidet in wilden Gegenden gleichfalls bis zu einem gewissen
Grade die Stelle eines Feldherrn und hat den Häuptlingen jedes
bewohnten Ortes gegenüberzutreten. Das Resultat ist bekannt
genug, der weiße Reisende behauptet sich ohne Ausnahme in
ihrer Gegenwart. Wir hören selten von dem Zusammentreffen
eines weißen Reisenden mit einem schwarzen Häuptling, wobei
der letztere sich als der bessere Mann erweist. Ich habe über
diesen Gegenstand oft mit kompetenten Personen gesprochen
und kann mich nur auf wenige Fälle besinnen, wo sich der Weiße
inferior zeigte, sicherlich nicht mehr als einem Durchschnitt tatsächlicher Differenzen von drei Graden zugeschrieben werden
kann, wovon der eine auf die relativen Fehler der einheimischen
Erziehung und zwei auf eine Differenz der natürlichen Begabung
zurückzuführen wären.

Viertens ist die Anzahl der Menschen, die wir dumm nennen,
unter den Negern sehr groß. Jedes Buch, das von Negerdienst-
boten in Amerika spricht, wimmelt von Beispielen. Auf mich
selbst machten diese Tatsachen während meiner Reisen durch
Afrika einen großen Eindruck. Die Irrtümer, die Neger in ihren
eigenen Angelegenheiten begingen, waren so kindisch und blöde,
daß ich mich oft meiner eigenen Art schämte. Ich glaube nicht zu
übertreiben, wenn ich sage, daß ihr c so niedrig ist als unser e,
was eine Differenz von zwei Graden ergeben würde, wie vorhin.
Ich habe keinerlei Kenntnis über die wirkliche Idiotie bei Negern,
ich meine natürlich jene Klasse von Idioten, die nicht auf Krankheit zurückzuführen ist.

Der australische Typus endlich, ist noch um einen Grad
tiefer, als der afrikanische Neger. Ich besitze ein paar brauch-
bare Daten über die natürliche Befähigung der Australier, aber
sie genügen nicht, um den Leser zu ihrer Betrachtung auf-
zufordern.

Der Durchschnitt der Flachlandschotten und der Bevölkerung
aus dem nördlichen England ist entschieden eine Gruppe höheren
Grades als die gewöhnlichen Engländer, denn die Zahl von Individuen aus diesen beiden ersten Gruppen, die hervorragende
Bedeutung erlangt haben, ist weit größer, als wir nach der verhältnismäßigen Zahl der Gesamtbevölkerung dieser Gegenden
hätten erwarten können. Die gleiche Superiorität zeigt sich deutlich bei einem Vergleich der Wohlhabenden aus der Masse der
Bevölkerung. Der schottische Arbeiter ist viel weniger ein
stumpfes Lasttier als der Engländer der mittleren Gegenden, er

macht seine Arbeit besser und „lebt sein Leben" überdies. Die Bäuerin von Northumberland verrichtet alle Tage Feldarbeit, ohne daß die Arbeit sie ruiniert, im Gegenteil, sie ist als Mädchen auf ihre geleistete Arbeit stolz, und wenn sie heiratet, sorgt sie gut für den Wohlstand ihres Heims. Es ist für mich überaus peinlich, die schmutzigen armseligen Gesichter der Mehrzahl der Individuen, namentlich der Frauen zu sehen, denen man in London und anderen rein englischen Städten begegnet. Ihre Lebensbedingungen scheinen für ihre Konstitutionen zu hart und scheinen sie in Degeneration hinunterzustoßen.

Die befähigste Rasse, von der die Geschichte weiß, sind unzweifelhaft die alten Griechen, teils weil ihre Meisterwerke in den verschiedenen Richtungen intellektueller Tätigkeit noch unübertroffen sind, teils weil die Bevölkerung, die die Schöpfer dieser Meisterwerke hervorbrachte, an Zahl sehr gering war. Von den verschiedenen griechischen Unterrassen war die Bevölkerung von Attika die befähigste, und sie verdankt ihre Superiorität ohne Zweifel in hohem Maße dem folgenden Umstande. Athen stand Einwanderern zwar offen, aber nicht unterschiedslos, denn sein soziales Leben war derart, daß nur sehr befähigte Menschen daran irgend welches Vergnügen haben konnten, andererseits hatte es für Menschen der höchsten Befähigung und Kultur Vorzüge, wie keine andere Stadt. So schuf es durch ein System einer teilweise unbewußten Auslese einen prachtvollen Schlag menschlicher Tiere, der im Verlaufe eines Jahrhunderts — nämlich zwischen 530 und 430 v. Chr. — die folgenden 14 berühmten Menschen hervorbrachte.

Politikern und Feldherren: Themistokles (die Mutter war eine Politiker und Feldherren: Themistokles (die Mutter war eine Fremde), Miltiades, Aristides, Cimon (Sohn des Miltiades), Perikles (Sohn des Xanthippus, des Siegers von Mycale). Literaten und Wissenschaftler: Thukydides, Sokrates, Xenophon, Plato. Dichter: Aeschylus, Sophokles, Euripides, Aristophanes. Bildhauer: Phidias.

Wir sind imstande, eine ziemlich genaue approximative Schätzung der Bevölkerung vorzunehmen, die diese Männer hervorgebracht hat, da die Anzahl der Bewohner Attikas bereits häufig untersucht wurde und die Kritiker sich endlich über die allgemeinen Resultate so ziemlich geeinigt zu haben scheinen. Es scheint, daß das kleine Gebiet von Attika zur Zeit seiner höchsten Blüte (Smith: Klass. Geograph. Lexikon) weniger als 90 000 eingeborene freie Personen, 40 000 einwohnende Fremde und eine Ackerbau und Handwerk treibende Sklavenbevölkerung von 400 000 Mann zählte. Die erste Ziffer ist die einzige, die uns hier interessiert, nämlich die 90 000 freien Einheimischen. Andererseits nähert sich die allgemeine Anschauung, daß eine Bevölkerung sich im Laufe eines Jahrhunderts dreimal erneuert, stark der Wahrheit und kann im gegenwärtigen Falle von uns angenommen werden. Folglich haben wir mit einer Totalbevölkerung von 270 000 freigeborenen Personen zu rechnen oder mit 135 000 Männern, die in dem genannten Jahrhundert geboren wurden. Von diesen wieder wird etwa die Hälfte, oder 67 500, das Alter von 26 Jahren überleben und ein Drittel oder 45 000 das von 50. Da 14 Athener berühmt wurden, ist die Auslese nur 1 zu 4 822 in bezug auf die erstere Abgrenzung und 1 zu 3214 in bezug auf die letztere. Gehen wir auf die Tafel auf Seite 33 zurück, so finden wir, daß dieser Auslesegrad sehr gut der Klasse F. (1 von 4300) und darüber des athenischen Volkes entspricht. Andererseits hat man, da G. ein Sechzehntel oder ein Siebzehntel von F. beträgt, Grund anzunehmen, unter den vierzehn einen aus der Klasse C. zu finden, wir begegnen unter den genannten 14 zufällig drei oder sogar vier aus dieser Klasse, Perikles, Sokrates, Plato und Phidias.

Versuchen wir jetzt, die Norm der Fähigkeit in Athen mit der unserer Rasse und unserer Zeit zu vergleichen. Wir haben keine Männer, die wir Sokrates oder Phidias an die Seite stellen können, denn die Bevölkerungsmillionen von ganz Europa haben unter ihrer ganzen Zucht der nächsten 2000 Jahre nicht ihresgleichen hervorgebracht. Sie sind also zwei oder drei Grade höher als unser G., man könnte sie als I. oder J. einreihen. Aber setzen wir einmal voraus, daß wir sie gar nicht einbeziehen, sagen wir, irgend eine Laune der Natur sei damals gerade wirksam gewesen und habe sie hervorgebracht, was sollen wir zu dem Rest sagen? Perikles und Plato müßten wir meiner Ansicht nach so einreihen, daß der eine unter den größten philosophischen Politikern stünde, der andere wenigstens neben Lord Bacon. Sie würden daher etwa zwischen unseren unklassifizierten X. stehen, ein oder zwei Grade über G., sagen wir zwischen H. und I. Alle übrigen, die F. des athenischen Volkes, würden über unserm G. stehen, gleich unserm H. oder höher. Es folgt aus all dem, daß die Durchschnittsfähigkeit der Athener bei einer möglichst niedrigen Schätzung, doch noch um zwei Grade höher ist, als unsere eigene, d. h. die Athener stehen um so viel höher als wir, als die afrikanischen Neger unter uns. Diese Schätzung, die manchen sonderbar erscheinen wird, ist durch die lebhafte Intelligenz und die hohe Kultur der Gesamtheit des athenischen Volkes bestätigt, vor der literarische Werke von einem weit strengeren Charakter, als der Durchschnitt unseres Volkes schätzen könnte, rezitiert und Kunstwerke ausgestellt wurden. Wogegen das Maß an Intelligenz unserer Durchschnittsbevölkerung leicht mit einem flüchtigen Blick auf das Schaufenster einer Bahnhofs-Buchhandlung gemessen werden kann.

Wir wissen und mutmaßen vielleicht noch mehr, warum dieses wunderbar begabte Volk zu Grunde ging. Die soziale Moral wurde eine außerordentlich laxe; die Ehe wurde unmodern, und man vermied sie; viele der ehrgeizigen und gebildeten Frauen wurden ausgesprochene Kurtisanen und folglich unfruchtbar, während die Mütter der heranwachsenden Bevölkerung aus einer heterogenen Klasse stammten. In einem kleinen Küstenlande, wo Ein- und Auswanderung ständig vor sich gehen und wo die Sitten so ausschweifend sind, wie in der Zeit Griechenlands, von der ich jetzt spreche, muß die Reinheit der Rasse notwendig schwinden. Es kann uns daher nicht verwundern, wenn es auch ein schweres Unglück für die Menschheit ist, daß die hohe athenische Zucht abnahm und zuletzt verschwand, denn hätte sich dieses Volk auf seiner ausgezeichneten Höhe gehalten, hätte es sich vermehrt und über große Gegenden verbreitet, also inferiore Völker verdrängt (was es leicht hätte tun können, da es von Natur aus sehr fruchtbar war), so hätte es auch sicherlich für die menschliche Kultur vorteilhafte Resultate erreicht und zwar in einem Grade, der heute selbst die Kraft unserer Einbildungskraft übersteigt.

Wenn wir die Durchschnittsnorm unserer Rasse nur um einen Grad erhöhen könnten, welche gewaltige Veränderungen würden wir damit erreichen! Die Anzahl der Menschen von natürlicher Begabung, ebenso die hervorragenden Menschen unserer Zeit würde notwendig mehr als zehnfach steigen, wie man aus der vierten Kolonne der Tafel auf Seite 33 ersehen kann; denn wir hätten 2423 solcher Menschen auf je eine Million, statt nur 233 wie heute; aber noch viel wichtiger für den Fortschritt der Kultur wäre der Zuwachs an Intelligenzen noch höherer Ordnung. Wir wissen, wie eng der Gang der Ereignisse von den Ideen einiger berühmter Menschen abhängt. Wenn die erstklassigen Menschen in den verschiedenen Gruppen nie geboren wären, selbst wenn nur jene unter ihnen, die ich infolge ihrer vererbten Begabung in diesem Buch behandelt habe, nicht existiert hätten, wäre auch die Welt etwas ganz anderes als sie ist. Nun zeigt uns unsere Tafel, daß die Anzahl dieser Menschen, die den höchsten Grad an Intelligenz repräsentieren, dann in einem noch viel grösseren Verhältnis anwüchsen, als diejenigen, von denen ich gesprochen habe; so würden die Menschen, die jetzt in der Klasse G. stehen, siebzehnmal an Zahl gewinnen, wenn die Durchschnittsfähigkeit des ganzen Volkes um einen einzelnen Grad stiege. Wir ersehen aus der Tafel, daß ganz England (natürlich im Durchschnitt der verschiedenen Jahre) nur sechs Menschen im Alter zwischen dreißig und achtzig zählt, deren natürliche Begabung die Klasse G. übersteigt; aber in einem Lande mit der gleichen Bevölkerung, dessen Durchschnitt um einen Grad höher wäre, gäbe es 82 solcher Männer, und in einem andern, dessen Durchschnitt um zwei Grade höher wäre (wie ich glaube, daß es bei den Athenern zwischen 530 und 430 vor Chr. der Fall war) nicht weniger als 1355. Es ist nicht unwahrscheinlich, daß ein so begabter Schlag auch imstande ist, sich zu halten, wie das richtig verstandene Beispiel der Athener genügend bewiesen hat und wie es auch durch das bewiesen wird, was ich über die Judges dargelegt habe, deren Fruchtbarkeit nicht zu bezweifeln ist, obgleich der Durchschnitt ihrer natürlichen Begabung F. ist oder 5½ Grad über unserem eigenen Durchschnitt und 3½ Grad über dem allgemeinen Durchschnitt der Athener.

Es scheint mir von höchster Wichtigkeit für die Wohlfahrt der künftigen Generationen, daß die durchschnittliche Fähigkeitsform der Gegenwart steigt. Die Zivilisation ist eine neue Bedingung, die durch den Lauf der Ereignisse den Menschen auferlegt wurde, genau so, wie in der Geschichte der geologischen Veränderungen kontinuierlich neue Bedingungen den verschiedenen Tierrassen auferlegt wurden. Sie bewirkten entweder eine Modifizierung der Natur dieser Rassen durch den Prozess der natürlichen Auslese, wenn nämlich die Veränderungen genügend langsam und die Rasse genügend geschmeidig war, oder die Zerstörung der Rasse, wenn die Veränderungen zu plötzlich oder die Rasse zu unnachgiebig war. Die Anzahl der menschlichen Rassen, die unter dem Druck der Anforderungen einer eindringenden Zivilisation zu Grunde gegangen sind, gibt uns eine furchtbare Lehre. Wahrscheinlich hat sich in keiner früheren Periode der

Welt die Zerstörung irgend welcher Tierrassen über so weite
Gebiet erstreckt und erfolgt nie mit so überraschender Schnelligkeit, als in unserer Zeit die Vernichtung der wilden Völker. Auf
dem nordamerikanischen Kontinent, auf den westindischen Inseln,
auf dem Kap der guten Hoffnung, in Australien, in Neu-Seeland,
in Van Diemensland wurden die Bewohner weiter Gegenden in
der kurzen Zeit von drei Jahrhunderten völlig hinweggerafft,
weniger durch den Druck einer kräftigeren Rasse, als infolge des
Einflusses einer Zivilisation, die sie nicht imstande waren zu ertragen, und auch wir, die vornehmsten Arbeiter am Werke dieser
Zivilisation beginnen uns unfähig zu zeigen, unserm eigenen Werk
die Stirne zu bieten. Die Bedürfnisse der Zentralisation, Kom-
munikation und Kultur verlangen mehr Gehirn und geistige Kraft,
als der Durchschnitt unseres Volkes besitzt. Wir haben ein
schreiendes Bedürfnis nach einem größeren Fonds an Fähigkeit·
in allen Lebensberufen; denn weder die Gruppen der Politiker,
der Philosophen, der Handwerker, noch der Arbeiter sind auf der
Höhe der modernen Komplexität ihrer verschiedenen Berufe.
Eine ausgebreitete Zivilisation wie die unsrige umfaßt mehr Interessen als die gewöhnlichen Politiker oder Philosophen unserer
gegenwärtigen Rasse zu umfassen imstande sind, und sie bean-
sprucht mehr intelligente Arbeit als unsere gewöhnlichen Handwerker und Arbeiter imstande sind zu verrichten. Unsere Rasse
ist überlastet, und sie scheint durch Anforderungen, die ihre Kräfte
übersteigen, in Degeneration hinuntergestoßen zu werden. Wenn
ihre Durchschnittsfähigkeit um ein oder zwei Grade stiege, würden unsere neuen Klassen F. und G. alle Angelegenheiten des
Staates zu Hause und auswärts erledigen und zwar ebenso leicht
als unsere jetzigen F. und G., wenn sie in der Stellung von großen
Landedelherren fähig sind die Geschäfte ihrer Einrichtungen und
der Pächterschaft zu führen. Ebenso wären in gleicher Weise alle
anderen Klassen zu der Leistungshöhe emporgehoben, die das
neunzehnte Jahrhundert verlangt, wenn die Durchschnittsnorm
der Rasse stiege.

Wenn die Härte des Kampfes ums Dasein für die Kräfte eines
Volkes nicht zu groß ist, so ist seine Wirksamkeit gesund und
erhaltend, im entgegengesetzten Fall ist sie totbringend; ein Beispiel dafür ist die dürftige, ärmliche Vegetation, die eine unsichere
Existenz nahe an die Sommerschnee-Grenze der Alpen führt
und etwas höher hinauf gänzlich verschwindet. Wir brauchen
so viel Rückgrat, als wir nur erlangen können, um den Ansturm

zu ertragen, dem wir von nun ab ausgesetzt sind und so gute Gehirne als nur möglich, um Maschinen zu ersinnen, die glatter und ungehinderter arbeiten, als dies heute der Fall ist. Wir können die Natur des Menschen bis zu einem gewissen Grade zu dem Niveau emporheben, das neue Bedingungen seiner Existenz fordert, und wir können auch bis zu einem gewissen Grade die Bedingungen seiner Natur anpassen. Es ist klar, daß beide Mächte in Bewegung gesetzt werden müssen, um seine Natur und die Bedingungen seiner Existenz in eine möglichst enge Harmonie zu bringen.

Je mehr sich die Welt mit Menschen füllt, umso verwickelter gestalten sich auch die Verhältnisse innerhalb der Gesellschaft. während die nomadische Tendenz, die sich noch bei den meisten Barbaren findet, diesen neuen Bedingungen unangemessen sein wird. Über den Grund der Unfähigkeit wilder Völker der Zivilisation gegenüber herrscht unter den Schriftstellern, die sich mit diesen Jäger- und Wandervölkern beschäftigen, eine ungewöhnliche Übereinstimmung. Sie erzählen uns, daß diese Völker bei der Berührung mit einer vorgeschrittenen Kolonisation unbedingt zu Grunde gehen. Sie sagen uns, daß die Arbeit dieser Menschen weder konstant noch regelmäßig ist; daß die Liebe zu einem unabhängigen Wanderleben sie hindert sich irgendwo zu einer Arbeit niederzulassen, außer für kurze Zeit, wenn die Not sie zwingt oder eine freundliche Behandlung sie ermutigt. Meadows erzählt, daß die Chinesen die barbarischen Völker an ihren Grenzen mit einer Phrase bezeichnen, die besagt: „Hin und her, nicht fest." Und von einer gewissen Evidenz des Beweises ist es auch, zu zeigen, wie tief Bohémiens-Gewohnheiten der einen oder andern Art in der Natur der Menschen liegen, die die meisten Teile der Erde bewohnen, die heute von der anglosächsischen und anderen zivilisierten Rassen besetzt sind. Glücklicherweise ist noch Platz für Abenteuer vorhanden, und ein Mann, der die Begierde eines abenteuerlichen schwärmerischen Geistes so stark werden fühlt, daß er ihr nicht widerstehen kann, kann noch einen legitimen Ausweg in den Kolonien, in der Armee oder an Bord eines Schiffes finden. Aber solch ein Geist ist im großen ganzen ein Erbstück, das mehr ungeduldige Rastlosigkeit und Flügelschlagen gegen Käfigstangen mit sich bringt, als Menschen von zivilisierterem Charakter leicht verstehen können, und er steht eigentlich im direkten Kampf gegen den modernen Teil unserer moralischen Natur. Ist ein Mensch ein reiner Nomade, so braucht er nur nomadisch zu leben, und sein Instinkt ist befriedigt; aber kein Engländer des neunzehnten Jahrhunderts ist ein reiner Nomade. Die meisten dieses Typus haben auch viele zivilisierte Begierden geerbt, die notwendig verkümmern, wenn sie ein Wanderleben führen, genau so wie die Wanderinstinkte verkümmern, wenn sie daheim bleiben. Folglich hat ihre Natur Bedürfnisse, die einander widersprechen und nie befriedigt werden können, außer durch den glücklichen Zufall einer ausnahmsweisen Verkettung von Umständen. Dieser Widerspruch ist eine ernstliche Kalamität, und wenn die Abenteuerlust in der Natur unserer Rasse bestimmt ist, auszusterben, so wird dies umsomehr zum Glücke der Menschheit beitragen. Die sozialen Anforderungen des englischen Lebens zerstören diese Lust ständig. Kein Mensch, der nur stoß- und ruckweise arbeitet, ist heutzutage imstande sein Leben zu erhalten; denn er hat keinerlei Chance im Wettkampf mit einem ständigen Arbeiter auszuhalten. Wenn seine Natur sich gegen die Monotonie, die tägliche Arbeit, empört, wird er verführt ins Wirtshaus zu gehen, unmäßig zu werden, vielleicht auch zur Wilddieberei und anderen ernsten Verbrechen; er verbannt sich selbst aus unseren Grenzen. Im ersteren Falle ist er unfähig, ebensoviele Kinder aufzuziehen, als Menschen mit häuslicheren und der Ehe geneigteren Gewohnheiten, im zweiten Falle geht sein Schlag für England ganz verloren. Durch diese ständige Vernichtung des Abenteurergeistes in unserer Rasse, wird der handwerksmäßige Teil unserer Bevölkerung langsam für seine Aufgabe erzogen, und die primären Qualitäten des typischen modernen englischen Arbeiters bilden schon das Gegenteil des Nomaden. Was sie jetzt sind, beschreibt Chadwick gut als „eine große Körperkraft, die unter dem Kommando eines ständig vorausschauenden Willens, einer geistigen Selbstgenügsamkeit, einer Unempfindlichkeit gegen äußere irrelevante Eindrücke steht, was ihnen die fortwährende Wiederholung einer ermüdenden Arbeit, die „ständig ist wie die Zeit", ermöglicht.

Es ist seltsam, wie unwichtig für die moderne Zivilisation die einst berühmten, wie Vollblutnormannen aussehenden Typen, geworden sind. Diese Gesichtsbildung, die wahrscheinlich bis zu einem gewissen Grade mit der spezifisch normannischen Form einer Abenteurernatur verbunden ist, ist für unsere Herrscher nicht mehr charakteristisch und findet sich nur noch selten unter

den Berühmtheiten unserer Zeit; man trifft diesen Typus jetzt häufiger unter den unbedeutenden Mitgliedern hochgeborener Familien und namentlich unter den weniger bemerkenswerten
Offizieren der Armee. Die modernen Führer auf allen Wegen,
die zu hervorragender Bedeutung führen, sind von gröberem und
robusterem Schlag, eine Tatsache, von der man sich leicht aus
einer Photographiensammlung überzeugen kann; sie sind weniger
ungestüm und reizbar, aber mit weit mehr Rauheit und wirklicher Kraft ausgestattet. Das gleiche findet man bei der deutschen Bevölkerung Österreichs, diese Menschen sind anscheinend
von viel besserer Rasse als die Preußen, die so unansehnlich sind,
daß es unangenehm ist von Wien nordwärts zu reisen und den
Unterschied zu beobachten; doch scheinen die Preußen größere
moralische und physische Ausdauer zu besitzen.

Noch weit fremder als der nomadische Habitus ist dem
Genius einer aufgeklärten Zivilisation die impulsive, unkontrol-
lierte Natur des Wilden. Ein zivilisierter Mensch muß tragen
und vorbeugen, seinem Geist müssen die Ansprüche des morgigen
Tages so klar gegenwärtig sein, als die des Augenblicks; des
Vergangenen wie des Gegenwärtigen. Unter den neuen Bedingungen, die die Zivilisation dem Menschen auferlegt, ist dies die
schwerste, und diese ist es auch, die es andern als Ausnahmena-
turen unter den Wilden unmöglich macht in der Zivilisation zu leben. Die Instinkte eines Wilden sind von bewunderungswürdiger
Übereinstimmung mit den Bedürfnissen seines Lebens, jeden Tag
ist er infolge vorübergehender Ursachen in Gefahr; er lebt von
der Hand in den Mund, in den Tag und für den Tag, ohne Sorge
für die Vergangenheit oder Fürsorge für die Zukunft; aber ein
solcher Instinkt ist im zivilisierten Leben durchaus ein Mangel. Der
halbgezähmte Wilde, der unfähig ist, sich mit mehr Gegenständen
zu beschäftigen als direkt vor ihm sind, begeht fortwährend
aus bloßer Ungeschicklichkeit und Unfähigkeit Handlungen, die
ihm später schweren Kummer und Verdruß bringen. Seinem un-
disziplinierten Sinn für moralische Perspektive scheinen die näheren Beweggründe stets unvergleichlich größer, als andere von der
gleichen Wichtigkeit, die aber entfernter sind; wenn er also dem
Reiz des Augenblicks nachgegeben hat und andererseits die bit-
teren Resultate ihm später bewußt werden, ist der Mann verdrießlich, und seine frühere Schwäche bereitet ihm Gewissens-

bisse. Es scheint kaum glaublich, daß er gestern getan hat, was
heute so verrückt, so ungerecht, so ungültig aussieht. Der neuge-
zähmte Barbar mit der impulsiven, unsteten Natur des Wilden ist
mehr als alle anderen Menschen vom Bewußtsein der Sünde
niedergedrückt, selbst wenn er das Glück hat mit einem besonders
edlen und liebevollen Gemüt ausgestattet zu sein.

Es ist nun eine richtige Behauptung und ein häufiges Thema
der Moralisten vieler Glaubenslehren, daß der Mensch, wie wir
ihn finden, mit einer unvollkommenen Natur geboren ist. Er hat
erhabene Bestrebungen, aber sein Gemüt hat Schwächen, die ihn
unfähig machen seine edleren Vorsätze in Taten umzusetzen.
Er sieht, daß eine gewisse Art von Handlungen seine Pflicht und
sein Heil wären, aber seine Neigungen sind niedrig und wankel-
mütig und stimmen nicht mit seinem besseren Urteil überein.
Die ganze moralische Natur des Menschen ist von Sünde befleckt,
und sie hindert ihn die Dinge zu tun, von denen er weiß, daß
sie recht sind.

Meine Erklärung dieser scheinbaren Anomalie ist von einem
wissenschaftlichen Standpunkt aus vollkommen befriedigend. Es
ist nicht mehr und nicht weniger, als die Entwicklung unserer
Natur, welche unter dem Gesetz von Darwins natürlicher Auslese oder infolge der Änderung der Sitten der Ahnen mit der
Entwicklung unserer moralischen Zivilisation noch nicht Schritt
gehalten hat. Der Mensch war gestern noch ein Barbar, und man kann nicht erwarten, daß die natürlichen Neigungen seiner Rasse sich schon seinem Fortschritt, der
neuesten Datums ist, angepaßt haben. Wir Menschen der gegenwärtigen Jahrhunderte, sind wie Tiere, die plötzlich unter neue
klimatische und Nahrungsbedingungen gesetzt sind, unsere Instinkte lassen uns unter den veränderten Verhältnissen in Stich.

Meine Theorie wird durch die Tatsache bestätigt, daß bei
Mitgliedern alter Kulturen eine derartige Inkonsequenz zwischen
ihrer Natur und ihren moralischen Bedürfnissen weniger fühlbar
ist als bei Menschen, die erst kürzlich von der Barbarei bekehrt
wurden. Das Gewissen eines Negers ist über seine eigene wilde
impulsive Natur entsetzt, und so wird sie von einem Missionar
leicht gerührt, aber es ist kaum möglich das Selbstbehagen eines
soliden Chinesen aufzuscheuchen.

Nach meiner Theorie besteht der Sinn der Erbsünde also nicht darin, daß der Mensch von einer hohen Stufe fiel, sondern daß er in moralischer Kultur raschere Fortschritte gemacht hat, als die Natur seiner Rasse folgen konnte. Meine Ansicht wird durch den Schluß bestärkt, der sich aus jeden der vielen von einander unabhängigen ethnologischen Untersuchungen ergibt, daß die menschliche Rasse anfangs gänzlich wild war und daß sie nach Myriaden von Jahren einer darauf folgenden Barbarei erst ganz kürzlich ihren Weg auf den Bahnen der Tugend und Zivilisation gefunden hat.

## Einflüsse der natürlichen Befähigung der Nationen.

Ehe wir von den Einflüssen sprechen, die die natürliche Befähigung und Intelligenz der Nationen und Rassen bewirken, muß ich den Leser bitten, sich klar zu machen, welche Gründe wir haben, solche Einflüsse zu erwarten. Wie weit stimmt es mit aller Analogie und Erscheinung überein zu erwarten, daß die Kontrolle über die Natur der zukünftigen Generationen ebenso stark in der Macht der lebenden ist, wie die Gesundheit und das Wohlergehen des Individuums in der Macht der Behüter seiner Jugend sind.

Wir sind außerordentlich unwissend über die Gründe, warum wir existieren, wir hegen bloß das Vertrauen, daß das individuelle Leben ein Teil eines größeren Systems ist, das eifrig vorwärts strebt, Zielen entgegen, die wir nur undeutlich sehen oder die uns auch völlig unbekannt sind. Verschiedene Affinitäten bringen dieses Gesamtsystem vorwärts; die Gefühle, die Intelligenzen, die Neigungen und die Begierden ungezählter Menschen, die ohne Aufhören einander auf der Bühne des Lebens folgen.

Nichts scheint einer Rasse einen heiligeren oder außerordentlicheren Charakter zuzuweisen, als den Familien oder Individuen, aus denen sie besteht. Wir wissen, wie wenig die Natur für das Leben der Individuen besorgt ist, wir haben gesehen, wie achtlos sie mit hervorragenden Familien umgeht, wie sie sich aufbauen, blühen und absterben, genau das gleiche kann man von Rassen und der Welt selbst sagen; ebenso durch Analogie, das gleiche für andere Schauplätze der Existenz annehmen, als dieser bestimmten Planeten einer der unzähligen Sonnen. Unsere Welt scheint sich bisher nur unter dem Einfluß gedankenloser Affinitäten entwickelt zu haben; aber schließlich ist der Mensch, der langsam zu einem intelligenten, menschlichen, fähigen Wesen heranwuchs, auf der Bühne des Lebens erschienen und hat die

Bedingungen tief verändert. Er ist bereits fähig geworden, für seine eigenen Interessen in einer unvergleichlich weitsichtigeren Weise zu sorgen, als in der alten prähistorischen Zeit der Barbarei und der Feuersteinmesser, cr. ist bereits fähig, nach der Erfahrung der Vergangenheit zu handeln, sich eng mit entfernten Gefährten zu verbinden und sich für zukünftige Bedürfnisse einzurichten, die ihm nur infolge seiner Intelligenz bekannt sind, lange ehe er ihren Druck fühlt. Er hat einen großen Teil von Zivilisation und Hygiene eingeführt, die in einem ungeheuren Grade sein eignes Wohlergehen und das seiner Kinder beeinflussen; es bleibt ihm noch übrig, andere Kräfte in Bewegung zu bringen, die andere natürliche Gaben seiner Rasse zur Geltung bringen sollen.

Es hätte keinen praktischen nützlichen Zweck, wenn ich die Resultate besprechen wollte, die für die Bevölkerung stattfinden könnten, wenn wir uns wieder sozialen Einrichtungen zuwendeten, wie sie in Sparta existierten. Sie sind für das moderne Gefühl so fremd und abstoßend, daß es nutzlos ist, irgend etwas über sie zu sagen. Ich werde also meine Bemerkungen völlig auf Wirksamkeiten beschränken, die schon jetzt tätig sind und über die man ohne Zögern sprechen kann.

Ich werde Gelegenheit haben zu zeigen, daß gewisse Einflüsse das durchschnittliche Heiratsalter verzögern, während andere es beschleunigen, und der allgemeine Charakter meiner Argumentation wird beweisen, daß auf die Durchschnittsfähigkeit einer Rasse mittels dieser Einflüsse eine ungeheure Wirkung erzielt werden kann. Ich werde zeigen, daß die weiseste Staatskunst die ist, welche dahin arbeitet, das durchschnittliche Heiratsalter unter den schwächlichen Klassen zurückzuhalten und es unter den kräftigen zu beschleunigen; während zu unserem Unglück der Einfluß zahlreicher sozialer Wirksamkeit streng und verderblich nach der genau entgegengesetzten Seite wirkt.

Eine Schätzung der Resultate des durchschnittlichen Heiratsalters auf das Wachstum irgend einer Abteilung einer Nation ist daher der erste Gegenstand, der eine Untersuchung erheischt. Jeder Mensch ist bereit, einzuräumen, daß wir hier mit einem Element zu tun haben, das sicherlich irgend ein fühlbares Resultat hervorbringt, aber nur wenige werden die wirkliche Bedeutung dieses Elements vorwegnehmen oder geneigt sein zu glauben, daß seine Resultate einen so starken und unwiderstehlichen Einfluß auf die natürliche Befähigung eines Volkes haben, als ich imstande bin zu zeigen.

Das durchschnittliche Heiratsalter beeinflußt die Bevölkerung in dreifacher Beziehung. Erstens haben diejenigen, die jung heiraten, größere Familien, zweitens produzieren sie in einer gegebenen Zeit mehr Generationen, das Wachstum einer fruchtbaren Rasse, die sich „geometrisch" vermehrt, wie es tatsächlich der Fall ist, würde daher am Ende einer langen Periode durch die Gewohnheit früher Heiraten stark gefördert sein, und drittens leben unter jenen Rassen, die früh heiraten, mehr Generationen nebeneinander.

Um das Gesamtresultat dieser drei Einflüsse zu erklären, wird es das beste sein, zwei Beispiele zu wählen, die stark, aber nicht außergewöhnlich auseinanderliegen. Nehmen wir zwei Männer an, M und N, jeder etwa 22 Jahre alt, von denen also jeder Aussichten hat, bis zum Alter von 55 Jahren oder noch 33 Jahre zu leben; und setzen wir weiter voraus, daß M sogleich heiratet und daß seine Nachkommen, wenn sie das gleiche Alter erreichen, das Gleiche tun; daß aber N wartet, bis er Geld aufgespeichert hat und daß er erst mit 33 Jahren heiratet, d. h. also 11 Jahre später als M und daß seine Nachkommen seinem Beispiele folgen. Machen wir weiter die beiden sehr gemäßigten Voraussetzungen, daß die frühen Heiraten des Geschlechtes N in der nächsten Generation in einem Zuwachs von $1\frac{1}{2}$ zum Ausdruck kommen und ebenso in der Produktion von $3\frac{3}{4}$ Generationen in einem Jahrhundert, während die späten Heiraten des Geschlechts N in der nächsten Generation nur in einem Zuwachs von $1\frac{1}{4}$ zum Ausdruck kommen und in $2\frac{1}{2}$ Generationen in einem Jahrhundert.

Man wird finden, daß ein Zuwachs von $1\frac{1}{2}$ in jeder Generation, der sich im Verlaufe von $3\frac{3}{4}$ Generationen nach dem Prinzip der Zinseszinsrechnungen anhäuft, etwas mehr als $^{18}/_4$ des Originalbetrags ausmacht, während ein Zuwachs von $1\frac{1}{4}$ im Verlaufe von $2\frac{1}{2}$ Generationen kaum so viel als $^{7}/_4$ des ursprünglichen Betrages ausmacht. Folglich wird der Zuwachs des Geschlechts M am Ende eines Jahrhunderts im Verhältnis von 18 zu 7 größer sein als der des Geschlechts N, d. h. es wird mehr als $2\frac{1}{2}$ so groß sein. In zwei Jahrhunderten wird die Nachkommenschaft von M sechsmal und in drei Jahrhunderten 15mal so groß sein als die von N.

Die Proportion, in der die Nachkommenschaft von M zu ir-

gend einer Zeit zu der Gesamtzahl der lebenden Bevölkerung
steht, ist noch viel größer als jene, da die Zahl der gleichzeitig
lebenden Generationen von M größer ist als die Nachkommenschaft von N. Der Leser wird keinerlei Schwierigkeiten
in der Schätzung der Resultate dieser Bedingungen finden,
wenn er damit anfängt, die Kinder und alle anderen Personen unter 22 Jahren wegzulassen, und wenn er auch
noch die weitere Voraussetzung macht, daß die Bevölkerung in
den folgenden Generationen in ihrer Anzahl stationär bleibt. Wir
sind in dem Falle von M dahin übereingekommen, 3¾ Generationen einem Jahrhundert zuzurechnen, was gegen 27 Jahre
pro Generation ergibt; denn, wenn einer aus diesem Geschlecht
22 Jahre alt ist, wird sein Vater (im Durchschnitt von vielen
Fällen) um 27 Jahre älter oder 49 Jahre alt sein; und wenn der
Vater bis zu 55 Jahren lebt, wird er das Eintreten des Sohnes
in das Mannesalter um 6 Jahre überleben. Folglich werden sich
während der 27 Jahre, die zwischen zwei Generationen liegen,
ein reifes Leben während der ganzen Periode und ein anderes
reifes Leben während des Zeitraums von 6 Jahren finden, was
für die Totalsumme an reifem Leben für das Geschlecht M eine
Zahl ergibt, die durch den Bruch $\dfrac{6 + 27}{27}$ oder $\dfrac{33}{27}$ ausgedrückt
werden kann. Das Diagramm stellt den Verlauf dreier einander
folgender Generationen des Geschlechts M dar; die mittlere Linie
bezieht sich auf jene des Individuums, von dem ich gerade sprach,
die obere ist die seines Vaters, die untere die seines Sohnes. Die
punktierte Linie bezeichnet die Lebenszeit vor dem 22sten Jahr,
die Doppellinie die Durchschnittszeit zwischen seinem zweiund-
zwanzigsten Jahr und der Geburt seines Sohnes; die dunkle
Linie ist der übrige Teil seines Lebens.

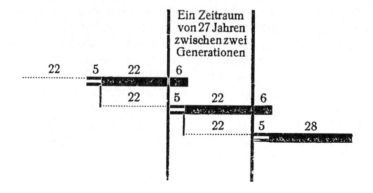

Andererseits wird ein Mann aus dem Geschlecht N, das nicht mehr als 2½ Generationen in einem Jahrhundert aufweist, wo also 40 Jahre auf eine einzelne Generation kommen, nicht das 22ste Lebensjahr (im Durchschnitt vieler Fälle) erreichen, ehe sein Vater stirbt, denn sein Vater wird 40 Jahre alt sein, wenn sein Sohn geboren wird und stirbt mit 55 Jahren, wenn der Sohn also erst 15 Jahre alt sein wird. Mit anderen Worten: in jeder Periode von $18 + 15 + 7$ oder 40 Jahren werden Männer reifen Alters aus dem Geschlecht N nur $18 + 15$ oder 33 Jahre leben, so daß die Totalsumme reifen Lebens des Geschlechtes N durch den Bruch $^{33}/_{40}$ ausgedrückt werden kann.

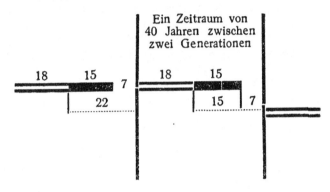

Daraus folgt, daß die relative Bevölkerung, die aus den Geschlechtern M und N hervorgeht, sich wie $^{33}/_{27}$ zu $^{33}/_{40}$ oder wie 40 zu 27[*]) verhält, was nahezu 5 zu 3 bedeutet.

Wir haben aus Bequemlichkeit unsere Rechnung unter der Voraussetzung gemacht, daß die Bevölkerung stationär bleibt, aber die Resultate unserer Berechnungen werden in allen Fällen der Wahrheit nahekommen. Denn wenn die Bevölkerung wächst, wird die größere Anzahl lebender Nachkommen der verringerten Anzahl lebender Vorfahren das Gegengewicht halten, und das Gegenteil wird eintreten, wenn die Bevölkerung abnimmt.

Kombinieren wir das obige Verhältnis von 5 zu 3 mit dem vorhin erhaltenen, so folgt daraus, daß am Ende eines Jahrhunderts von der Zeit ab gerechnet, wo die Geschlechter M und N mit der gleichen Anzahl anfingen, die Proportion des Ge-

---

[*]) Eine kurze Betrachtung des Diagramms wird zeigen, daß die fragliche Proportion unbedingt im umgekehrten Verhältnis zu den Intervallen zwischen den Generationen stehen wird, die im gegenwärtigen Falle 27 und 40 Jahre betragen.

schlechtes M an reifen Männern viermal so groß sein wird, als
jene des Geschlechtes N, zehnmal so groß nach Verlauf von
zweihundert und nicht weniger als sechsundzwanzigmal so groß
am Ende von drei Jahrhunderten.

Ich hoffe, der Leser wird den schweren Urteilsspruch realisieren, den diese Ziffern gegen alle Gruppen fruchtbarer Rassen
aussprechen, in denen es Sitte ist, die Ehe über das mittlere Alter
hinauszuschieben. Es ist eine Maxime von Malthus, daß die
Periode der Ehe hinausgeschoben werden soll, damit nicht die
Erde von einer Bevölkerung überschwemmt wird, für die an der
großen Tafel der Natur kein Platz ist. Wenn diese Doktrin alle
Klassen in gleicher Weise beeinflussen würde, würde ich an dieser
Stelle nichts darüber in der einen oder anderen Weise zu sagen
haben, denn sie würde kaum den Gegenstand berühren, mit dem
dieses Buch sich beschäftigt, aber da sie als Regel angeboten
wird, nach welcher sich der verständige Teil der Menschheit
richten soll, während der unverständige notwendig die Freiheit
hat, diese Regel zu mißachten, zögere ich nicht zu sagen, daß diese
Regel für die Rasse von großem Nachteil ist. Ihre Folge würde
sein, daß die Gruppe der Verständigen nach wenigen Jahrhunderten zu einer fast unglaublich geringen Anzahl gegenüber
den Unverständigen zusammenschmelzen würde. Diese Doktrin
könnte also den äußersten Ruin über den Menschenschlag einer
Gegend bringen, wo sie vorherrschen würde. Ich protestiere dagegen, daß man die befähigten Geschlechter in dieser Weise ermutigt, sich vom Kampf ums Dasein abzuwenden. Es mag furchtbar erscheinen, daß die Schwachen von den Starken zermalmt
werden sollen, aber es ist noch viel furchtbarer, daß die Geschlechter, die am tauglichsten sind, ihre Rolle auf der Bühne
des Lebens zu spielen von den Untauglichen, Kränklichen und
Verzweifelten majorisiert werden sollen.

In vielen fernen Jahren wird vielleicht einmal die Zeit
kommen, wo die Bevölkerung der Erde innerhalb der Grenzen
der Anzahl und Angemessenheit der Rassen so streng gehalten
sein wird, wie die Schafe auf einem wohlgeordneten Heideland
oder die Pflanzen in einem Treibhaus; bis dahin wollen wir tun,
was in unserer Macht steht, um die Multiplikation der Rassen
zu fördern, die am tauglichsten sind, eine hohe und edle Zivilisation zu erfinden und mit ihr übereinzustimmen; statt aus einem
irrigen Instinkt den Schwachen eine Stütze zu reichen, das Aufkommen kräftiger und frischer Individuen zu hindern.

Die lange Zeit des Mittelalters, die auf Europa gelastet hat, ist, glaube ich, in einem sehr beträchtlichen Grade auf das Zölibat zurückzuführen, das die religiösen Orden ihren Jüngern auferlegten. Die sozialen Bedingungen der Zeit waren derartig, daß, wenn immer ein Mann oder eine Frau eine vornehme Natur besaß, die sie zu Werken der Barmherzigkeit, zur Meditation, zu Literatur oder Kunst tauglich machte, sie keine andere Zuflucht als den Schoß der Kirche hatten. Aber die Kirche entschloß sich, das Zölibat zu predigen und streng zu verlangen. Die Folge war, daß diese vornehmen Naturen keine Nachkommenschaft hatten, und so brutalisierte die Kirche durch eine so merkwürdig unweise und selbstmörderische Politik, daß ich kaum ohne Ungeduld von ihr sprechen kann, den Schlag unserer Vorväter. Die Kirche handelte genau so, als wenn es ihr beliebt hätte, den rohesten Teil der Gemeinschaft allein zu Eltern der kommenden Generationen auszuwählen. Sie handhabte die Künste, die Züchter anwenden würden, die es lieben grausame, bösartige und stumpfe Naturen zu züchten. Kein Wunder, daß das Faustrecht jahrhundertelang über Europa herrschte, es ist eher ein Wunder, daß noch genug Gutes in den Adern der Europäer verblieb, um sie fähig zu machen, die jetzige noch recht mäßige Höhe natürlicher Moral zu erreichen.

Ein Rest dieses mönchischen Geistes haftet noch an unseren Universitäten, die zu jedem Menschen, der derartige intellektuelle Talente zeigt, daß es ein Vergnügen für sie sein müßte, ihn zu ehren, sagen: „Wir stellen dir ein Einkommen von hundert bis zweihundert Pfund jährlich zur Verfügung mit freier Wohnung und verschiedenen Vorteilen in Bezug auf Kost und Gesellschaft, wir geben dir das alles auf Grund deiner Befähigung. Nimm es und genieße es dein Lebelang, wenn du willst; wir legen dir keine anderen Bedingungen bezüglich der Fortdauer auf, als die eine, nämlich, daß du nicht heiratest."

Die Politik der religiösen Welt in Europa äußerte sich auch noch nach einer anderen Richtung und war hier von nicht weniger grausamen Folgen für die Natur der künftigen Geschlechter. Tausende von erstklassigen Denkern und Männern von politischen Fähigkeiten wurden auf das Schaffot gebracht oder lange Jahre ihres Mannesalters ins Gefängnis geworfen, oder sie mußten als Emigranten in andere Länder flüchten. In jedem dieser Fälle war der plötzliche Schlag für ihre übrigbleibende Nachkommenschaft sehr beträchtlich. So machte die Kirche, nachdem sie erst die vornehmen Naturen gefangen genommen und zum Zölibat verurteilt hatte, eine andere Bewegung mit ihrem ungeheuren Netz: diesesmal fischte sie im Trüben und fing jene, die die furchtlosesten Wahrheitssucher und in ihrer Art zu denken die Intelligentesten waren und daher die entsprechendsten Eltern einer hohen Zivilisation gewesen wären. Der Schlag, wenn es nicht eine direkte Unterbrechung war, den die Kirche der Nachkommenschaft dieser Leute versetzte, war hart, diejenigen aber, die sie bei solchen Gelegenheiten bewahrte, um die Generationen der Zukunft aufzuziehen, waren die Servilen, die Gleichgültigen und schließlich die Stumpfen. Ebenso wie sie, um meinen Ausdruck von vorhin zu widerholen, die menschliche Natur durch das System des Zölibats, dem sie die Vornehmen unterwarf, brutalisierte, demoralisierte sie sie durch ihr Verfolgungssystem der Intelligenten, Aufrichtigen und Freien. Es kann einem das Blut zum Wallen bringen, wenn man an den blinden Wahn denkt, der die ersten Nationen der kämpfenden Menschheit zu den Erben so haßerfüllter Ahnen gemacht hat und der unsere Instinkte so erzogen hat, daß sie sich noch jetzt in einem unnötig langandauernden Antagonismus zu den wichtigsten Forderungen einer stetig fortschreitenden Kultur befinden. Infolge dieser angeborenen Unvollkommenheit unserer Natur, in Bezug auf die Bedingungen, unter denen wir zu leben haben, sind wir selbst heute noch fast ebenso durch das Bewußtsein moralischer Unfähigkeit und Sünde gepeinigt, als es die ersten bekehrten Barbaren waren, und tauchen uns in einen halbunbewußten Selbstbetrug und Heuchelei als partiellen Zufluchtsort vor den Anforderungen dieser Zivilisation. Unsere anerkannten Leitsätze bleiben im Widerspruch mit unseren wirklichen Regeln, nach denen wir handeln, und wir führen ein Doppelleben von unfruchtbarer religiöser Sentimentalität und groben materialistischen Gewohnheiten.

Bis zu welcher Ausdehnung die europäischen Völker von Verfolgungen getroffen wurden, läßt sich leicht durch einige wohlbekannte statistische Tatsachen ermessen. So wurde das spanische Volk im Verlaufe der drei Jahrhunderte zwischen 1471 und 1781 jährlich um die Zahl von 1000 Personen an Freidenkern entblößt; da durchschnittlich pro Jahr 100 Personen hingerichtet und 900 während dieser Zeit eingesperrt wurden. Die tatsächlichen Daten aus diesen drei Jahrhunderten sprechen von 32 000 auf Scheiterhaufen verbrannten Personen, von 17 000 en effigie

verbrannten (ich nehme an, daß die meisten von ihnen im Gefängnis starben oder aus Spanien entflohen), und von 291 000, die
zu Gefängnisstrafen von verschiedener Länge und anderen Bußen
verurteilt wurden. Es ist unmöglich, daß irgend ein Volk einer
solchen Politik Stand halten kann, ohne eine gewaltige Strafe in
der Verschlechterung seiner Nachkommenschaft zu zahlen, wie
es sich tatsächlich in dem Aufkommen des heutigen aber-
gläubischen unintelligenten spanischen Volkes zeigt.

Auch Italien wurde in früheren Zeiten von furchtbaren Verfolgungen heimgesucht. In der Diözese Como allein wurden viele
Jahre hindurch jährlich 1000 von den Inquisitoren verhört, und
300 wurden allein im Jahre 1416 verbrannt.

Die französischen Verfolgungen, bei denen die Engländer
einen großen Gewinn davontrugen, da die Flüchtlinge Industrielle
waren, waren von annähernd gleichem Umfange. Im sieb-
zehnten Jahrhundert gingen drei bis viertausend Protestanten
im Gefängnis, auf den Galeeren, bei ihren Fluchtversuchen und
auf dem Schafott zu Grunde. Die gleiche Anzahl wanderte aus.
In seinem bewunderungswürdigem Buch über die Hugenotten
beschreibt Smiles den Einfluß, den diese und die flämischen Emigranten auf England hatten, und zeigt klar, daß England ihnen fast
seine ganze industrielle Kunst und sehr viele der wertvollsten
wichtigsten Züge seiner modernen Bevölkerung verdankt. Frankreich hat noch eine andere Emigration von annähernder Wichtigkeit, aber ganz verschiedener Wirkung durchgemacht, nämlich
die Emigration der Revolution von 1789. Es ist sehr lehrreich,
die Resultate dieser beiden Auswanderungen miteinander zu vergleichen. Die protestantischen Emigranten waren befähigte
Menschen und haben zur guten Hälfte einen tiefen Einfluß auf
unsere Nachkommenschaft und unsere Geschichte gehabt. Andererseits waren die politischen Flüchtlinge durchschnittlich von
geringerer Kraft und haben kaum einige Spuren hinterlassen.

Es ist sehr bemerkenswert, ein wie großer Teil hervorragender Männer aus allen Gegenden fremde Namen tragen und
Kinder von politischen Flüchtlingen sind, von Männern, die wohl
qualifiziert waren, wertvolle Eigentümlichkeiten des Blutes einzuführen. Wir können nicht umhin über das ruhmvolle Schicksal eines Landes nachzudenken, das viele Generationen hindurch
die Politik aufrecht hielt, hervorragend wünschenswerte Flüchtlinge, aber keine andern, anzuziehen, und ihre Siedelung und die
Naturalisation ihrer Kinder zu befürworten.

Kein Land hat mehr Emigranten ziehen lassen als England,
aber ich bin mir nicht im Klaren, ob es bisher im ganzen bei
diesem Verfahren gewonnen oder verloren hat. Ohne Zweifel hat
es eine große Anzahl Familien von vollgiltigem Wert, namentlich Arbeiter und Handwerker verloren; aber als Regel gilt, daß
die fähigsten Menschen nicht zur Auswanderung neigen, sie fühlen
daß ihr Schicksal zu Hause gesichert ist, und obgleich ihr Aben-
teurergeist überwältigend stark ist, ziehen sie es doch vor, in
der hochintellektuellen und moralischen Atmosphäre der intelli-
genteren Kreise der englischen Gesellschaft zu leben, als sich in
die Selbstverbannung unter Menschen von insgesamt niedrigerem
Niveau des Geistes und der Interessen zu begeben. England hat
sich sicherlich durch Emigration einen guten Teil des Auswurfs
seiner Bevölkerung vom Halse geschaffen. Es hat einen Ausweg
für Abenteuer und Bohémiens-Naturen gefunden, die sich ausgezeichnet zur Kolonisierung eines neuen Lebens eignen, die man
aber in alten Zivilisationen nicht braucht, und ebenso wurde es
von einer großen Anzahl ungestümer Radikaler und dergleichen
befreit, Menschen, die entschieden befähigt, aber durchaus nicht
hervorragend sind und deren Eifer, Selbstvertrauen und Unehr-
erbietigkeit ihre anderen Eigenschaften bei weitem überwiegen.

Der starke Aufstieg neuer Kolonien und der Verfall alter Zivilisationen ist, glaube ich, hauptsächlich auf ihre respektiven
sozialen Faktoren zurückzuführen, die in dem einen Falle die Ehen
innerhalb des tauglichsten Menschenschlags fördern und sie in
anderen Falle hindern. In einer jungen Kolonie ist ein starker
Arm und ein unternehmender Kopf das bestangemessene Glück
für einen verheirateten Mann, und da andererseits wenig Frauen
vorhanden sind, haben die inferioren Männer auch wenig Wahrscheinlichkeit zu heiraten. In einer alten Zivilisation sind die
Faktoren komplizierter. Unter den aktiven ehrgeizigen Klassen
haben nur die Erben von Vermögen die Wahrscheinlichkeit früh
zu heiraten. Auf Widerstand stoßen namentlich die Männer der
Klassen C. D. und E. — ich meine jene, deren zukünftiges Schicksal
durch nichts, als ein gut Teil Selbstverleugnung und Mühe gesichert ist. Es ist fast unmöglich, für sie guten Erfolg zu haben
und in der Gesellschaft hoch emporzusteigen, wenn sie sich schon
in frühem Mannesalter an eine Frau fesseln. Die Männer der
Klassen F. und G. sind unabhängiger, aber sie sind nicht annähernd so zahlreich, ihre Nachkommenschaft hat also, obgleich
sie wesentlich wertvoller ist als die von E. oder D., viel weniger

Einfluß als jene auf die Norm der Nation im allgemeinen. Aber selbst wenn die Männer aus den Klassen F. und G. jung heiraten und schließlich ihr Glück machen und Würden oder hohe soziale Stellungen erlangen, werden sie von dem Ehrgeiz infiziert, der in allen alten Zivilisationen im Schwange ist, Familien zu gründen. Die Resultate dieses Übels habe ich bereits beschrieben, als ich von den Ehen der ältesten Söhne mit Erbinnen und der Unterdrückung der Ehen der jüngeren Söhne sprach. Überdies herrscht gerade unter den besten Männern des Landes die Tendenz, sich in der Hauptstadt festzusetzen, wo die Ehen weniger fruchtbar sind und die Kinder weniger Wahrscheinlichkeit haben am Leben zu bleiben. Infolge dieser verschiedenen Ursachen ist in einer alten Zivilisation die Fruchtbarkeit der befähigteren Klassen beständigen Hemmungen ausgesetzt, während die Unbedachtsamen und Nichtehrgeizigen am meisten Nachkommenschaft aufziehen. So verschlechtert sich die Rasse allmählich, wird in jeder folgenden Generation für eine hohe Zivilisation weniger tauglich, obgleich sie deren äußeren Anschein behält, bis die Zeit kommt, wo der ganze soziale und politische Bau einstürzt, und ein größerer oder geringerer Rückfall in die Barbarei stattfindet, während welcher Zeit die Rasse vielleicht fähig ist ihre Spannkraft wiederzugewinnen.

Die beste Form der Zivilsisation in bezug auf den Fortschritt der Rasse, wäre eine solche, in der das Leben nicht kostspielig wäre; wo das Einkommen hauptsächlich aus Berufsquellen und nicht aus Erbschaften herkäme, wo jeder Knabe eine günstige Gelegenheit hätte seine Fähigkeiten zu zeigen und wenn er eine hohe Begabung hätte, durch die liberale Hilfe von Stipendien und Stiftungen, die er in früher Jugend erlangt hätte, in den Stand gebracht wäre, eine erstklassige Ausbildung und Eintritt in das Berufsleben zu erlangen, wo die Ehe so hoch in Ehren gehalten wäre, wie es bei den alten Juden der Fall war und wo der Stolz auf die Rasse ermutigt würde (ich meine natürlich nicht das unsinnige Gefühl, das heute unter diesem Namen geht), wo der Schwache freundliche Aufnahme und Zuflucht in zölibaten Klöstern oder Schwesternschaften fände und wo schließlich die bessere Sorte von Emigranten und Flüchtlingen aus anderen Ländern eingeladen und bewillkommet und ihre Kinder naturalisiert würden.

# Allgemeine Betrachtungen

Alle modernen Physiologen legen überzeugend dar, daß das Leben jeder Pflanze und jedes Tieres aus einer ungeheuren Anzahl subordinierter Leben aufgebaut ist, daß jeder Organismus aus einer Anzahl elementarer Teile besteht, die bis zu einem großen Ausmaße von einander unabhängig sind, daß jedes Organ sein eigenes Leben oder seine Autonomie hat und sich von anderen Geweben unabhängig entwickeln und reproduzieren kann (s. Darwin, Domestikation von Pflanzen und Tieren, S. 368/69). So wird das Wort „Mensch", wenn es richtig verstanden ist, ein Eigenname für eine Menge, denn er setzt sich aus Millionen, vielleicht aus Billionen von Zellen zusammen, von denen jede ein bis zu einem gewissen Grade unabhängiges Leben besitzt und der Schöpfer anderer Zellen ist. Er ist ein bewußtes Ganzes, das aus den zusammengesetzten Faktoren eines Schwarms gebildet ist, welcher sich aus, wie uns scheint, unbewußten oder kaum bewußten Elementen bildet.

In seiner bemerkenswerten Theorie der Pangenesis kommt Darwin von diesem Ausgangspunkt zu zwei gewaltigen Schlüssen. Er setzt erstens voraus, daß jede Zelle, die selbstverständlich ihre individuellen Eigentümlichkeiten hat, ihrer Art eng entsprechend zeugt, indem sie unzählige Keime oder „gemmules", wie er sagt, verstreut, die im Blut zirkulieren und sich hier vermehren; in diesem Anfangsstadium verbleiben sie, bis sie fähig sind sich zu mehr oder weniger vollkommenen Geweben zu fixieren, worauf sie sich zu regulären Zellen entwickeln. Zweitens macht er die Voraussetzung, daß die Keime bei der Wahl ihrer Anhaltspunkte einzig von ihren respektiven Affinitäten gelenkt werden und daß folglich die wunderbare Struktur der lebenden Form sich unter dem Einfluß zahlloser blinder Affinitäten und nicht unter dem einer zentralen kontrollierenden Macht aufbaut.

Diese Theorie, die von Darwin als eine „provisorische" vorgeschlagen wird, und die sich eingestandenermaßen bis zu einem gewissen Grade auf bloße Hypothesen und sehr stark auf Analogien stützt, ist — ob sie nun richtig oder falsch ist — von ungeheurem Vorteil für jene, welche die Gesetze der Vererbung suchen. Sie gibt einen Schlüssel zu allen bisher verschlossenen Schranken für unser Verständnis der Natur der Vererbung, sie vereinigt die mannigfaltigen Formen der Reproduktion, die man in den weiten Reihen des organischen Lebens trifft, in den Kreis eines besonders einfachen Gesetzes, und sie bringt alle diese Formen der Reproduktion unter die gleichen Gesetze, die das gewöhnliche Wachstum jedes Individuums beherrschen. Es ist daher sehr ratsam, die Tatsachen der vererbten Anlagen von dem Gesichtspunkt aus zu betrachten, den die Pangenesis uns gibt, und ich will trachten den Leser dahin zu bringen, indem ich der Reihe nach von Typen, von Naturspielen, von Stabilität, Variation und Individualität sprechen werde.

# Typen.

Jeder Typus in einem lebenden Wesen läßt sich mit den typischen Erscheinungen vergleichen, die man in verschiedenen Beschreibungen von Ansammlungen findet. Es ist richtig, daß das Leben eines Tieres bewußt ist und die Elemente, aus denen es zusammengesetzt ist, scheinbar unbewußt sind, während im Falle des korporativen Daseins einer Gruppe von Menschen das Gegenteil stattfindet. Nichtsdestoweniger wird uns diese Analogie von beträchtlicher Hilfe zum klaren Verständnis der Gesetze der Vererbung sein, ohne uns bei der Art, in welcher ich sie vorschlage, irre zu führen. Die Ansammlungen, die ich im Auge habe, sind solche, die von keiner zentralen Autorität geleitet werden und die ihre typischen Erscheinungen durch die freien Handlungen der Individuen, aus denen sie sich zusammensetzen, angenommen haben, wobei also jedermann von seinem unmittelbaren Interesse geleitet wurde und seinen Platz einzig unter dem Einfluß einer wählenden Affinität zu seinen Nachbarn gefunden hat. Ein kleiner aufblühender Badeort ist für unsern Zweck eine ebenso gute Illustration als irgend ein anderes Ding. Es ist oft kaum möglich, seinem Ursprung nachzu gehen. Zwei oder drei Häuser werden vielleicht zu Privatzwecken gebaut, sie werden zufällig leer; Ausflügler sehen und mieten sie, sie rühmen die Lage und beleben die Nachfrage nach weiteren Wohnungen. Andere Häuser werden gebaut, um dem Bedürfnis entgegenzukommen; die Folge ist ein Wirtshaus, Bäcker- und Schlachterwagen erscheinen täglich, der Postbote und so weiter. Dann ist das Dorf im Aufschwung, und Kaufläden beginnen sich zu etablieren, junge Handwerker und andere wandernde „gemmules" der englischen Bevölkerung, die auf der Suche nach einem Ort sind, wo sie sich vorteilhaft niederlassen können, kommen dazu, und so wird jede neue günstige Gelegenheit ergriffen und jede Öffnung gefüllt, sobald sie oder sehr bald nachdem sie existiert. Das allgemeine Resultat dieser rein selbsttätigen Affinitäten ist, daß die Badeorte einander merkwürdig ähnlich sind, selbst ehe noch ein spekulativer Baumeister sie betreten hat. Wir können voraussagen, welcher Art Kaufläden sich finden werden und an welcher Stelle, wir können selbst die Plakate und Waren prophezeien, die in den Fenstern liegen werden. Und so sehen wir, daß sie trotz zahlreicher individueller Eigentümlichkeiten von einer streng gegnerischen Identität sind.

Der Typus dieser Badeorte ist sicherlich ein dauerhafter, das menschliche Material, aus dem sie sich zusammensetzen, bleibt sich ähnlich und ebenso die Bedingungen, unter welchen sie existierten und die darin bestehen, die Bedürfnisse der durchschnittlichen englischen Ausflügler zu stillen. Daher wird der Badeort immer seiner Art entsprechend weiterhecken. Er wird das in der Weise tun, daß er nach dem Prinzip der Vermehrung durch Teilung einen Ausläufer ausscheiden wird oder er wird es wie die Polypen machen, von denen man auch ein Stück abschneiden kann, das von da ab ein unabhängiges Leben führt und sich zu einem vollständigen Tier auswächst. Oder, um sie mit Wesen einer höheren Lebensstufe zu vergleichen, zwei Badeorte, die durch einige Entfernung von einander getrennt sind, gewähren einander Material und Aushilfe zu einer dazwischen liegenden Lokalität.

Genau die gleichen Beobachtungen lassen sich über Fischerdörfer anstellen oder Fabrikstädte oder neue Niederlassungen in der Wildnis oder ein Lager von Goldgräbern; jedes von ihnen wird seiner Art entsprechend weiterhecken. Wenn wir uns mehr stationären Gesellschaftsordnungen zuwenden, als unsere eigene ist, werden wir zahlreiche Beispiele der reinsten Zucht finden, so unterscheidet sich ein Hottentottenkraal oder Dorf von heute durch gar nichts von denen, welche die ersten Reisenden beschrieben oder um einen unendlich größeren Sprung zu machen, die Kenntnisse, die wir den ältesten Malereien Ägyptens entnehmen, stimmen mit den Beobachtungen überein, die wir heute an den Nachkommen jener Völker machen, die die Malereien darstellen.

Betrachten wir jetzt die Natur der Hybriden. Setzen wir eine Stadt voraus, die unter dem Einfluß zweier anderer untereinander

verschiedener entsteht, etwa unter dem Einfluß eines Badeortes
und einer Fischerstadt. Was wird das Resultat sein? Diese
spezielle Kombination ist gewöhnlich günstig, da die verschiedenen Elemente in diesem Falle nicht interferieren, sondern einander eher unterstützen. Die Fischereiinteressen geben dem
Platz mehr Festigkeit als es die mehr ephemere Gegenwart von
Touristen allein vermag; das pittoreske Küstenleben ist gleichfalls eine Anziehung für Fremde, und die Fischer sorgen für ihre
Nahrung. Andererseits gibt der Badeort den Fischern mehr verschiedenartige Lebensbedingungen; die Fremden werden direkt
oder indirekt recht eigentlich mit Geldstrafen belegt für wohl-
tätige Zwecke, Straßen und dergleichen, und sie sind ihren Mit-
bürgern nicht unwillkommene Kunden.

Nehmen wir ein anderes Beispiel einer Hybride, das zu anderen Resultaten führt. Stellen wir uns einen unternehmenden
Fabrikanten in einer Stadt vor, die nicht weit entfernt von einem
beginnenden Badeorte liegt. Der Mann entdeckt die Vorteile der
dortigen Mineralien, Wasserkräfte oder Zugangsmöglichkeiten
und beschließt seine Fabrik dorthin zu verlegen. Wir können voraussagen, was mit großer Sicherheit eintreten wird: entweder der
Ort wird als Badeort verlassen werden oder der Fabrikant wird
in der einen oder anderen Weise entfernt werden. Die beiden
Elemente widersprechen einander. Der Schmutz, der Lärm und
die rohen Arbeiter einer Fabrik sind der Bevölkerung eines Badeortes nicht kongenial.

Die Moral, die ich im Auge habe, wird dem Leser klar
werden. Ich wünsche zu zeigen, daß, wenn ein wohlgebildeter
Mann in gutem Zustande eine ebensolche Frau heiratet und jeder
von ihnen in bezug auf seine natürlichen Gaben von reinem Blute
ist, daraus nicht schließlich folgen muß, daß eine hybride
Nachkommenschaft aus dieser Ehe entstehen wird.

## Naturspiele.

Ich will die gleiche Metapher noch fortsetzen, um zu erklären, wie augenscheinliche Naturspiele, wie das plötzliche Auftauchen eines Menschen von großen Fähigkeiten in einer gewöhnlichen Familie, ensteht. Darwin stellt in seiner Pangenesis-Theorie dar, daß „gemmules" von unzähliger Beschaffenheit, die sich von den Vorfahren ableiten, im Blut zirkulieren und sich Generation um Generation im Zustand von „gemmules" vermehren, ohne sich zu Zellen zu entwickeln, da andere antagonistische „gemmules" übermächtig sind und sie in dem Kampf um die Stützpunkte überwältigen. Jedes lebende Wesen hat also eine große Anzahl von Fähigkeiten, die niemals Ausdruck finden, und jedem sichtbar g e w o r d e n e n Element stehen zahllose l a t e n t e gegenüber. Der Charakter eines Menschen ist völlig aus jenen „gemmules" gebildet, denen es gelungen ist, sich einen Stützpunkt zu erringen; die anderen sind durch ihre Antagonisten überwältigt worden und gelten nicht; genau so wie die Politik einer Demokratie von der Majorität ihrer Bürger gemacht wird oder wie die parlamentarische Wahl irgend einer Ortschaft von den dominierenden politischen Ansichten der Wähler bestimmt wird: in beiden Fällen ist die abweichende Minorität machtlos. Stellen wir uns jedoch vor, daß infolge der sehr starken Vermehrung einer Wählerklasse, sagen wir der irischen Bevölkerung, die numerische Stärke der schwächeren Partei allmählich zunimmt, bis die Minorität die Majorität wird, so wird auch das politische Gleichgewicht einen plötzlichen Umschlag oder eine Revolution erfahren, und der Charakter des Wahlorts oder der Nation, wie er in den gemeinschaftlichen Handlungen zum Ausdruck kommt, wird sich völlig ändern. Diese Tatsache entspricht dem sogenannten Naturspiel. Um nun das Gleichnis noch mehr

unseren Bedürfnissen anzupassen, machen wir noch die weitere
Voraussetzung, daß zwei Wahlflecken, von denen jeder eine
starke Minorität irischen Elementes enthält, von denen der eine
stets einen Whig und der andere einen Konservativen gewählt
hat, durch irgend eine Veränderung des Wahlsystems zu einem
einzigen Wahlort verschmolzen werden. Es ist klar, daß der
Whig und der Konservative teilweise einander lähmen werden
und daß die Vereinigung der beiden irischen Minoritäten eine
starke Majorität zur Folge haben wird, so daß sicherlich
ein Vertreter der irischen Interessen gewählt wird. Dieser
Fall entspricht genau jenem, wo ein Sohn ausgesprochene Eigentümlichkeiten hat, die weder sein Vater noch seine Mutter in
einer freigewordenen Form besitzt.

Der dominierende Einfluß des reinen Blutes über Mischver-
bindungen wird ebenfalls durch das Gleichnis der beiden Wahlflecken verständlich; denn wenn jeder fertige und jeder an-
gehende Wähler in einem von ihnen, d. h. jedes Individuum männlichen Geschlechts, Männer und Kinder, eingefleischte Radikale
sind, so wird der Eintritt einer solchen kompakten Masse die
getrennten politischen Gruppen des andern Wahlfleckens, mit den
sie zusammengewürfelt wird, überwältigen.

Es ist nicht wertlos, diesen Gleichnissen nachzugehen, die
nach der Theorie der Pangenesis völlig statthaft sind. Denn sie
geben unseren Anschauungen über Vererbung eine beträchtliche
Genauigkeit und bringen Tatsachen, die auf den ersten Blick
anormal erscheinen, in eine verständliche Anordnung.

## Stabilität.

Ich gehe jetzt dazu über, zu erklären, was ich unter Stabilität der Typen verstehe und welcher Art die Veränderungen sind, durch welche ein Typus einen andern ermöglicht. Stabilität ist ein Wort, das wir der Sprache der Mechanik entnommen haben. Es scheint ein taugliches Wort zu sein. Sehen wir einmal zu, wie wir uns den Typus vorstellen müssen, wenn wir ihn auf mechanische Vorgänge anwenden. Darwin zeigt in seinem großen Werk „Die Entstehung der Arten", daß alle Formen des organischen Lebens in einem gewissen Sinne ineinander umwandelbar sind, denn alle stammen seiner Ansicht nach von gemeinsamen Vorfahren ab; wenn daher A und B von C abstammen, lassen sich die Abstammungslinien auch wieder von A zu C hinauf und von C zu B hinunterführen. Aber die Veränderungen sind keine unmerklichen Grade; es gibt viele, aber keine unendliche Anzahl von Zwischengliedern, welches ist nun das Gesetz der Kontinuität, das durch eine Serie sprunghafter Veränderungen befriedigt wird? Die mechanische Auffassung wäre die eines rauhen Steines, der infolge seiner Rauhigkeit eine große Anzahl natürlicher Flächen hat, so daß er auf jeder von ihnen in „stabilem" Gleichgewicht verharren kann. Damit ist gesagt, daß der Stein, wenn er gestoßen wird, ein wenig nachgeben wird, aber wieder in einem geringeren Grade nachgeben wird, wenn er stärker gestoßen wird; in beiden Fällen wird er, wenn der Druck zurückgezogen wird, in seine frühere Stellung zurückfallen. Wenn aber der Stein durch eine kräftige Anstrengung gezwungen wird, die Grenzen der Fläche zu überschreiten, auf der er bisher geruht hat, wird er in eine neue Gleichgewichtsstellung stürzen, so daß wieder das gleiche Verfahren wie vorher eingeschlagen werden muß, ehe er von der Stelle gerückt und eine kurze Strecke vor-

wärts gerollt werden kann. Die verschiedenen Stellungen
stabilen Gleichgewichts können als ebenso viele typische Hal-
tungen des Steines betrachtet werden, wobei die Typen halt-
barer werden, entsprechend der größeren Ausdehnung der
Grenzen seiner Stabilität. Wir sehen also klar, daß die Bewegungen des Steines keine Verletzung des Gesetzes der Kontinuität bedeuten, obgleich er nur in gewissen, weit voneinander
getrennten Stellungen beharren kann.

Gehen wir zu einem andern Gleichnis über, das einem kom-
plizierteren Kräftesystem entnommen ist. Wir wissen alle, wie
es ist, wenn man in die Mitte eines großen Haufens gedrängt
wird. Der Haufen kämpft, stößt und bewegt sich hin und her in
seinem Bestreben, sich einen Weg durch irgend einen schmalen
Durchgang zu bahnen. Eine Stauung entsteht, jeder Mensch in
dem Gedränge stößt, die Masse ist bewegt, aber es findet kein
Fortschritt statt. Wenn ein Mensch durch eine große Anstrengung diejenigen, die vor ihm stehen, um einige Zoll vorwärts
bringt, erfolgt sicherlich wieder ein Rückschlag, und der end-
liche Fortschritt fehlt. Schließlich läßt die Stauung durch irgend
eine zufällige Kräfteverbindung nach, es findet eine Vorwärts-
bewegung statt, die Elemente des Haufens zerfallen in Kombinationen von geringen Variationen, in wenigen Sekunden aber entsteht wieder eine andere Stauung, die nach einer Weile durch den
gleichen Prozeß behoben wird. Jede Bildung des Haufens, bei
der eine Stauung entstanden ist, ist eine Stellung von stabilem
Gleichgewicht und repräsentiert eine typische Haltung.

Man kann sich leicht eine allgemeine Idee von den Bedingungen des stabilen Gleichgewichts in der organischen Welt
machen, wo ein Element so mit einem andern verbunden ist, daß
eine ungeheure Anzahl unstabiler Kombinationen für jedes
existieren muß, das imstande ist, sich selbst Generationen um
Generationen unveränderlich zu erhalten.

## Variationen.

Ich gehe nunmehr zu einigen wenigen Bemerkungen, die individuelle Variation betreffend, über. Die pangenetische Theorie setzt voraus, daß die „gemmules", aus denen sich jede Zelle eines jeden Organismus entwickelt, sich aus zwei Ursachen ableiten lassen: einmal aus unveränderter und zweitens aus veränderter Vererbung. In seinem Werk „Variation der Tiere und Pflanzen unter dem Einfluß der Domestikation" zeigt Darwin klar, daß die individuelle Variation ein etwas wichtigerer Zug ist, als wir erwartet haben mögen. Es wäre eine interessante Untersuchung zu bestimmen, wie stark die Konstitution eines Menschen durchschnittlich auf die unveränderten Gaben entfernter Ahnen zurückzuführen ist und wie stark auf die Akkumulation individueller Variationen. Die pangenetische Theorie gibt ausgezeichnetes Material für mathematische Formeln an die Hand, deren Konstanten aus Durchschnitten von Tatsachen hergestellt werden könnten, gleich jenen in meinen Tafeln. Die Tatsachen müßten zu diesem Zwecke zusammengestellt werden, meine eigenen Daten sind hierzu zu unbestimmt. Die Durchschnitte müßten sich auf irgend ein einfaches physisches Charakteristikum beziehen, das in seiner Eigenschaft unmöglich zu Irrtümern führen kann und nicht den Zweifeln unterworfen ist, welche die Abschätzung von Fähigkeit mit sich bringen kann. Ich füge noch hinzu, daß wir nicht zu zögern brauchen, ob wir für diesen Zweck Durchschnitte gelten lassen sollen; denn die Bedeutung und der Wert eines Durchschnittes sind vollkommen klar. Er würde die Resultate unter der Voraussetzung repräsentieren, daß die wetteifernden „gemmules" von gleicher Fruchtbarkeit sind und ebenso daß das Verhältnis der durch individuelle Variation affizierten „gemmules" in allen Fällen konstant ist.

Die unmittelbare Konsequenz der pangenetischen Theorie ist einigermaßen überraschend. Sie scheint zu zeigen, daß ein Mensch völlig aus seinen eigenen und den E i g e n t ü m l i c h - k e i t e n seiner Ahnen aufgebaut ist und nur in einem unendlich geringen Grade aus charakteristischen Merkmalen besteht, die seit außerordentlich langen Zeiten in unveränderter Form weitergegeben werden. Daraus würde folgen, daß bei einem längeren Zeitabschnitt konstanter Bedingungen wenig oder nichts daran gelegen wäre, welches die charakteristischen Merkmale der ersten Vorfahren einer Rasse waren, da, der Typus immer konstant vorausgesetzt, die Nachkommenschaft unfehlbar von den Vorfahren neueren Datums gestaltet würde.

Der Grund, den ich eben dargelegt habe, ist leicht zu verstehen, wenn einfache, obgleich unwahrscheinliche Ziffern zur Illustration dienen. Stellen wir uns vor, um ein sehr einfaches zahlenmäßiges Beispiel zu nehmen, daß ein Kind ein Zehntel seiner Natur infolge individueller Variation erworben hat und die übrigen neun Zehntel von seinen Eltern geerbt hat. Daraus folgt, daß seine beiden Eltern nur neun Zehntel von neun Zehnteln oder $\frac{81}{100}$ von den Großeltern des Kindes, $\frac{729}{1000}$ von den Urgroßeltern des Kindes usw. als Erbe weitergegeben haben. Der Zähler des Bruchs wächst mit jeder folgenden Stufe weniger rasch als der Nenner, bis wir zu einem verschwindenden Wert des Bruches gelangen.*)

---

¹) Die Formel ist wie folgt:

$G$ = der Totalanzahl der „gemmules"; die durch die Reihe der Vorfahren unveränderten weitergegebenen = $Gr$, die übrigen = $G(1-r)$ würden sich durch individuelle Variation ändern.

| | Von den Eltern unverändert abgeleitet | Modifiziert durch individuelle Variation |
|---|---|---|
| Dann bestehen die „gemmules" eines jeden Individuums aus | $Gr$   $+$ | $G(1-r)$ |
| Der Teil $Gr$, der sich von den Eltern herleitet, besteht gleichfalls aus zwei Teilen; nämlich | $Gr^2$   $+$ | $Gr(1-r) = G(r-r^2)$ |
| Der Teil $Gr^2$, der sich von den Großeltern herleitet, ist zusammengesetzt aus | $Gr^3$   $+$ | $Gr^2(1-r) = G(r^2-r^3)$ |
| Dieser von der n-ten aufsteigenden Generationen hergeleitete Teil setzt sich zusammen aus | $Gr^{n+1}$   $+$ | $Gr(r^{n-1}-r^n)$ $= G(r^n-r^n+1)$ |

Der Teil, den das Kind in unveränderter Form von all seinen Ahnen über den fünfzigsten Grad hinaus erben würde, würde nur ein Fünftausendstel seiner ganzen Natur ausmachen.

Ich sehe keine ernste Schwierigkeit, die einem Mathematiker im Wege stünden, eine kurze Formel aufzustellen, die nach der Pangenesis-Theorie die Zusammensetzung organischer Wesen nach ihren ererbten und individuellen Eigentümlichkeiten ausdrücken würde, und die uns, wenn einmal gewisse Konstanten festgesetzt würden, Mittel an die Hand gäben, die durchschnittliche Verteilung charakteristischer Merkmale einer großen Menge von Nachkommenschaft vorauszusagen, deren Vorfahren uns bekannt sind. Das Problem müßte nach dem folgenden Prinzip angepackt werden.

---

G besteht also aus $Gr^{n+1}$ unveränderten „gemmules", hergeleitet von jenen Generationen, die weiter zurückliegen als die $n^{te}$, $+$ G multipliziert mit der Summe der folgenden Serien, in der jedes Glied „gemmules" darstellt, die durch individuelle Variation modifiziert sind.

$$1 - r + (r - r^2) + (r^2 - r^3) + \text{ und } + (r^n - r^{n+1}) = 1 - r^{n+1}.$$

Da r ein Bruch ist, der kleiner als 1 ist, (in dem angenommenen Fall oben im Text betrug er $\frac{9}{10}$ und würde im allgemeinen sehr gering sein, aber ich habe keine Idee wie gering) vielleicht so gering als $\frac{999}{1000}$ oder eine Zahl, die der Einheit noch näher kommt, so würde der Wert von $r^{n+1}$ verschwinden, wenn n groß genug gewählt würde; in welchem Falle das Individuum als ganz von „gemmules" abgeleitet betrachtet werden kann, die durch individuelle Variationen nach der $n^{ten}$ Generation modifiziert wurden.

Man muß in Betracht ziehen, daß ich von Variationen innerhalb der Stabilitätsgrenzen der Rasse spreche und nicht von den Fällen, wo die Individuen Generation um Generation, wegen irgend einer Eigentümlichkeit ausgewählt werden. In diesem Falle müßte ein neues Element eingesetzt werden, insofern als der durchschnittliche Wert von r nicht konstant sein kann. Im Verhältnis als die Abweichung von der mittleren Stabilitätsposition wächst, muß man vernünftigerweise annehmen, daß die Tendenz der individuellen Variation stärker zur angenommenen Position als von ihr wegführt. Die Behandlung all dieser Dinge scheint der Beherrschung durch die Analysis zugänglich, aber wir brauchen eine Tatsachensammlung wie Tierzüchter sie uns liefern könnten, um einige Schritte über die Region der reinen Hypothese hinaus zu gelangen.

Die Formel zeigt auch wie viel durchschnittlich in der Natur eines Menschen von einem gegebenen Ahnherrn ist, denn wenn wir den Vater erste Generation nennen, den Großvater die zweite und so weiter, so würde daraus folgen, da ein Mensch $2^n$ Vorfahren in der $n^{ten}$ Generation hat und da die Formel zeigt, daß er nur $Gr^n$ unveränderte „gemmules" von ihnen allen zusammen geerbt hat, daß der Teil, der in dieser Generation von jeder Person hergeleitet ist, soviel ausmacht als $\left(\frac{r}{2}\right)^n$.

Das durchschnittliche Verhältnis von „gemmules", die durch individuelle Variation unter verschiedenen der Geburt vorausgehenden Bedingungen modifiziert sind, läßt sich durch Beobachtung genau festlegen, während die Abweichungen von diesem Durchschnitt nach der Theorie des Wahrscheinlichkeitsgesetzes festgelegt werden können, auf das ich mich schon so häufig bezogen habe. In der gleichen Weise wäre die Proportion der anderen „gemmules" zu behandeln, die in einer unmodifizierten Form weitergegeben werden; denn die Kinder würden d u r c h - s c h n i t t l i c h die „gemmules" in der gleichen Proportion erben, wie bei ihren Eltern existierten; in jedem Kinde aber würde eine Abweichung von dem Durchschnitt stattfinden. Die Tafel auf S. 33 ist identisch mit dem speziellen Falle, wo zwei Formen von „gemmules" zu betrachten wären und wo sie in beiden Eltern in gleicher Anzahl existieren würden.

Wenn die Pangenesis-Theorie richtig ist, so könnte man nicht nur die durchschnittlichen Eigenschaften der Nachkommen der Gruppen A und B, A und C, A und D und jede andere Kombination voraussagen, sondern auch die Anzahl jener, die in verschiedenen Proportionen von diesen Durchschnitten abweichen würden. So müßte die Nachkommenschaft von F und A durchschnittlich so und so werden und solche Zahlen per Million aufweisen von Klasse A, B, C, D, E, F, G usw. Die latenten „gemmules" ließen sich in der gleichen Weise nach den freigewordenen charakteristischen Merkmalen vieler vorhergehender Generationen festlegen, und ebenso müßte sich die Tendenz zu Rückfällen in eine frühere Form gleichfalls berechnen lassen. Mit anderen Worten: die pangenetische Theorie bringt alle Einflüsse, die auf Vererbung Bezug haben, in eine Form, die geeignet ist, Gegenstand mathematischer Analyse zu werden.

# Individualität.

Ich füge zum Schluß noch einige Worte darüber hinzu, was ich unter dem Ausdruck „Individualität" verstanden haben möchte. Die künstliche Fischzucht ist so häufig in Büchern, Vorführungen und Vorträgen behandelt worden, daß jedermann mit dem Vorgang mehr oder weniger vertraut ist. Die dem Männchen entnommene „Milch" wird den Eiern, die das Weibchen deponiert hat, beigefügt, worauf diese ihr Ansehen rasch ändern und ohne irgend ein anderes Agens innerhalb eines jeden Eies die Entwicklung eines Fischembryos sich beobachten läßt. Die Eier können seit vielen Tagen von dem Weibchen getrennt sein und ebenso die Milch seit vielen Stunden von dem Männchen. Beide sind daher völlig abgelöste Teile organischer Materie, die ihre eigenen organischen Existenzen führen; aus den Verbindungen dieser Teile aber entsteht gleich oder sehr bald nach ihrer gegenseitigen Berührung individuelles Leben. Wo aber war dieses Leben während des langen Zeitraums, wo Milch und Roggen von den Fischeltern getrennt wurden? Wenn diese Substanzen in der Zwischenzeit im Besitze bewußter Leben gewesen sind, so wurden die beiden Leben durch den Prozeß in eine „Individualität" verschmolzen, was eine contradictio in adjecto wäre. Wenn keines bewußtes Leben hatte, so wurde das Bewußtsein durch eine Operation hervorgebracht, die unter menschlichem Einfluß stand. wie er nicht größer sein kann  Man kann auch nicht sagen, daß das Ei schon immer lebendig war und die Milch nur einen akzessorischen Einfluß hatte, denn die jungen Fische erben ihre charakteristischen Merkmale in gleicher Weise von beiden Eltern, und ebenso beweist eine große Anzahl anderer physiologischer Daten die Unhaltbarkeit dieser Hypothese. Daher ist

die Schöpfung neuen Lebens, so weit es sich um Fische handelt,
so uneingeschränkt im Bereich der menschlichen Kraft als die
Schöpfung irgend eines materiellen Produkts aus der Kombination
gegebener Elemente.

Setzen wir weiter voraus, der Fischzüchter habe in zwei
verschiedenen Gefäßen zwei Milcharten, die zwei verschiedenen
Lachsarten A und B angehören, und ebenso in zwei verschiedenen
Gefäßen zwei Arten von Eiern C und D. Dann kann er nach
seinem Belieben die beiden Fischsorten AC und BD oder die
beiden Fischsorten AD und BC entstehen lassen. Also nicht nur
die Schöpfung von Fischleben in einem allgemeinen Sinne, sondern auch die spezifischen Charaktere individuellen Lebens sind
uneingeschränkt in weiten Grenzen unter menschlicher Kontrolle.
Die Macht des Direktors eines Unternehmens für Fischzucht ist
von genau der gleichen Art als die einer Köchin in ihrer Küche.
Der Direktor und die Köchin brauchen beide gewisse Elemente
zur Bearbeitung; wenn sie sie aber einmal erhalten haben,
können sie je nach dem einen Fisch oder eine Mahlzeit nach
einem vorausbestimmten Modell anfertigen.

Physiologisch aber ist jede Zeugung der gleiche Prozeß,[*]
daher sind also die Betrachtungen, die darauf aufgebaut werden,
was an den Fischen vorgenommen wurde, auch in gleicher Weise
auf den Menschen anwendbar. Die gesamte menschliche Rasse
oder eine ihrer Varietäten kann ihre Anzahl durch ein System
früher Ehen unendlich erhöhen, oder sie kann sich durch Zölibat
gänzlich vernichten; sie kann mittels Wechselheiraten verschiedener Varietäten und Veränderungen in den Lebensbedingungen neue menschliche Formen einführen. Daraus folgt, daß
die menschliche Rasse einen starken Einfluß auf ihre eigenen
zukünftigen Formen der Aktivität ausüben kann, und zwar einen
weit stärkeren Einfluß als irgend ein Individuum über seine
eigenen je haben kann, denn die Freiheit der Individuen ist eng
durch den Energieaufwand begrenzt, den sie zur Ausübung ihres
Willens benötigen. Sie können mit einer Viehherde auf einer of-
fenen Wiese verglichen werden, wenn jedes Tier mit einem
elastischen Strick eng an einen Pflock gebunden ist. Sie können
nach jeder Richtung auf eine kurze Entfernung mit geringer Anstrengung grasen, denn die Schnur gibt anfangs leicht nach; aber
je weiter sie kommen, desto stärker ist auch die Kraft, die sie

---

[*] s. die Ansprache des Präsidenten der Royal Society 1867 bei der
Überreichung der Copley-Medaillis an Van Baer.

zurückzieht. Die äußerste Grenze ihrer verschiedenen Entfernungen muß in der Distanz vom Pflock liegen, wo die Maximalleistung an Nervenkraft, die die chemische Maschinerie ihres Körpers aufbringen kann, gerade dem Ausfluß an Energie gleich ist, der nötig ist, um der Kraft des Strickes zu widerstehen. Nun ist die Freiheit der Menschheit, als Ganzes betrachtet, bei weitem größer, als die des einzelnen Tieres in unserm Bilde; sie kann allmählich ihre eigene Struktur ändern, oder sie kann, um bei dem Bilde zu bleiben, die Pflöcke selbst immer wieder bewegen. So kann sie sie Schritt für Schritt nach vorwärts bewegen zu neueren und besseren Weideplätzen über weite Gebiete, deren Grenzen bisher noch unbekannt sind.

Die Natur ist schwanger von latentem Leben, und es steht in der Macht des Menschen, dieses Leben hervorzurufen, in welcher Form immer er will und in dem Ausmaße, das er will. Wir dürfen uns nicht gestatten, jede menschliche oder irgendwelche Persönlichkeit als etwas Übernatürliches zu betrachten, das dem Stamm der Natur hinzugefügt ist, sondern wir haben sie eher als eine Absonderung in neuer Gestalt von etwas, das bereits existiert, aufzufassen, und als eine regelmäßige Konsequenz früherer „Bedingungen". Ebensowenig dürfen wir uns von dem Wort „Individualität" irreleiten lassen, da aus vielen Tatsachen und Argumenten dieses Buches hervorgeht, daß unsere Persönlichkeit nicht so unabhängig ist, als unser Selbstbewußtsein uns veranlaßt zu glauben. Wir können jedes Individuum als ein Etwas betrachten, das von seiner Ursprungsquelle nicht völlig losgelöst ist, als eine Welle, die unter gesetzmäßigen Bedingungen geformt, in einem unbekannten, unbegrenzten Ozean emporgehoben wird. In allem menschlichen und wahrscheinlich in allem Leben überhaupt ist ebenso ausgesprochener Zusammenhang, als Trennung. Diese Betrachtung geht meiner Ansicht nach noch weiter und befestigt die Meinung, daß die Konstitution des lebendigen Universums ein reiner Theismus ist, und daß seine Aktivitätsform als eine kooperative bezeichnet werden kann. Diese Betrachtung führt zu dem Schluß, daß alles Leben in seinem Wesen eines ist, aber verschieden, immer wieder variierend und auf einander wirkend in seinen Manifestationen und daß die Menschen allen an-

deren lebenden Tieren gleich aktive Arbeiter und Anteilnehmer an
einem ausgedehnteren System kosmischer Aktivität sind, das die
Menschen nicht, geschweige denn die Tiere, fassen können. Diese
Betrachtung regt noch weiter den Gedanken an, daß vielleicht alle
Lebewesen mehr oder weniger unbewußt, zu der Manifestation
eines Lebens beitragen, das höher als unseres ist, in der Art
etwa — ich beabsichtige nicht das Bild zu weit zu treiben — wie
die individuellen Zellen eines komplizierten Tieres zu der Manifestation von dessen Persönlichkeit beitragen, einer höheren
Ordnung angehörig.

# Anhang.

Die Abweichungen von einem Durchschnitt sind in der folgenden Tafel Quetelets mit 80 Graden angegeben; sie sollen nach jeder Seite des Durchschnittes gelten und erreichen daher eine Totalsumme von 160 Graden. Die achtzigste Abweichung ist so außerordentlich groß, daß die Chancen, sie noch zu übertreffen, (ob wir nun hinauf- oder hinuntergehen, je nachdem, welchen Fall wir wählen wollen), nur $\dfrac{5\,000\,000 - 4\,999\,992}{10\,000\,000} = \dfrac{8}{10\,000}$ oder weniger als ein Milliontel beträgt. Das heißt, wenn gegen eine Scheibe geschossen wird (s. Diagramm S. 27), wird aus einer Million Schüsse, wenn wir den Durchschnitt vieler Millionen nehmen, weniger als einer in einer größerer Höhe treffen als 80 Queteletsche Grade über dem Mittel aller Schüsse, und eine gleich geringe Anzahl wird tiefer treffen, als der 80. Grad unter dem gleichen Mittel beträgt.

Kolonne M. gibt die Chancen eines Schusses, der in irgend einen der gegebenen (80✕2 oder) 160 Grade im ganzen fällt. Kolonne N. repräsentiert die Chancen von einem andern Gesichtspunkte aus. Diese Kolonne ist direkt von M. abgeleitet und zeigt die Wahrscheinlichkeit eines Schusses zwischen einen spezifizierten Grad und das Mittel zu kommen; jede Ziffer in N. besteht aus der Summe aller Ziffern in M. bis zu dem fraglichen Grade inclusive. So sehen wir in Kolonne M., daß die Chance gegen einen Schuß in den ersten Grad zu fallen (nach oben oder unten, je nachdem wir wollen) 0,025 225 zu 1 ist 0,025 124 zu 1 für den zweiten 0,0244 924 zu 1 für den dritten Grad, daraus folgt, daß die Chance zwischen das Mittel und dem dritten Grade inkl. gegen einen Schuß offenbar der Summe dieser drei Ziffern gleich ist oder 0,075 237, eine Zahl, die in Kolonne N. bei Grad drei eingetragen ist.

# Tafel nach Quetelet.

| Grad oder Rang der Gruppe | M<br>Wahrscheinlichkeit die Gruppe zu treffen | N<br>Summe der Wahrscheinlichkeit angefangen mit der wahrscheinlichsten Gruppe | Gradnummern | M<br>Wahrscheinlichkeit die Gruppe zu treffen | N<br>Summe der Wahrscheinlichkeit angefangen mit der wahrscheinlichsten Gruppe |
|---|---|---|---|---|---|
| 1 | 0.025225 | 0.025225 | 41 | 0.0009658 | 0.495278 |
| 2 | 0.025124 | 0.059349 | 42 | 0.0008024 | 0.496081 |
| 3 | 0.024924 | 0.075273 | 43 | 0.0006781 | 0.496759 |
| 4 | 0.024627 | 0.099900 | 44 | 0.0005707 | 0.497329 |
| 5 | 0.024236 | 0.124136 | 45 | 0.0004784 | 0.497808 |
| 6 | 0.023756 | 0.147892 | 46 | 0.0003994 | 0.498207 |
| 7 | 0.023193 | 0.171085 | 47 | 0.0003321 | 0 498539 |
| 8 | 0.022552 | 0.193637 | 48 | 0.0002750 | 0.498814 |
| 9 | 0.021842 | 0.215479 | 49 | 0.0002268 | 0.499041 |
| 10 | 0.021069 | 0.236548 | 50 | 0.0001863 | 0.499227 |
| 11 | 0.020243 | 0.286791 | 51 | 0.0001525 | 0.499380 |
| 12 | 0.019372 | 0.276163 | 52 | 0.0001242 | 0.499504 |
| 13 | 0.018464 | 0.294627 | 53 | 0.0001008 | 0.499605 |
| 14 | 0.017528 | 0.312155 | 54 | 0.0000815 | 0.499686 |
| 15 | 0.016573 | 0.338728 | 55 | 0.0000656 | 0.499752 |
| 16 | 0.015608 | 0.344335 | 56 | 0.0000526 | 0.499804 |
| 17 | 0.014640 | 0.358975 | 57 | 0.0000421 | 0.499847 |
| 18 | 0.013677 | 0.372625 | 58 | 0.0000334 | 0.499880 |
| 19 | 0.012726 | 0.385378 | 59 | 0.0000265 | 0 499906 |
| 20 | 0.011794 | 0.397172 | 60 | 0.0000299 | 0.499927 |
| 21 | 0.010887 | 0.408060 | 61 | 0.0000164 | 0.499944 |
| 22 | 0.010008 | 0.418070 | 62 | 0.0000128 | 0 499957 |
| 23 | 0.009166 | 0.427236 | 63 | 0.0000100 | 0.499967 |
| 24 | 0.008360 | 0.435595 | 64 | 0.0000077 | 0.499974 |
| 25 | 0.008594 | 0.443189 | 65 | 0.0000060 | 0.499980 |
| 26 | 0.006871 | 0.450060 | 66 | 0.0000046 | 0.499985 |
| 27 | 0.006191 | 0.456251 | 67 | 0 0000035 | 0.499988 |
| 28 | 0.005557 | 0.461809 | 68 | 0.0000027 | 0.4999912 |
| 29 | 0.004968 | 0.466776 | 69 | 0.0000021 | 0.4999933 |
| 30 | 0.004423 | 0.471199 | 70 | 0.0000016 | 0.4999948 |
| 31 | 0.003922 | 0.475122 | 71 | 0.0000012 | 0.4999960 |
| 32 | 0.003464 | 0.478456 | 72 | 0.0000009 | 0.4999969 |
| 33 | 0.003047 | 0.481633 | 73 | 0.0000007 | 0 4999976 |
| 34 | 0.002670 | 0.484304 | 74 | 0.0000005 | 0.4999981 |
| 35 | 0.002330 | 0.486634 | 75 | 0 0000004 | 0.4999984 |
| 36 | 0.002025 | 0.488659 | 76 | 0.0000003 | 0.4999987 |
| 37 | 0 001753 | 0.490412 | 77 | 0.0000002 | 0.4999989 |
| 38 | 0.001512 | 0.491924 | 78 | 0.00000014 | 0.4999990 |
| 39 | 0.001298 | 0.493222 | 79 | 0.00000011 | 0.4999991 |
| 40 | 0.001110 | 0.494332 | 80 | 0.00000004 | 0 4999992 |

Diese Kolonnen können zu zweierlei Zwecken benützt werden.

Der eine wäre eine Tafel auszurechnen, wie meine auf S. 33, wo ich einfach 11 Queteletsche Grade in 1 zusammengezogen habe, so daß meine Klassen A. und a. 11 Grade in Kolonne N. entsprechen, meine Klassen B. und b. der Differenz zwischen seinem 22. und 11. Grade, meine Klasse C. und c. der zwischen seinem 33. und 22. Grade entspricht und so weiter.

Der andere Zweck ist, die Probe zu ermöglichen, ob eine Gruppe von Ereignissen die gleichen allgemeinen Ursachen hat oder nicht, denn ihre Klassifikation wird Zahlen hervorbringen, die denen in der Tafel entsprechen werden, wenn es der Fall ist; im entgegengestzten Falle wird diese Übereinstimmung nicht stattfinden. Der Beweis wurde SS. 29, 30 und 32 angewendet. Die Methode, die bei diesem Vergleich angewendet wird, ist leicht durch das folgende Beispiel zu verstehen, dessen Ziffern ich Quetelet entnehme. Ich glaube, daß zwischen 1836 und 1839 in Greenwich 487 Beobachtungen der Rektaszension des Polarstern gemacht und in den Publikationen des Observatoriums eingetragen wurden, nachdem sie auf Präzession und Nutation korrigiert wurden und nur noch den Irrtümern der Beobachtung unterlagen. Werden sie nun in Klassen getrennt, in Abständen von 0,5 Sek., so müßten die Ziffern jeder dieser Klassen sich wie in Kolonne III S. 404 verhalten. Wir erhöhen sie in dem Verhältnis von 1000 zu 487, um Dezimalen zu erhalten und sie so mit den Ziffern in Quetelets Tafel vergleichen zu können und tragen sie dann in Kolonne IV ein. Das zeigt uns, was schon durch eine recht lange Erfahrung bekannt war, daß nämlich die Chance für eine Beobachtung in die Klasse — 0,5 Sek. vom Mittel zu fallen 150 zu 1000 beträgt, 126 zu 1000 beträgt in die Klasse — 1,0 zu fallen usw. für den Rest. Diese Information ist analog jener, die in Kolonne M. von Quetelets Tafel gegeben ist, und wir gehen jetzt dazu über, Kolonne V, die Quetelets N analog ist, aus Kolonne IV zu berechnen. Die Methode ist jedoch anders. N war dadurch gebildet, daß die Eintragungen vom Durchschnitt aus nach außen hin addiert wurden. Wir müssen auf dem entgegengesetzten Wege arbeiten und von außen nach innen gehen, da der exakte Durchschnitt nicht als genau bekannt vorausgesetzt ist und weil auch diese Methode für uns bequemer wäre, selbst wenn das Mittel genau festgestellt wäre. Wo immer das Mittel nun liegen mag, ist die Chance 500 zu 1000 dagegen daß eine Beobachtung auf einer spezifizierten Seite der Serien,

| I | II | III | IV Ergebnisse per 1000 nach der Erfahrung | V | VI | VII | VIII | IX | X. Ergebnisse per 1000 nach der Kalkulation |
|---|---|---|---|---|---|---|---|---|---|
| Klassen | Umfang jeder Klasse | Zahl der Beobach- tungen in jeder Klasse | Die- selben unge- rechnet im Ver- hältnis 487 zu 1000 | Wahr- schein- lich- keiten abge- leitet aus der Erfahr- ung | Die zu N kor- re- spon- dieren- den Grade | Differ- enzen | Korri- gierte Grade | Aus der Kalkula- tion ab- geleitete Wahr- schein- lich- keiten | Differen- zen ge- genüber den vorher- gehen- den Ko- lonnen |

| | | | | | | | | | |
|---|---|---|---|---|---|---|---|---|---|
| sec. Alle unter | | 0 | 0 | 0.500 | | | | 0.500 | |
| — 3.5 | — 3.25 bis — 3.75 | 1 | 2 | 0.498 | 45.5 | | 41.5 | 0.496 | 4 |
| — 3.0 | — 2.75 „ — 3.25 | 6 | 12 | 0.486 | 35.0 | 10.5 | 35.0 | 0.486 | 10 |
| — 2.5 | — 2.25 „ — 2.75 | 12 | 25 | 0.461 | 28.0 | 7.0 | 28.5 | 0.464 | 22 |
| — 2.0 | — 1.75 „ — 2.25 | 21 | 43 | 0.418 | 22.0 | 6.0 | 22.0 | 0.418 | 64 |
| — 1.5 | — 1.25 „ — 1.75 | 36 | 74 | 0.344 | 16.6 | 5.4 | 15.5 | 0.341 | 81 |
| — 1.0 | — 0.75 „ — 1.25 | 61 | 126 | 0.218 | 9.3 | 7.3 | 9.0 | 0.215 | 126 |
| — 0.5 | — 0.25 „ — 0.75 | 73 | 150 | 0.68 | 2.6 | 6.7 | 2.5 | 0.063 | 152 |
| Mittel 0.0 | + 0.25 „ — 0.25 | 82 | 168 | | | 6.6 | | | 163 |
| + 0.5 | + 0.25 „ + 0.75 | 72 | 148 | 0.100 | 4.0 | 6.5 | 4.0 | 0.100 | 174 |
| + 1.0 | + 0.75 „ + 1.25 | 63 | 129 | 0.248 | 10.5 | 8.0 | 10.5 | 0.247 | 112 |
| + 1.5 | + 1.25 „ + 1.75 | 38 | 78 | 0.377 | 18.5 | 8.5 | 17.0 | 0.359 | 72 |
| + 2.0 | + 1.75 „ + 2.25 | 16 | 33 | 0.455 | 27.0 | 8.5 | 23.5 | 0.431 | 40 |
| + 2.5 | + 2.25 „ + 2.75 | 5 | 10 | 0.488 | 35.5 | | 30.0 | 0.471 | 19 |
| Alle über | | 1 | 2 | 0.500 | | | | 0.500 | 10 |
| | | 487 | 1000 | | | | | | 1000 |

sagen wir auf der m i n u s - Seite liegen wird. Daher bestätigt Kolonne IV, indem sie zeigt, daß keine Beobachtung außerhalb der Klasse -3,5 Sek. liegt, daß es 500 zu 1000 (oder 0,500 zu 1,00) da- gegen ist, daß irgend eine Beobachtung zwischen -3,5 Sek. und dem Mittel liegt, 0,500 ist daher in Kolonne V gegenüber -3,5 Sek. einge- tragen. Andererseits sind entsprechend IV nur zwei Fälle in der Klasse -3,5 Sek. und zwar (500—2 =) 498 zu 1000, daß irgend eine Beobachtung zwischen der Klasse -3,0 Sek. und dem Durchschnitt liegt, in Kolonne V gegenüber 3,0 Sek. wird daher 0,498 einge- tragen. In gleicher Weise (498—12=) wird 0,486 bei -2,5 Sek. einge- tragen. Wir schreiten auf diesem Wege weiter, bis wir auf die Beob- achtungen stoßen, die einen Teil der Durchschnittsgruppe bilden, es sind 168. Unser Rest ist 68; genau genommen sollte er gleich der Hälfte von 168 oder 84 betragen; wir können also schließen, daß das Mittel etwas zu hoch gewählt wurde.

Eine Berechnung, die in genau der gleichen Weise von $+3.5$ Sek. ab, nach dem Mittel zu gemacht wird, führt auf der andern Seite zu der Mittelgruppe, nämlich bei 100. Vergleichen wir jetzt unsere Resultate mit Quetelets Kolonne N und sehen wir, welchen seiner Grade die einzelnen Ziffern in unserer Kolonne V entsprechen. Die fraglichen Grade sind in Kolonne VI eingetragen. Im Verhältnis, als diese Beobachtungen völlig mit dem Gesetz der Abweichungen von einem Durchschnitt übereinstimmen, werden sich die Intervalle zwischen den Graden in Kolonne VI der Gleichheit annähern. Wie sie wirklich sind, zeigt uns Kolonne VII. Wir können nicht erwarten, daß die beiden extremen Grenzen Resultate von großer Sicherheit geben, da die Anzahl der Beobachtungen zu gering ist, doch wenn wir nur den Rest in Betracht ziehen, finden wir, daß das durchschnittliche Intervall von 6.5 sehr allgemein zutrifft. Sehen wir jetzt zu, welche Ziffern in den Klassen der Theorie nach gewesen wären, wenn sie entweder von 2.5 (etwas weniger als 2.6, wie wir übereingekommen sind) über dem Durchschnitt oder von 4 unter dem Durchschnitt ausgehen, und wir Serien und Klassen konstruieren, die entsprechend Quetelets Graden ein gemeinsames Intervall von 6.5 haben. Kolonne VIII zeigt, wie diese Klassen wären; Kolonne IX zeigt die korrespondierenden Ziffern, die direkt Quetelets Gruppe N entnommen sind, und Kolonne X gibt die Differenz zwischen diesen Ziffern, die so eng mit den Eintragungen in Kolonne IV übereinstimmen, daß kein Zweifel darüber bestehen kann, daß die Irrtümer in den Beobachtungen sich streng an das Gesetz der Abweichungen von einem Durchschnitt halten.

Es erübrigt mir, noch ein paar Worte über das Gesetz der Abweichungen von einem Durchschnitt, oder über das La Placesche Fehlergesetz bei Beobachtungen, wie es gewöhnlich genannt wird, zu sagen. Jedes variable Vorkommnis hängt von einer Anzahl variabler Ursachen ab, von denen wieder jede gerade vermöge der Tatsache ihrer eigenen Variabilität, von anderen Variablen abhängig ist. Man kann diesen Prozeß Schritt um Schritt verfolgen, bis man nicht mehr weiß, wo man stehen bleiben soll. Da nun der wirkliche Grund jeder dieser Ursachen ein variables Vorkommnis ist, hat es einen Durchschnittswert, und daher besteht (ich verändere den Satz nur) in jedem Falle eine gleiche

Chance dafür, daß das Vorkommnis größer oder geringer als der
Durchschnitt ist. Nun wird versichert, daß es von untergeordneter
Wichtigkeit für uns ist, uns mit diesen geringfügigen Ursachen
mehr zu beschäftigen, als bis zur Festellung der Wahrscheinlichkeit ihres Überschreitens oder Zurückbleibens hinter ihren verschiedenen Durchschnittswerten, da die Chance daß eine größere
oder geringere Anzahl unter ihnen sich so verhält, in jedem gege-
gebenen Falle der den Rechnern wohlbekannten Chance ähnelt,
wenn man aus einer Urne, die eine ungeheure aber gleiche Anzahl schwarzer und weißer Kugeln enthält, diese herauszieht.
Jede Kugel, die gezogen wird, hat die gleiche Chance schwarz
oder weiß zu sein, genau so wie jedes untergeordnete Vorkommnis die gleiche Chance hat, seinen Durchschnittswert zu unter-
oder zu überschreiten Ich kann hier nicht auf die philosophische
Seite dieser Ansicht eingehen; sie wurde von vielen Autoren behandelt und der Gegenstand ist noch nicht erschöpft.

Cournot hat eine Tafel zur obigen Hypothese konstruiert,
die in Quetelets „Briefen über Wahrscheinlichkeitsrechnung" abgedruckt ist, aber Cournot dehnt sie nicht annähernd so weit aus
als Quetelet. Die Tafel von Quetelet ist nach einem sehr einfachen Prinzip gerechnet, dem Resultat von 999 Kugeln, die aus
einer Urne gezogen werden, die wieder weiße und schwarze
Kugeln in gleicher Quantität und ungeheurer Anzahl enthielt. Sein
erster Grad entspricht dem Fall, wo 499 weiße und 500 schwarze
Kugeln gezogen werden, sein zweiter 498 weißen und 501
schwarzen und so weiter, der achtzigste Grad entspricht dem
Fall, wo 420 weiße und 579 schwarze Kugeln gezogen werden.
Bei dieser allgemeinen Form der Resultate macht es bei so großen
Zahlen keinen erheblichen Unterschied aus, welches ihre wirk-
liche Anzahl ist. Der Wert der Grade ist selbstverständlich sehr
verschieden, aber man wird fast die gleiche Q u a l i t ä t der
Kurven erhalten, ob die Zahlen nun nach Quetelets oder Cournots
Tafeln genommen werden. Quetelet zeigt dies alles in seinem
Vergleich der beiden Tafeln.


E n d e.

# Namens- und Sachregister.

# Druckfehlerberichtigung.

Es soll heißen:

Seite 325: Denman statt Denmann.

„    128: Hornby statt Hornbey.

„    354: Thompson statt Thomson.

Band VI. **Dr. Rudolf Eisler, Grundlagen der Philosophie des Geisteslebens.** Preis geh. M. 7.50, geb. M. 9.—.

Band VII. **Louis Couturat, Die philosophischen Prinzipien der Mathematik.** Deutsch von Privatdozent Dr. Carl Siegel, Wien. Preis geh. M. 8.50, geb. M. 10.—.

Band XI. **Jules Lachelier, Psychologie und Metaphysik. Die Grundlagen der Induktion.** Deutsch von Dr. Rudolf Eisler, Wien. Preis geh. M. 3.—, geb. M. 4.—.

Band XII. **Abel Rey, Die Theorie der Physik.** Deutsch von Dr. Rudolf Eisler, Wien. Preis geh. M. 8.50, geb. M. 10.—.

Band XIII. **J. M. Guyau, Sittlichkeit ohne „Pflicht".** Mit Randbemerkungen Friedrich Nietzsches. Deutsch von E. Schwarz, Groß-Lichterfelde. Preis geh. M. 5.—, geb. M. 6.—.

Band XIV. **E. D. Starbuck, Religionspsychologie.** Deutsch von Fr. Beta, Burg. Band I. Preis geh. M. 4.—, geb. M. 5.—.

Band XV. **E. D. Starbuck, Religionspsychologie.** Deutsch von Fr. Beta, Burg. Band II. Preis geh. M. 4.50, geb. M. 5.50.

Band XIV und XV in einen Halbfranzband gebunden M. 11.—.

Band XVI. **Wilhelm Ostwald, Energetische Grundlagen der Kulturwissenschaft.** Geh. M. 5.—, geb. M. 6.—.

Band XVII. **Henry Sidgwick, Die Methoden der Ethik.** Deutsch von Dr. C. Bauer. Band I. Geh. M. 4.50, geb. M. 5.30.

Band XVIII. **Henry Sidgwick, Die Methoden der Ethik.** Deutsch von Dr. C. Bauer. Band II. Geh. M. 6.30, geb. M. 7.10.

Band XVII und XVIII in einen Halbfranzband gebunden M. 13.50.

Band XIX. **Francis Galton, Genie und Vererbung.** Deutsch von Dr. O. Neurath und Fr. Dr. Schapire-Neurath, Wien. Geh. M. 8.50, geb. M. 10.—, Halbfranz M. 11.—.

Daran schließen sich zunächst:

Band VIII u. IX. **Rudolf Goldscheid, Höherentwicklung und Menschenökonomie.** Naturwissenschaftliche und werttheoretische Grundlegung der Soziologie.

Band X. **Guyau, Die Kunst als soziologisches Phänomen.** Deutsch von Paul Prina.

Als weitere Bände werden u. a. erscheinen:

Übersetzungen:

**Giddings, Principles of Sociology;**
**Guyau, L'irreligion de l'avenir;**
„ **Éducation et hérédité;**
„ **Les problèmes de l'esthétique contemporaine;**
**Lacombe, De l'histoire considérée comme science;**
**Liard, La science positive et la métaphysique;**
**Michailowski, Soziologische Essays;**
**Schiller, Humanism;**
**Squillace, Le dottrine sociologiche.**

**□ Der Verlag: □**
## Dr. Werner Klinkhardt
Leipzig.

**Die Redaktion:**
## Dr. Rudolf Eisler
Wien.

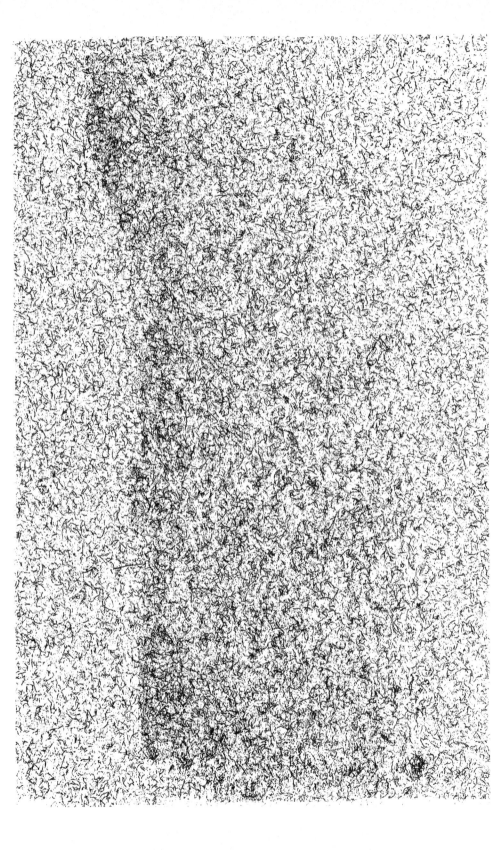

CPSIA information can be obtained
at www.ICGtesting.com
Printed in the USA
BVOW06*1459101117
499867BV00041B/448/P